挥别

属于我的学术年代

赵园 著

湖南人民出版社·长沙

本作品中文简体版权由湖南人民出版社所有。
未经许可，不得翻印。

图书在版编目（CIP）数据

挥别：属于我的学术年代 / 赵园著.—长沙：湖南人民出版社，2024.5
ISBN 978-7-5561-3377-2

Ⅰ. ①挥… Ⅱ. ①赵… Ⅲ. ①思想史—研究—中国—明清时代 Ⅳ. ①B248.05

中国国家版本馆CIP数据核字（2023）第253922号

挥别：属于我的学术年代

HUIBIE: SHUYU WO DE XUESHU NIANDAI

著　　者：赵　园
出版统筹：陈　实
监　　制：傅钦伟
选题策划：北京领读文化
产品经理：领读—李晓　吴静
责任编辑：陈　实
责任校对：张命乔
装帧设计：林　林

出版发行：湖南人民出版社［http://www.hnppp.com］
地　　址：长沙市营盘东路3号　　邮编：410005　　电话：0731-82683313

印　　刷：长沙超峰印刷有限公司
版　　次：2024年5月第1版　　　　印　　次：2024年5月第1次印刷
开　　本：880 mm × 1230 mm　1/32　　印　　张：15.5
字　　数：372千字
书　　号：ISBN 978-7-5561-3377-2
定　　价：88.00元

营销电话：0731-82683348（如发现印装质量问题请与出版社调换）

目录

壹 - 论萧红小说兼及中国现代小说的散文特征…………001

贰 - 我读傅山…………………………………………………041

叁 - 说"戾气"

——明清之际士人对一种文化现象的批判………065

肆 - 时间中的遗民现象……………………………………095

伍 - 谈兵

——关于明清之际一种文化现象的分析……………129

陆 - 那一个历史瞬间………………………………………207

柒 - 再说想象与叙述

——以明清之际、元明之际为例…………………269

捌 - 言说与伦理践行之间

——明清之际士大夫与夫妇一伦（之一）…………321

玖 - 常态与流离播迁中的妻妾

——明清之际士大夫与夫妇一伦（之二）…………359

拾 - 家人父子

——由人伦探访明清之际士大夫的生活世界·余论

之二 …………………………………………………………… 395

拾壹 - 《明清之际士大夫研究》后记 …………………………… 415

拾贰 - 《制度·言论·心态——〈明清之际士大夫研究〉续编》后

记 …………………………………………………………… 429

拾叁 - 思想·材料·文体

——治学杂谈之一 ……………………………………… 441

拾肆 - 视野、境界及其他

——治学杂谈之二 ……………………………………… 467

后记 ………………………………………………………………………… 489

壹

论萧红小说兼及中国现代小说的散文特征

这位女作家长时间地吸引着深情的关注，似乎主要不是由于她的文字魅力，而是由于她富于魅力的性情和更加富于魅力的个人经历——尤其是情感经历。很难说这是由于萧红本人的性格力量，还是由于读书界审美能力的薄弱。萧红，如果不是以其创作而受到足够的尊重，那至少也是一种对于她的不公正吧——她所承受的不公正已经够瞧的了。浅水湾的墓地该是宁静的，作家本人已经不会再向这个世界要求什么，我们却理应不安，如果我们不能认识她的作品的全部价值的话。

我并不自信能认识"全部价值"，但我仍想说点什么，说那个我由其作品中认识的萧红，作为小说家的萧红，而且试着改变一向的程序（我们的研究或批评早已程式化了），由最基本却又因其基本而备受轻忽的"文字"说起。

从"文字组织"到结构

这正合于我的认识秩序。首先进入我的感官，触发了我的感觉，使我呼吸其间的，是萧红的文字。她作品中的一切：情绪、意念等，无疑是借诸这原初的物质形态而诉诸我的审美感情和认知活动的。

这是一些用最简单以至稚拙的方式组织起来，因而常常显得不规范的文句。"文字组织"是太理性的对象，审美体验则是浑然、难以分析的。我们通常并不留意于文字的组织，只是经由审美感觉承受到了这种文字组织的功能罢了。功能也正反映着"组织"。

如果你论及萧红的文字而希望有足够的说服力，似乎只能让她本人的作品说话。她所使用的那种语言是经不起转述的。

> 呼兰河这小城里边，以前住着我的祖父，现在埋着我的祖父。
> 我生的时候，祖父已经六十多岁了，我长到四五岁，祖父
> 就快七十了，我还没有长到二十岁，祖父就七八十岁了。祖父
> 一过了八十，祖父就死了。
>
> 从前那后花园的主人，而今不见了。老主人死了，小主人
> 逃荒去了。
>
> 那园里的蝴蝶，蚂蚱，蜻蜓，也许还是年年仍旧，也许现在完
> 全荒凉了。$^{[1]}$

几乎是无以复加的稚拙，——单调而又重复使用的句型，同义反复、近于通常认为的废话，然而你惊异地感到情调正在其中，任何别种"文字组织"都足以破坏这情调。这也许就是鲁迅所说的"越轨的笔致"？$^{[2]}$

文学语言更关心自己的功能，如萧红这里的传达一种情调——而且凭借"文字组织"本身——的功能。萧红的语言感正在于，她能让经她组织的文字，其"组织"本身就含有意味。也因而这是一种富于灵气的稚拙，与"粗拙"是两种境界。

她以"文字组织"捕捉情调，为此不惜牺牲通常认为的"文字

---

[1] 这节文字茅盾在《〈呼兰河传〉序》中曾引用过。茅盾《萧红的小说——〈呼兰河传〉》，初刊于1946年10月17日上海《文汇报》，收入《呼兰河传》改题为《〈呼兰河传〉序》。

[2] 鲁迅：《且介亭杂文二集·萧红作〈生死场〉序》，《鲁迅全集》第6卷第408页。

之美"，却又正与情调一起，收获了文字之美。同一目的（"传达情调"），不但规定了文字组织，也规定了整个作品的组织。"文字组织"正与作品组织——一种近于稚拙的"无结构的结构"——相谐。

她通常不是依时序而是直接用场景结构小说，最基本的结构原则也即"传达情调"。你会发现，她对于"过程"显得漫不经心，而只肯把气力用在一些富于情致的小片段上。久贮在记忆中的印象碎片，她就这么信手拈来，嵌在"过程"中，使作品处处溢出萧红特有的气息，温润的，微馨的。这些碎片散化了情节，浓化了情致、韵味，对于读者，常常比之"过程"有更久远的生命。她的小说，也的确于散漫处，于似乎漫无目的处最见情致，比如《生死场》开头的大段文字。在被过于切近的"目的"所鞭策，急切地奔向主题的创作风气中，她的散漫，也像是出于一种艺术敏感和才具。

"情调"对于描述萧红的文字，似乎还嫌"隔"，也许应当引入一个更为传统的美学范畴："味"。说"味"，总难免虚玄。但我这里指的是情味，以及更平常的"感情意味"。"亲切有味"近于滥调，但这"味"，也正是你经常地由萧红文字味得的那一种"味"。若是能够说清楚"味"之所从出，滥调也就未见得"滥"了。

鱼摆在桌子上，平儿也不回来，平儿的爹爹也不回来，暗色的光中王婆自己吃饭，热气作伴着她。

（《生死场》）

——岂不太过平淡了吗？但仍然能淡得有"味"，——由特殊的文字组织中透出的"味"。"平儿"两句分拆了说，是萧红惯常的表述法，在此处即使得寂静、寂寞因而现出深长。"鱼""暗色的光""热气"，正是农家晚炊最习见的情景。而"热气作伴着她"，则平添了活气。萧红的叙述中永远有情境，完整的、满溢着生活味的情境。她惯于把对象作拟人的描写，而且出于最自然的态度，令人不觉其为"修辞格"，笔触间处处见出作者对物情的体贴，——是"体贴"而不只是"体察"。她永远这样朴素而亲切地接近着她的生活。因而"味"在最朴素直感的文字。甚至令人不感到文字：是"直感"本身。这样的文字连成一气，全篇也就被"亲切"那一种"味"浸透了。

这种"味"只能出自特殊的文字组织，是文字经组织后产生的审美特性。如果用了"风格学"的范畴，它们绝对难称精美。它们只是当构成整体（句、段、篇）时才显示为美。换句话说，那些文句只有在作品的整体结构中才是美的。也因而，它们不具有修辞学的典范性，甚至常常出于文法的"规矩"之外。也许是一种偏好，我所喜爱的，正是这样的逸出常规的、以"组织"强化了"功能"的语言运用。比如萧红这样的依赖"组织"的力量又保持了语言的自然的语言运用。这是富于整体感的语言。规范与否是语言学家的判断。在语言发展中，文学总率先承担起创造新规范的任务。

在萧红这里，语言经由"组织"不只产生了"意义"，而且产生了超乎"意义"之上的东西，如上文所说的"情调""味"，也可以说是意义外的意义，——"言外意""味外味"，庶几近之。朴素到了极处，却每一笔都有味。这种文字趣味，正显示着、联系于作者那种在极其具体琐细的事物上发现情趣，对极微小平凡的事物保持审美态度的令人羡慕的才禀。古典文学语言因世代的积累易于产生的审美效能，现代语言只能在更为苛刻的条件限制中求得。这也是使现代汉语成为一种真正的文学语言所必经的努力。

萧红文学语言的上述特征很易于由读者的审美经验所印证。阅读她的作品，你不正是往往被"混沌"包裹，沉浸于作品提供的"语言场"，而忽略了具体文句？我以为这也许正是作者所追求的境界，约略近于"得意忘言"。你也许感到了作品的文字之美，但那种感受如前所说，是浑然的，难以分析的。它们绝不因过分炫耀而割裂了你的审美感受的浑不可分的整体性。那是作为一个有机整体的构件的语言，而绝不是以自身为目的的扬扬自得的语言。

我们再来说"味"，——依赖于文字组织，作为文字组织的功能体现的"味"。"味"有不同，所谓"五味"，不过取其粗者。很有些作者，味欲其浓，不惜反复形容。而萧红文字的这一种味，却是于无意中得之。她忘记了文字。她只用文字去摘取物象，倒让人亲切地感到了文字的力量。不惜竭泽而渔，穷尽文字的所有、所能的，则会令人目眩五色，而不复感到文字之美。

萧红小说并不以"抒情性"为特征。"抒情"应当是以抒情主体的存在为前提的。萧红作品的情绪特征在于那浸透了文字的"感情意味"。这是一种不可离析出来——与文字，与内容——的元素，是萧红赋予她的文字的一种属性，是她的文字本身。她的作品细节的魅力，也正在于这"感情意味"。

无论有意还是无意，对于"情调""情味"的追求都多少规定着她的作品的结构形式，即上文所说的"无结构的结构"。《牛车上》一篇，散漫地写来，如风行水上，白云出岫，一派自然，而情致在焉。不以任何有形的控制，而以"氛围""情调"为内在的制约，创作心理则不在"收"，不在控制，而在"放"，在信口信腕。因而有其从容、暇豫，构成独特的美学境界。探究萧红创作与传统文学的联系，会令人感到无从着笔。但存在于萧红文字中的这种联系，又的确比之许多作家为强韧。那是化入文字中、不着形迹地透进整个艺术世界的中国式的审美趣味，——也向读者要求着这一种趣味，至少是感应。直白地说，也要有相应的修养，才能由萧红的单纯、平淡以至稚拙中读出风致、情味，识得其"文字之美"。

她以自己的美学追求，借诸自己的文字组织，有效地使戏剧性（在当时也是一种"小说性"）淡化了，使小说化解为散文，使"事件"丧失（或部分地丧失）其"情节意义"。也许"过程"仍然完整，并不曾被化解掉，但"过程"的时间骨架被极其具体的缺乏时间规定性的情境替代了，——而且多半是极其细碎的生活情境。其结果是散化、徐缓化，是"情味"化，是无底的沉静、寂寞……文字组织就这样"规定"着结构、节奏，"规定"着情感状态，以至"规定"着内容的性质。$^{[1]}$而"情味"始终是更其重要的，是作品的魂灵。

无组织的组织，无结构的结构，正属于中国式散文的结构艺术。用极俗滥的话说，"形散而神聚"就是。也正是在这种时候，你更能确信萧红是天生的散文作者，散文才能之于她，是犹如秉赋

---

[1] 这种文字组织也只是在与作品的情绪、心理内容的和谐一体中才呈现为"美"的。以《呼兰河传》式的填层用于讽刺小说，即使"讽刺"化淡，萧红缺乏那种把讽刺性一把摆出来的机敏和刻毒。因而那种繁繁如说家常，信笔所之，几乎全无约束，在《马伯乐》这样的作品里，即难免变成了短处。讽刺文学是要有一点精悍之气的，而所正是散漫无归。

一样的东西。我由作品认识萧红的散文才能，同时由萧红的文字认识"散文性"。"散文"不只是情绪、韵味，不只是结构，它也是一种语言形式。

我已经一再地说到萧红文字的浑然不可分析性。这里应当补充说，"生活"在她的感觉里就那样浑然不可分。也许只有儿童，才能这样感觉生活吧。人类的智慧发展在一定程度上是以牺牲这类宝贵秉赋为代价的。在所谓"成熟"的人们那里，世界形象不免会是割裂的，破碎的。理性培养的诸种才能中，就有这种把世界拆卸后又组装过的才能。僵硬了的"艺术法则"在造成着另一种意义上的分解。[1]因而我想说，萧红作品提供了真正美学意义上的"童心世界"，与大量平庸的"儿童文学作品"不同层级的"童心世界"。我是从较为严格的意义上谈论这种级差的。我注重的是儿童感受世界的方式（比如保有世界形象的"浑然性"的感受方式）以及表述方式（也是充分感性的），儿童对于世界的审美态度，等等。

也因而萧红的文学世界尽管单纯，却仍然较之许多复杂世界为"完整"。那是个寂寞的童心世界，寂寞感也是浑然不可分析的。寂寞不是主体的意识到了的表现对象，它是一种混茫的世界感受、生活感受，霰一样弥漫在作品里，也因而才更近于整体性的世界感受。

这种"混沌状态"正是许多创作者所企望却又不能达到的。精神的发展不免造成着精神上的某种丧失。对象世界对于思维者有时太清晰，有时又太模糊，以至浑然一体地把握那个浑然一体的

---

[1] 对不少作品，你可以很轻易地以几条现成的美学原则分解开来，——它们原本就是用铆钉铆在一起或用针线缝合成的。

世界，几乎变成不可能，正因此如萧红这样的对于世界的整体感受力，在审美活动中更见出可贵。基于这种理解，我由萧红想到了当代小说家王安忆。在这个层面上，不同时代的这两位作家是可以比较的，——真正有点价值的比较。

我也由此想到，创作要求着这一种智慧，保有自己对世界的整体性感觉，至少是对于世界形象进行"感性整合"的智慧，这种智慧的价值绝不下于知解力等等，而且比之后者更难保有或获得。

上文中的"童心世界"半是借用，——不作这样的声明很可能被认为是对萧红的缩小甚或贬抑。诚然，萧红不只写了"童心世界"；但萧红的确写了童心世界，而且那是她作品中最有光彩的世界。你会亲切地回味到《牛车上》一片稚气中的盎然情趣，和《后花园》《小城三月》《呼兰河传》（在我看来，这些是萧红作品中最美的篇什）中"童心"对于"世界"的覆盖。我还想说，即使在她那些未取儿童视角的作品如《生死场》中，也仍然有着"童心世界"：那是由情趣，尤其由笔调，由上文反复提到的"文字组织"显示的。^[1]你得承认，"童年印象"是她的作品中最具审美价值的部分。我非但无意于贬抑，而且以为这种形象记忆、情绪记忆以至感觉记忆的能力，是她的文学才能的独特证明。

曾经有过那样多的作家尝试复原自己失落了的"童心世界"，成功者却屈指可数。成功从不来自对儿童的模仿，而来自在时间的迁流中不曾失去的儿童的生动感觉，不曾失去的儿童特有的世界模

---

[1] 除文字的精拙，感受的单纯天真外，还有生动的直观性。这也正是儿童看世界、思考世界的特有方式：不是诉诸经验与理性（那是成人世界特有的），而是诉诸生动的直观。萧红有时正是使你感到，对这世界，她似乎只在看，并不深想，但却"看"得很深。

型，尤其"整合"世界形象的感性才能。凭着这才能，他们才有可能重造童年，像萧红这样。

我想再作一点比较。我曾谈到过孙犁对于美学意义上的"单纯"境界的追求。这里不妨说，萧红作品的"单纯"是与性情一体的，俨若由天性中流出，而孙犁作品的"单纯"则出于自觉的美学追求。换句话说，萧红的世界原本单纯，而孙犁则是把世界还原为单纯。萧红式的单纯几不假人工，而孙犁的单纯则是依特定审美理想着意选择的结果。——这里只论风格，不涉优劣。仅据上述种种区分，也是无以论优劣的。在我看来，萧红与孙犁各自创造了属于他们自己的那一种美，这就够了。

散文特征——由萧红说开去

在文学的形式方面，表现手段应当是最革命的因素。表现手段的更新、变易，则有社会生活的变动作为背景，即使是较远的较为间接的背景。中国现代小说史上的情形也不例外。表现手段的尝试、创造，到二十世纪三十年代，即呈现出相当的活跃性。却也另有一些形式因素，稳定地存留下来，由新小说诞生期直到四十年代末。比如现代小说的"散文特征"。这种稳定性，一定程度上正依赖了"传统"的力量。

从文学史上寻找证明是不至于太费气力的。自五四以来，新小说即有"散"的一派，并且时见佳作。关于这派小说，人们往往由鲁迅作品说起，由鲁迅的《故乡》《社戏》（其实远不止这样的两篇）说到废名小说，由郁达夫、郭沫若说到初期"革命文学"作者洪灵菲，然后再说到三十年代的沈从文、芦焚（师陀）、艾芜，一直说到写于四十年代初的《呼兰河传》，说到孙犁等等。即使细细梳理也仍然会有大片的遗漏，因为几乎每个较有分量的小说家都有"散文风"的小说，有这一种"风格面"，有部分作品的"散文特征"，或一部作品中的散文片段、散文成分。值得特别提到的，倒是以散文方式结构的长篇。

短篇小说在结构上易于更新，多半也因其篇制的短小。长篇的困难一向更大些。以中国新文学论，长篇在技巧方面始终落后于短篇，叙述方式也单调而少变化。五四时期的长篇（如王统照的《一叶》《黄昏》等），像是当时那种短篇的抻长，不过略具长篇的规模而已。到三十年代小说创作规范化，新文学才有了近代样式的长篇。这种长篇较之五四时期的"准长篇"，结构固然大大复杂变化也完备化了（以茅盾小说为代表），却又时时令人感到逼促，似乎少了那种适应于中国人的审美心理的从容裕如好整以暇的风致。

有规范即必有非规范、反规范。张天翼、端木蕻良作品中隐约可见的电影组接手法的借用，即是结构一叙述方面的创造。^[1] 此外还有路翎小说的"破碎"，——至《财主底儿女们》几达极端。而介于规范与非规范之间的"散文化"倾向，更为普遍，也更有美学根柢。散文化，这不只是一种结构手段或原则，也是一种心态，是作者的审美态度，是创作活动中一种特定的主客体关系。"无结构的结构"，不过是其外在形态而已。

---

[1] 不只张天翼、端木蕻良，左翼文学以及前期抗战文学中的"速写式"小说，都令人感到电影手法的影响，——主要在结构、叙述方面。

其实，说"无结构的结构"不过是一种故意的夸张，如《呼兰河传》，如沈从文的《边城》《长河》，都各有独特的结构形式，只不过异于当时更为通用的长篇结构罢了。较之那些有着贯穿情节、中心人物、锻铸周严的人物关系的长篇，宛曲回环的《长河》，舒卷自如的《呼兰河传》，其时空结构更具开放性。以我自己的趣味，偏好这种结构的"非结构性"，也因其更有自然之致。每每到得小说太像小说的时候，不免会让人疑心通行的"小说观念"出了毛病。当此之时，结构的任何开放或松动，都能引起审美愉快。可惜到二十世纪五十年代，结构形式更趋统一，虽有《铁木前传》这样的不像长篇的长篇，终不能成大势，只如一湾细流，蜿蜒在主河道旁的沙滩上。

由此看来，新文学史冷落了某些现当代作家，也不全出于简单的政治上的原因，其间也有社会审美心理的变易，小说艺术自身发展过程中的选择。当然，"变易"与"选择"也曲曲折折地反映着时势。

不消说，这种"散文体式"并不能被认为是新的美学观念的形式体现，——如现代派的小说结构那样。就艺术渊源而言，这种结构形态毋宁说更与旧文学相近。因而中国现代小说的散文化，从一个方面实现了文学史的衔接、承续，在审美意识上沟通了现代文学与传统文学。文学史现象就是这么矛盾：一方面，有中国小说的"现代化"，师法欧美，输入新潮；另一方面，又有骨子里的中国味，有审美心理、审美意识中的传统的力量。这种力量并非总是"历史的惰性力"，文学的逻辑究竟不等同于社会历史的逻辑。比如散文意识下结构形式的开放，不就接通了传统文学与现当代文学，尤其文学形式变革的"新时期文学"？因而传统文学的"散文意识"中倒是有可能孕育、启示现代的形式感、结构样式呢。值得做的工作，是找到"传统"与"现代"的焊接点，解释这种审美意识的交错现象。

你看，人们正热衷于谈"断裂"，我却愿意同时注意一种深层的联系，且相信系结着文学历史的血脉，还不仅有这样一条。在中国，"传统"从来具有强大的延续力，即使在最称彻底的五四文学革命时期也不例外。但也唯此才叫"中国文学"。

自然，是中国传统美学的重要范畴。师法乎自然，师法乎造化，追求"化境"，追求消泯了外在形式痕迹的形式，消融了结构框架的结构，所谓"自然天成"，所谓"如风行水上，自然成文"。这多少像是一种神秘的能力。中国的传统文化确实在具有较高审美修养的人们那里培养了这种能力。中国古代散文的典范之作，也正体现了有关的审美理想。

在实际创作中，对自然神韵的追慕，又与敏锐的形式感统一在一起：出乎法度之外而又无往不合于法度。由此才有无结构的结构，不见形式的形式。中国式散文因其外在结构的隐蔽性，更加要求内在形式感、内在审美尺度的高度控制。没有外部的尺寸规格，即愈加强调"神"的统摄、"意"的贯通、"味"的渗透，愈加注重融入创作意识之中的形式意识、高度"自由"的境界中的内在制约。^[1]自然，是高度审美化了的境界，与原始形态的那个"自然"

---

[1] 我由此想到沈从文的小说结构——尤其在湘西诸篇里，又尤其在《边城》《长河》中——即近于传统书画的"线的艺术"，流转自如，令人不觉其"结构"。《八骏图》是作者的得意之作，极叙述方式之多变，结构运用之灵活，却仍然不如湘西诸篇的了无转折痕迹，俨然出诸天工。这里有作者的审美心理与对象间的同构，并不全出于技巧。沈从文常说他的灵感得之于水流，说他的智慧中有水气。他的叙述，他的结构运用也真如水般柔治，似非出诸明确的艺术设计，随意宛转，无往不宜。——审美创造中近于"自由"的境界。中国书画艺术中线的流动，谁说不也得自河的启示？沈从文果真把他熟悉的沅辰诸水引进了"结构艺术"。

毋宁说离得更远。

萧红的作品正给人以这样的印象。

五四时期，新形式、新美学理论的输入，改造着人们的欣赏习惯。而文化的沉积却更内在地决定着普遍的审美价值取向。现代优秀的散文体式的小说，正以其形式与普遍的审美心理结构对应，自然易于引起审美愉悦。这一时期文学社团林立，有"排他性"的派别意识，而鲁迅的《故乡》却得到一致的好评。共同的"形式美感"，是这种共同的价值取向的依据。

既探究形式感，就不便一味在"情致""味"等过于虚玄的领域盘桓，否则会使人如坠五里雾中，无从把捉。而形式感所附丽的"形式"有实体性质，比如"文字组织"这一种形式。

古典散文的文字组织，其相对于古典诗歌的最外在的形态表现是"参差错落"。民歌也"参差错落"，但有一定限度。词曲亦"参差错落"，作为诗之"别体"，却被认为形式上已失纯粹，在向散文靠近了。

"散文美"相对于"诗美"，其形式美感即在文字组织的更大自由，更其"参差错落"，因而也更便于负载某种情感。有人以为凡诗所写，散文无不能写，这里也许有某种误解。散文与诗的区分，其一即在由文字组织规定的审美功能。同题的散文与诗，其"味"绝难混淆，终于不过"同题"而已。至于"参差错落"，本身就富于美感。如《呼兰河传》那种行云流水般的文字，和谐自然的节奏（它势必调整你的心理节奏，使趋于和谐自然），无疑是足以唤起审美感情的客体，对于浸润在或浸润过中国传统艺术的心灵，则显得尤为熨帖。如上所说，文字组织的错落有致中产生的

"散文美"，是以人们的审美心理结构与作品的形式结构、作品的结构形态与其负载的情感形态的对应为依据的。

"参差错落"之间，也势必产生一种张力。钱锺书谈到过中国古典绘画的主要流派南宗画以"简约"为原则，以减削迹象来增加意境。用时下流行的说法，即以"简约"求得意象的"张力"。文字组织的"参差错落"，便于借"空白"刺激联想、想象，并由相应的韵律化的情感，自然地造成"情绪场"，完成作品"形式一内容"的和谐统一，一种近于浑然天成的统一。

萧红由于其"散文化"了的审美意识，不必用力寻求，文字即自然、有韵律，见出疏密有致、参差错落的美。形式又反转来"规定"了内容，使容纳其中的生活也"散文化"了。越不用力，越不为预设的目的所拘限，她越像自己，任何过分的用力都反仿自然。因而也可以认为这是一种娇弱的风格。这种风格的成熟（以《小城三月》《呼兰河传》为标志），当然赖有二十世纪四十年代文坛的鼓励。外在环境和文坛自身的变动，使趋于僵硬的意识（包括形式意识）软化、松动，鼓励了意向的多方面伸展和不同艺术个性的自由创造。我已在有关骆宾基小说的文章中谈到了这种文学史的条件。

也许读者已经注意到，我谈散文体式，着眼的主要是作品的组织，尤其是语言组织，而不是被认为散文的主要性质的"抒情性"；我更关心的，是由句式、句间关系、语言的组织所规定的萧红作品的情感表现及表现方式。

显然，萧红作品的语言结构不是在模仿生活，而是在模仿情绪，它们是依据作者本人极为深潜极为内在的情绪流来组织的，也因而往往有像是随意的省略，有其明显的有意的不规范性。你只有在这种语言结构的整体功能中，在这种语言组织与一种诗意情绪的对应关系中，在这种语言组织负载的情绪中体验那美。"抒情性"不能准确地概括萧红的小说。萧红作品特有的情绪特征、情绪力量主要不是经由主体的发抒，而是经由她特殊的文字组织实现的。

"抒情性"，是一种太过空泛的概括，因包容过大反而弄得缺乏意义。郁达夫作品的抒情性与沈从文作品的"抒情性"（我在下面将谈到，沈从文作品的散文特征并不在于其"抒情性"）是难以相提并论的。沈从文与萧红的作品都不曾试图唤起某种激情，它们的情绪色彩甚至比某些公认的写实作家（如茅盾、丁玲）的作品更淡薄。在它们那里，你所遇到的，不是通常意义上的"抒情"，而是充满感情意味的具体情景。这里才有中国传统散文特有的美感。中国式的散文，与其说"主情"，不如说"主味"，主"情致"。这是一些较之"情感性""抒情性"远为细腻、微妙的美感，属于中国传统美学的特有范畴。"情致""情味"，很大程度上，正是一种文字趣味，极大地依赖于语词、句子的组合及组合方式，因而也难以由其语言载体中剥离出来。

有必要对上文中的概括作点校正。本节开头一股脑儿地罗列出的具有"散文特征"的小说作品，完全可以由其文学渊源划出不同的类型。现代小说的散文特征并非都源自传统散文。这里有中外文学的交叉影响。外国散文的译介，外国近现代小说结构方式的多样化，也影响到中国现代小说散文特征的生成。郁达夫被认为旧学根柢深厚，但由他的《沉沦》之属中几乎看不出与传统文学的形式联系，那些作品倒是有鲜明的"抒情性"。而他写于杭州—福建时期的那些笔触轻淡的小品文字，才更赖有祖上传下来的那份美学遗产。

依这样的区分，中国现代散文式小说承继传统而最见功力的，除沈从文、废名诸作外，也许就是孙犁小说吧。那是富于文字趣味、韵味十足的散文式小说，极其浅近平易，情绪因节制而含蕴内在。对于这一类现代文学作品，传统的美学思想、批评方法不但有用，而且非以此即不能搔到痒处。

中国传统艺术讲求情绪的节制，审美评价则以感情深沉内在、不形诸辞色为高品类，不能不影响到具有"散文倾向"的现代作家。沈从文对于对象的鉴赏态度，即表现出（或曰"实现了"）情绪的节制。萧红式的"寂寞"（淡化了的痛苦）也造成她特有的节制及节制的心理依据。这种情绪上的节制（而非"宣泄"），出于中国人的文化一心理结构，合于"温柔敦厚"的诗教，沟通了中国的艺术与哲学传统。

一度的冷落之后，"散文特征"似乎更引人注目地回到了小说。"新时期"一部分小说结构的散化，是更为大胆、活跃的"结构一形式"创造的一部分。也已有人追踪过某些作家作品的文学渊源。$^{[1]}$在我看来，除汪曾祺、宗璞等少数作家外，大量小说作品的"散文性"，属于别一美学世界，与传统文学即令"形"近，也仍有"味"异。这自然由于不同时期小说家的不同教养，文学创作的不同文化氛围。

新文学的前两代作者，因从旧文化中脱出，不免带有更多的蜕变痕迹。即使后天受到外国文学的熏染，富于惰性、偏于保守的美

[1] 参看黄子平：《论中国当代短篇小说的艺术发展》，载《文学评论》1984年第5期。

感仍然由"文字趣味"曲曲折折地反映出来。当代小说家（除汪曾祺等少数人外），与那个"传统"又远隔了一层，看起来似乎一脉相承，其实脉管里的血液已有不同。形肖而神不似，即使追摹亦令人感到力有未逮。论者喜欢以某当代作家与某现代作家相比拟，粗粗地比一比尚可，因为以谁比谁都嫌不妥帖。就"散文性"而言，所少的往往正是那道微妙而又微妙的"味"，难免要让嗜古成癖的雅人叹一声："此道之不传久矣！"$^{[1]}$

传统散文是一种美感，是一种心态，而且要求作者与读者间心理节奏的谐调。上述条件在变化了的社会环境中注定了不复存在，因而传统意味的散文的衰落正势所必至。已经有人著文谈到，近百年间小说兴盛，话剧崛起，散文却因过于成熟以至形式上不易变革。但"熟极"也才会有新变，而且有可能变得彻底，这也叫绝处逢生吧。由传统的散文美学中跳出来，生出全新的散文形态，而又由散文与小说的"杂交"，衍生出不同于现代文学史上散文体式小说的新的文学品种——也许，在我们刹那间的恍惚中，这品种已经生成了呢！

再说结构与叙述

即使"散文特征"是个包孕较广的概念，它也不足以容纳文学史上的萧红。我们仍然得谈萧红本身，谈这个艺术个性的内在丰富

……………………………………………

[1] 当代小说创作生机蓬勃，可望从总体上超越现代三十年文学（局部已有超越），但当代散文创作则未可乐观，创作和鉴赏水平都有下降。这也更使得读书界迫切要求形式、内容一新的散文作品，要求新时期新的散文美学。

性，比如她所选择的结构形式。在本文第一部分中，我已由"文字组织"而及于结构，但结构毕竟包括了更多的方面。

到萧红创作小说的这一时期，新文学经十数年的积累，创作者的"结构意识"已经极大地丰富了。你由二十世纪三十年代作品中，不但可以看到各种叙事角度的试用，看到小说与散文，小说与速写、报告文学"杂交"繁衍出的新的结构样式，也可以看到小说家不同的时空意识，这种意识的多种多样的结构表现。

萧红对于历史文化的理解集中寄寓在她作品的时空结构里。时序的概念对于理解萧红作品的结构有时全无用处。那些作品的各构成部分之间，往往不是依时序，而是由一种共同的文化氛围焊接（更确切地说，是"熔冶"）在一起的。萧红更注意的，是历史生活中那种看似凝固的方面，历史文化坚厚的沉积层及其重压下的普遍而久远的悲剧。她是用宽得多——比之当时的许多作品——的时间尺度度量这种悲剧的。《生死场》写了四时的流转，却没有借时间推动情节。占据画面的，是信手展示的一个个场景。如上文说到过的，她常常把看似孤立的情景（是空间单位而非时间单元）组接在一起，并不为了表现过程的连续，而为了传达"情调"。到《呼兰河传》的前半，她更索性使时间带有更大的假定性：是今天，也是昨天或者前天，是这一个冬天同时也是另一个冬天，是一天也是百年、千年。这里的时间感、时间意识从属于作者的主旨：强调历史生活中的共时性方面，强调文化现象、生活情景的重复性，由这种历久不变的生活现象、人性表现中发掘民族命运的悲剧性。由《生死场》到《呼兰河传》，时间由模糊、重叠、富于弹性到假设性、非规定性，因而也愈益增添了"非小说性"。不能想象凭借这

样的"时间"来构造通常意义上的"情节"。小说特性在这里也被冲淡了。$^{[1]}$

时间的假定性势必造成叙述的假定性、人物动作的假定性，以至整个情节架构的假定性。出现在《呼兰河传》开头的，无论"年老的人"，还是"赶车的车夫"，以至"卖豆腐""卖馒头"的，都非特定的个人。上述称谓不是特指而是泛指——这些世世代代生活在呼兰河边的人们，以"赶车""卖豆腐""卖馒头"等为业的人们。因而，即使"个人命运"在这里，也较之在作者的其他作品里，更带有"共同命运"的意味。在技术上却并非由于依"典型化"的原则对特征进行了"集中"，而是由于作者的那一种叙述方式，和包含其中的时间意识、历史意识。也因而《呼兰河传》才更像这部书的总题：那种叙述内容，坐实了，就没有了"呼兰河"的"传"。$^{[2]}$ 时间的假定性，使特定的空间范围（呼兰河）在人们的感觉中延展了。是"呼兰河"的"传"，又不仅仅是呼兰河的。空间的特定性本是"风俗画"的必要条件，时间的非特定性则合于表现一种文化形态的目的。看似自身矛盾的时空结构，却在映现一种文化形态的"风俗画"中被作者统一了。

---

[1] 即使作为小说雏形的古老的故事，叙述的着重处也在具体的人。而散文，尤其记述风习的散文，才更关心现象的普泛性，常在叙述中以假定性代替特定性。

[2]《果园城记》（师陀）的构思命意与《呼兰河传》相近。师陀说："这小书的主人公是一个我想象中的小城，不是那位马叔叔先生——或者说那位'我'，我不知道他的身份、性格，作为，一句话，我不知道他是谁，他要到何处去。我有意把这小城写成中国一切小城的代表，它在我心目中有生命，有性格，有思想，有见解，有情感，有寿命，像一个活的人。"（《果园城记·序》，1946年5月，上海：上海出版公司）既要写成"中国一切小城的代表"——为一种文化形态作"传"，就必得着眼于普遍，重复性。《呼兰河传》《果园城记》都如此。

很难说这种时间意识是属于散文的，但至少它是足以弱化情节、弱化"小说性"的，也因而有可能助成某种"散文特征"。

叙述内容的假定性，如前所说，目的在于表现过程的重复性、生活的循环性。这不是具体的哪一天，因而才是无论哪一天，是无穷无尽的呼兰河边的日子。萧红要她的作品情境在虚实之间，在具体与非具体、特定与非特定之间，在历史与现实之间，在写实与寓言之间。《阿Q正传》的"序"至关重要。那里使用的也是近于假设的表述法，不是某一位可以考定的阿贵或阿桂，而是介乎虚实之间、具体与非具体之间的"阿Q"，这才更见出鲁迅悲剧感的广漠无垠。这种体现于"结构"中的历史认识，使作品于极其具体中多了一味"抽象"。《呼兰河传》首章中关于大泥坑的故事，不就既是"呼兰河生活方式"的象征，"意味"又更在呼兰河外，——不妨同时看作关于中国历史、民族命运的象征或者寓言？那是包含着深远的忧思和无尽的感慨的。但你并不感到有哲理对于你的强加。化入了"形式"的思想，本身即有可能成为审美对象。而叙述方式、时空结构又何尝只是"形式"呢？它们同时是内容。

沈从文也惯用这种方式叙述，强调现象的重复性。他的《腐烂》写上海闸北贫民区，也如《呼兰河传》那样，世相是他的"人物"，所写是无论哪一个灰暗的萧索的日子。依着时间写下去，时间本身却是非特定的。世相因人生而不同，笔墨则随处流转。凭着经验和想象，就着一点时间和空间，他把想象纵横地铺开去。想象在任何一点上都可以生发，一切可能的场景、过程——叙到，使诸形诸色都呈现其上，因而"过程"不但破碎而且不重要。这里是散点透视，没有贯穿线，却一端引出一端，环环相扣，节节呼应，

"自由"中仍然见出"组织"。欲以一篇文章穷尽一类世相，这种不见结构的结构，倒是出于巧思呢。沈从文的小说，除《腐烂》外，《夜的空间》《节日》《黄昏》（《晚晴》）等，都使人感到了生的扰攘。叙述者分明地告诉你他不但在看，而且在设想，在以这种方式组织他的生活印象。他把关于"结构"的设计，也一并呈现给你了。

富于魅力的更有萧红的讲述。无论使用怎样的人称，那都是她的讲述，——一派萧红的口吻，因而本质上都是第一人称的。视角的单一则由叙事人性情的生动显现作为补偿。$^{[1]}$《呼兰河传》的第一章没有出现"我"，你的意识中有"我"在，待到第二章"我"的字面直接呈现，你也不觉得突兀。在已经由叙述造成的整体氛围中，一切自然。

但作者、叙事者、作品中的"我"之间的间隙，你仍然由叙述中感觉到了。既然不是现场摹写，而是由印象、记忆中抄出，"时差"中就有心理距离。那里有微讽，以及沉重的、严峻的、悲悯的、无可奈何的诸种混作一团的情绪。保有儿童的感觉方式的作者，寄寓着作者形象的叙事者，毕竟不等同于作为作品主人公的那个孩子。因而，是"童心世界"又不是"童心世界"。其实，自传

---

[1] 萧红所追求的"语言的造型性"就正包括了叙述文字的"声音意象"的创造。即使下意识地，她在组织文字时，的确把声音因素作为了构造的根据。因而我们在阅读中所感到的"亲切"，在相当的程度上也正来自那诉说般的委婉语气。即使你并未分明地觉察到这种"诉说口吻"，那口吻中的"亲切"也已进入你的感觉了。"诉说口吻"也正属于声音层面。在这个层面上，你常常与"亲切"同时体验到"宁静"，极深的宁静。这也是你的声音感，属于听觉意识。如果你肯仔细地辨析一下你最初的感觉，你会相信那"宁静"果然是你听到的。

体（或带自传性质）的文学中的"童心世界"无不是在这种"时差"上构筑的。在这一点上，艺术"级差"往往正系于叙事者与作为儿童的人物间"间隙"的控制。

在萧红的作品中，《生死场》的结构过分自由（即使有"四时的流转"），带着一种稚拙的放任，几乎无所谓"结构艺术"。然而《呼兰河传》中萧红创造的结构形式，其雏形正在《生死场》中。我不打算掩饰我对于《呼兰河传》，对于《牛车上》《后花园》《小城三月》这类作品的偏爱。《桥》和《手》自然是好的，但是太有组织，"结构"像X光下的骨骼一样呈露着，令人想到张天翼，——张天翼的小说结构正是呈露在外的，像骨节嶙峋、筋脉凸起的手。那种结构形态也许适于张天翼的才情，却会斫伤萧红作品自然流溢的生机。因此我宁取《呼兰河传》《牛车上》等作品的浑成，以其更有"天趣"。$^{[1]}$ 这样说，等于承认了我个人对于传统散文美学境界的偏嗜。在我看来，像《牛车上》这样的作品，才真令人感到有灵气灌注。借用了创造社诗人的话说，这种文章不是"做出来"的，而是"写出来"的。

"内容—形式"统一的深层依据：悲剧感

浅水湾黄土下的萧红有理由感到幸运，即使只为了茅盾那篇《〈呼兰河传〉序》。有几人能得这样深的理解呢？因而寂寞者也

---

[1] 如果更细地比较，我还想说，《桥》的节奏形式是简单而显明的，简单到可以由段落中用笔画出来。《牛车上》等篇的节奏更内在，却使每个不只用了眼睛，而且用了心去读这些作品的人，生动地感觉到了其中的节奏和它的力量。

究竟并不寂寞。尽管如此，茅盾的有些批评仍然显得苛刻，而且不可避免地带有那个时期普遍的认识印记。$^{[1]}$ "愚昧保守"而"悠然自得其乐"，难道不正是这样一种文化形态下生活的普遍悲剧吗？老舍笔下的旧北平人，沈从文小说中的湘西山民水民，都使人看到了这种悲剧。只不过沈从文往往把他的人物生活诗化了，而萧红人物的"悠然自得其乐"，却能使你有超乎一般"悲哀"的悲哀。它不刻骨铭心，却茫漠无际。这自然不是同一时期的作品中常常可感的那种由灾难性的生活变异带来的尖锐的痛苦，而是因年深月久而"日常生活化"了的痛苦。很难说哪一种痛苦在悲剧美学的天平上更有分量。这是体现着不同的悲剧意识的悲剧，给人以不同的悲剧美感。

鲁迅在论及淦女士（冯沅君）的创作时，曾经引述过匈牙利诗人裴多菲给B.Sz.夫人的如下题照诗："听说你使你的男人很幸福，我希望不至于此，因为他是苦恼的夜莺，而今沉默在幸福里了。苛待他罢，使他因此常常唱出甜美的歌来。"引用这样的诗句不免要招致误解的吧，因而鲁迅又有如下的解释："我并不是说：苦恼是艺术的渊源，为了艺术，应该使作家们永久陷在苦恼里。不过在彼兑菲的时候，这话是有些真实的；在十年前的中国，这话也有些真实的。"$^{[2]}$ 即使在引用了鲁迅所引的诗，又引用了鲁迅为防误解的

---

[1] 茅盾认为，在《呼兰河传》中找作者思想的弱点，"问题恐怕不在于作者所写的人物都缺乏积极性，而在于作者写这些人物的梦魇似的生活时给人们以这样一个印象：除了因为愚昧保守而自食其果，这些人物的生活原也悠然自得其乐，在这里，我们看不见封建的剥削和压迫，也看不见日本帝国主义那种血腥的侵略。而这两重的铁枷，在呼兰河人民生活的比重上，该也不会轻于他们自身的愚昧保守罢？"

[2] 鲁迅：《且介亭杂文二集·〈中国新文学大系〉小说二集序》，《鲁迅全集》第6卷第245页。

解释之后，我仍然担心着误解。因为如前所说，人们对萧红生平的兴趣（包括追究她的悲剧的责任者）似乎始终超过了对作品的审美兴趣。我以为一切既成的历史都不妨作为理性剖析的对象，作者的个人悲剧在这里很可以被作为风格、艺术个性的成因之一而获得较为积极的解释。萧红的悲剧对于她个人固然显得残酷，我们却仍然不妨说，萧红的透骨的寂寞，在某种意义上也成全了她，使她的浸透着个人身世之感的悲剧感，能与生活中弥漫着、浮荡着的悲剧气氛相通，那种个人的身世之感也经由更广阔的悲剧感受而达于深远。你能说庐隐是狭窄的，却不能这样说萧红，即使她在"一九四〇年前后这样的大时代"里"蛰居"着。她没有更多地表现惨烈的斗争也许可以算作某种损失吧，但作为小说家，她却由对于自己来说最有利的角度切入了生活。每个作家都注定了要在主客两面的限制中从事创造。你很难责备、苛求作为小说家的这个萧红。就她所提供的作品看，那也许正是她所能有的最好的选择。

萧红的悲剧感也自有其尖锐性，更不必说深刻性。她把自己对于生活的悲剧感受，集中在人类生活中如此普遍而尖锐的"生"与"死"的大主题上。她尤其一再地写死亡，写轻易的、无价值的、麻木的死，和生者对于这死的麻木。

"在乡村，人和动物一起忙着生，忙着死……"（《生死场》）

与死神对过面的王婆，忙着为这个也为那个女人接生。"等王婆回来时，窗外墙根下，不知谁家的猪也正在生小猪。"（《生死场》）

也许应当说，这才是当她写《生死场》，并这样奇特地为她的书题名时，最尖锐地刺痛了她的东西。$^{[1]}$ 在萧红看来，最可痛心最足惊心动魄的蒙昧，是生命价值的低廉，是生命的浪费。

生、老、病、死，都没有什么表示。生了就任其自然的长去；长大就长大，长不大也就算了。

……………

（《呼兰河传》）

假若有人问他们，人生是为了什么？他们并不会茫然无所对答的，他们会直截了当地不加思索地说了出来："人活着是为吃饭穿衣。"

再问他，人死了呢？他们会说："人死了就完了。"

（《呼兰河传》）

恬静到麻木、残酷到麻木的，是这乡间的生活。这麻木在萧红看来，是较之"死"本身更可惨的。由《生死场》到《呼兰河传》，如果说有流贯萧红创作始终的激情的话，那就是关于这一种悲剧现象的激情吧。

染缸房里，一个学徒把另一个按进染缸里淹死了，这死人的

---

[1] 因而这部与《八月的乡村》（萧军）齐名并以其题材特点造成了相当大的影响的作品，题旨与《八月的乡村》并不那么一致。《生死场》主要的不是一部关于时事的书，它的意义也不在这里。就其本身的性质来说，《生死场》与《呼兰河传》是互为呼应，有"贯穿主题"的姊妹作。

事"不声不响地"就成了古事，不但染缸房仍然在原址，"甚或连那淹死人的大缸也许至今还在那儿使用着。从那染缸房发卖出来的布匹，仍旧是远近的乡镇都流通着。蓝色的布匹男人们做起棉裤棉袄，冬天穿它来抵御严寒。红色的布匹，则做成大红袍子，给十八九岁的姑娘穿上，让她去做新娘子。"至于造纸的纸房里边饿死了一个私生子，则"因为他是一个初生的孩子，算不了什么。也就不说他了"。(《呼兰河传》)

在作者看来，这里有真正的黑暗，深不见底的中世纪的黑暗。这黑暗也是具体的，现实中国的：这大片的土地还沉落在文明前史的暗夜里！尤其可痛心的是，"不惟所谓幸福者终生胡闹，便是不幸者们，也在别一方面各糟蹋他们自己的生涯"$^{[1]}$。这不也正是使五四时期的启蒙思想家为之战栗的悲剧现实？这里的"五四启蒙思想"，不是柏格森的"生命哲学"，而是关于改造中国社会的思想。对生命价值的思考和改造民族生活方式的热望，构成了萧红小说有关"生""死"的描写的主要心理背景。

由燃烧着的东北大地走出，萧红不曾淡忘过"时代痛苦"。因而沈从文写化外之民，萧红在《呼兰河传》中所写，却是尘世中的阴界、地狱，尽管也在僻远的地区，远离都市文化的地方。沈从文写"化外"的文化，所谓"中原文化"的规范以外的文化，萧红却在同样荒僻的地方，写中国最世俗的文化，中国绝大多数人呼吸其中，构成了他们的生存方式的文化。沈从文发现了那一种文化的浪漫性质与审美价值，萧红却发露着这一种文化之下的无涯际的黑

[1] 鲁迅：《〈幸福〉译者附记》，《鲁迅全集》第 10 卷第 173 页。

暗。沈从文写人性的自由，写一任自然的人生形态，萧红却写人性的被戕贼，写人在历史文化的重压下被麻木了的痛苦。萧红也以审美态度写习俗，最美者如放河灯（《呼兰河传》）。但即使这美，也美得凄清，浸透了悲凉感，从而与全书的情调相谐。萧红的作品，其基本特征属于当时的左翼文学，社会批评、文明批评的自觉意识，始终制约着她的创作活动。而沈从文，如我在收入本书的另一篇文章中写到的，有着不同于萧红的追求。

但透入萧红作品之中的心理内容却要复杂得多，——不仅有如上所说的相当一批现代作家共同的心理背景，而且有作者个人独有的心理根据。仅仅"叙事内容"并不足以使她与别人区别开来。而"叙事内容"如果不与"叙事方式"同时把握，你不大可能真正走近这个作者。

萧红用异乎寻常的态度、语调叙述死亡，——轻淡甚至略带调侃的语调。我在下文中还要写到，不只轻淡，她还有意以生命的喧闹作为映衬。当这种时候，她不只在对象中写入了她对于人生悲剧的理解，而且写入了她个人的人生感受，那种僝若得自宿命的寂寞感。她的关于"死"的叙述方式，曲折而深切地透露了这心态。有神秘主义倾向的人们，也许会由此敏感到这个人的命运的吧。这个性格的确自身包含着深刻的悲剧性。

王阿嫂死了，她的养女小环"坐在树根下睡了。林间的月光细碎地飘落在小环的脸上"（《王阿嫂之死》）。这是萧红的初作。

耿大先生被炭烟熏死了，

外边凉亭四角的铃子还在咯棱咯棱地响着。

因为今天起了一点小风，说不定一会工夫还要下清雪的。

（《北中国》）

这小说写在她去世的当年。

人生的荒凉也许无过于此吧。萧红的调子中却更有她本人关于人生的荒凉之感，那是笼盖了她短促生命的精神暗影。萧红笔下的"死"也有这内容一心理层面的繁复性，因此，即使"社会批评者"的萧红，也与另一批评者不同。

萧红不只透过自己的荒凉感看荒凉人间演出着的"生"与"死"，也把这荒凉感写进了人物深刻的人生迷惘里。

骆宾基写他那篇《红玻璃的故事》时，在"后记"中声明小说的构思是萧红的。这小说的主人公——一个乐天的乡下老大妈，也像《后花园》里的磨倌冯二成子那样，"偶然地"生出了对于自己整个人生的怀疑。这的确是萧红式的构思。萧红一再地写这种顿悟式的人生思考，也一再描写精神上的枯萎和死灭，——甚至在《马伯乐》这样的长篇里。你在这些文字中同样发现着作者的敏感心灵中的荒凉。

《马伯乐》中的一个车夫，家破人亡，病上加忧，把他变成了"痴人"。

……每当黄昏，半夜，他一想到他的此后的生活没有乐趣，便大喊一声：

"思想起往事来，好不伤感人也！"

若是夜里，他就破门而走，走到天亮再回来睡觉。

他，人是苍白的，一看就知道他是生过大病。他吃完了饭，坐在台阶上用筷子敲着饭碗，半天半天地敲。若有几个人围着看他，或劝他说：

"你不要打破了它。"

他就真的用一点劲把它打破了。他租了一架洋车，在街上拉着，一天到晚拉不到几个钱。他多半休息着，不拉，他说他拉不动。有人跳上他的车让他拉的时候，他说：

"拉不动。"

这真是奇怪的事情，拉车的而拉不动。人家看了看他，又从他的车子下来了。

在《后花园》里，她更精彩地——也许唯她的文字才能这样精彩——写了生趣全无的人生。无论王婆（《生死场》）、冯二成子（《后花园》），还是《马伯乐》中的这个车夫，《红玻璃的故事》中的乡下女人$^{[1]}$，都像是厌倦了生命，令你感到"生"的枯索。人物像是由极远极远的世代活了过来，因而累极了，倦极了。你由这些作品或描写中，恍然感到了萧红作品中潜藏最深的悲观，关于生命的悲观。

但愿"悲观"这种说法不至于吓退了神经脆弱的读者。我在下文中还将谈到萧红作品中表现得那样热烈（却也热烈得凄凉）的关于生命的乐观。在我看来，有这两面才使萧红更成其为萧红。

如果说《红玻璃的故事》前半的轻喜剧，骆宾基写来"本色当

---

[1] 我是在"萧红式的构思"这一意义上说这篇属于骆宾基的作品的。

行"的话，那么这小说的后半，非由萧红本人动笔才会更有味道。正如骆宾基的才能不适于如此沉重的题材，尤其不适于这样一种扑朔迷离的悲剧，萧红的才能也不适于轻喜剧、通俗喜剧。我不能因为对萧红作品以及她本人的倾心，就一并称赞了她的《马伯乐》。我以为那个构思倒是很可以让给骆宾基的。

现代作家中，沉醉于"残酷"的，是路翎吧。路翎渲染残酷，有时让人感到是在不无恶意地试验人的心理承受力。比较之下，萧红显得过于柔和了。她习于平静、平淡地讲述悲剧，以至用一种暖暖的调子。^[1]她甚而至于不放过浅浅一笑的机会。当面对真正惨痛的人生时也不免会有这浅浅的一笑吧，只不过因一笑而令人倍觉悲凉罢了。这是秋的笑意，浸透了秋意的笑。对于这年轻的生命，这又是早到的秋，正像早慧的儿童的忧郁。

"节制"也像结构、文字组织一样，是无意而得之的。节制主要来自她特有的心态，作为她的心理标记的那种忧郁、寂寞。这种忧郁、寂寞，是淡化了的痛苦，理性化了的悲哀，助成了她的作品特有的悲剧美感：那种早秋氛围、衰飒气象，那种并不尖锐、痛切，却因而更见茫漠无际的悲凉感。忧郁、寂寞自然不属于"激情状态"，却很可能是有利于某种悲剧创作的情感状态。它尤其是便于传达萧红式的历史生活感受的情感状态。"激情"的对象往往是具体的，而萧红所感受到的悲剧却极普泛。因而在萧红的作品里，那"寂寞"只如漠漠的雾或寂寂的霜，若有若无。无处不在，而又

---

[1] 她惯用"侧锋"，比如由局外的老人或儿童出发，而避免直写事态（如《看风筝》《夜风》《哑老人》等），其效果也在造成审美的距离感，使悲感因淡化而益显深切。

不具形色。它正是萧红所特有的文字组织、叙述方式，也无法由字句间、由叙述的口吻中剥出。

萧红使自己与别人相区别的，正是她特有的悲剧感，融合了内容与形式的人生的荒凉之感。这种悲剧感，统一了主客，具体又不具体，切近而又茫远，属于特定时地又不属于特定时地，是她的人物的更是她本人的。即使具体的生活情境别人也可以写出，那沉入作品底里的更广漠的悲哀，却只能是萧红的。这是一个过于早熟的负载着沉重思想的"儿童"。她并没有切肤的痛苦，没有不堪承受的苦难，却像是背负着久远的历史文化，以至给压得困顿不堪了。

在中国现代作家中，也许萧红比之别人更逼近"哲学"。由她反复描写着的"生"和"死"中，本来不难引出富于哲学意味的思想。但萧红却在感觉、直觉的层面停住了。她不习惯于由抽象的方面把握生活。也因此，萧红是中国现代作家，她的思维特征是属于这个文学时期的。对于"生""死"，她关心的始终是其现实的方面，而不是超越现实的哲学意义。中国现代作家普遍缺乏从哲学方面把握世界的能力，缺乏关于生活整体的哲学思考。有自己的哲学的作家永远是令人羡慕的。但也有过这种情况：过分清晰的哲学、过分强大的理性反而窒碍了审美创造。萧红的优势仍然在于她浑然一体的对于生活的把握，在于那寄寓在"浑然"中因而能有力地诉诸审美感情的生活思考。令我倾心的，正是这个萧红。

萧红写"生"与"死"，写生命的被漠视，同时写生命的顽强。萧红是寂寞的，却也正是这寂寞的心，最能由人类生活也由大自然中领略生命感呢！一片天真地表达对于生命、对于生存的欣悦——其中也寓有作者本人对于"生"的无限眷恋——的，正是那个善写"人生荒凉感"的萧红。而由两面的结合中，才更见出萧红的深刻。

三月的原野已经绿了，像地衣那样绿，透出在这里、那里。郊原上的草，是必须转折了好几个弯儿才能钻出地面的，草儿头上还顶着那胀破了种粒的壳，发出一寸多高的芽子，欣幸地钻出了土皮。放牛的孩子在掀起了墙脚下面的瓦片时，找到了一片草芽子，孩子们回到家里告诉妈妈，说："今天草芽出土了！"妈妈惊喜地说："那一定是向阳的地方！"……天气一天暖似一天，日子一寸一寸的都有意思。……

（《小城三月》）

有谁写出过这样融和的春意，而又写得如此亲切、体贴？她不像她"东北作家群"中某些同伴那样，努力去呼唤原始的生命力、大自然的野性的生命。她把"生命感"灌注入她笔下那些极寻常的事物，使笔下随处有生命在勃发、涌动。攀上后花园窗棂上的黄瓜，"在朝露里，那样嫩弱的须蔓的梢头，好像淡绿色的玻璃抽成的，不敢去触，一触非断不可的样子"。而玉蜀黍的缨子则"干净得过分了"，"或者说它是刚刚用水洗过，或者说它是用膏油涂过。但是又都不像，那简直是干净得连手都没有上过"（《后花园》）。并非有意的"拟人化"，却一切都像有着自己的生命意识，活得蓬蓬勃勃，活得生气充溢。萧红并不大声呼唤生命，生命却流溢在她的文字里。

天真无邪的生活情趣与饱经沧桑后的人生智慧，充满欢欣的生命感、生命意识与广漠的悲凉感——不只不同的人生体验，而且智慧发展的不同层次，都在这里碰面了。也因而才有萧红的有厚味的淡，有深度的稚气，富于智慧的单纯，与生命快乐同在的悲剧感。你也仍然见不出矛盾间的"组织"，它们和谐地浑然不可分地存在于萧红的作品里。你却感觉到了"功能"：生命欢乐节制了她关于生命的悲哀，而悲剧感的节制又使关于生命的乐观不流于盲目。——两个方面都不至达于极端，既不会悲恸欲绝，也不会喜不自胜。

对人生有深切悲哀的人，对生命如此深情地爱着。也许有了这悲哀才会有那深情的吧。如上文所说，这里也有萧红的深刻处。她仍然不是哲人，没有过自己的"生命哲学"，但她的感情深刻。

萧红特有的生命意识，自然地进入了风格层面，直到结构形态。悲剧、喜剧意识，以至更为细腻的悲悯、嘲讽意识交相融汇，没有"纯粹形态"，一个中掺入了另一个。因交叉重叠的情感"结构化"，才能有上文所说的意境的浑融，使"单纯""稚气"同时见出深厚。至于《看风筝》《小城三月》《北中国》诸篇异乎寻常的结尾形式，也无关乎"亮色"。给阴郁如严冬的故事一个明丽如春的收束，以两种人生形态、情感状态大胆组接，那色调氛围的反差谁说不正是在诉说着人生的荒凉、人与人之间哀乐的不能相通？"亲戚或余悲，他人亦已歌。"这种以朴素的生活理解为依据的悲喜剧意识的交融，令人更陷入了对人生普遍悲剧的沉思之中。

"结尾形式"仍嫌太"结构化"了，未免"着迹"。我更乐于体味的，是消融在了形式骨架之中的作者的生活理解。在后花园的火炕（那儿有"红辣辣地"开成一片的"红得鲜明晃眼"的大花）里写磨倌的寂寞，在暖融融的春阳下、牛车上叙说人生的创痛，在饱满到四溢着的生命之流中写人生的枯寂，把世界的诸多形色、人生的诸多滋味同时写出，从而使境界"浑然一体"的，是我所认识的萧红。在她这里更重要的不是"架构"，而仍然是她那种语言组织、叙述方式及其传达作者内心隐微的能力，和对于世界形象的整体性把握。

回到文字

本文由文字说起，仍想结于文字。

即使有古典白话小说的成就在前，现代白话成为真正的文学语言，仍然经历了历史。现代白话是在几代作家手里，才具有了"艺术语言"的性质的。每一代作家对于这过程都有自己的那一份贡献。五四小说家的语言运用本身，是一种真正创造性的活动。一大批作者在较少规约也尚无范例的情况下进行文学语言创造，难道不是一种壮观的景象，至少与这个星球上其他民族那里呈现过的类似景象同样壮观？创造者自身也正是历史的创造物。因而五四文学不但文白夹杂（保留了较多的文言句式、文言语词），而且作者往往出于思维习惯，以蜕变中的文学语言构造着古典文学中的常见意境（比如在郁达夫、庐隐的小说里），甚至造境手法也相近。大呼"解放""破坏"的时期，在这一方面也显示着自身的"过渡"性质。到二十世纪三十年代，文学中才有更畅达的白话，创作界才有更普遍也更自觉的文字风格的追求。"风格化"在这种新的文学语言的创设时期，永远是有效的推动力。文学语言方面生动的个人创造，是一个民族文学成熟的必要前提。

三四十年代新起的作家们，较之五四作家远为彻底地摆脱了文言文法规范。三十年代作家行文普遍的"欧化"倾向，常使人误解为在精神上割断了与古典文学传统的联系。但这不免是皮相的观察，因为"联系"只不过变得更深潜、更内在罢了。这一时期的文学语言创造，一方面表现为改造利用外来的文法形式，另一方面是对日常用语的提炼、锻造。老舍发愿烧出白话的"原味儿"来 $^{[1]}$，在这一时期即很有代表性。这些作家中，萧红的造句、造境都是白话时代的，而且少欧化句式（也可称作"译文体"吧），但如上文所说，她的文字组织，尤其渗透其中的审美趣味，却联系于民族的文学传统。这联系不好从字行间拧出，却实实在在地存在于字行之间。

一批作者利用各自的便利，由自然形态的语言，由"俗"极"白"极的日常语言，由"现成话"中发掘着表现力，发现着使之成为"艺术语言"的可能性。萧红的追求显然与老舍不同，她并不致力于对方言的提炼，甚至有时完全不使人感到"提炼"。她好用"拙语"。自"新文艺"兴，渐有一种"新文艺腔"（被张爱玲挖苦过的），久读不免令人发腻。当这种时候，任何有别于那一道腔的语言风格都会令人感到"鲜味"：穆时英《南北极》中大都会底层社会、黑社会语言的大胆运用，师陀《结婚》《马兰》中轻松俏皮富于机趣的语风，张爱玲亦俗亦雅、恣肆泼辣的文字，都令人惊奇，一新耳目，获得审美愉悦。萧红语言的"拙味""生味"也是一种"鲜味"。经了萧红的性灵，尤有醇厚的美。

……………………………………

[1] 老舍：《我怎样写〈二马〉》，收入《老牛破车》一集。

"东北作家群"中，语言以"俗白"胜的，还有骆宾基。骆宾基也用"拙语"，但与萧红文字的"拙味"并不同。叙述的平淡与从容，两个人也有相近处，而与这一作家群的某些作家迥别。同为平淡，萧红的文字有悲凉在，而骆宾基的神情才真的近于"恬淡"——心态与智慧类型也仍然彼此不同。本来这个"作家群"就不是"风格"的集合，也不具有严格的"流派"意义。

骆宾基、萧红的淡与路翎、张天翼的浓，构成了色调上的对比。这里所呈现的，是现代文学语言的色阶。骆宾基的像是随意似的用笔，他有时的故作唠叨，都是一种不用技巧的技巧，不见技巧的技巧。他的文字平滑而流畅，毫无窒碍。相比之下，路翎、张天翼当驱遣文字时，可就显得过分用力了。

不同于萧红的醉心于小场景，骆宾基更关心"过程"。"过程"往往冗长——主要是心理过程。骆宾基长于叙述，张天翼的小说中由"动作"承担的任务，他都交给了"叙述"。他一口气说下去，似乎没有大的激情，叙述方式本身却富于魅力，足使你忘其冗长。本文由萧红而及于骆宾基，无非想说明，不止萧红，其他许多小说家的创作，都有必要由文字的方面去研究。我们的风格研究还有几多疏漏呢！现代作家独特的文字修养，他们对于文学语言的提炼熔铸，往往被忽略了。似乎人的审美感觉在这一方面已变得粗糙，鉴赏力在这一方面已普遍衰退，以至难以领略较为细腻的文字趣味，尤其俗白、素淡中蕴含的美。这也是当代小说"散文化"、而散文艺术却同时衰落的原因之一吧。当然不能说散文语言较之小说语言有更高的要求，但却可以说，散文创作因其艺术传统，也因其没有"情节""故事"等凭借，往往更依赖于文字功夫。这种艺术的兴衰也在更大程度上取决于创作界与读书界对于文学语言的审美能力。

让我们回到萧红。

骆宾基的《萧红小传》（上海：建文书店，1947年）认为萧红有一个从强者到弱者的变化过程（见该书《自序》），是由萧红与社会运动的联系着眼的。我以为，小说家的萧红所经历的，倒是相反的过程：从弱者到强者。对于这个萧红，强者的证明是其艺术个性的完成，是萧红作为艺术家的自我完成。写于"蛰居"中的《呼兰河传》，是这生命的悲怆有力的幕终曲。$^{[1]}$ 我们可以向有些作家期待更多，对于萧红，却不妨满足于她已经提供的这一些。

当着悄吟女士和三郎 $^{[2]}$ 一道，写收入《跋涉》一集中的短篇时，绝对没有成为"名家"的征兆。这个例子或许可以鼓励那些初学者。二十世纪三十年代尽管已是新文学的繁盛期，却也还没有造成大的威压，使文学青年自忖其幼稚而不敢弄笔，因而他们尽有时间从容地成熟起来。在这一时期两个人的作品中，三郎蓬蓬勃勃的情绪，总像要把作品的外壳涨破；悄吟所有的，却是动人的细节。而有三郎式的粗犷的衬映，悄吟的文字已经显出了那可爱的稚拙。

"稚拙"有可能成为美的。人类所创造的艺术品中，也许正是稚拙的美，最经久，最耐得住时间的磨损。但美学意义上的"稚拙"，

---

[1] 她的小说中，《牛车上》《王四的故事》《后花园》《小城三月》，甚至《北中国》诸篇，都不妨看作《呼兰河传》的延展，尤其风格、调子的延展。尽管其中有几篇写在《呼兰河传》之前。这是萧红的"《呼兰河传》时期"，是作者浸润在关于呼兰河的情绪记忆里的时期。

[2] 悄吟、三郎，分别为萧红、萧军的笔名。

与幼稚只隔着一层纸。艺术上的幼稚却不可能唤起审美感情。萧红的作品如果说有一个水平的波动区域，那也就在这两者间吧。（萧红的创作水平也的确起落不定，令人不免看得有些担心。）《王阿嫂之死》等是幼稚的。而《牛车上》《小城三月》所显示的，才是审美化了的稚拙。

从《王阿嫂之死》到《牛车上》，萧红式的"单纯"才终于成其为美，具有了风格意义。仅仅说"自然而然""无意得之"是不完全合乎实际的。这里也有自觉的风格追求，有对于意识到了的个性魅力的审美显示。萧红也曾一度力求"规范"，写依当时的标准看来"像小说"的小说。这作为一种艺术训练，对于她或许是必要的。但在"有意的追求"之后，这个个性却必得更为自由放任，因为任何拘限都会斫伤生机。她以追求"规范"使自己脱出了幼稚，她的成熟却最终在于她找到了适当的方式，得以最为自然地展示自己。

萧红的作品不多，真正的佳作更不多。但有《呼兰河传》，有《牛车上》《小城三月》，萧红也就有了文学史上她自己的位置。近几年的"萧红热"，多少让人感到有点虚浮。"量"的发现并不能为这名字增添什么。那个不甘瞑目的萧红，也许更希望人们识得她作品真正的美质，从而发现她作为小说家的全部价值。

一九八五年十一月

*本篇收入《论小说十家》，作为浙江文艺出版社"新人文论丛书"之一种，1987年由该社出版

贰

我读傅山

本文的读傅山，所读乃《霜红龛集》（丁宝铨刊本，山西人民出版社1984年影印出版）中的傅山。《霜红龛集》非即傅山，自不能指望从中读出傅山全人。但其中有傅山，尽管所读出的或因人而异。本文所写，即我所读傅山之为"文人""名士""遗民"。

文人傅山

明代江南（尤其东南）文人文化昌盛，相形之下，北方即见"厚重无文"，人文风物似质实而乏情韵。生长晋中的傅山富于文人趣味，只是其人以遗民名，以医名，以金石书画名，以侠义名，其"文人"之名不免为上述诸名所掩。

自扬雄说"雕虫篆刻""壮夫不为"（《法言·吾子》），文人虽手不能缚鸡，却每大言"经世"，似鄙文事为不足道。傅山虽也偶尔袭用这类话头，但他确实一再表达过对文事的尊重。这里有明确无疑的价值态度。其《老僧衣社疏》说："若夫诗是何事，诗人是何如人，何谈之容易也！"（《霜红龛集》卷二二，页606）在傅山那里，文与书与画，境界无不相通。但他说"一切诗文之妙，与求作佛者境界最相似"（《杜遇余论》卷三〇，页818），却是参悟了妙谛之言。他说："明经处到不甚难，以其是非邪正显然易见，而文心拒播覼缕，实尘糟所难得窥测。"（《文训》卷二五，页673）由儒者看，怕是将难易颠倒了。傅山醉心于文字之美，对其论文的手眼也颇自负，自说"胸中有篇《文赋》"（同卷页693)。$^{[1]}$至于其说"世间底事，好看在文，坏事在文，及至坏事了，收拾又在文"(《老子十三章解·绝圣弃智节》卷三二，页853)，却又不免出诸文人(不限于文人)式的夸张。

清初北方遗民中，傅氏是博雅与通脱足与江南人士比拟的人物。由他的《与戴枫仲》(卷二四)一篇说为文次第，可知其文章背后的知识准备：子、史之外，尚有佛典道藏。("西方《楞严》""东土《南华》"等)傅氏本人行文造句常出乎绳尺之外，正依据于他多方面的学养与才艺。他的画论尤可自注其文字。$^{[2]}$似乎是，傅山以书画家而为文，即将书画径直作进了文章，表达也往往因突兀而警醒，陈腐于此即成新鲜。《犁娃从石生序》(卷一六)劈头一句是"犁娃方倚晋水之门"，就颇饶"画意"，绝非一味规摹唐宋者所能写出，更不必说"制艺"那一种训练。至于似率易的文字间每有精悍之气溢出，又是性情不可掩也不欲掩者。

傅山长于记事而不循史法，传状文字常杂用小说笔法，取一枝一节，或略小而存大(其所以为的"大")，适足以造成叙述的个人性。命意亦奇。如《笔道人传》(卷一五)的发挥"笔"(即聲)之义，《叙灵感梓经》(卷一六)的说"受苦""受救苦""救受苦"，思理活泼，议论风发泉涌。下文将要谈到的《书山海经后》更属巧于设论、妙于用喻的一类。傅氏所谓

……………………

[1] 卷二六的《失笑辞一》《失笑二》，似即可读作傅氏的《文赋》。二文叹文事的奥妙无穷，状其境之壮丽丰富。他笔下的"文"，亦一种生命现象(有其"天")，"拘士""文章礼法之士"只能使生气全失。其不满于"功百诵一"的儒者所谓"诗赋之经"。至于所说文的"无古无今"的非时性、超时性，亦可注傅氏在时风中的态度。

[2]《题赵风白山水巨幅》即有"绝不用绳尺"一句。因出乎"此事法脉"，方成"奇构"。论梁乐甫字，亦欣赏其"全不用古法，率性操觚"(卷二五)。

能使"精神满纸"的那"三两句警策"（卷二五《家训》，页694），他得之似易易。不同于寻常传状文字的还有，不大记传主的政绩，而好写家常琐屑——也透露出傅氏的价值态度，其所轻与所重。至于如《汾二子传》，不妨读作关于士的处境的寓言：士处俗世、庸众中。该篇写王、薛二人的行径为"汾之人"所非笑，其死又之后"汾之人皆益笑之"。这里的"汾之人"，也如三百年后鲁迅笔下的"鲁镇人""未庄人"，像是某种"总名"。"士在众人中"，是傅山关注的一项主题，这类主题也更能注释其自我界定与处乱世的姿态。

傅山文字"拙"而富于谐趣。"拙"正属他所好。但拙非即枯淡；傅山所好的，是古拙而有风致（亦即"韵"）的一类。他本人的文字就一派朴茂，因古拙以至生涩示人以"人性力度"，那"拙"于此是文境又是人性境界。$^{[1]}$其朴其拙，都经了打磨烧炼，类木石之精，精气内蕴，只待由文字间稍泄而已。他那种半口语化的非规范（不合文法）表达，故作唠叨，足以酿成一种俳谐趣味。写风情固谐，送行文字亦不妨调侃（如卷一二《草草付》），传状文字更庄谐杂出（如《明李御史传》模仿口吃）。谐趣、乡野村俗气、狡邪趣味，诸种成分出诸傅氏笔下，已难以离析。善谐本是一

---

[1] 傅山说"拙"，如《喜宗智写经》（卷二二）。与此相通，他乐赏"高简"，《家训·文训》曰："文章未有高而不简，简而不挚者。"（卷二五，页673）乐赏"直杆"，《题汤安人张氏死烈葬后》所谓"直朴不枝"，"专向自己心地上作老实话"。（卷一七，页495）品藻人物也用同一尺度，如《太原三先生传》（卷一五）形容王先生"真朴瀚简"（页439）。但这仍只是其一面，由其所作大赋，可知其对华丽富赡的嗜好，也可知其所论拙、朴，非枯淡之谓也。你自然感到，"拙"在傅氏，是审美更是道德境界，且已非"本色"，而是出于自觉的提炼。他本人的文字绝非一味"拙"。其行文运思的机智处，显然得诸对《庄子》的嗜好与佛学（包括禅宗机锋）训练。

种心智能力，在傅山，又根源于温暖的世俗人间感情。至于庄严文体（如卷二二《红土沟道场阅藏修阁序》等）用不庄严语书写，则又属于傅氏特有的智慧形式。傅山曾自杵其不庄 $^{[1]}$，但性情在这里也终不能掩。

为傅山之人之文在雅俗间定位很难。南方人士由其乡俗、村野处读出了"萧散"。如下录的小笺《失题》（全文）："老人家是甚不待动，书两三行，膀如胶矣。倒是那里有唱三倒腔的，和村老汉都坐在板凳上，听甚么'飞龙闹勾栏'，消遣时光，倒还使的。姚大哥说，十九日请看唱，割肉二斤，烧饼煮茄，尽足受用，不知真个请不请。若到眼前无动静，便过红土沟吃碗大锅粥也好。"（卷二三）像这样土色斑驳且古意盎然，在城镇消费文化发达的江南（尤其东南），已难以在士人文字中觅见。因而好傅氏之文者，也可能出于文化怀念。其实为南方人士所感的"萧散"，在北方士人，倒可能是直白地写出的日常状态，经了不同情境中的阅读才成"闲适"的。傅氏的这一种"近俗"，所近乃"村俗"（不同于"市俗"），要由北方生活本身的"乡村化"来解释。北中国"城市化"水准长期低于江南（尤其东南），而傅山又拒绝晋商所代表的那一种文化。$^{[2]}$ 他的古风与乡气，因于环境也出于主动的选择。但也仍不妨认为，傅氏的这类短章小简，与同时张岱等人的小品，

---

[1]《明观察杨公黄田先生传》（卷一五）传后附记："忆三十年前，或有以画研属余题者，余颇为离合体讥之……而先生颇闻之。尔栻与余言：'先生云：人以文事相属，是雅相重，何轻薄尔为？'余闻之，猛省，谢过，自是凡笔墨嘱请之习辄除于中。"（页414—415）

[2] 参看卷三六《杂记一》说"丙贾绝不可谒为"，似惟恐其流，宁人负我，不可负人，甚至不可以"负我""藏诸心"（页1004—1005）——确也古色怆然。

虽有人生及文字意境的不同，却都呈示了悠然宽裕的一道人生风景。

至于如傅山那样，将方言俚语运用得一派娴熟，则又是江南的博雅之士所不屑为也不能为的。这也堪称傅山的一绝。"乡俗"于此，即成别趣。傅氏虽杂用各体，但在我看来，最本色当行者，还是那些像是率尔为之的文字，如《草草付》《失题》之类。你大可相信这类文字间散发出的世俗人间气味，正为自居"方外"的傅山所沾恋。而他的文体趣味，也包含了对那形式所寄存的生活方式的肯定态度。

其时的北方人物，傅山之外，如孙奇逢，均有似出天性（而非出诸义理如"道平易"）的"平民气"。孙氏在我读来，尤其气象淳厚宽和如大地，与同时理学中人颇不侔。但那是"乡士"而"庄"的一类，与其人的儒者身份一致，风味仍不同于傅氏。傅山即其平民气，也根柢于文人性情。$^{[1]}$ 傅氏对类似的人生意境极具鉴赏力。《题唐东岩书册》中记唐颐（东岩）之子近岩老人佚事，谓其"质实无公子习"，"传闻访先大夫来时，每骑一驴，随一粗斯。坐久，斯睡熟，不能起。先生譬之，令牵驴，不即应，笑而待其瘫"。（卷一八，页539）

如此近俗的傅山，偏能行文古奥，佶屈聱牙，又使你相信其人的嗜古（当然其"嗜古"与前后七子的根据未必同），正在其时的

---

[1] 但他颇能欣赏孙奇逢，说孙氏"真诚谦和，令人诸意全消"，自说"敬之爱之"，甚至为孙氏的"模棱"辩护（《杂记三》，卷三八，页1068）。他对"王学"有显然的好感。

复古空气中。$^{[1]}$ 清人及近人好说傅山与清学、清学家的关系（如其金石学、训诂，与阎若璩），似欲以之为其人增重。但傅山的神情显然与学问家不似，所用也非严格的学术方式。$^{[2]}$ 至于以佶屈聱牙状难状之境，迷离惝恍，出入于真幻、虚实、梦觉、明晦、空有之际，也足以使他的文字脱出陈、熟——尽管有时像是走火入魔，仍不妨看作精心设计的文体策略，其中或暗含了对士人的"不学"的反讽。他的《序西北之文》说毕振姬之文"沉郁，不肤脆利口耳。读者率信偬之，以为非文"（卷一六，页465），径可移用于形容他本人的这一路文字。你可以据此认为，傅山对"拙"的喜好，与佶屈聱牙，固然系于性情学识，也出于自觉的文化姿态：逃避媚俗。事实上，他极其鄙夷以至憎恶他所谓的"奴俗"，对这种俗，

---

[1] 傅山对汉代文化情有独钟，不但对汉赋、汉碑，且对《汉书》。这也是其所尤"嗜"之"古"，上述"拙""朴""高简"，均可注其此种"嗜"。他要戴廷栻（枫仲）"细细领会《汉书》一部整处"，说"外戚一传，尤瑰碎倩丽，不可再得"。（《与戴枫仲》，卷二四，页653）"整傲"而"瑰碎倩丽"，是其读"汉"而尤有会心处，也是其为文用力处。卷一六《两汉书人姓名韵叙》说早年读《汉书·东方朔传》，"颇好之"。卷三七自述早年学书，"既一宗汉法，回视唐书，真足嗤矣"，说"汉隶一法，三世皆能造奥"。（页1044—1045）对东汉节义，更再三致意。

[2] 其以书法家，由文字学、金石学知识解字，却每每动情，似由字中感觉得一派生意，不唯"是"之求，有时传达的每字觉是对文字的诗意感受。如以为"秦"字"最韵"，"篆"字"妙理微情"，"意之心动，亦有女怀春，妙字，不必以淫心斥之"等。（《杂记二》，卷三七，页1023）至于因解字因释义而驳正成说，不惜穿凿（亦每有妙解），也更为显示思理的活泼，证明其知解、想象力，与严格的训诂旨趣有异。

敏感到近于病态。$^{[1]}$这里又有傅山的洁癖，对某种文化"纯洁性"的几近于苛的要求。傅山的近俗与对"俗"的极端拒斥（"和""同"与拒绝和同），就如此地呈现于文字层面。不如说，傅山以个人化的形式，将所谓"漆园"（《庄子》）的文化品性固有的矛盾性呈现了。

有如此深的文字缘，即不大会附和禅宗和尚所谓的"不立文字"。文人禅悦，所"悦"往往就在文字所负载的智慧与"文字智慧"。这通常也是文人与佛学的缘。$^{[2]}$傅山的文字兴趣，对"无用之辨"的兴趣，对心智愉悦的追求，确也有助于解释其对佛经的耽嗜。$^{[3]}$傅氏一再以"俗汉"与"韵士"对举。《恭喜》一文说"诸佛菩萨无不博学，语言文字谓不用者，皆为诳语"（卷二二，页629）。《劣和尚募疏》（同卷）更比较了"俗汉"与"风韵君

---

[1] 傅氏说"奴俗"处甚多，尤其在论书法的场合。如说"奴态"，"蝉蜕野俗之气"，说"学亦何与人事，政复恐其带奴俗气……不惟字"。（卷二五《家训》，页695，701）还说"奴儒""奴师"（卷三一《学解》），"奴书生"（卷三七《杂记二》），训讲学日"麈糟奴货"（卷四〇《杂记五》），党争则有"奴君子"（同卷《书宋史内》），至论医亦说"奴"（卷二六《医药论略》）。说"不拘善事，只不要奴"（卷三八《杂记三》）。"奴"在傅氏，乃极邈之称。"奴人"的反面即"妙人""高奥者"，亦应即其他处所谓"韵士"，实即慧业文人。"奴人"有时也指庸众（参看卷二八《傅史》）。

[2] 参看卷二二《某智慧缘》《草草付》。傅氏写性境，笔下也一派生机，且有画家所好的繁富意象。"必使境界壁充，是为真空，不见华严铺陈，亦自受用。"（《五谐社疏》卷二二，页615）。有此见识，也自不会附和"默聪明"之说——或许因此，骨子里倒是更近"漆园"的吧。

[3] 参看卷三四《读子三》读公孙龙子的几则。其于世儒的不复，亦可由此种文人根性得一解释。他说儒家"所谓布帛菽粟之文，一眼而句读而大义可了"（页940），非但无余蕴（如公孙龙如《楞严》的"幽奇""空深"的"旨趣"），且不能变化多姿（"变化缥缈恍惚若神者"）。其对《墨子》的兴趣，则也因其"奥义奇文"（卷三五《读子四》）。其读《公孙龙子》《墨子》，均可自注其与佛教之缘与道教皈依。

子"宗教趣味之别：也可读作他有关"文人与宗教"的一种解释。该文说谢灵运一流文人有"作佛根器"；谢灵运也正属于黄宗羲以之为"山林之神"的"慧业文人"（参看黄氏《斩熊封游黄山诗文序》）。民间信仰与文人信仰根柢本不同。文人非但向宗教寻找"人生观"，且向宗教寻诗，寻找构造人生意境的材料，与侥佛求福祉者，动力自异。傅山《药岭宁宁缘》断然道："若云庄严不是风韵，风韵不是庄严，都无是处。"（卷二二，页631）吸引了文人的，即此融会了"庄严"与"风韵"的宗教意境。南北或有不同的智慧形式，如南方的义理兴趣，与北方的践履热情；但"文人性"却无间南北。傅氏也即据此解释了爱佳山水（如谢灵运）与"作佛"的内在关联。

傅山与佛、道的缘，又不只系于文字。傅山嗜读佛经，《家训·佛经训》（卷二五）说佛经"大有直捷妙谛"，"凡此家蒙笼不好问答处，彼皆粉碎说出，所以教人翻好去寻讨当下透彻，不骑两头马也"（按"此家"应指"儒家"）。即使如此，佛教仍未必可以作为信仰，故"须向大易、老子寻个归根复命处"（页682）——又解释了其所以"黄冠"而不"披缁"。佛教盛行于南方，道教流行于北方，固有各自的根据；傅山的"黄冠"，却要由其人的"终极关怀"与立身的严肃不苟来解释。

这里说文人傅山，以"文人"（亦一种读书人）为身份、角色，何尝不出于选择！在傅山，选择"读书"之为生活方式，也即选择"纯洁的人生"，使"一切醺醺人事不到眼前心上"。（《佛经训》，页684）他训子侄，也说："凡外事都莫与，与之徒乱读书之意。"（卷二五《家训》，页701）当易代之际，这种"文人"的角色选择，也即选择与当世的关系，选择活在当世的方式，其意味可知。他甚至具体描写了他想象中的那一种文人生活情境："观其户，寂若无人；披其帷，其人斯在。"（同上，页704）这里又有晚年傅山所希冀的生存状态。洁癖，对纯净度的苛求中，从来有文人式的"弱"。这不消说是退守的人生。傅山于此，也更见出了"道人"面目。

周作人自说"甚喜霜红龛集的思想文字"（《风雨谈·〈纯吟杂录〉》，页34，岳麓书社，1987），作过一篇《关于傅青主》（见同书），大半是抄录，却也可见其喜之"甚"。周作人谈论傅山，将傅山与颜元比较，我读傅山，想到的却是其时浙西的陈确。颜元思想虽较顾炎武、黄宗羲为"古怪"，但那种圣徒气味，即与傅山不伦。陈确虽师事刘宗周，但似生性与理学不契$^{[1]}$，有与生俱来的文人习辟，饶才艺，富情致。其人之"韵"，正近于傅山的一路。骨子里那股倔强廉悍之气也相类。只是陈确虽不契理学，仍未全脱道学方巾气，是儒家之徒，辟起佛来即武断到不由分说，没有

---

[1] 黄宗羲《陈乾初先生墓志铭》二、三、四稿均记其"不喜理学家言"，"格格不能相入"。（《黄宗羲全集》第十册，浙江古籍出版社，1993）《霜红龛集》卷三一《字解》则批评"世儒"，"世俗之沟犹脊儒"。（该文解释"沟犹脊儒"，曰："所谓在沟渠中而犹然自以为大，盖瞆而儒也。"语见页825）卷四〇记李颙，尤生动地自白了与其时主流思想学术、主流话语的"不契"。该书中其他批评理学、宋儒处尚多。

傅氏思想的"宽博"。$^{[1]}$但陈确的透彻处，又非傅山所能梦见——对此，我将在下文中谈到。

名士傅山

周作人说，"傅青主在中国社会上的名声第一是医生，第二大约是书家吧"（《关于傅青主》，《风雨谈》，页3，岳麓书社，1987）。我相信傅氏生活的当时，其人事迹传播于人口的，肯定还有（或曰"更是"）豪侠仗义。几种关于其人的传记文字，都说到崇祯九年傅山率众赴阙为袁继咸讼冤的壮举，以之为令傅氏名声大噪的重要事件。正是此举使你相信，易代之际他的身陷图圄，是命中必有的一劫。傅山本人像是并不即以豪杰自命，那篇《因人私记》披露的更是世情、"士情"；对入狱事更诮莫如深。但那血性，那豪气仍每出文字间，而且是北方式的血性与豪气，沾染了"冰雪气味"。

他的《叙枫林一枝》记丹枫阁外雪，"落树皆成锋刃，怪特惊心"（卷一六，页463）。因读戴廷栻（枫仲）《枫林草》残编，

---

[1] 关于陈确之饶才艺、富情致，参看黄宗羲《陈乾初先生墓志铭》初稿（《黄宗羲全集》第十册）。陈、傅二氏可比较者尚不止于是。他们均有"世家"背景，均擅书法（傅山更负盛名），都好说"孝"（陈确曾书《孝经》），但傅山却绝无陈确关于"节义"的通达见识；明末浙、晋两地著名的诸生干政事件，分别由陈、傅倡首（黄氏所撰墓志铭说陈确"廉劲残忍，遇事发愤有大节"，傅山也略同）；陈、傅均表妻不再娶，不纳妾，陈氏且著《女训》，与其论学宗旨不合的张履祥亦称道其"居家有法度"（《杨园先生全集》卷三二，道光庚子刊本）——姿态大异于其时标榜"通脱"的南北名士；只是陈确更有规矩，并傅山那种诉诸文字的快班趣味也绝无。作为其时有名士气的南北著名遗民，其人与其时其世、当代思想学术、伦理观念的关系，是研究士的精神自由及其限度的材料。

见其"俱带冰雪气味"。傅氏正有此冰雪情怀。其兄傅庚说其"无问春侧侧寒，轺立汾河冰上，指挥凌工凿千亩琉璃田，供斋中灯具"（卷一四傅庚《冷云斋冰灯诗序》，页369）。有此豪兴，且好奇境奇情，正是名士面目。

真名士无不是所谓"性情中人"，如黄宗羲所说"情之至者，一往而深"（《时槯谢君墓志铭》，《黄宗羲全集》第十册）。深于情也即伤于情。傅山本人就说过，"无至性之人，不知哀乐；有至性之人，哀乐皆伤之"（《佛经训》，页686）。孙奇逢《贞髯君陈氏墓志铭》记傅山之母："当甲申之变，山弃家而旅，随所寓奉母往，母绝不以旧业介意，沙蓬苦萱，怡然安之。迩岁之甲午，山以飞语下狱，祸且不测，从山游者佥议申救。贞髯君要众语之云：'道人儿自然当有今日事。即死亦分，不必救也。但吾儿止有一子眉，若果相念，眉得不死，以存傅氏之祀足矣。'逾年，飞语白，山出狱见母，母不甚悲，亦不甚喜，颔之而已。"（《夏峰先生集》卷七，畿辅丛书）傅山母确可称乱世奇女子。但"奇"而至于出人情之常，令人但觉气象荒寒，不似在此人境。傅山的道行似终不能至此。《霜红龛集》卷一四那一组《哭子诗》，写亲子之情，篇篇血泪，悲慨淋漓。"无情未必真豪杰。"在我看来，惟其如此，才更足称名士。

钟于情，即有所执持，对人间世有其沾恋，非世俗传说的那种亦人亦仙的怪物。傅山的《明户部员外止庵戴先生传》，说戴氏"天性专精坚韧人也"（卷一五，页434），也是夫子自道。这"专精坚韧"与下文将要说到的"不沾沾""不屑屑"，绝非不相容。周作人读傅山，读出了"倔强"与"辣"（《关于傅青主》），所见即与顾炎武不同。但傅氏的魅力维持得较为长久者，却又确实更在顾炎武所说的"萧然物外，自得天机"（《广师》，《顾亭林诗文集》页134，中华书局，1983）。那萧然也同样根祗性情，又是一种经了理性熔冶的人生态度。无论作字还是作诗作佛，他均不取"有意"，以为如此方能不失其"天"。他笔下人物亦可注此。《帽花厨子传》说其人"聊为诸生，不沾沾诸生业"（卷一五，页454）。《太原三先生传》写王先生"好围棋，终日夜不倦，亦不用心，信手谈耳"（同卷页440）。写钱先生："时时有诗，不屑屑呕心，所得佳句率粗健淡率，极似老杜口占诸奇句。七十以后，益老益健益率益淡，绝不尔忸也。"（同上页441）$^{[1]}$但更难能的，还应当是对产业的"不沾沾"，用了"漆园"的话说，即不"役"于此"物"。$^{[2]}$有这份洒落，才足以令其人不鄙（《帽花厨子传》所谓"鄙夫"的"鄙"）。"不沾沾""不屑屑"，也即不呶呶，不热衷、奔竞，才会有其魅力所在的那份悠然、宽裕，他人所乐赏的"萧然""萧散"。有这种似执持非执持的态度，也才配说所谓"漆园家法"。

---

[1] 傅氏本人对文字的态度亦然。参看《霜》附录三刘赞录载延杖刻《晋四人诗》"凡例"。刘霁《霜红龛集备存小引》亦曰："傅青主先生足迹半天下，诗文随笔随掷，家无藏稿，亦无定篇。其有执所著以问先生，而先生已忘为己作。"（同上页1238—1239）《霜》乾隆年间张思孝所辑乃十二卷，刘霁辑40卷付梓已是咸丰间，傅氏著述尚多佚。另有未"佚"而为编刻者摒弃的，见页56注1。傅氏晚年对自己文字的态度似有变化。《家训》嘱孙辈："凡我与尔父所为文、诗，无论长章大篇，一言半句，尔须收拾无遗，为山右傅氏之文献可也。"（卷二五，页703—704）

[2] 其《佛经训》说："一生为客不为主，是我少时意见颇尔尔。故凡事颇能敏展达之，遂能一生无财帛之累。"（页684）郭钺《微君傅先生传》（《霜》附录一）说傅氏为表继成谈觉事"出万余金"，可知其烧于罄；又说其易代后"弃教千金腴产，令族分取，独琴其子居隐于城东松庄"（页1161）。能敏展富贵，才是"世家子"且"漆园"之使本色。

傅山式的萧然自然不是"做"得出来的。那萧然并不由于天真，倒更像是因了入世之深。$^{[1]}$ 傅山深于世情，对"人"甚至未必有粹儒式的乐观信念，竟说"最厉最毒者人"（《杂记三》卷三八，页1054）；对人加之于人的迫害，像是创巨痛深。这足以提示"萧然"的限度。《汾二子传》写庸众的麻木冷漠，《因人私记》写"人情反复，炎凉向背"，都凛凛然透出寒意。他也从来无意于掩饰其现世关切。他本人曾自说其"萧散"之不得已。《寄示周程先生》曰："弟之中曲，不必面倾。示周吾之道义友，自能信之。然成一骑虎神仙人，或谓其有逍遥之致，谁知其集蘧茹蘖也！"（卷二三，页637）这逍遥中的苦趣，也要深知遗民者才能品出。实则傅山其人热烈与萧散兼有之。一味激切，即不像人生；萧散不已，人生又会少了分量。顾氏所见，未必误解。$^{[2]}$

既有名士风，见识自不同于俗流。名士例不讳言"色"，通常也就以此与道学、礼法士较劲。《霜红龛集》卷二《方心》序径说"色何容易好也"！（页36）《书张维遇志状后》一篇则许张氏"敢死"，说："敢死于床箦，与敢死于沙场等也。且道今世纵酒悦色以期于死者，吾党有几人哉"（卷一七，页496）——确系出于"别眼"，所谓"常人骇之，达者许之"（《书郝异彦卷》，同卷

---

[1] 由傅氏名区、名将像赞（参看卷二七《历代名区像赞》），及《傅史》一类文字，可感其人对事功的渴慕。他说韩念，说白居易，对其政治才具、事功，均艳称之，又未始没有对"文章士"的轻视。至于他本人的强毅、能任事，则可证之以《因人私记》等文。

[2] 全祖望《阳曲傅先生事略》（《鲒埼亭集》卷二六，四部丛刊初编集部）："惟顾亭林之称先生曰'萧然物外，自得天机'，予则以为是特先生晚年之踪迹，而尚非其真性所在。阜尔堪曰：'青主盖时怀覆又之志者'，可谓知先生者矣。"可见知人之难，即遗民也不即能知遗民。

页500）。《犁娃从石生序》写风情，题旨严肃，却也仍能令人感得透出于文字间的狭邪趣味。至于乐府《夕夕曲》（卷二）等，更流于香艳。傅山或许属于周作人所说为人谨重而文字放荡（偶一放荡）的一类。他所作传奇竟被编刻其文字者付之一炬，其"猥亵趣味"可知。$^{[1]}$傅氏所好之风情，与东南名士所好的风雅文人与旧院才媛间的"风情"，显然有质地的区别。至于上文说到的陈确，其笔下绝无傅山那一种村野气、俗文化气味。这里或许又可见出乡村式的北方与城市较为发达的南方的文化趣味的不同。

说"色"态度世俗，说"食"亦然。傅山自称"酒肉道人"（《帽花厨子传》）；他确也颇不薄待自己的那副皮囊，非但不讳言口腹之欲，且写"吃"的津津有味，像是在蓄意冒渎雅人。如上文所录《失题》中的"烧饼煮茄"及"大锅粥"，《矮矮喝陀南赋》（卷一）、《矮矮小赋》（卷二）、《无聊杂记》（卷七）的咏"合络"（《书张维遇志状后》所写"河漏"，疑亦"饸饹"）。他对于食，所欲不奢，写到的多属民间且地方性小食或野味，其乡土爱恋在上述表达中，也格外切实。由这类文字还可知，傅山虽言及"易代"即不胜怆痛，但并不即因此而自虐，其人的"遗民生涯"，并不如人们所设想的那般枯寂。

傅山好"以道人说和尚家语"（卷二一《天泽碑》，页583—584）。他虽于道学不契，对道学而"忠义"者却不吝称许。甚至谈及

---

[1] 由刘富《霜红龛集·例言》可知，傅山所作传奇内容多俗，其中"语少含蓄"（应即不雅则）者，"古坟一见，即投诸火。诗文有类此者，概不收录"（《霜红龛集》附录三，页1247。按古坟，待考）。傅氏不讳而他人讳，亦文人身后遭际之奇特者。倒令人想到傅氏本人是否尚有未传之奇？

"门户"，也不标榜超然，附和时论（参看卷一五《明李御史传》）。他撰《题三教庙》，用了调侃的口吻，说："佛来自西方，客也，故中之；老子长于吾子，故左之；吾子主也，故右之。虽然，他三人已经坐定了，我难道拉下来不成？"（卷一八，页545。按"吾子"即孔子）非但"三教"不设畛域，对三教外之教也不排摈，表现出包容的气量（时下所谓"同情之了解"），像是并无"异教"概念。$^{[1]}$在门户、宗派之争势同水火的明末，可算得异禀之尤"异"者。在我看来，唯其能如此，较之其时名士，是更"彻底"的名士，也是更诚实无伪的信徒。

傅山非但不以"出家"为佛徒的标志，且以为"真作佛者，即真佛牙亦不持"（《传史》卷二八，页772）。由其文字看，傅山做"道人"同样不拘形迹，做得一派自在。《书扇寿文玄锡》曰："不知玄锡之事天，不于其众所匍伏之寺，而独于其屋漏，僩然临汝，无时不畏威怼住此。"（页554）但"事天"而"独于其屋漏，僩然临汝"者，较之"匍伏"之"众"，对宗教从来更有一份虔信。傅氏何尝独于信仰为然！他从未自放于礼法之外，而对礼法秩序，其神情毋宁说有十足的庄重。这也应是《庄子》以还几千年间士的历史的结果。你看他以批评神宗为"大不敬"（卷一七《书神宗御书后》），即绝不像是会有黄宗羲《明夷待访录·原君》的那种思

---

[1] 他强调夷夏之辨，但在信仰层面上，却又持论通达，重在"真"与境界之相通，而无论胡、华、佛、偱。《太原三先生传》说回教："乃知其教之严净，非异端也。"说教中人："今七十矣，而奉其教不衰，可不谓用力于仁者哉！"（页443）其《书扇寿文玄锡》："先生原西极人。西极之学，与耶苏同源而流少异。今五争正陪，然大都以事天为宗。"（卷一九，页554）

路。他自说曾编"性史"，"深论孝友之理"，"皆反常之论"。（《文训》）那"反常"多半也如不守戒律，更因了对经典的尊视、对义理的深求。这只要看他即使为佛家书碑，也啧啧说忠孝不已即可知。他自说"颇放荡，无绳检"（《跌忠孝传家卷》，卷一八，页533），也偶有狭邪之作，对儿女情事别具鉴赏态度，却又乏关于节烈的通达见识，如东南人士归有光、归庄等人那样。你绝不能想象其人能如钱谦益似的娶河东君之流"礼同正嫡"——且不论荒寒的北方有无可能滋养出河东君。他说如下的话时的态度，是绝对严正的："凡妾略见内典一二则，便放肆，有高出三界意，又焉知先王之所谓礼者哉！礼之一字，可以为城郭，可以为甲胄，退守进战，莫非此物。"（《杂记二》卷三七，页1015—1016）正是由纲常伦理，标定了其人"心灵自由"的限度。你不妨相信，叛逆性的伦理思想，倒是孕育在风流的南方，商业化、城市化水准较高的南方，有着风雅文士与旧院才媛的南方。其时北方优秀之士，常显示出土地般素朴的智慧，甚至不避"猥亵趣味"，却可能有骨子里的迂阔。傅氏论书、训子，一副端人正士面孔。那为人艳称的旷达淡泊，是以道德自律为底子的。周作人虽"甚喜"傅山的思想文字，对其家训却不大以为然。（《钝吟杂录》，《风雨谈》）也正因此——由通达之士的不甚通达处，正可看出其人与其时其世的更深刻的精神联系。$^{[1]}$

因而上文所说傅氏之洒脱、之不拘形迹，要与其自律之严、

[1] 铭曾易《傅徵君传》（《霜》附录一）："失偶时年二十七，届南五龄，旁无妾媵，誓不复娶。"丁宝铨所辑《傅青主先生年谱》系张氏卒于崇祯五年，傅山二十六岁。

行事为人之不苟一起看，才读得明白傅山的。傅氏确也好说"作人"。其书法论往往即人格论。他一再强调的，是书写行为的严肃性。至于鄙赵孟頫的人格，甚至以早年学赵为"比之匪人"$^{[1]}$，他自己也意识到过苛。对书艺尚如此，与南方名士之一味尚通脱者，意境自然大异。

傅山乃真名士。凡此豪杰气、侠气、痴情，及诸种大雅近俗处，均成其"真"。但这里以"名士"说傅山，恐非其人所乐闻。那时代实在不缺"名士"，毋宁说"名士"太多，故傅山讥假名士，说彼人"窃高阳之名，欺人曰：我酒狂。若令伯伦家荷锸见之，必以锸乱拍其头矣"（《老僧衣社疏》卷二二，页606。按伯伦，刘伶）。

遗民傅山

明人颇有属意山右人物者。与傅山同时的吴伟业《程昆仑文集序》就说过："吾闻山右风气完密，人材之挺生者坚良廉悍，譬之北山之异材，冀野之上�駻，严霜零不易其柯，修坂骋不失其步……

[1]《作字示儿孙》诗后记："贯道二十岁左右，于先世所传晋、唐楷书法无所不临，而不能略肖。偶得赵子昂、香光诗墨迹，爱其圆转流丽，遂临之，不数过而遂欲乱真。此无他，即如人学正人君子，只觉龃龉难近；降而与匪人游，神情不觉其日亲日密而无尔我者然也。行大薄其为人，痛恶其书浅俗如徐偃王之无骨，始复宗先人四五世所学之鲁公而苦为之，然腕杂矣，不能劲瘦挺拗如先人矣。比之匪人，不亦伤乎！不知董太史何所见而遂称孟頫为五百年中所无——贯道乃今大解，乃今大不解。""然又须知赵却是用心于王右军者，只缘学问不正，遂流软美一途——心手之不可欺也如此。危哉！尔辈慎之。毫厘千里，何莫非然。"（页四，页91-92）傅山对其论赵之苛也有反省。《家训·字训》："予极不喜赵子昂、薄其人，遂恶其书。近细视之，亦未可厚非。熟媚绰约，自是贱态；润秀圆转，尚属正脉——盖自兰亭内典精变而至此。与时高下，亦由气运，不独文章然也。"（卷二五，页679）即属原情、平情之论。

抑何其壮也！"（《吴梅村全集》卷二九，页683，上海古籍出版社，1990）但要到明末傅山之出，山右才有更足为其地文化骄傲的人物。而当明清之际，傅山首先是以名遗民而为世人瞩目的。

傅氏并不自掩其遗民面目，毋宁说有意彰显之。《霜》卷一○《风闻叶润苍先生举义》的"山中不诵无衣赋，遥伏黄冠拜义旗"、《甲申守岁》的"梦入南天建业都"、《右玄贻生日用韵》（乙西）的"生时自是天朝闰，此困伤心异国逢""一日偷生如逆旅"，无不是其时"典型"的遗民话语。他自说"耽读刺客游侠传"而"喜动颜色"（《杂记二》卷三八，页1049），说"耿耿之中有所不忘，欲得而甘心者"（同上），也无不在有意示人以遗民心事，展布血性男子抑郁磊落的情怀。《巡抚蔡公传》《汾二子传》等作的感人处，亦在其中的"遗民情结"。他的《家训·仕训》（卷二五）等篇，更令人可知他所认为的遗民处易代之世的原则。"遗民"在傅山，并非一种特别的标识，借助一套特殊行为呈现。你由上文可知，他的"文人"及"名士"姿态中，无不寓有"遗民"身份自觉。事实上，一部《霜红龛集》的大部，均可读作这一"遗民"状态、经验的记录。"遗民"是时间现象，但有关的士人经验，却有不限于时间者。如上文已经说到的，傅山以他的文字，将士人生存体验的严酷性凸显了。

由《霜》还可知傅山与同时南北名遗民（顾炎武、阎尔梅等）间的往还，彼此的精神慰藉与呼应。卷九《顾子宁人赠诗随复报之如韵》曰："秘读朝陵记，臣躬汗浼衫。"《奉祝硕公曹先生六十岁序》说阎尔梅（古古）"不应今世，汗漫去乡国。旧善骑射，今敛而不试。时寄豪诗酒间……""我方外之人，闻之起舞增气"。

（卷一九，页550—551）而傅山本人作为名遗民，其所经验的情境的讽刺性，莫过于因他的"名"而为时主（清主）与众人（"满汉王公九卿贤士大夫逮马医夏畦市井细民"，参看禇曾筠《傅徵君传》等）所强。他于此证明了"世网"的难脱，欲"方外"的不能。这或许也是《庄子》之徒所能遭逢的最具讽刺性的情境。

至于他的说死说风节，则全在时论中，且较诸一般论者更有激切——这一层却显然与所谓"漆园家学"无涉。他好说"出处"之"大"，一言及忠义即辞情慷慨，以为关涉人之为"人"（参看卷二八《傅史》），与同时儒者所谓"存人道"，思路相通。本文开头即说傅山之为"文人"，但要由他的说"文行"之"一"，说"文章生于气节"（卷二七《历代名臣像赞·韩文公》），方可知他作为仪型的"文人"。他对他本人的风节也颇自负。《书金光明经杵悔品后》曰："山自遭变以来，浸浸四十年，所恶之人与衣服、言语、行事，未尝少为之嫣婉将就，趋赴而从之……"（卷一七，页522）他的"遗民道德"，更有严于时流者。他不但宣称不欲人"诮以刘因辈贤我"，更不以吴澄、虞集等为然，《历代文选叙》讥此二人"弃其城而降于人之城"（卷一六），持论较同时遗民如孙奇逢、刘宗周等为苛。$^{[1]}$ 他的"赵孟频论"的严重其辞，也令人可感"遗民社会"语境的紧张性：失节的忧惧，自我丧失的

---

[1]《家训·训子侄》："著述无时亦无地，或有遗编成句，后之人诮以刘因辈贤我，我日几时暇也！"（卷二五，页671）《杂记一》："薛文清公云：'许鲁斋无时不以致其君尧舜为心。'此语极可笑"，因不察"其君何君"（卷三六，页993）。傅山时无人也非一味作等论。《祝榆关冯学师七十寿》曰："吕思诚三为祭酒，而以许衡为法衡世，所谓大有得于程、朱，而以道为己任者也。"（卷一九，页552）

忧惧。上文已说到他的嫌恶"奴俗"。在他看来，赵孟頫应是媚俗之尤者，而媚俗也是一种失节，或正与失节于夷狄同一根柢。

作为遗民，傅山深刻地感受着他生存的时代，体验与表达着他对生存处境的感知。他一再描绘其时士所处言论环境，讽喻的笔墨间透出冷峻的现实感。在这方面，上文已提到的《书〈山海经〉后》最是奇文。该篇据《山海经》第一《南山经》"洴山……有兽焉，其状如羊而无口，不可杀也，其名曰䍺"，发挥道："可以杀者，职有口也，无口则无死地。文章士不必辩著述持论始为有口，始鼓杀身之祸，居恒一言半句，皆为宵人忌，皆是兵端。介母曰：言，身之文也。愚谓不但文，几以身为的而积人矢镞者。"（页514）$^{[1]}$将士人、文人处境之凶险，渲染得淋漓尽致。以下因《山海经》第二《西山经》"天山……有神焉，其状如黄囊，赤如丹火，六足四翼，浑敦无面目，是识歌舞，实为帝江也"说"囊"，更有妙解："老子曰：宁为腹，不为口。腹也者，中也，囊也。孔子亦曰：几事不密则害成，亦申括囊之谨。故囊者，天下之妙道也，然而自无口始；无口而后可囊，可不杀……不能无口而不见杀者，幸而已矣。人不杀，造物者杀之矣。""囊之时义至矣哉！然囊难能也，无口或可能也。"（页515—516。郭璞、毕沅、郝懿行诸家均不及此义，参看袁珂《山海经校注》）奇思妙想，一派愤世嫉邪者言，也可作为与清学家的训诂不同方法及旨趣之一例。这是一篇演绎寓言（《山海经》）的寓言：关于"言"的寓言。而具有讽刺

……………………………………

[1] 郭璞注："累气自然。"郝懿行云："不可杀，言不能死也；无口不食，而自生活。"（参看袁珂《山海经校注》页15，巴蜀书社1993年版。）

意味的是，《霜》一集中刻露而尖锐的，却正是说言之为祸的这一篇。因而其说"言祸"，也如龚自珍的说"避席畏闻文字狱"，倒是表明了并不真惧祸，及意识到了可供言说的缝隙。同文篇末说到"诞"与"实"。"诞"乃现实本身的品性，"现实"无非一大寓言。《书〈山海经〉后》说现实的荒谬，正系用了《庄子》式的智慧说《庄子》式的命题。由此等文字推测傅氏之于"漆园"，他的终于"黄冠"，也应当可得一解的吧。

傅氏生前身后，颇吸引了对他的诠释。其友戴廷栻所撰《石道人别传》（《霜》附录一）杂采传说，似已不以常人视傅山：傅氏当其世就已传奇化了。此传的精彩处，如说"道人习举子业，则读方外书；及为道人，乃复乙儒书而读之"（页1156），令人想见傅氏的文化姿态。至于郭铨所撰传，说傅氏"更著奇书，藏其稿于山中"（页1162）——像是到死还特意留了悬念。其他，如赴阙诊冤，如黄冠，诸传所记互有异同，无非见仁见智，各见其所欲见。

在我看来，诸传状中，以善读明遗民著称的全祖望的那篇《阳曲傅先生事略》（《鲒埼亭集》卷二六）最得其人精神。全氏强调傅山的风骨气节、现世关怀，谓其人以学庄列为楣楯，记述其遗民遭际，剖露其遗民心事，所传也更是"遗民傅山"。但"遗民"毕竟不足以尽其人。清末如丁宝铨等人笔下的傅山，欲彰显其遗民精神而愈将其片面化了。$^{[1]}$ 片面化也罢，误读也罢，有意误解也罢，对傅山本人已无所损益，知人论世，照出的永远更是"读"者自己的期待以至面目。本文也难免于此，故题作"我读"。

*本文发表于《文学遗产》1997年第3期，作为附录收入《明清之际士大夫研究》一书。《明清之际士大夫研究》1999年由北京大学出版社出版。

---

[1] 傅山《霜红龛集》丁宝铨《序》（宣统三年）谓"《潜丘札记》谓畜庐（按傅山别字畜庐）长于金石遗文，云谓此学足以正经史之伪而补其缺，厥功甚大（约原文）。接本朝庄氏（篆琢）、吴氏（荷屋），为用金文证经之巨子，毕氏（秋帆）、阮氏（文达公），为用石文考史之大宗，其源头开于畜庐。由是以言，金石文证释经史，傅学也"。同文说颜元学风"畜庐所渐清者也"，说曾（文正）氏派，"为畜庐宿所主张者"，还说傅氏"昌言子学，过精二藏，乾嘉以后遂成风气"，甚至说"近日之哲学实畜庐氏之支流与其余畜"，似对傅氏的影响力有夸大。同文说："然石庄《碑志》，谭氏访求于海塘抗墩之时；船山遗书，曾公雕刻在江皖靡烂之日，儒书讲习，半赞中兴。畜庐贞谅，迥异乎说。悦承学之士闻风兴起，则人心世道之已荡决者，或回澜于学术之流行，亦未可知。"宗旨本不在学术。

叁

说「戾气」
——明清之际士人对一种文化现象的批判

明代的政治暴虐，已是一个常识性话题，且已获得某种象喻资格——常常被人因特定情境而提到，如在二十世纪三四十年代。丁易那本《明代特务政治》，就是当时的讽喻之作。一时的左翼史学家，很少不利用这现成的题材的。我以为，较早而有力地运用了这象喻的，仍然是鲁迅。这是后话。在本节中，我更关心亲历过那时代的士大夫的反应和反应方式，尤其他们对其所处时代的批判及其所达到的深度，以及他们对其所置身其间的时代氛围——也即他们本人的生存情境的感觉与描述。明代学术虽以"荒陋"为人诟病，明代士人却不缺乏对自己时代的批判能力，尤其在明清之交，在经历了劫难的那一代人，在其中的思想家。那一代士人中的优秀者所显示的认识能力，为此后相当一段时间的士大夫所不能逾越。

我注意到了王夫之对"庚气"对于士的"躁竞""气矜""气激"的反复批评。以"庚气"概括明代尤其明末的时代氛围，有它异常的准确性。而"躁竞"等，则是士处此时代的普遍姿态，又参与构成着"时代氛围"。

我还注意到同处此时代的著名文人，与如王夫之这样的大儒的经验的相通：对上文所说"时代氛围"的感受，以至于救病之方；尽管他们完全可能是经由不同的途径而在某一点上相遇的。但这绝不像是偶尔的邂逅。事实与认识的积累，使得有识之士在不止一个重大问题上默契、暗合。就本节所论的问题而言，我注意到的，就有钱谦益的有关议论。

钱谦益以其文人的敏感，也一再提到了弥漫着的庚气。他在《募刻大藏方册圆满疏》中描述他对于世态人心的体察："劫末之后，怨憎相寻。拈草树为刀兵，指骨肉为仇敌。虫以二口自噬，鸟以两首相残……"（《牧斋有学集》卷四一，页1399，上海古籍出版社，1996）他说到普遍的"杀气"，说到"刀途血路"，说到毁灭人性的恶毒和仇恨。他另由一时诗文，读出了那个残酷时代的时代病。"兵兴以来，海内之诗弥盛，要皆角声多，宫声寡；阴律多，阳律寡；嘽杀憰怒之音多，顺成哗缓之音寡。繁声入破，君子有余忧焉。"（《施愚山诗集序》，同书卷一七，页760）"嘽杀"是他常用的字面。以降清者作此诗论（所论且多为遗民诗），你得承认，是需要点勇气的。由此不也可见钱氏的气魄？无论开的是何种药方，钱谦益是明明白白提到了"救世"的。他所欲救的，也正是王夫之顾炎武们认为病势深重的人性、人心。$^{[1]}$

一时的有识者对时代氛围有感受的相通。朱鹤龄说："今也举国之人皆若豺貀狼豺，有猛于虎者矣。"（《获虎说》，《愚庵小集》卷一四，页658，上海古籍出版社，1979）张尔岐《广戒杀牛文》极言"杀人之惨"，曰："杀牛之惨，戒惧迫蹙，血肉淋漓而已；杀人之惨，则有战惧而不暇，迫蹙而无地，血肉淋漓充满世间而莫测其际者；何也？杀牛者，刀砧而已；杀人者，不止一刀砧也。"说"使天下之人无生路可移，相率委沟壑而死，即为杀人"（《蒿庵集》卷三，页14，齐鲁书社，1991）。方以智写于丧乱

---

[1] 钱氏在《徐季重诗稿叙》中引师旷语（"南风不竞，多死声"云云），说："何谓死声？怨怒哀思，怙慢噍杀之音是也。"其与夏声曾"生于人心，命于律吕，而著见于国运之存亡废兴、兵家之胜败"（《牧斋有学集》卷一八，页796）。在《题纪伯紫诗》中，说："愚伯紫少闻之。""如其流传歌咏，广置焦杀之音，感人而动物，则将如师旷接琴而鼓最恶之音，风雨至而庶几飞，平公恐惧，伏于廊屋之间，而晋国有大旱赤地之凶。可不慎乎！可不惧乎！"（同书卷四七，页1549）但钱氏非全用此一标准，如《题燕市酒人篇》，即有对时调的理解。

中的文字，亦颇有血的意象，如曰"弥天皆血""古今皆血"。（参看《浮山文集后编》，《四库禁毁书丛刊》集部）王夫之的《蚊斗赋》（《船山全书》第十五册，岳麓书社，1995）也可读作有关其时时代空气、历史氛围的寓言。明末刘宗周致书其时首辅温体仁曰："乃者器讼起于累臣，格斗出于妇女，官评操于市井，诡言横于道路，清平世宙，成何法纪，又何问国家扰攘！"（《上温员骄相公》，《刘子全书》卷二〇，道光甲申刻本）吴伟业、陈维崧也说戾气、杀气，甚至也用"嗜杀"的字面，当然也不是偶然的思路相遇。$^{[1]}$

王夫之等所提供的以上描述，并不足以标明深度。由儒家之徒与受儒家思想熏陶的士人说出上述明显事实，是不会令人惊讶的。明清之际有识之士的深刻处，更在于他们由此而对明代政治文化、明代士文化的批判，比如对暴政所造成的精神后果的分析。在这方面，王夫之的有关评论具有更为犀利的性质。

暴政—对抗

不消说，明末上述民情士风，是整个明代政治的结果。王夫之借诸史论（亦政论）对于暴政的批判，有着无可置疑的针对性。

[1] 吴伟业说戾气、杀气，见吴伟业《太仓州学记》《观始诗集序》《扶轮集序》等篇，均见《吴梅村全集》，上海古籍出版社，1990。陈维崧《王阮亭诗集序》说："胜国盛时，彬彬乎有雅颂之遗焉。五六十年以来，先民之比兴尽矣，幼妇背调既杂于商角，而元庚者声直中夫釋锋，淫哇嘘杀，弹之而不成声。夫青丝白马之祸，芒砀景任约诸人为之乎？抑王袁虞信之徒北之矣？"（《湖海楼全集》文集卷一，乾隆乙卯浩然堂印本）与钱、吴等人思路相接。顾炎武也曾批评"北部杀伐之声"（参看《日知录》卷三"孔子删诗"条）。

士所谈论的政治暴虐，首先系于士群体的经验，也即施之于士的暴政。明太祖的杀戮士人，对于有明二百余年间"人主"与士的关系，是含意严重的象征。明初的士人，就已由此敏感到其生存的极端严峻性。苏伯衡比较了元、明当道之对于士，以为元之于诸生，"取之难，进之难，用之难者，无他，不贵之也。不贵之，以故困折之也"。明之于诸生则不然，"取之易，进之易，用之易者，无他，贵之也。贵之，以故假借之也"。苏氏不便明言的是，与其"假借之"，不如"困折之"："夫困折之，则其求之也不全，而责之也不备。假借之，则其求之也必全，而责之也必备。"（《苏平仲文集》，四部丛刊初编集部）到明清之交，士人对其命运的表达，已无须如此含蓄。黄宗羲就径直说明代皇帝对士以"奴婢"蓄之，怨愤之情，溢于言表。$^{[1]}$

明代士人对施之于士的暴政批判，在"厂卫"及"廷杖""诏狱"上尤为集中。据《明史·刑法志》，明代的廷杖之刑自太祖始，到正统时，"殿陛行杖"已"习为故事"。诏狱始于汉武帝，"明锦衣卫狱近之，幽系惨酷，害无甚于此者"。"廷杖""诏狱"是士人蒙受耻辱的标记，透露着明代"人主"面对士人时的复杂心态，包括隐秘的仇根。王夫之在其史论中说到廷杖、诏狱之为对臣的污辱（"北寺之狱，残掠狼藉，廷杖之辱，号呼市朝"），

---

[1] 参看《明夷待访录·奉宣上》，《黄宗羲全集》第一册，浙江古籍出版社，1985。黄宗羲还借闻发师说（接师即刘宗周）曰："顾后来元明之开创者，不可称不嗜杀人，而天下为威势所劫，亦就于一，与秦隋无异……盖至此天道一变矣……" "然后世君骄臣谄，习而成故，大略视臣如大马，视君如国人者，居其七八。顾亦有视之如土芥，而视君如腹心者，君子多处于是，如黄石斋、成元升之类……"（《孟子师说》卷一，卷四，同书，页51、105。按黄石斋，黄道周；成元升，成德）

以之为"为人君者毁裂纲常之大恶"。$^{[1]}$ 王氏更关心三代以下对于士的毁辱的后果："身为士大夫，俄加诸膝，俄坠诸渊，习于诃斥。历于桎梏，褐衣以受隶校之凌践。"隐忍偷生，又怎能指望他们"上忧君国之休戚，下畏小民之怨諑"（《读通鉴论》卷二，页106）呢！王夫之无疑以为弥漫天下的"戾气"，正由君主所激成。$^{[2]}$（参看《读通鉴论》卷二四）

处此时代，士人的命运之感，其精神创伤是不待言的。王夫之说宋太祖的"盛德"（其对立物即"凉德"），即不免是一种命运感的表达，充满了遗憾与无奈。"易代"固然是痛苦，但如王夫之、黄宗羲的大胆言论又使人想到易代的某种"解放意义"——那种批判以及怨愤表达，也只有在明亡之后才成为可能；虽然即使激烈如黄宗羲，也并未发挥其"君"论、"公私"论的逻辑可能性，比如对其自身社会角色，其与"明"的政治关系，做出不同于他人的描述。

历史文本关于廷杖、诏狱以及其他肉刑的记述中，往往即有创伤感，比如由明遗臣或亲历过明末政治的士人参与撰稿的《明史》。有明二百余年间，关于廷杖、诏狱以及明代刑法的其他弊

---

[1]《读通鉴论》卷三〇，页1137，《船山全书》第十册，岳麓书社，1988。祁彪佳也说过："盖当血溅玉阶，肉飞金殿，班行削色，气短神摧。即临录随顽，已魂惊骨削矣。"语见《明季南略》卷二，页79，中华书局，1984。

[2] 同卷王氏说："习气之衰薮，天地之和气销烁无余。推原祸始，其咎将谁归邪？习气之所由成，人君之刑赏为之也。"（页929）万斯同《读洪武实录》也说明太祖"杀戮之惨一何甚也"，"盖自暴秦以后所绝无而仅有者"。（《石园文集》卷五，四明丛书）孟森说崇祯"茫无主宰，而好作聪明，果于诛杀"（《明本兵梁廷栋请斩新袁崇焕原疏附跋》，《明清史论著集刊》页27，中华书局，1959）。钱穆《映学旨言》四一《帝王与士人》："在中国历史上，开国之君与其同时之士最疏隔者，在前为汉高祖，在后为明太祖。而明太祖尤甚。"（台北东大图书股份有限公司版）

端，屡有批评。$^{[1]}$ 即如廷杖，批评者所强调的，几乎从来不是肉体的痛楚，而是其对于士的侮辱。明代人主似乎特别有侮辱臣下的兴致。太祖朝即有大臣"镣是治事"（《明史》卷一三九茹太素传）；成祖则在"巡幸"时，令"下诏狱者举与以从，谓之随驾重囚"（同书卷一六二尹昌隆传）；正德朝"杖毕"了公卿即"趣治事"（同书卷九五），也就不能不说合于祖宗的家法了。

王夫之在其《宋论》中，说宋代人主的宽仁（"不杀士大夫"，"以宽大养士人之正气"，"文臣无欧刀之辟"，"其于士大夫也……诛夷不加也，鞭笞愈不敢施也"）$^{[2]}$，无疑有甚深的感慨在其间。但王氏不同于常人的思路，更在对士大夫反应方式的关注。堪称怪论的是，他以为正是士的隐忍偷生，鼓励了暴政。士处廷杖诏狱之辱的对应方式，应是如高攀龙似的以自杀保全尊严。$^{[3]}$（《读通鉴论》卷二，页107）这里姑且不论责人以死的是否正当，不妨认为，王氏在此所论"臣道"（即不辱身），更出于某种对朝廷政治深刻的失望。

由王夫之的著述看，似乎"竞""争"等字样，更能概括他

---

[1] 洪武朝刘基、叶伯巨，嘉靖朝霍韬翰，万历朝李沂，南明弘光朝邢邹佳对廷杖诏狱的批评，均载在《明史》（分别见《明史》卷一三六、卷一三九、卷九五、卷二三四、卷二七五）。赵翼《廿二史箚记》卷三四"擅越品官"条，也记有明代"违例降威""擅越品官"的事例。

[2] 分别见《船山全书》第十一册《宋论》卷一，页23、24；卷一〇，页227，岳麓书社，1992。

[3] 王夫之说："臣之于君，可责、可贼、可生、可杀，而不可辱。""至于辱，则君自处于非礼，君不可以为君；臣不知惧而顺承之，臣不可以为臣也。""使诏狱廷杖而有能自裁者，人君之辱士大夫，尚可惩也。高忠宪曰：'辱大臣，是辱国也。'大哉言乎！故沈水而建闻之祸息。……"（同书卷二，页107）

所以为的明代的政治文化性格与他所感受到的时代氛围。君臣"相推相激"，"尊卑陵夷，相矫相讦"，主上刻核而臣下苛察，浮躁激切，少雍容，少坦易，少宏远规模恢宏气度，君臣相激，士民相激，鼓励对抗，鼓励轻生，鼓励奇节，鼓励激烈之言伉直之论，轻视常度恒性，以致"天地之和气销烁"，更由"习气之熏染"，"天下相杀于无已"（参看《读通鉴论》卷八、卷六、卷二四等）——可由明清之交种种酷虐景象证明。王夫之之谓"戾气"，首先即指此相争相激的时代风气。在他看来，人之有邪正，政之有善恶，均属"固然"；"尤恶其相激相反而交为已甚也"（同书卷二一，页818）。明亡于此种"争"。对此，那些一味与小人"竞气"的君子，"使气而矜名"的正人，是不得辞其咎的。这意思他也不厌重复地说过，可见感慨之深。

上下交争，构成了明代政治文化的特有景观，有关的历史文本，令人看到的，是极度扰攘动荡的图画。正德、嘉靖朝诸臣的群起而争，人主对群臣的大批杖杀、逮系，足称古代中国政治史上的奇特一幕。"诸臣晨入暮出，累累若重囚，道途观者无不泣下。而廷臣自大学士杨廷和、户部尚书石玠疏救外，莫有言者。士民咸愤，争掷瓦砾诅罹之。"（《明史》卷一八九）这场面在正德朝。至若嘉靖朝，则"笞罚廷臣，动至数百，乃祖宗来所未有者"（同书卷一九〇）。两朝诸臣之争，都声势浩大。史称"抗言极论，窜谪接踵，而来者愈多；死相枕藉，而赴蹈恐后"（同书卷一八九）。至于景帝时，且有廷臣群殴、当场捶杀政敌、"血渍廷陛"者。清议也参与了争持。"居官有所执争，则清议翕然归之"（同书卷二五四）；"朝所为缧辱摈弃不少爱之人，又野所为推重忭叹不可少之人。上与下异心，朝与野异议"（同书卷二五八）。至于"草民"，则以"罢市""诉冤""遮道号哭"或"诟置"，以至登屋飞瓦，来干预政治。这里还没有说到其他的形式多样的对抗，以及规模愈来愈大的民变、奴变。梁启超在其《中国近三百年学术史》中，说明代"士习甚嚣"，印象即应得自有关的历史文本。不妨认为，明末士人前仆后继地赴死，也应因这个蔑视生命的时代和无休止的对抗所激发的意气。

以布衣参与明史局的万斯同，所见也正是这样的戾气充溢的时代。他说嘉靖朝"……至大礼议定，天子视旧臣元老真如意孱。于是诏书每下，必怀忿疾，戾气填胸，怨言溢口。而新进好事之徒，复以乖戾之性佐之。君臣上下，莫非乖戾之气……"（《书杨文忠传后》，《石园文集》卷五，四明丛书），"人主略假以恩宠，遂人人咆哮跳踉，若獬犬之狂噬"（《书霍韬传后》，同上）。黄宗羲《子刘子学言》录刘宗周语，谓"上积疑其臣而蓄以奴隶，下积畏其君而视同秦越，则君臣之情离矣，此'否'之象也；卿大夫不谋于士庶而独断独行，士庶不谋于卿大夫而人趁人诺，则察采之情离矣，此'睽'之象也"（《黄宗羲全集》第一册，页276—277）。黄宗羲描述明末政治，也引陆贽"上下交戕于影响鬼魅之途"为言（《光禄大夫太子太保吏部尚书谥忠襄徐公神道碑铭》，《黄宗羲全集》第十册，页239，浙江古籍出版社，1993）。儒家之徒从来不乏此种政治敏感。

乖戾、睽、否，已属共识。王夫之持论的特殊处，在于他所说的"戾气"，不只由人主的暴虐，也由"争"之不已的士民所造成。这里的"士"的、"民"的批评角度，才更是他特具的。

王夫之不斤斤于辨正义与否，他更注重"争"这一行为的破坏性，近期与长期效应，尤其于士本身的精神损害，自与俗见时论不同。他一再批评明代士人的"气矜""气激""任气""躁竞"，"激昂好为已甚"，好大言"天下"，好干"民誉"，"偏躁操切"，"矫为奇行而不经"；批评他们所恃不过"一往之意气"，"一时之气矜"，"有闻则起，有言必净"；（参看《读通鉴论》卷五、卷八等）说"争"中的君子小人，因其"术"近（即争之不以其道），相去不过"寻丈之间而已"（《宋论》卷三，页103），适足以贻害世道人心；真正的"社稷之臣"不如此，他们"夷然坦然"，"雅量冲怀"，"持志定"而不失"安土之仁"，是"不待引亢爽之气自激其必死之心"的。（《读通鉴论》卷八，页332）这意思，他也不厌其烦地一再说过。

明代士习之嚣，不止表现于朝堂之上。黄宗羲以及钱谦益、吴伟业等人都说到过士人的好攻讦，后进晚生的好妄评前辈诋毁先贤（黄宗羲比之为"里妇市儿之骂"）；钱谦益本人亦蒙好骂之讥。至于王夫之所说士大夫的"诋讦""歌谣讽刺"，则仍属政治斗争的手段，是廷上之争的继续。

然而王夫之所开的药方也未必恰对症候。"正人"不与争锋，使小人"自敛"，代价若何？王氏的"非对抗"（不相激，不启畔，守义俟命）的原则，其实践意义是大可怀疑的。可以确信的是，到天启、崇祯朝，"交争"之势已无可改变，虽然争亦亡不争亦亡，其间得失仍有事后不可轻论者。且"不争"说亦嫌笼统。

"争"也有种种。陈垣论明清之交法门纷争，说："纷争在法门为不幸，而在考史者视之，则可见法门之盛。嘉隆以前，法门阒寂，求纷争而不得。"（《明季滇黔佛教考》卷二，页48，中华书局，1962）至于王氏本人的史论，其锋锐犀利，也正是明人作风，在王氏，不消说出诸"不容已"——不也可据此理解明代士人之争？

施虐与自虐

我到现在为止，还只谈到了明代士人对暴政反应之一种——对抗姿态，还未及这种反应之于他们本身的作用，以至他们与暴政的更深刻的联系。我将逐步涉笔这一层面。

不妨认为，明代的政治暴虐，非但培养了士人的坚忍，而且培养了他们对残酷的欣赏态度，助成了他们极端的道德主义，鼓励了他们以"酷"（包括自虐）为道德的自我完成——畸形政治下的病态激情。即如明代士人对于"薄俸"的反应。

"薄俸"较之廷杖、诏狱，是动机更为隐蔽的虐待。《明史》中所描述的士人（且是其"仕"者）之贫多出乎常情，"贫不能葬""殁不能具棺殓""贫不能归""贫不能给朝夕""贫不能举火""炊烟屡绝""所居不蔽风雨"等等。曾秉正"以忤旨罪"，"贫不能归，鬻其四岁女。帝闻大怒，置腐刑，不知所终"（卷一三九），是洪武朝的事。宣德皇帝也不禁叹曰："朝臣贫如此。"（卷一五八）

薄俸鼓励"贪墨"，也鼓励极端化的"砥砺节操"。士以"苦节"作为对虐待的回应，"士论""民誉"则有效地参与了这一塑造"士"的工程。轩輗，"寒暑一青布袍，补缀殆遍，居常蔬食，妻子亲操井臼"（《明史》卷一八五）；秦纮"廉介绝俗，妻孥菜羹麦饭常不饱"（同书卷一七八），均号称廉吏；陈有年"两世臝仕，无宅居其妻孥，至以油幛障漏。其归自江西，故庐火，乃赁一楼居妻孥，而身栖僧舍"，时人许为"风节高天下"（同书卷二二四）；陈道亨"穷冬无韨，妻御葛裳，与子拾遗薪燕以御寒"，与邓以赞、袁贞吉号"江右三清"（同书卷二四一）。然而终明之世，对薄俸的批评，较之对廷杖、诏狱的批评，声音要微弱得多。因而王夫之对薄俸的人性后果的分析就尤为难得，对此，我将在下文中谈到。

平居贫，临难死，且是可不贫之贫，非必死之死——似与生命有仇，非自戕其生即不足以成贤成圣。这里有传统儒家的"造人"神话；但在如明代这样严酷的历史时代，儒家道德仍不可避免地被极端化了。一种显然的政治虐待，被作为了士人被造就的必要条件；被强加的政治处境，倒像是成全了苦修者。这种准宗教精神，开脱了暴政，将施虐转化为受虐者的自虐（且以"甘之若饴"为高境界）。明儒相信"紧随身不可须臾离者，贫贱也"（朱得之《语录》，《明儒学案》卷二五，页589，中华书局，1985）；相信"苟不能甘至贫至贱，不可以为圣人"（王阳明语，同书卷一九，页443）。至于王艮的说尊生，以为"人有困于贫而冻馁其身者，则亦失其本而非学也"（《心斋语录》，同书卷三二，页715），在道学中人，真乃空谷足音。

"砥砺"至于极端，即是自虐；有关的清议、士论，欣赏、赞美苦行，则属帮同肆虐。明人的自虐并非只在宗教修行的场合。你读徐渭、李贽的传记材料，会震惊于其人的自戕所用方式的残酷——施之于自身的暴力。宋、明儒者好说"气象"，如说"王道如春风和气，披拂万物，墨者之惫劳瘠殻，纯是一团阴气"（《孟子师说》卷三，《黄宗羲全集》第一册，页82）。而明代士人的提倡坚忍颂扬苦行，其气象正有近墨处。从朝堂上的争持，到明亡之际的"赴义"，凡知其不可而为的，有不少即出于自虐以至自杀（死是最甚的虐待）的冲动，其"从容"与"慷慨"（王夫之对这二者又有精细的辨析），常常正源于绝望的惨烈激情。

《小腆纪传》卷五六记姜埰事："……与熊开元同下诏狱，逮至午门，杖一百，几死，复系刑部狱。甲申，正月，谪戍宣州卫。"明亡，姜氏自称"宣州老兵"，"病革，语其子曰：'敬亭，吾戍所也，未闻后命，吾犹罪人也，敢以异代背吾死君哉！卒葬宣城"。（页615，中华书局，1958）吴伟业"脾肉犹为旧君痛"句（《东莱行》）即记此事。姜埰事，黄宗羲也曾记及，作为明臣不记旧怨尽忠于明的例子。归庄《敬亭山房记》记姜、熊之狱，说崇祯"始不知辅臣之奸，故罪言者，然刑亦已滥矣"；到"劾者之言既验"，"而犹久锢之狱，烈皇帝毋乃成见未化而吝于改过欤"。同案的熊开元"每言及先朝，不能无恨"，姜氏的"绝无怨忿君父之心"，"可谓厚矣"。（《归庄集》卷六，页361，上海古籍出版社，1984）在有关姜埰的记述中，确也是将其作为对待政治不公正的范例表彰的。

明儒好谈处患难，也因"患难"是他们的经常处境。$^{[1]}$《明儒

---

[1] 但也必须说明，苦行仍然只是一部分士人的生存方式。明人（尤其江南文人）的豪奢，也屡见于记述，且被作为"江左风流"而为人所乐道。如黄宗羲所记陈维崧，吴伟业所记冒襄。吴氏《冒辟疆五十寿序》中有"青溪、白石之盛，名姬骏马之游，百万缠头，千千置酒"等句（《吴梅村全集》卷三六，页774）。即遗民中亦有另一种生活：不但不废吟咏，且依然置酒高会，声伎满前，虽诗中偶有楚苦之句，日常生活却颇不寂寞。如清初吴中诗人的社集、文酒之会，豪兴即不减明亡之前。

学案》中屡见明代士人以廷杖、诏狱为修炼的记述。"周子被罪下狱，手有梏，足有镣，坐卧有匣，日有数人监之，喟然曰：'余今而始知检也……'"（卷二五，周怡《囚对》，页593）聂豹系诏狱，慨然曰："嗟乎！不履斯境，疑安得尽释乎！"（罗洪先《杂著》，同书卷一八，页419）杨爵久处狱中，以为"今日患难，安知非皇天玉我进修之地乎"（杨爵《漫录》，同书卷九，页170）。而狱中讲学论道，更被传为佳话。吴伟业撰谢泰宗墓志铭，其中所记黄道周事，有令人不忍卒读者。"……予杖下诏狱，万死南还，余与冯司马遇之唐栖舟中，出所注《易》读之，十指困拷掠，血渗渍楮墨间，余两人惝恍叹伏，不敢复出一语相劳苦，以彼其所学，死生患难岂足以动其中哉！"（《吴梅村全集》卷四五，页941）但你毕竟不是吴伟业。你由此类记述中，读出的就不只是明儒的坚忍，还有他们心性的"残"与"畸"，他们的以受虐（亦自虐）为政治摧残下痛苦的宣泄；你甚至疑心这种嗜酷，掩蔽着弱者式的复仇：以血肉淋漓、以死为对施虐的报复。当然黄道周、刘宗周之类的大儒自应除外。明代学术或无足以夸炫，令明人骄傲的，也许即此一种"刀锯鼎镬学问"的吧。

患难之大，莫过于死，关于处生死的谈论自是士人的常课——并非到明亡之际才如此。据说王守仁居龙场时，"历试诸艰，惟死生心未了，遂置石棺，卧以自炼"（《明儒学案》卷二二，页527）。可知士人于明亡之际的处生死，亦渐也，非一朝一夕使然。明代士论不仅鼓励难进易退，且鼓励难生易死。"平日袖手谈心性，临难一死报君王。"谈心性固可议，而不惜一死，确可认为是一种"士风"。

自虐式的苦行以及自我戕害，更是明遗民的生存方式。受虐与自虐，在许多时候难以再行区分。至于遗民的"苦节"，甚至在形式上都与节妇烈女如出一辙，其自虐且竟为"不情"极其相像：有关"节操"表达式的匮乏。顾炎武的"饵沙苑蒺藜"，尚可言"恢复"的准备，而其他著名遗民（如徐枋，如李确）的苦节，则更像蓄意的自惩。全祖望记周元初明亡后与友人唱和，其诗"务期僻思涩句，不类世间人所作"，其行为之奇僻亦类此："黄蕈脱粟，麻衣草履，极人间未有之困，方陶然自得也。"（《周监军传》、《鲒埼亭集》卷二七，四部丛刊初编集部）方以智以贵公子、朝臣（崇祯朝）一旦披缁，即如苦行头陀，"披坏色衣，作除馋男"，亦像刻意为之。厉风节而趋极端，一向为明代士风所鼓励。辞受取与不苟，必至绝粒如沈昀，"风节"才堪称"殊绝"（同书卷一三《沈华甫先生墓碣铭》）$^{[1]}$——时人及后人，乐道的即此"殊绝"；在这一点上，"雅""俗"文化正有同好。遗民中更有自戕以祈死者。周元懋狂饮成疾，全祖望说："其四年中巧戕酷贼以自盅，其宋皇甫东生之流与？"（《周思南传》，同书卷二七）这里尚未说到遗民群体的自我监督，其较之平世尤为苛酷的道德标准（竟少有人能"确然免于疑论"），遗民在此士风时论之下用心之苦、守节之难。在我看来，明遗民的自我惩创也正因于创伤感，这也是明清之交时代病之一种。不妨认为，明遗民行为的极端性，是有明二百余年间士风的延展；但因有此极致，其不合理，其为对生命的戕

---

[1] 李确（嶷庵先生）的穷饿而死更是显例。关于其事，魏禧记之甚详，参看《魏叔子文集》卷六《与周青士》（《宁都三魏文集·魏叔子文集》，道光二十五年谢庭绶重刊）。全祖望《嶷庵先生神道表》（《鲒埼亭集》卷一三）亦有记述。

害，也更清楚地呈露出来，启发了士之有识者的批判意识。

自虐而为人所激赏的自然还有节妇烈女，亦乱世不可或缺的角色。本来，苦节而不死的贞妇也是一种"遗民"，其夫所"遗"，倒不为乱世、末世所特有，也证明了女性生存的特殊艰难。$^{[1]}$失节者则另有其自虐。读吴伟业文集，你不难感知那自审的严酷与自我救赎的艰难。这一种罪与罚，也令人想到宗教情境。

处"酷"固属不得不然，但将处酷的经验普遍化（也即合理化），不可避免地会导致道德主义；更大的危险，还在于模糊了"仁""暴"之辨，使"酷虐"这一种政治文化内化，造成对士人精神品质的损伤。这种更隐蔽也更深远的后果，是要待如王夫之这样的大儒才能发现的。

仁暴之辨

道德化是儒家文化的一部分，自虐式的"砥砺"仍可认为是反应过当。更令有识之士为十风民俗忧的，是远为凶险且不易救治的精神疾患：普遍的残忍（包括士的嗜杀）与刻核。这类时代病的发现与救治要求，才出诸更深入的人性体察，也更能见出儒家之徒的本色。张履祥说"乱世残酷之迹"，曰："后代史书有最不忍读者，如'屠城''坑卒''尽杀之'之类，又如'夷其族''族其家''下狱论死，天下惜之''皆弃世，天下冤之'之类，不能不

---

[1] 明清之际的文献，记烈妇贞女，其死亦有至惨者，时论之嗜"奇"嗜"酷"，更甚于对男子。论男子之死，尚顾及所谓的"经"，对妇人女子，则更称许其"过"（过情之举）。那些出诸男性手笔的节烈事状，正透露着男性的自私与偏见。

使人唏嘘流涕也。……春秋而后，不仁之势，若火之燎于原，若水之滔于天……"（《备忘（二）》，《杨园先生全集》卷四〇，道光庚子刊本）至于如王夫之的将上述精神病象归因于明王朝的政治性格对于士人的塑造，出自独见，亦其史论及政论的深度所在。他的政治文化批判，同时指向朝廷政治的苛酷与士人的刻核，同时指向施之于自身的与施之于他人的暴力——尤其其间的逻辑联系，于此而论病态政治下士人人性的沦丧，于此而论"仁""暴"之辩，尤令人惊心动魄。

郑晓《今言》记刘瑾"坐谋反凌迟"，"诸被害者争拾其肉而嚼之，须臾而尽"。（卷二第167条，页96，中华书局，1984）袁崇焕之死在崇祯三年。据《明季北略》，袁崇焕被磔时，京都百姓"将银一钱，买肉一块，如手指大，啖之。食时必骂一声，须臾，崇焕肉悉卖尽"（卷五，页119，中华书局，1984）。前于此，另一名将熊廷弼亦死于君主的苛察与朝臣的党争。其人被逮后，每遇朝审，行道之人必以瓦砾掷熊流血满面（此亦草民干政的情景）——如此人主，如此百姓！这才可称末世景象。食人在明代已有先例，但明末的杀袁崇焕与杀郑鄤，仍然是杀戮士人（且均残酷到令人发指）的突出例子。在这方面，明王朝也有始有终，完成了其政治性格。

鲁迅在《忽然想到》中说："试将记五代，南宋，明末的事情的，和现今的状况一比较，就当惊心动魄于何其相似之甚，仿佛时间的流驶，独与我们中国无关。现在的中华民国还是五代，是宋末，是明季。"（《鲁迅全集》第三卷，页17，人民文学出版社，1981）此时乃1925年。鲁迅以为可比的，首先即"凶酷残虐"。

他另在《偶成》中提到剥人皮的永乐皇帝与流贼张献忠（同书第四卷）。在《晨凉漫记》里，又说到张献忠的"为杀人而杀人"（同书第五卷，页235）。写《病后杂谈》时，他再次谈到记述张献忠暴行的那本《蜀碧》以及《蜀龟鉴》，仔细录出其中记剥皮的文字，由张献忠之剥皮说到孙可望之剥皮，更上溯到永乐的剥皮，说"大明一朝，以剥皮始，以剥皮终，可谓始终不变"（同书第六卷，页167）。关于永乐的残忍，还在《病后杂谈之余》中说起过。但鲁迅以为"酷的教育，使人们见酷而不再觉其酷"，"所以又会踏着残酷前进"，$^{[1]}$（《偶成》，同书第四卷，页584—585）仍是那个革命年代的趣味，与下面将要谈及的王夫之，思路容或不同。

为鲁迅所痛疾的剥皮，确也更是明代君主的嗜好：由太祖朝的剥皮囊草，到武宗（正德）的剥流贼皮制鞍辔，"每骑乘之"（《明史》卷九四《刑法志二》），到嘉宗朝厂卫的剥皮、割舌。至若张献忠、孙可望的剥皮（参见同书卷三〇九及卷二七九有关张献忠、孙可望剥人皮的记述），师承有自，所谓上有所好，下必甚焉。

在当时的士人、尤其儒家之徒，更可怕的，是士论、人心普遍的嗜酷。顾炎武为人所陷，令他震撼的，是倾陷者"不但陷黄坦，陷顾宁人，而并欲陷此刻本有名之三百余人"。"其与不识面之顾

---

[1] 鲁迅此说，倒可用明清之际士人的言论注释。魏禧即说过："民习惨接，视齐锲若末耕，不护其生。"（《平论（四）》，《魏叔子文集》卷一）同卷《地狱论（上）》说"门诛""赤族"的效果，曰："今夫刚狠之人，隐不畏死；残忍之人，则立视其父母子姓之死，不以动其心。"

宁人，刻本有名之三百余人何雠何隙？而必欲与黄氏之十二君者一网而尽杀之。"（《与人书》，《顾亭林诗文集》页223，中华书局，1959）明清之际杀机四伏，其时的告讦，多属借刀（清人之刀）杀人（仇人）之类；顾炎武更发现了上述莫名其所自的仇恨。

半个世纪之后，你更由当时的文字读出了对残酷的陶醉——不只由野史所记围观自虐的场面，而且由野史的文字本身。那种对暴行的刻意渲染，正令人想到鲁迅所一再描述过的"看客"神情。这里有压抑者的肆虐、施暴愿望。在这方面，士文化与俗文化亦常合致。你由此类文字间，察觉了看客与受虐者的相互激发，那种涕泣号呼中的快感。这里有作为大众文化品性的对"暴力""暴行"的嗜好——弱者的隐蔽着的暴力倾向。嗜杀也即嗜血。在这类书的作者，似乎唯血色方可作为那一时代的标记，也唯血色才足作为士人激情的符号。"二十四史"固是"相斫书"，但有关明史的记述，仍有其特殊的残忍性。

在为风尚所鼓励的普遍的复仇中，士人的复仇之举，仍然更为林目惊心。如《清史稿》所载王徐格、徐严的复仇。顺治初，其父"为仇家所陷，执赴京。徐格挥两弟出，为复仇计，独身赴难，父子死燕市。徐严夜率壮士入仇家，歼其老弱三十口"。如此血腥的复仇，仍有上官"知其枉"而"力解"使"免"，亦可见时论对于"复仇"行为的态度（见该书卷四八〇王徐佑传）。至于黄宗羲的袖锥刺仇，顾炎武的处死叛奴，则更非承平之世的学人、儒家之徒所能想见（王夫之则有自创行为）。$^{[1]}$ 对这类行为，其同时人不但不以为异，且不吝称许。三大儒中，王夫之对于那个暴力充斥的时代，持更清醒而严峻的批判态度，其议论也更能代表那个时代及士人的反省深度。

洞见了"嗜杀"对于人心的戕害的，不止王夫之。钱谦益在《冯亮工六十序》中说："杀者非他也，杀吾之心而已矣，杀天地之心而已矣。杀一生，即自杀一心。杀两生，即自杀两心。杀百千万亿生，即自杀百千万亿心……"（《牧斋有学集》卷二，页907）另在《募刻大藏方册圆满疏》里说："但谓此人杀彼人，不知自心杀自心。"（同书卷四一，页1399）被明代士人奉为宗师的方正学（孝孺）说过："仁者阳之属，天之道也，生之类也；暴者阴之属，地之道也，杀之类也。"（《侯城杂诫》，《明儒学案》卷四三，页1049）到明亡之时，此义已不为士人所愿知了。但儒家之徒中的敏感者，仍未失去他们的警戒。据《清史稿》："山阳祁彪佳以御史按江东，一日，杖杀大憝数人，适国模至，欣然述之。国模瞪目字祁曰：'世培，尔亦曾闻曾子曰"如得其情，则哀矜而勿喜"乎？'后彪佳尝语人曰：'吾每虑囚，必念求如言。恐仓促喜怒过差，负此良友也。'"（卷四八○沈国模传。按求如，沈国模字）但到了杀声四起之时，士人的"不杀"说，也的确像是迂论。如唐枢所说须有"一片不忍生民之意"，"只有不

---

[1] 黄宗羲《思旧录·周延祚》自述"会审对簿"，"因以长锥锥彼仇人，血流被体"及"锤死"缺举颜茂等。（《黄宗羲全集》第一册，页346）王夫之自记其"焫面刺腕"（《石崖先生传略》，《船山全书》第十五册卷二，页103）、"残贺支体"（《家世节录》，同书卷一○，页222）。

杀倭子之心，便可万全"云云，迁则迁矣，但其所谓"若唯以杀为事，乃是倚靠宇宙间戾气"（唐枢《语录》，《明儒学案》卷四〇，页966—967），与王夫之所说"嗜杀者非嗜杀敌，而实嗜杀其人"（《读通鉴论》卷一三，页498），都确属洞见了世情人心的清醒之论。顾炎武《日知录》卷一三"正始"条那段著名的话——"有亡国有亡天下"，"易姓改号，谓之亡国；仁义充塞，而至于率兽食人，人将相食，谓之亡天下"，（《日知录集释》，中州古籍出版社，1990）也非置诸明清易代之际的历史情境中，才便于解释。

王夫之论"仁""暴"之辨，最精彩处，我以为在其对张巡、许远这一历史公案的诠释。张、许的守睢阳而至于人食人，也如"窃负而逃""证父攘羊"之类，是对儒家之徒伦理论辩能力的考验。这里的难点似更在"忠"与"仁"孰轻孰重上。王夫之在《读通鉴论》中说："若巡者，知不可守，自刭以殉城可也。"最不可谅的是食人。"至不仁而何义之足云？孟子曰：'仁义充塞，人将相食。'"（卷九，页353）同书还说："无论城之存亡也，无论身之生死也，所必不可者，人相食也。"张巡"捐生殉国"，功固不可没，但"其食人也，不谓之不仁也不可"（卷二三，页870）。人相食，"必不可"，这是一条绝对界限，守此，是无条件的。正是在此一"必"上，才足以见出儒者面目。

王氏之论，当然绝非出自纯粹的史学兴趣。王夫之的批判激情正由于，明清之交，一再重演着张巡、许远故事。李栜守贵阳，围城中人"食糠核草木败革皆尽，食死人肉，后乃生食人，至亲属相啖。彦芳、运清部卒公屠人市肆，斤易银一两"。"城中户十万，围困三百日，仅存者千余人。"（《明史》卷二四九）南明金声桓等守南昌，"城中饥甚"，杀人为食，"呼人为'鸡'"，"有孤行者，辄攫去烹食，弃骸于道，颅骨皆无完者，食脑故也"。$^{[1]}$但你也会感到，这里的"重演"，更少道义支撑。王夫之曾说攻城之为"嗜杀其人"，这样的守城何尝不为"嗜杀"？只不过人们惑于狭隘的节义论，于此不觉罢了。$^{[2]}$

或许自明太祖一度罢祀孟子，刘三吾奉旨为《孟子节文》，明代士人就多少冷落了孟子的有关思路。心性之学也像是对现实政治尖锐性的回避。明清之交刘宗周、王夫之说孟子，说仁暴，均提示了某些重要的原则。仁暴之辨，也即人兽之辨。在如王夫之这样的儒者，明清之交最严重的危机，即此施暴嗜杀以至受虐自戕中"人道"的沦丧。"人道不存"是较之亡国更为绝望的情境。有识者于此看到了比经济残破更可怕的人心的荒芜。在此，王夫之一类

---

[1]《行朝录》卷一二附载《江右纪变》（太仓陆世仪道成述），《黄宗羲全集》第二册，页206，浙江古籍出版社，1986。《张苍水集》附录全祖望《年谱》："顺治九年壬辰，公三十三岁。"原注："是年郑成功围漳，属邑俱下，独郡城以接至，不克。成功防镇门山以水之，堤坏不浅，城中食尽，人相食，枕籍死亡者七十余万。叉又遣派琛索饷之惨，夜散瘦骨如龙瓦声。千户万户，莫不润开，落落如旷墟墓，饿殍饥鸟，白盏无片。围解，百姓存者，数而掬沟中白骨，非其父兄，即其子弟；历数告人，然气急仅相属，言已思，不能下一泪也。时有一人素悢慨，牵妻子闭户，一恸而绝。邻舍儿篱煮啖之，见腹中累累皆故纸，字画隐然，邻舍儿亦废落死。延平陷梁海上以来，沿海居民，受茶毒亦至矣，然莫基于漳州之师……"（页216，中华书局，1959）

[2] 王夫之在其史论中，一再谈到"民之生"之为原则，即时所谓"暴""贼"亦区以别之，若"止于上"，"下之生"，"不惊"，则"天下"犹存；（《读通鉴论》卷一七，页668）还说，"圣人之所甚贵者，民之生也"（同书卷一九，页723）；以为当"君非君而社稷亦非社稷"之时，能"贵重其民"，"顺民物之欲者"，"许之以为民主可也"。（卷二七，页1049）

大儒，以存人道（也即所以存天下）为己任，就是顺理成章的了。$^{[1]}$

王夫之的犀利，尤在他对于隐蔽的暴力倾向的察知，如已成风尚的苛酷刻核。"苛"几可视为明代士人（包括明儒）的性格。这本是一个苛刻的时代，人主用重典，士人为苛论，儒者苛于责己，清议苛于论人。虽有"名士风流"点缀其间，有文人以至狂徒式的通脱、放荡不羁，不过"似"魏晋而已，细细看去，总能由士人的夸张姿态，看出压抑下的紧张，生存的缺少余裕，进而感到戾气的弥漫，政治文化以至整个社会生活的畸与病。"苛"，即常为人从道德意义上肯定的不觉其为"病"的病。

黄宗羲说刘宗周"门墙高峻，不特小人避其辞色，君子亦未尝不望崖而返"（《子刘子行状》，《黄宗羲全集》第一册，页259）。此亦时人乐道的"儒者气象"。文人亦然。有人批评陈子龙"标榜太高，门墙过峻，遂使汝南之月旦，几同释之之爱书"（徐世祯《丙戌遗草序》，《陈子龙诗集》页772，上海古籍出版社，1983）。非但不苟且，不假借，且有严格的道德自律，近于宗教苦行，如此才足称士仪世范。至于东林、复社中人的严于疾恶，务求是非了了分明，更酿成风尚。你不难注意到那个时代随处必辨的善恶邪正（以及君子小人、善类非善类、正人非正人等等）。

"苛察"从来更施之于士类自身。全祖望论庄录，以陈献章、黄宗

---

[1] 此种忧惧亦不唯儒者才有。钱谦益在《太原王氏始祖祠堂记》（《牧斋有学集》卷二七）中表达的忧虑与此相通，如对于"宗法之亡"、人之为禽兽、文化荒芜等的忧虑。吴伟业《太仓州学记》则描绘了礼坏乐崩的景象："天下靡然，皆以阴谋秘策、长枪大刀，足以适于世达于用，而郡先儒之官为迂阔。……其牧守师傅亦因循苟且，无守先崇圣之心，无讲道论德之事，即使过闻里，登其堂，摩学植柏，观俎豆与礼器，恐不足以感发其志思者……"（《吴梅村全集》卷六〇，页1220）

羲对庄氏的批评为非"中庸"："二先生之言高矣。然则定山之仕竟为晚节之玷乎？全子曰：殆非也。……必谓当以不仕为高，圣贤中庸之道不然也。"（《鮚埼亭集》卷二九《庄定山论》）

士风的苛酷刻核，正与"朝廷政治性格"互为因果。王夫之的"吏治论"批评有关的政治性格，也与其对明代士风的批判相表里。在《读通鉴论》中，他说："有宋诸大儒疾败类之贪残，念民生之困瘁，率尚威严，纠度吏治，其持论既然，而临官驭吏，亦以扶贫弱、锄豪猾为己任，甚则醉饱之窳，帘帏之失，书筐之馈，无所不用其举劾，用快舆论之心。……听惜民无已之怨蕴，信士大夫不平之指摘，辱荐绅以难全之名节，责中材以下以不可忍之清贫，矜纤芥之聪明，立难缪之威武……当世之有全人者，其能几也？……后世之为君子者，十九而为申、韩，鉴于此，而其失不可掩已。"（卷二二，页827—828）这番议论，痛快之至。王氏屡次说到"申韩之惨核"，他以为虐风淫刑不但自小人始，更须推究"君子"因"猜疾"（亦一种心理疾患）而用申韩的政治责任。于此，他已经指出了道学君子的残忍性（亦"贼仁"）。由士论"民誉"所称许的清官廉吏看出"申韩"，看出残忍，看出人性的畸与病，是要有锋锐的洞察力的。

海瑞或可置诸明代清官之首，王夫之以其与包拯为"弗足道"，以为"偏躁以徇流俗之好恶，效在一时，而害中于人心"。（《读通鉴论》卷四，页168）其所谓"害"，即应指使得草民习暴与嗜酷。《明史》海瑞传记海瑞"下令飙发凌厉，所司惴惴奉行……而奸民多乘机告讦，故家大姓时有被诬负屈者"，还记其曾"举太祖法剥皮囊草""论绞"等"劝帝虐刑"以"惩贪"；"有御史偶陈戏乐"，他即"欲遵太祖法予之杖"，他本人的清贫，则"有寒士所不堪者"（卷二二六）——正合为王氏之论作注。海瑞之为"现象"当然不是孤立的。吴伟业记张采，说其"敢为激发之行，数以古法治乡党闾左，铲两之奸，辄诵言诛之，若惟恐其人弗闻知者"（《复社纪事》，《吴梅村全集》卷二四，页602）。本文已谈到廷杖、诏狱，这里则让人看到了其"社会基础"，虽然这基础也应由廷杖、诏狱所造成。至于海瑞式的"刚"与人主及时代空气的"戾"的一致性，更是赖王夫之这样的大儒才能洞见的。

正如暴力到明亡之际发展到了极致，士论之苛当此际也达到了极致。如对于迟死者的苛评，如遗民施之于同类的苛论。全祖望传状明遗民，常慨叹于明人的"过于责备贤者"，以为"必谓"遗民"当穷饿而死，不交一人，则持论太过，天下无完节矣"。（《春酒堂文集序》，《鲒埼亭集》外编卷二五）全氏一再为明末忠义辩诬："鸣呼！忠义之名之难居也。"（同书卷一〇《王评事状》）"长逝者之屈，其有穷乎！"（同书同卷《屠董二君子合状》）士人留给同类的生存空间何其狭窄！$^{[1]}$

王夫之看出了明代士风的偏执、镌刻——不但殊乏宽裕，且舆论常含杀气，少的正是儒家所珍视的中和气象。他更由政治暴

---

[1] 刘宗周亦明末大儒，其在南明朝弹劾勋路跋飞，以及主张"凡系逃臣皆可斩"，均可作为"苛"的例子。（参看黄宗羲《行朝录》卷三，《海外恸哭记》，均见《黄宗羲全集》第二册）黄宗羲批评钱谦益好骂，他本人论及时人，苛刻绝不亚于钱氏，笔下常不免愤愤。如说"余见今之亡国大夫，大略三等，或醉酣治生，或乞贷诸侯，或法乳济洞，要皆胸中挟扰扰，不胜富贵利达之想，分床同梦，此曹岂复有性情……"（《觉朗郁平子先生七十寿序》，《黄宗羲全集》第十册，页671）即大有骂倒一切的气概。

虐，追索造成上述人性缺损之深因。王氏关于忧患之于人性、"坎坷""疢疾"之戕贼性情的论说，或更足作为其人性洞察力的证明。其间尤为深刻者，我以为是关于忧患影响于"正人"的分析。王夫之将有关后果归结为"德孤"：摧残之余的正人，不复有"先正光昭俊伟之遗风"，"含弘广大之道"，其性情心性的残缺，其"隘"其"苟"，注定了其器使之途的不能广，体道的不能弘，"正"则正矣，终不能成"天下士""社稷臣"。我从中读出了明代士大夫最深刻的"命运"表达。屡为摧折的明代士人中，确不乏"正人"，他们"婷婷"而"硁硁"，强毅而未能弘通，节亢却"过于绝物"，多属苦节之士、净谅之臣，却终不能称王夫之所谓"君子之器""天下之才"。这又可读作对贫贱忧戚"玉成"非常之人的政治神话的有力质疑。所谓"劫运"，被王夫之视为对人性的劫夺。这使他的流品论虽有强烈的等级偏见，却仍含有洞察人事的特殊智慧，其言未必"当"，却自有警策。（参看《读通鉴论》卷一一、卷二二）至于黄宗羲归结政治压抑的精神文化后果，为"一世之人心学术为奴婢之归"（《明夷待访录·奄宦上》，《黄宗羲全集》第一册，页45），则属另一思路，也另有其深刻性。

不妨认为，明代政治的暴虐，其间特殊的政治文化现象，引发了富于深度的怀疑与批判；而"易代"提供了契机，使对于一个历史时代的反顾、审视成为可能。活在当代的人们，仍不免惊叹于明清之交的思想家关于"政治一人性"批评的深度，甚至可以从中读出有关人被造就的条件、涵养健全人性的社会政治环境的思考。这里也有明清之交的士人所提供的重要的思想史的材料。

论余

同样显示着儒者本色的是，无可比拟的残酷，反而鼓励了明清之际的士人对于理想政治、理想人格的向往，甚至可能正是这种残酷，使有关的向往及其表达明晰化了。王夫之所向往的理想人格、理想政治性格，自然是"戾气""躁竞""气激"等等的对立物，如"守正""坦夷""雅量冲怀""熙熙和易"等等。他一再说"中和"之境（如"先王中和之极"），说"太和之气"，说"中和涵养之化"，说人主以其仁养天地间和气。他称许宋初守令之"日事游宴"，"率吏民以嬉"，以为可静民气，平民志，消"嚣凌之戾气"$^{[1]}$，故对申韩远较对老氏严厉。他的"中和"，自然不只于政治关系，而且是社会生活的全局，大至朝政，细微至于个体人生的境界。他几乎是醉心于有关的意境、气象。宽仁，规模宏远，雍容和戬，涵泳从容，是政治情景，又是风俗，是朝臣（"社稷臣"）风度，也是士风——气象说本来就通常是整体论。为此，非但不可为矫激，也不可为苟察曲廉小谨。但以王夫之的政治经历，他又警戒无条件的退守。明代道学中有人说"端居无事时，且不要留心世事，遇不平有动于中，则失自家中和气象"（徐问《读书札记》，《明儒学案》卷五二，页1242），王氏不可能持此论。他倒是批评佛老"皆托损以鸣修，而岂知所谓损者……并其清明

---

[1]《宋论》："禾黍既登，风日和美，率其士民游泳天物之体物，则民气以静，民志以平。里巷佣贩之子弟，消其嚣凌之戾气于怡愉之下，而不皇皇然逐锥刀于无厌，怀利以事其父兄，斯亦平情之善术也。"（卷三，页95）他还据此论到诗赋取士的优长（同书卷四）。

之嗜欲，强固之气质，概衰替之，以游惰为否塞之归也哉"，以为一味用"惩"用"窒"，适足以斫伤元气，而"损者，衰世之变也"。（《周易外传》，《船山全书》第一册，页924—925，岳麓书社，1988）

本文开头提到文人（如钱谦益）对时代病的察知和救世愿望。其人或许可议，其议论却仍能证明处同一时空的士人在历史文化批评中的契合，尽管文人另有其表达方式。即如钱氏，对于他意识到的畸与病，即希望救之以温柔敦厚，救之以"鸿朗庄严""富有日新"。$^{[1]}$在大劫难之后，在士夫穷乏寒困之时鄙弃"寒乞之气"，以光华富丽的贵族气象为追求，也仍然需要大气魄的吧。文化有其史，诗亦有其史，不因明亡而文化亡、诗亡；非但不亡，而且正当此际，呼唤文化复兴（包括"诗道中兴"）：其中不但有信念，而且有反抗命运的意志。活在那个严酷的时代，有识之士力求超越历史限圈，超脱时代氛围，走出死境，再造文化盛期——我将以下章节论述这里所显示的不同于某些遗民的生命理解，并不因其人的"可议"即失去了价值。

---

*本篇发表于《中国文化》1994年8月第十期，修改后作为《明清之际士大夫研究》上编第一章第一节。

---

[1] 钱谦益在《施愚山诗集序》中说："诗人之志在救世，归本于温柔敦厚，一也。"同文还说："《诗》有之：'神之听之，终和且平。'和平而神听，天地神人之和气所由接也。"（《牧斋有学集》卷一七，页760—761）在《答杜苍略论文书》中说："故吾于当世之文，欲其进而为元和，不欲其退而为天复。"（同书卷三八，页1308）吴伟业也说过："尝语同志，欲取惠泉百斛，洗天下倦楚心肠，归诸大雅。"（《扶轮集序》，《吴梅村全集》卷六〇，页1205）

肆

时间中的遗民现象

遗民本是一种时间现象。"遗民时空"出诸假定，又被作为了遗民赖以存在的条件。时间中的遗民命运，遗民为时间所剥蚀，或许是其作为现象的最悲怆的一面。正是时间，解释了遗民悲剧之为"宿命"。

遗民心事：时间焦虑

你由明末"忠义"及明遗民传状间，随处可以读出其人的时间焦虑，尤其在明将亡末亡及覆亡之初。此种焦虑自有其充分的理由。在参与抵抗者的经验中，恢复时机的转瞬即逝，不能不是一种可怕的事实。瞿式耜隆武二年九月二十日家书中说："家中光景，想今年反觉太平，此间亦有传来渭南方其熟，米价甚贱，人民反相安，只未知三百年受太祖高皇帝之隆恩，何以甘心剃发？难道人心尽死？"（《瞿式耜集》卷三，页253，上海古籍出版社，1981）在其时的"与义"者，最令人心惊的，或者就是这种"平安"的消息吧。张煌言说时机之将逝，"远达听闻，久不知天南确信，恐报韩之念倦衰，思汉之情转冷"（《上行在陈南北机宜书》，《张苍水集》页21，中华书局，1959），"若不及早经营，则报韩之士气渐衰，思汉之人情将缓"（《上鲁国主启》，同书，页27）。瞿式耜也有同样的紧张，他对永历说："窃稽往事，汉光以建武元年定鼎洛阳，唐肃以至德二年恢复陕右，中兴之业，未尝以三年淹也。我皇上即位，今三年矣。株陵松柏，尚在望中；北平寝园，杳沧异域"（《谨献刍言疏》，永历二年十二月十六日，《瞿式耜集》卷一，页100）。而瞿氏前此曾有过极乐观的估计，"渭宜闻

永历登极之信，各省便当奋起义师，迎銮迎驾……"（同书卷三，页261）$^{[1]}$

"恢复期待"在一段时间里，确也是忠义、遗民的生命支撑。当吴应箕于乙酉五月撰写诸"中兴论"（《汉光武中兴论》《晋元帝中兴论》《唐肃宗中兴论》《宋高宗中兴论》）时，尚有"中兴"的期盼。鲁王监国，吴钟蛮因"祃传恢复"而以诗志喜，写下过"从此儿孙寻旧业，可将诗酒弄斜晖"等句（《黄宗羲全集》第二册，页234，浙江古籍出版社，1986）。徐世溥《刘徵君传》记刘城"爪掌画儿"，"私心筹度，以为东晋、南宋之事尚可复行，而庶几再见汉官威仪也，故金陵、临安图志至不释手"。（《峰桐集》，《贵池二妙集》，贵池先哲遗书，1920年刊本）黄道周几乎至死不放弃恢复希望，他对时势的估量是："我明与周室同历，非唐季所望，衰铁而后，犹为战国。"（《与陈无涯无枝书》，《黄漳浦集》卷一七，道光戊子刻本）此意他一再说到$^{[2]}$。到得王夫之晚年写《宋论》，借诸史事说"过此无收复之望"，已属旧话重提："当石晋割地之初，朔北之士民，必有耻左衽以悲思者。至岐沟败绩之岁，凡五十年，故老之存者，百不得一。仕者食其

---

[1] 王夫之所忧虑的，则是人心风俗的"夷"化，这也应当是一个儒者最深刻的忧虑。他在《读通鉴论》中说昊井拖幽燕之初，"唐之遗民犹有存者，思华风，厌腥俗，如吴峦、王权之不忍陷身污秽者，因否声趋首以望王师，则取之也易。迟之又久，而昊井已忠为膏腴，据为世守，故老已亡，人才于夷，且不知身为谁氏之余民，画地以为昊井必效死，是急攻则易而缓图则难也"（卷三〇，页1163，《船山全书》第十册，岳麓书社，1988）

[2] 黄道周于隆武朝说："宋自建炎而后，尚有关陕荆楚；晋自陆兴而余，尚有青冀郑州。今茫茫海岸，一筹系艳，仍请逊升，为刘、何、韩、岳之事，岂武侯、张昭，自谓靠哑耳。"却仍以"前明""后明"为说，曰"前明二百七十五年……后明两除春秋，赖诸君子起而夹辅"，可知此老的倔强。（《答曾叔祁书》，同书卷一五）

禄，耕者习其事，浮靡之夫，且卬其嗜好而与之俱流。""故有志之士，急争其时，犹恐其已暮，何忍更言姑俟哉！"（卷二，页59，《船山全书》第11册，岳麓书社，1992）耿耿不忘者，仍是明亡之初的那一段心事。遗民的憧憬世道的"清平"，也正如义士。刘献廷记其"寓汉上时，汉阳令张寿民招饮。竹箸瓦杯，寥寥五簋。庭中黄菊粲然，二白鹤饮啄于其侧。叔度清风，萧然可乐。世风一变至此，天意诚不可测也"（《广阳杂记》卷四，页200，中华书局，1957）。即使经历了明末的极度腐败，此等景象也非遗民所乐见的吧。

有讽刺意味的是，俨然以"正统"自居的南明王朝，也感受着时间的威胁。黄宗羲《弘光实录钞》、李清《南渡录》等所记"补封""补谥""赠恤"、定罪，以至"逆案"中人的翻案、报复，无不唧唧。《弘光实录钞》记阮大铖欲杀周镳，曰："钟鸣漏尽，吾及时报复，亦何计其为口为贼乎？"（《黄宗羲全集》第二册，页89）令人清楚可感其时南明朝君臣如恐不及的末日心态。

然而即使到了"海氛"已"靖"之后，明遗民中的顽梗者，仍迟迟不愿放弃"义军""恢复"之类渺茫的希望，坚持以此作为其生存意义所寄。《碑传集》卷一二四郑梁《沈先生遵奇墓志铭》记沈氏事颇生动："……往往耳语人曰：吾乩仙云云，某方兵且起，某年月日，天下当大乱。一夕宿吾绑如伯父家，夜参半，忽开数重门走出，大声叫呼曰：今日兵真至矣，炮响震天，旌旗舳舻蔽江下矣。如是呼者再三，邻右皆惊，以为有盗也，则皆起，而先生则已闭户就寝矣……嗟乎！此其志意之所存，何尝一日厌乱也哉！"（《清代碑传全集》，上海古籍出版社，1987）沈氏之"好乱如

此""嗜乱如旨"，与当时人心普遍的"厌乱"适成对比，也由一个特殊的方面，透露着遗民的寂寞。$^{[1]}$

"遗民"不只是一种身份，而且是一种状态、心态，如上述待变、待乱，为此甚至不惜自欺。郑梁上文记沈氏与"家大人"往还，"坐定必举闽粤滇黔间信息相慰藉，大人明知先生所言皆其意中语，非真实事，然未始不一为破颜也"。全祖望记王玉藻："庚寅，先大父尝访之，相与语岛上事。公曰：今日当犹在靖康、建炎之际耳，君以祥兴拟之，下矣。"（王氏事略，见《鮚埼亭集》外编卷一一，四部丛刊初编集部）

"待恢复"当此际，确也是使愤懑得以发抒的题目。以傅山文字的谨慎，亦说"每耽读刺客游侠传，便喜动颜色"，说"耿耿之中，有所不忘，欲得而甘心者"。（《杂记三》，《霜红龛集》卷三八，页1049，陕西人民出版社，1985）屈大均更不惜反复发挥"报仇雪耻"之义，表达不厌其刻露。其《卧薪轩记》曰："苦其心以胆，辛其身以薪，昔之人凡以为雪耻复仇计耳。""予本辛人，以薪为药石，匪日卧之，又饮食之。即使无耻可雪，无仇可复，犹必与斯薪相朝夕，况乎有所甚不能忘者于中也哉！"（《翁山文外》卷一，宣统庚戌上海国学扶轮社刊本）其所撰陈邦彦（岩

---

[1] 遗民之嗜乱者，一时也颇有其人。魏禧《贾所中诗序》曰贾氏"于权奇之书无不究，而其学得《阴符》、孙武、韩非为深"，其"读史，当秦汉之际，以至三国五代龙战虎斗凤翔交驰富也井去，则扬眉扼掌，掀髯而笑，其神采百倍平日。及夫天下既定，裂土而封，量才而官，修史治，兴礼乐，则喟然不能终篇，心烦意散，若白日而就寝者"。（《魏叔子文集》卷九，《宁都三魏文集》，道光二十五年谢庭经重刊）钱谦益《薛更生墓志铭》记薛氏当日"观风、占象、占风角，访永山泽掩理磨狗之夫，人成日笑若八十老翁，两胸半陷黄土，不知波波劫劫何为也"（《牧斋有学集》卷三一，页1145，上海古籍出版社，1996）。

野）哀辞则说："慎师馁兮未复，与国耻兮攀攀。早佯狂兮不仕，矢漆身兮报之。"（同书卷一四）《自作衣冠家志铭》径说"盖欲侯时而出，以行先圣人之道，不欲终其身于草野，为天下之所不幸也"（同书卷八）。顾炎武的说饼沙苑蒺藜，与屈氏的说卧薪，有语义的相近。而且无论顾氏还是屈氏，对其上述动作均不掩饰，有时竟像是务期其醒目似的。不只发抒激情，且待机而动，因复明活动送掉了性命者，也大有其人，魏耕就是一个。（参看全祖望《雪窦山人坟版文》，《鮚埼亭集》卷八）至于遗民与"三藩之乱"的关系，参看拙著《明清之际士大夫研究·余论（之二）》。以吴三桂之三番四复而犹奇予希望，遗民之为遗民，亦可悲也。$^{[1]}$

归庄到写"万事从此一任天"（《元日三首》，《归庄集》卷一，页67，上海古籍出版社，1984），似乎才将此"待"放弃；其《新春梳得白发》一诗，"可怜老骥心犹壮，莫便盐车毕此生"句，将遗民的颓丧与无奈，刻画得何其沉痛（同上）！梁份也写到过"与天地争所不能争""一无所见于世而死"者的终天之恨。（《怀葛堂集》卷八《熊见可先生哀辞》，民国胡思敬校刊本）陈确的《东溟寺异人记》类小说家言，篇末所记北方义士"皆投碧浪湖而死"（《陈确集》页214，中华书局，1979），毋宁读作绝望的符号。到这个时候，王夫之说国亡之际"留生以有待，非大臣之道"，也应因他本人已深味了"有待者终无可待，到末后无收煞

---

[1]"有待"者岂止遗民。全堡为钱谦益撰《列朝诗传传序》，曰："《列朝诗集传》虞山未竟之书，然而不欲竟。其不欲竟，盖有所待也。……虞山未忍视一线淮南为压门线局，以此书留未竟之案，待诸后起者，其志固足悲也。"（《通行堂集》八，转引自《柳如是别传》页957，上海古籍出版社，1980）

处"的尴尬。$^{[1]}$（《摇首问》、《船山全书》第十二册，页627，岳麓书社，1992）

当着"待"终"无可待"，黄宗羲等著名遗民，各以其方式，表达了面对无可更改的事实的反应。"宗羲虽杜门匿影，而与海上通消息，屡遭名捕，幸不死。其后海氛渐灭，无复有望，乃奉母返里门，自是始毕力著述"（《小腆纪传》卷五三，页572，中华书局，1958）。关于黄氏，全祖望也说"万西郭为予言：徵君自王寅前，鲁阳之望未绝，天南讣至，始有潮息烟沈之叹，饰巾待尽"（《鮚埼亭集》外编卷三一《书〈明夷待访录〉后》）。朱舜水曾在日本蓄财，"志谋义举，常有恢复中原之图"，此财无所用，"临卒，尽内于水户库"——"是时当康熙二十五年，距甲申已四十二祀，距缅甸之难亦已二十五祀，郑祚复斩，三藩削平……"（《碑传集补》卷三五苟任《朱张二先生传》、《清代碑传全集》，上海古籍出版社，1987）正是"时间"，剥夺着遗民的生存意义，不只使其"待"落空，而且使其生存依据虚伪化。这不能不是一种残酷的道德处境。

顾炎武的由此"待"（待恢复）到彼"待"（"待后王"），其间有正是"信念"以及自我期许的变化，尽管"一旦有事""光复旧物"的期待较具体，而"待后王""有王者起"，则不免渺远

---

[1] 王夫之的思路似与时人有别。其史论中时"义军""士气"等的深刻怀疑，其"必亡"论，其"南明"论，其"君子小人"论、其"用独"之说，都出自深刻的世情洞察与冷峻的现实感；其"天下一公私"论，也揭示了"存明"之外的别一境界。他在《读通鉴论》卷末的"正统论"（叙论一）中说："若夫立乎百世以后，持百世以上大公者论，则五帝、三王之大德，天命已改，不能强系之以存。故祀不足以延夏，宋不足以延商……"（页1175）由此也可见"遗民"名目的笼统，遗民境界之不同，其自我定位的多样。

而抽象。$^{[1]}$痛悔过"有待"的王夫之，也仍有其"待"，其曰"天地之气，五百余年而必复……"（《宋论》卷一五，《船山全书》第十一册，页337）遗民的自我价值、意义诠释，也正因此而由近及远，由浅入深。这也是遗民走出"时间焦虑"，其历史人生视野扩张的过程。不妨认为，正是遗民对"遗民"作为时间现象的确认，表明了他们的成熟性，他们对"意义"边界的感知，他们对自己处在历史的特定时刻、历史过程中特定位置的意识——清醒的反思正赖此时空知觉而进行。这无疑有利于遗民走出偏窄的道德氛围。"大时间"使遗民中的杰出者脱出遗民眼界，为其"生"找到了更坚实的根据。这一话题有待于下文继续展开。

"失节"梦魇

时间焦虑的更深刻的根据，即"节操"在时间中的剥蚀、销磨。顾炎武《广宋遗民录序》说当世"岂无一二少知自好之士，然且改行于中道，而失身于暮年"，说"余尝游览于山之东西，河之南北二十余年，而其人益以不似。及问之大江以南，昔时所称魁梧丈夫者，亦且改形换骨，学为不似之人"；（《顾亭林诗文集》页33、34，中华书局，1959）说"滔滔者天下皆是"，"三十年之间而世道弥衰，人品弥下"。（《常熟陈君墓志铭》，同书，页161）在《与苏易公》中，则说"比者人情浮竞，鲜能自坚，不

---

[1] 有恢复期待，又有学术使命自觉，才成其为顾炎武。即使恢复无望，其使命承当，也与承平之世的学人不同。据此才便于理解全祖望《亭林先生神道表》及钱穆《中国近三百年学术史》中所读到的清人对顾氏的误解、片面化。

但同志中人多赴金门之召，而敝门人亦遂不能守其初志"（同书，页206—207）。张履祥也说："方昔陆沈之初，人怀感慨，不必稍知义理者，逦迤避之，自非寡廉之尤，靡不有不屑就之志。既五六年于兹，其气渐平，心亦渐改，虽以向之较然自异不安流辈之人，皆将攘臂下车，以奏技于火烈具举之日"（《与唐灏儒》，《杨园先生全集》卷四，道光庚子刊本）。黄宗羲的议论更有其苛刻："桑海之交，士多标致。击竹西台，沉函古寺。年书甲子，手持应器。物换星移，不堪憔悴。水落石出，风节委地。"——他将此种种归结为"伪"（《汪魏美先生墓志铭》，《黄宗羲全集》第十册，页383）。又说"概然记甲子蹈东海之人，未几已怀铅驾人贵人之幕矣；不然，则索游而伺圜人之颜色者也"（《陆汝和七十寿序》，同书，页659）。戴名世也说："明之亡也，诸生自引退，誓不出者多矣，久之，变其初志十七八。"（《温溧家传》，《戴名世集》卷七，页201，中华书局，1986）处鼎革之世而欲保全志节者，无不感受到时间的威胁。彭士望《书关盼盼诗后》以谢枋得、关盼盼之死为例，说"忠臣节妇之所为极难，惟其久耳"（《树庐文钞》卷九，道光甲申刊本）。

发生在时间中的较隐蔽也因此更可惧的变，在神情气象。如黄宗羲所说"年运而往，突兀不平之气，已为饥火所销铄"，"落落寰宇，守其异时之面目者，复有几人"（《寿徐披青六十序》，《黄宗羲全集》第十一册，页64）？张尔岐《与邓温伯书》也说到佯举"为人事衣食所累，神识趋向，渐异于旧"（《蒿庵集》卷一，页55，齐鲁书社，1991）。陈瑚则说"予犹忆予少时，当国家多故，意气轩举，凡弓刃击刺之事，无不一一究习，略皆通晓。

顾往苫二十余年，而发且种种矣，何百炼钢化为绕指柔。每诵越石之诗，未尝不废卷三叹"（《从游集》卷下《毛天回》，峣帆楼丛书）。作为后死者，上述诸人尽有机会，细细地观察与体验人的精神意志在时间中的损耗，而他们本人也未见得能免于遗论。风节在时间中的迁改，复杂化了遗民行为的意味，使避世、绝世的庄严转成滑稽。遗民行为的极端性（如自锢），其背景也应有这意识到了的威胁吧。因而顽强中正有脆弱，有"遗民"及其操守的脆弱性。"遗民"是如此难以保有而易于失去的一种品性。

"末路不可不慎"，是一时流行的话头，戒惧神情毕见。遗民的这种情态，也令人想到妇人女子。即使顾炎武这样的大儒也如临如履。他回答对"遗贤"推挽颇力的叶方蔼（讠刂庵），说"人人可出而炎武必不可出"（《与叶讠刂庵书》，《顾亭林诗文集》页53）；在与其甥徐乾学的书札里，也说"世有孟子，或以之劝齐梁，我则终于韫匮而已"（《与公肃甥书》，同书，页56）。其《答次耕书》，说"惟退惟拙，可以免患"（页77）；其辞讲学，说的是"一身去就，系四方观瞻，不可不慎"（《与友人辞往教书》，同书，页136）。遗民亦如贞女，似乎稍一不慎，即会成清白之玷。岂不闻吕留良诗曰："谁教失脚下渔矶，心迹年年处处违？"在此情势下，同志者不能不以砥砺风节为己任。潘柽章规戒顾炎武"慎无以甥贵稍贬其节"，顾氏则视潘柽章、吴炎为"畏友"。（《书吴潘二子事》，同书，页116）顾氏批评李因笃，说："昔朱子谓陆放翁能太高，迹太近，恐为有力者所牵挽，不得全其志节，正老弟今日之谓矣。"（《答子德书》，同书，页74）显然在遗民，"节"否已不是个人事件，其被认为与遗民群体相关，是无疑的。你也不妨承认，对于"节"否的极端敏感，竟也有助于深化人性认识。即如陈确等人对诸种"托词""遁词"，诸种"借"的发露，固有苛察之嫌，不也见出士对于同类"情伪"的久经训练的洞察力？

"出处"即在平世，也被认为与"士"群体相关，何况易代之际！有明大儒中，为此而蒙讥议的，就不乏其人。吴与弼招致过议论；庄昶也未能免于非议。《明儒学案》卷四五评论庄氏，即惋惜于其"业已二十年不出，乃为琼台利害所怀，不能自遂其志"，归结为其人的未能"孤峰峭壁"其性情。（页1081，中华书局，1985）这一方面士论之严苛不贷，在明代也有始有终。

寿则多辱。道德律未必总能敌"时间"的力量。黄宗羲自拟扩前望柱铭文，最能见其晚年心态："不事王侯，持子陵之风节；诏钞著述，同虞喜之传文。"（《梨洲末命》，《黄宗羲全集》第一册，页191，浙江古籍出版社，1985）严光（子陵）是"逸民"而非"遗民"，这一区别即非同小可。至于以清帝"诏钞著述"自得，更像是非遗民所宜有。$^{[1]}$ 明清之际三大儒中黄宗羲最后死，但其人的上述态度又不能仅由"后死"来解释，更须以他的历史观、伦理观（君臣论）为注脚的。至于李颙，则晚年虽不赴清主召见，仍遣子"诣行在陈情，以所著《四书反身录》《二曲集》奏进"（《清史稿》卷四八〇，中华书局版）。"易代"也即由此而最终"完成"。陈垣感叹道："嘻！遗民易为，遗民而高寿则难为。"

---

[1] 朱彝尊称颂黄氏"不忤俗以为高，不委文以干祸"，以为其"明哲""有不可及者"。（《曝书亭集》卷四一，页502，国学整理社，1937）这似乎也证明了即令自处有别，遗民仍有"基本标准"，有使其人成其为"遗民"的最后界限。

其例子就有"吴中蓄明亡后五十余年未卒，不能不与当事委蛇，几乎晚节不保，为天下笑"（《明季滇黔佛教考》卷五，页254，中华书局，1962；陈垣言此，态度正是"当时"的。可见"遗民话语"及其语境即到近代，也未全成过去）。即使没有上述人物在时间中的渐变，也无以阻止生命在时间中的流失。遗民现象系于特殊人群，也与此人群相始终。冒襄是遗民中"享大年以终"者。《碑传集》卷一二六《潜孝先生冒徵君襄墓志铭》说："盖自先生没，而东南故老之流风余韵于是乎歇绝矣。"王源《李孝憙先生传》也说李明性"年六十九而卒，孙徵君门人王徐佑哭之曰：'忠孝遗老尽矣！'"（《居业堂文集》卷四，道光辛卯刊本。孙徵君，孙奇逢）。奈何！

时论及"遗民社会"内部的议论之苛，正应以上述情势为背景的吧。舆论之为自我监察手段，一向被认为于"士"存亡攸关。"清议"之双刃，一在监督朝政，另一即在清洁（士类）内部。遗民因其所处特殊情境，更将后一种功能发挥到了极致。遗民在这一方面，也将"士"生存的一般条件强化了。苛论之下，也就难有免于疑论者。即以徐枋之苦节，朱用纯仍以其"微喜谐谑"为病，不惜谆谆告诫。$^{[1]}$ 呜呼！难乎其为"遗民"矣。难怪吴祖锡（佩远）《答侯斋书》中说："抱志之士，遭值坎壈，最难知者肺肠，最可议者形迹。不逢直谅多闻仁人长者，谁为恤其隐而鉴其外，横被讥

---

[1] 朱用纯《答徐昭法书》（罗振玉辑《徐俟斋先生年谱·附录》，铅印本）曰："以吾兄二十年大节苦行，敬身之道，当今之世，孰逾吾兄……窃观吾兄酬应人伦，微喜谐谑。谐谑虽无损于大节，要非君子之所宜为。何者？德盛不矜倬也。"被公认的遗民形象的"严肃性"，自与宋明理学的理念有关。

评者多矣。"（语见罗振玉辑《徐俟斋先生年谱》）

当然，在上述问题上，舆论也仍非一律。陈确就一再表明他不欲仅以出处论是非，所谓"出未必尽非，而处未必尽是"（语见《陈确集》页290）。他由"道一俗"二项对立，说处士居乡为"乡俗"淹没，丧失其文化存在的可能性，显示为不囿于通行的"节义论"之对士所面临问题的思考。（参看同书《道俗论（上）》）时论的关心唯在士人的"节"否，陈确却由"礼失"这一事实，忧患士之失其为士，其思考也因此而及于深广。

纵然遗民都能节操无玷，"遗民社会"也仍在无可避免的消失之中。我已一再谈到遗民的孤独以至孤绝，他们的非借强烈出常的姿态不足以提示其存在，自明其心事。而最终正是"时间"，渲染了"遗民"作为现象的严酷性。

大限：遗民不世袭

遗民现象的"时间性"（亦一种有限性）还体现于"不世袭"。遗民于此看到了其"大限"。

宗法社会以"继志述事"作为为人子者的人生义务。王夫之就说过："夫志者，执持而不迁之心也，生于此，死于此，身没而子孙之精气相承以不间。"（《读通鉴论》卷一三，页484）"志"本有助于对时空限圈的超越，而指定了人选的"继"，又势所必至地将大历史大时空缩小，从而预伏了悲剧之源。鼓励了"世袭"的，应有明代士人的党社习气的吧。有关复社之欲接东林"余绪"，以及"复社子弟""几社子弟"活动的记述，就令人见到了十足明人的方式与趣味。$^{[1]}$ 那一时序黄宗羲诗文的文字，几乎无不由"父子"立论；当时的黄宗羲，其身份首先是"其父（黄尊素）之子"。确信"志"之可"继"，是士的信念，用在这里，则不啻将政治品性认作了遗传属性。

"世袭"确也是明亡之际普遍的遗民期待，以至陈确这样对"节义"持通达见识、对时人之"出"有宽容态度者，对遗民子弟之出，也以为不可。他尤严于友人、"同志者"子弟之出，对于不能阻止其亡友祝渊仲子的出试，良用耿耿。$^{[2]}$ 顾炎武也说处此之时，"生子不能读书，宁为商贾百工技艺食力之流，而不可求仕。犹之生女不得嫁名门旧族，宁为卖菜佣妇，而不可为目挑心招，不择老少之伦"（《常熟陈君墓志铭》，《顾亭林诗文集》页161）。甚至钱谦益也以陶渊明为话题，讨论"遗民子弟问题"，可见时人对此间动向的关注。钱氏释陶潜诗"虽有五男儿，不好纸与笔。天运苟如此，且进杯中物"，说"杜少陵之讥渊明，以谓'有子贤与愚，何其挂怀抱'，亦未知为渊明者。推渊明之志，惟恐其子之不得蓬发历齿，沉冥没世，故其诗以'责子'为词，盖喜之也，亦幸之也"。（《吴封君七十序》，《牧斋有学集》卷

---

[1] 参看杜登春《社事本末》等。黄宗義《顾玉书墓志铭》记"阁祸"遇难者"孙子"，于"公览阁下"之时，曾"叙其葬里年齿，为《同难录》。甲乙相传为兄弟，所以通知两父之志，不比同年生之萍梗相值也"（《黄宗羲全集》第十册，页419）。亦当时风气。

[2] 陈确主张内外有别，苟为遗民，非但自己必不可出，其子弟亦不可出试（理由是"子父一体"），对非遗民，却以为不必以遗民道德苛求。他说："盖士君子居今日，以我之心待世俗而谓其出，必不可，以世俗之心待我子弟而趣其出试，亦不可。"陈确于此也表现出敏锐的人事洞察力，如说"父兄之德于学也，而优游蘑托于不试以明其高"，即属洞见情伪之言。参看其《使子弟出试议》，《陈确集》页172—173。张履祥文集中，多有致晚辈书札，对亡友的后人尤详详劝戒，于此也可感东南遗民间的同志之感。

二四，页947—948）可以作为诠释古人而富当代趣味之一例。

贯彻遗民社会的道德律令，凭借的就有父对于子的权威。祝渊临终遗命，曰："凡我子孙冠婚丧祭，悉遵大明所定庶人之礼行之。不得读应举书，渔陶耕稼，听其所业，违者即以逆论。"（《临难归属》，《祝月隐先生遗集》卷四，适园丛书）$^{[1]}$ 朱之瑜即身在日本，也不忘嘱其孙"房官不可为"，说："既为房官，虽眉宇英发气度娴雅，我亦不以为孙。"（《与诸孙男书》，《朱舜水集》卷四，页46，中华书局，1981）徐枋《诫子书》"告诫淳复"，惟恐其子"不类""不肖"，诫其子绝非"可以隐可以无隐"，而"断不可以不终隐"。（《居易堂集》卷四，1919年上虞罗氏刊本）屈大均述其父所嘱："自今以后，汝其以田为书，日事耦耕，无所庸其弦诵也。吾为荷篠丈人，汝为丈人之二子……"（《先考沧足公阡表》，《翁山文外》卷七）而甲申那年，屈大均不过15岁。甚至以"死迅"而蒙讥评的魏学濂，临终"赐书付子"，也"淳淳以'子孙非甲申以后生者，虽令读书，但期精通理义，不得仕宦'为言"。（《明季北略》卷二二，页611，中华书局，1984）陈确更不由分说："吾惟吾正义之断，而奚听子弟？"（《使子弟出试议》，《陈确集》页173）——遗民以其意志对于子弟的强加，也即一代人对另一代人命运的支配，不能不含有某种残忍意味。凡此种种，均令人可感遗民社会内部关系的紧张性。

然而道德律令于此也仍然敌不过时间及现实政治的力量。祝

---

[1] 祝渊同文中的下述说法较为明达："余弟四人，余子四人贤否、成败，天实为之，非人之所能为也。昔先正临殁，子弟问以后事，但云'莫安排'，此三字最妙，置后事勿道。"

渊的遗命终不能阻止其子弟的"出"。《读通鉴论》记东晋张骏疏请北伐，录其言曰："先老消落，后生不识，慕恋之心，日远日忘。"慨然道："……悲哉其言之矣！"（卷一三，页483）事实之可惧，甚至不止于"后生"之"忘"，即遗民本人，何尝能长保其"慕恋之心"！时间之移人有如此者。至于遗民子弟趋舍之不同，也往往有其不得不然的苦衷。收入《陈确集》的许令瑜书札，就说"今日不幸处此世界，事业文章都无用处"，既弃经生举业，"全副精神，忽尔委顿"，子弟状态堪忧："恐其颓堕委靡，溃败不可收拾。"（《陈确集》页71—72）正如遗民本身，其子弟也不免承受诸种压力与诱惑。陈确曾说到祝渊之子"从父命不试"，而其弟"则从母命出试"。（《陈确集》页75）事实是，其子也有出仕者。至于李颙不仕而其子应考，另有一番说辞："仆之先世俱系庶人，仆安庶人之分，因无衣顶庶身，众侮群欺，生平受尽磨难。小儿鉴仆覆辙，勉冒衣顶，聊藉以庶身家，岁考之外，未尝应科考以图进取。"（《答友人》，《二曲集》卷一七，光绪三年信述堂刊本）至于冒襄与其父同为遗民，而其子应试，宁都三魏的伯子（魏际瑞）"出应世务"、周旋当道，叔、季（魏禧、魏礼）保有遗民身份，均被作为士人的生存策略。一时大儒中，做类似安排的，不止李颙。全祖望记黄宗羲事："徐公延子百家参史局，又微邳万处士斯同、万明经言同修，皆公门人也。公以书答徐公，戏之曰：'昔闻首阳山二老托孤于尚父，遂得三年食薇，颜色不坏。今吾遗子从公，可以置我矣。'"（《鲒埼亭集》卷一一《梨洲先生神道碑文》）朱彝尊、陈维崧都说过自愧其"出"的话$^{[1]}$——如方氏的三代遗民（方孔炤、方以智及其三子）、如傅山的父子遗民且同志者，毕竟罕有。顾炎武也概叹于"朋友之中，观其后嗣，象贤食旧，颇复难之"（《与杨雪臣》，《顾亭林诗文集》页139）。

全祖望《题徐狷石传后》记徐介（狷石）、应扔谦（潜斋）事，颇有意味："狷石严事潜斋，其后潜斋亦畏狷石。尝一日过潜斋，问曰：'何匆匆也？'潜斋答曰：'主臣以儿子将就试耳。'狷石笑曰：'吾辈不能永锢其子弟以世袭遗民也，亦已明矣；然听之则可矣，又从而为之谋，则失矣。'于是潜斋谢过，甚窘。"（《鮚埼亭集》外编卷三〇）这应当是关于"不世袭"的语义明确的表达。徐介所说"界限"尤其值得注意——以"听之"为"可"；可见其时遗民后代之"出"，已为时论所容忍。有此种见识的不止徐氏。同书卷五《明监察御史退山钱公墓石盖文》记钱肃图临终嘱其子语："故国故君之感，此吾辈所当没身而已者也，若汝辈则不容妄有逆天之念存于其中。"陆世仪对他人的应试，也持论宽和："……继闻吾兄为学校所迫，已出就试。此亦非大关系所在。诸生于君恩尚轻，无必不应试之理。使时势可已则已之，不然，或父兄之命，身家之累，则亦不妨委蛇其间……近吴中人有为诗歌，以

---

[1] 朱彝尊《黄微君寿序》中说："余之出，有愧于先生。"（《曝书亭集》卷四一，页502，按黄微君即黄宗羲）陈维崧致书黄宗羲，也说："崧不肖，不能守父遗教，逐臾世间，其为先生所屏弃也固宜。"（见《黄宗羲全集》第十一册，页407，浙江古籍出版社，1993）陈维崧为著名遗民陈贞慧之子，年逾五十始举鸿博，授检讨，与修《明史》。王源亦自说"不得已出而应世"（《与梅椷长书》，《居业堂文集》卷六）。

六年观望笑近日应试者。予谓六年后应试，与六年前应试者，毕竟不同。盖臣之事君，犹人子之事其亲而已。主辱臣死，固为臣之大义，至于分谊不必死者，则不过等于执亲之丧；丧以三年，而为士者能六年不就试，是亦子贡筑室于场之志矣，而必欲非笑之，刺讥之，使之更不如六年前应试之人，则甚矣。"（《答徐次桓论应试书》，《论学酬答》卷三，小石山房丛书）拟"分谊不必死者"的不应试于执亲丧，可谓独出心裁。至于陈确，对不得已的出试也有区分。其《试淞说》曰："士生乎今之世，或不得已而出试于有司，吾无恶焉耳。惟试而求必售，斯有不忍言者矣。"（《陈确集》页251）又出于他略形迹而推究其心的一贯态度。

遗民不"世袭"，前人已然。《读通鉴论》就记了杨盛"于晋之亡不改义熙年号"，"临卒，谓其世子玄曰：'吾老矣，当终为晋臣，汝善事宋'"。（卷一五，页554）同书还说"稀叔夜不能取必于子，文信国不能喻志于弟"（卷一四，页542），遗民的无奈情见乎辞。$^{[1]}$ 倒是近人钱穆对上述徐介语颇不谓然，以为"自今论之，则听之与为之谋，亦几于五十步与百步也"（《中国近三百年学术史》第二章，页72，中华书局，1986）。

对于遗民子弟之出仕者，时论尚不止于"容忍"，更有艳称之者。钱谦益撰柯元芳墓志铭，记其子仕清为枣阳令，"君喜曰：

---

[1]《读通鉴论》："君子之泽五世而斩，小人之泽五世而斩，或且不及五世而无余，若子深虑其后也。"又假设道，晋人倘能"俟之隋兴，而以清白子孙为禹甸之士民，岂遽不可？然而终不及待也"（卷一四，页519）。论及遗民的"世袭"问题，也持论激烈，以"终吾身而已，于孙固当去事他人以希荣利"为"双收名利以为差斯"（卷一五，页554）。

'自今可以舒眉坦腹，长为逸民矣。'"（《柯元芳墓志铭》，《牧斋有学集》卷三〇，页1108）戴名世说："自明之亡，东南旧臣多义不仕宦，而其家子弟仍习举业取科第，多不以为非。"（《朱铭德传》，《戴名世集》卷七，页209）一时世俗心理的好尚可知。$^{[1]}$

面对此情此景，遗民中的敏感者，难免于尴尬与悲凉的吧。没有"后代"即没有"将来"。遗民终是"子遗"之民。钱穆由遗民的世袭问题论及遗民现象的时间性，对遗民的时间恐惧似感同身受："弃身草野，不登宦列，惟先朝遗老之及身而止。其历世不屈者则殊少。既已国亡政夺，光复无机，潜移默运，虽以诸老之抵死支撑，而其亲党子姓，终不免折而屈膝奴颜于异族之前。此亦情势之至可悲而可畏者。"（《中国近三百年学术史》第二章，页71—72）

---

[1] 黄宗羲《宪副郑平子先生七十寿序》记郑氏"闻其声光"，其子"三入长安"，亦应是当时常见情景。（《黄宗羲全集》第十册）吴伟业《封中宪大夫按察司副使秦公神道碑铭》（工部都水司主事兵科给事中天愿谢公墓志铭》等，所记"父处于出"者（《吴梅村全集》卷四二、四五，上海古籍出版社，1990），其父子往往为时人称美，乡里以之为荣。父处于出，也系门户、生计。其《宋辣生诗序》说宋氏得以优游的条件："辣生昆季皆仕于朝，子弟以诗文为四方所推重，故得以其身优游啸傲……"（同书卷二九，页686）魏禧《先伯兄墓志铭》记其兄魏际瑞："甲申国变，丁丑间，禧，礼并诸生。兄踌躇久之，悯心叹曰：'吾为长子，祖宗祠墓，父母丧葬，将谁责乎？'乃慨然赴试出。……禧奉父母居翠微山。"（《魏叔子文集》卷一七）由此文可知，魏际瑞曾"以贡士试北雍"，交"满汉诸贤人"，"以才名为当路所推重，曾抗大帅省礼下之"，"自是诸隐君子暨威伯为安危者三十余年"。"不仕"以"仕"为条件，不出者赖出者而得保全——也有某种讽刺意味。

故国与新朝之间

上文已经说到，遗民的自我认同，是赖有时空假定的。钱谦益记徐氏："南渡日，弘光改元，岁时家祭，称崇祯年如故。嘻乎！称弘光犹不忍，况忍改王氏腊耶？"（《书南城徐府君行实后》、《牧斋有学集》卷四九，页1604）屈大均有类似记述：黄见泰曾仕隆武朝，明亡，"家设襄皇帝位，朔望朝拜，以木版为笏，跪读表文，声琅琅彻于户外，人皆怪之。县役持檄催租，见泰大署纸尾曰：大明无寸土，博士安有田"（《高士传》、《翁山文钞》卷四，商务印书馆长沙景印排印本）。你不能不惊叹于其人坚持原有角色的顽强，其自我界定时的想象力。

然而自设情境，毕竟使得生存虚幻。遗民无以逃避时世已换的事实。

至于遗民与新朝的关系，当道的羁縻，只是一个方面。遗民对新朝政治的某种参与，毋宁说是士的传统、儒者传统预先决定了的。

较之上文写到的自钢极坚的少数遗民，"遗"而"不忘世"，是更普遍的生存态度。这里的逻辑就有了相当的复杂性：其人并不自居于当世之外；他们所拒绝的，只是"朝廷"。"遗"毋宁说是对一种"民间身份"的确认。士有关其"职志"的意识，无疑有助于遗民在另一朝代的政治格局中，找到其位置。而有明一代民间政治的活跃（党社、讲学、清议、诸生干政等），也可用以解释士于明亡之际及易代之后的积极姿态。不欲放弃儒者的使命承当，坚持其所认为的士的职志者，其于鼎革后继续关心民生利病，以兴利除弊为己任，是顺理成章的事。顾炎武就明白地说："百姓之病，亦儒者所难忘。"（《与友人书》，《顾亭林诗文集》页190）不妨认为，如顾炎武的《利病书》、黄宗羲的《待访录》，虽声称"待后王"，未必不期其有益于当世。至于为善乡里，见诸遗民传状，比比皆是。《碑传集补》卷三六《许青岩先生传》记许氏"尤厚为德于乡间，遇斗争及家宅构衅者，不难片言立解，忠信明决，为人素所折服"。《清史稿》卷四八○陈瑚传，称瑚有经世才而言不见用，"明亡，绝意仕进，避地昆山之蔚村。田淤汕，瑚导乡人筑岸御水，用兵家束伍法，不日而成"。实则陈氏所为尚不止于此。其所撰陆世仪行状（《尊道先生陆君行状》）记毛如石之官，"以君（按即陆氏）行，比至，则明政刑，正风俗，锄奸宄，君相助之力居多。予时亦在楚中，为登善校士……"$^{[1]}$黄宗羲记查遗（逸远），也说其"以经济自期许，故凡天下之事，他人数百言不能了者，逸远数言，其利病纤悉毕见。虽郁郁无所施为，而沟渠保甲社仓诸法，讲求通变，未尝不行之一方也"（《查逸远墓志铭》，《黄宗羲全集》第十册，页367）。对于民瘼不能度外置之，毋宁说正是

---

[1]《行状》："辛亥冬，大中丞巡抚马公闻君（按即陆氏）贤，聘为公子师，间诸以江南利病，君知无不言。公爱君甚，礼貌极隆，而不意未及一月，一病不可起矣。"陆氏之子所撰陆氏《行实》述其与当道关系，更详于《行状》，如曰"吴困赋役，府君作《浮粮考》上之，得调荒祝，缓预征。又作《漕艘揭》《漕粮议》。吴淞委江久壅，大中丞马公条议疏浚，题捐帮金十四万，懒府君往子公董其事，府君实左右之。既成，作《淘河议》《决排说》《建闸议》。"当道对陆氏则有"五世奥儒""理学名家"等诠表。其卒，"大中丞、方伯暨州守，四方会吊之士，赴车填巷"。"大江南北占湖东西，执经门下者几数百人，而通籍与年长于府君者，十居二三焉。"陈瑚《行状》也有毛如石为陆世仪措伸仅据《行状》的记述（《行状》《行实》均载《梓亭先生遗书》，先绪乙亥刻本）。凡此，则为《小腆纪传》等所不载。陆世仪一生未仕，却也如孙奇逢、其关心以至参与时政，易代前后有其一贯。

儒者本色。金堡（瀓归）《李灌溪侍御碧幢集序》，对此的表达，有其一贯的直率，其曰："先生每闻官邪政浊，闻阎疾苦，诗书崩坏，仰屋而叹，对案忘餐，虽老弥笃。或谓此既易代，何与吾事。夫新故即移，天地犹吾天地，民犹吾民，物犹吾物，宁有睹其颠沛，漠然无动，复为之喜形色者耶？予故推先生为一世真儒。"（《偏行堂集》卷四，上海国学扶轮社，1911）

当着以其经世之才用于地方事务时，遗民自难以回避或也无意于回避与当道的交涉——当然是以"民间身份"进行的。陈确就不但关心民生利病，还为"穷黎"请命而一再投揭当事（其《投太府刘公揭》《投当事揭》等，均见《陈确集》），甚至欲借当道推行其"族葬"法。张履祥也不欲克制其对现实政治的关切。其撰于甲申后的《书改田碑后》（《杨园先生全集》卷二〇），追论明代湖州归安税额之不均，也无非出于对"民之病"的关切。魏礼以为借当事之力纾民困，无妨于"处隐约"，曰"田畴亦藉魏师去其所居乡之害"。（《李檀河八十序》，《魏季子文集》卷七，《宁都三魏文集》）此例他一再引用。在他看来，"义当挺身为万民请命，方为不负所学"（同书卷八《与李邑侯书》）。凡此，也应基于易堂那一种"经世之学"所规定的与当世、与现实政治的关系。

"民间身份"的说法，对某些著名遗民，已显得笼统。当陆世仪参与地方政事时，其身份即近于幕宾。上文所引陈瑚《行状》曰陆世仪"寓诗曰：'廿年学道共艰辛，一夕风尘尽隐沦。何意鹅湖登座客，半为莲幕捉刀人。'盖伤之也"。至于颂扬地方官员的德政，更不难见之于遗民文字。孙奇逢就曾以为小民代言的姿态撰《去思碑》$^{[1]}$。以"民意"的名义对地方官员的任免实施干预，也属传统手段。

一些遗民尤不欲讳言地方官员的兴学、推行教化之功，如屈大均《惠州府儒学先师庙碑》（《翁山文钞》卷三）所谓"兴起斯文之功"，以"倡明正学""明学术正人心"期之执掌学政的官员，非但不否认权力机构的教化功能，而且不放弃以私人方式（与当道的个人交往）间接影响当代政教的机会——其意识到"民间身份"的局限，是不言而喻的。这里也有遗民与当世关系的复杂性。李颙就以振兴"关学"期之当道，说："安得当事者心同台臺之心，朴椳作人，砥柱波流，于人心剥复之交，使后火前薪，似续一线，不至当今日而落寞，其大有造于关中为何如耶！"（《答张提臺》，《二曲集》卷一七）于此，儒者的学派立场，也成为对上述态度的支持。

孙奇逢、李颙处清初之世讲学布道不避当道，固属所谓"有教无类"，其同也有经由讲学影响当代政治的自觉。李氏甚至不拒绝对满人将领施教（参看《二曲集》卷四五《历年纪略》）$^{[2]}$，这种姿态应不违背他的基本目标与信念。他的《司牧宝鉴》（同书卷二八）即一套规海、训诫当道者的教材。孙奇逢的不避交接当道，

---

[1]《钱牧斋尺牍》卷上《与吴梅村》第二札曰："容城孙微君钟元……项有书来，盛称邑新令君，北方楷修人士，掌教容城，彬彬有邹鲁风……钟元所撰（去思碑）附致一通……"（上海商务印书馆，1936）冯其庸、叶君远《吴梅村年谱》（江苏古籍出版社，1990）系此于顺治十七年。

[2] 孙奇逢门下亦有当道同学。《夏峰先生年谱》卷下康熙十二年，"遂庵由翰林出为大名道，有惠政，是年介汤诚受学。先生曰：'君曾秉宪大名，余父母邦也，岂可以公祖而在弟子列！'遂庵执礼愈坚，每辰起，随门人侍坐，请益不稍懈。"（汤诚等编《孙夏峰先生年谱》，丛辅丛书）

亦"以民彝为念"，他对请益者说的是："匹夫为善，康济一身；公卿为善，康济一世。某力不能及民，愿公减一份害，民受一份之利。"（参看魏禧介《夏峰先生本传》，《夏峰先生集》，畿辅丛书）同属"以斯道自任"，所体认的使命也因人而异。如孙、李，显然将"传道"作为须优先考虑的目标。以道为公，与天下共之——确也是儒者面目。

陆世仪的思路更有出常者。他以为倘教官不为"官"，则易代之后，胜国之遗黎故老可任之："学校之职，'臣'也，而实'师'也。若能如前不用品级之说，则全乎'师'而非'臣'。昔武王访道于箕子，而箕为之陈《洪范》。盖道乃天下后世公共之物，不以兴废存亡而有异也。聘遗黎故老为学校之师，于新朝有益，而于故老无损，庶几道法可常行于天地之间，而改革之际不至贤人尽归放废矣。"他甚至认为教官一职先朝大臣也不妨任之（《思辨录辑要》卷二〇，正谊堂全书）。陆氏是由"贤才"的为世所用与"圣道"的发扬光大出发的，仍然是志在经世的儒者思路。

不妨承认，遗民的上述姿态背后，有对如下事实的确认，即"明"确已亡。不在"明—清"而在"朝廷—民间"中做位置选择，使上述遗民的"遗"，有了与"遗世"者不同的意义；至于他们的不仕，则更出于对"故明"的情感态度，如报所谓"养士之恩"。遗民中一些人的坦然于子孙的仕"新朝"，也因"明"确已亡，而"报恩"不妨及身而止。

至于推行礼教以化民，本是儒者的传统职任；用了顾炎武的说法，这也是虽国亡而犹能使"天下"不亡的大事业。"礼"之为

"教"，在宗法社会，主要是经由"家族政治"实现的。不见用于世，而以"化民"为事业——本有前贤为楷式。明儒吕柟（泾野）就说过，"若见用，则百姓受些福；假使不用，与乡党朋友论些学术，化得几人，都是事业，正所谓畅于四肢，发于事业也，何必有官作，然后有事业"（《明儒学案》卷八，页153）。至于从事于宗族，则儒家政治中，齐家与治国不只相关，后者还以前者为根基。遗民传状中就不乏从事这类"政治"且收"儒效"的例子。《碑传集》卷一二五《新乡郭公士标墓志铭》称道其人"厚于宗族，建祖祠墓侧，岁时祭扫，大会族人，习礼其中，置祭田以供飨祀，有余则以供族人嫁娶丧葬费。立家会，集族之能文者月一课之，又择其优者，令分教族之子弟，缵绅家传以为法"。尊祖、敬宗、收族，示范于乡里，从来是为儒者所注重的政治实践。顾炎武的《华阴王氏宗祠记》《杨氏祠堂记》（见《顾亭林诗文集》）等文，均论及"人伦""风俗""政事""国家"的关系，由此说"儒者之效"，说"教化之权"，等等。在《杨氏祠堂记》中顾氏曰："若夫为盛于衰，治众于寡，子然一身之日，而有万人百世之规，非大心之君子莫克为之矣。"（《顾亭林诗文集》页107）在有此见识、信念的顾炎武，岂但"尚有可为"而已！他本人就曾在关中"略仿横渠蓝田之意，以礼为教"（《与毛锦衔》，同书，页141）$^{[1]}$——确也是儒者的"践履"。

---

[1] 顾炎武还说："近至关中，谓此地宋之横渠，蓝田诸先生以礼为教，今之讲学者甚多，而平居雅言无及之者。值此人心陷溺之秋，苟不以礼，其何以披乱而返之正乎？"（《答汪苕文》，同书，页195）"盖戡除莫籍于干戈，而根本必先于礼乐。"（《复周制府书》，同书，页208）

上述遗民并不自处于"现实政治"之外，当然更不自以为在"当世"之外。这一种"政治现实主义"，也属于儒者性格。黄宗羲论臣道，说"仕"之义在"为天下""为万民"，非为"一姓"；（《明夷待访录·原臣》，《黄宗羲全集》第一册，页4）"遗"之义何尝不如是！在顾炎武、孙奇逢，其行为及其道德自信，依据于明彻的理性。儒家"民本"思想，儒者传统的现世关切、"民胞物与"的仁者情怀，与学者式的究极根本，对于造成"遗民境界"的作用，由顾炎武那里尤其可以见出。当然，"儒者境界"从来有千差万别。

遗民现象的时间性，固然也由新朝当道蓄意造成，但当道者也有其态度不便归入"羁縻"与"迫害"二者的。如关中的李颙与江右的易堂诸子均备极称颂的骆钟麟，如不但为李颙，也为傅山所敬重的郭云中（九芝）。（参看《霜红龛集》卷一八《题四以碣后》）遗民则固然有"苦节"、严于取与、不惜穷饿而死者，也有接受当道的馈赠者。魏裔介《夏峰先生本传》记孙奇逢"因田庐充采地，移家于卫。……水部郎马光裕赠夏峰田庐，辟兼山堂，读《易》其中，率子若孙射耕自给，门人日进"。骆钟麟之于李颙，更优礼备至，曾"为之捐俸构屋，俾蔽风雨；时继粟肉，以资侍养"；其"俸满将升，念去后无以赡给，为置地十亩，聊资耕作"。其时的富平令郭云中、督学许孙荃等，对李氏也有资助，以至"糜人继粟，庖人继肉，相望于路"（参看《二曲集》卷四五

《历年纪略》）。$^{[1]}$

活在清世，语言方式的改换只是时间问题。陆世仪《赠蛟水吴公去思序》曰婁县"自明末困征输，俗始凋敝。国朝起而抚之，择良吏抚循兹土，民蒸蒸有起色矣"（《桴亭先生遗书》卷四）。张尔岐颂扬地方官的与民休息，甚至说："乙西去今几何时，阅视田畴，孰与昔治？畜牧孰与昔多？屋垣孰与昔理？……"（《送邑侯杜明府还里序》，《蒿庵集》卷二，页89—90，齐鲁书社，1991）"入清"不只系于身份，更是"状态"。这一时期李颙文字中，诸如"天颜""宸聪""皇仁"等字样，随处可见。"国家龙兴辽左"一类说法见诸遗民文字，也应属习焉不以为异者。（如冒襄《狼山镇诸公德政序》，《巢民文集》卷二，如皋冒氏丛书）金堡《单质生诗序》（《遍行堂集》卷四）以明太祖提倡忠义为例，告诫当道，一派为新主献议的口吻，所说"君臣大义，二主之所共，深切著明，无所益于胜国之亡，而能为新朝资观感"云云，似已不自居"胜国"之遗民。黄宗羲的晚年之作，称当世为"兴王之世"，自述其与"同学之士""共起讲堂""以赞右文之治"，其他如"今天子""圣天子"，以至"王师""岛贼"等等，也全然清人口吻。将黄氏此类表述置诸时人文字间，可知其正在当时语境中；那些字样无非标志着"汉族士大夫"与"清"这一政治实体、与"清世"这一"现实"的关系的演化过程。任何一种设定，都无

---

[1] 骆、郭之死，李氏均为位以祭，服缌三月。《历年纪略》：康熙二十年辛酉"二月间郭公凶问，为位牵家人哭祭，服缌三月，为之表墓。四月为报德堂，奉骆公、郭公暨鹿洲张公之主于中，令节削牵家人虔祭"。魏禧《孙容也七十叙》提到骆健麟，曰"予甚贤骆公"（《魏叔子文集》卷一一）。

法阻止话语如空气般的弥漫，无法阻止语词的共用。"共用"中即有对共处时空的承认。当然你也不难推想，到李颙、黄宗羲写上述文字之时，"遗民社会"的舆论环境，已有了相当大的变化——时间之于遗民的严重性，于此不也得一证明？

黄宗羲、孙奇逢、李颙，均为以遗民而名满天下且死备哀荣者。就中孙奇逢、李颙作为一代大儒的影响力，部分地正出于有清当道的制作。《二曲集》卷二三《襄城记异》、卷二四《义林》，尤可作为易代之际当道与遗民共同进行传奇制作之一例。与黄宗羲的得意于"诏钞著述"同具讽刺意味的，是康熙亲题匾额的悬之李颙家中厅。$^{[1]}$至此，借诸李氏的"宣传教育（教化）运动"达到高潮，对李氏的褒奖也无以复加。惜李氏当此际的真实感受，已不能由存留下来的文字中得知。其时对当道的褒奖感激涕零者，大有人在。阎若璩之外，后来在"哭庙案"中受了极刑的金人瑞（圣叹），其《春感八首》序曰："顺治庚子正月，邵子兰雪从都门归，口述皇上见某批才子书，谕词臣'此是古文高手，莫以时文眼看他'等语，家兄长文具为某道，某感而汨下，因北向叩头敬赋。"

由此回头看遗民的自外于清世，土室蜗居、"每饭不忘故国"者，倒像是一意将自己作成简单的象征。践"大清"之土，食"大清"之粟，黄宗羲拒绝将"象征"等同于"事实"。他是宁可正视"遗民"的"有限性"的。这也可以理解为如黄氏这样清醒的学者

---

[1]《二曲集》卷四六《潜确录》（门人录）记康熙四十二年西巡欲召见李氏始末，及有关文字，录康熙与李氏之子李慎言问答，及大臣奉旨阅《反身录》《二曲集》评语。"……今上知先生抱恙，还有'高年有疾，不必相强'温旨，随赐书'操志高洁'匾额及御制诗章，并索先生著述。"

无可避免的选择。归庄自我解嘲，说："余今客准阴，固非吾土也；即归吴中我所生长之乡，犹非吾土也。骆宾王有云：'观今日之域中，是谁家之天下？'既身沧左衽之邦，不能自拔，不得已，就其所居之处，指为己之斋，亦犹平叔所谓何氏之庐也。""客曰：'子之言似矣。顾前哲之训曰：素夷狄，行乎夷狄。孔子欲居九夷，曰：君子居之，何陋之有！画地之说，得无少隘，殆非本旨也！'"（《己斋记》，《归庄集》卷六，页352）由此也令人窥见了遗民为自己在"清世"的生存提供论证的艰苦过程。即使仅仅由遗民中特选的人物，你也可以看出，正是在"遗民"身份赖以成立的"处清世"上，在对待"清"这一政治、历史现实上，"遗民社会"内部并非一律。我们还没有说到这里的"遗""逸"之别，即拒绝"清"之为"夷"，与拒绝清代的官方政治。"遗民社会"构成之复杂，是笼统的描述所难以尽之的。

上文已经说到，遗民行为往往因时间推移而前后有别，易堂诸子由山居避世，到出游四方寻访豪杰（且不避与当道的交接），即一显例。即使持守特严者，也不免于因时的变化。严格意义上的"遗世"，从来只见于隐逸族中最称"彻底"的一类。至于"遗民现象"的效应，更非遗民的时空假定所能限定。且不必说清代朝廷以及士人对明代"忠义"、遗民的褒扬——"清世"不但是遗民故事得以敷演的舞台，也是遗民行为发生作用的具体时空。遗民现象的"当代性"，在学术的承启中有更显明的呈现。顾炎武的被奉为"清学开山"，应是顾氏本人始料未及的吧。正是"清世"，提供了遗民的"明代学术批判""明代文学史梳理"的语境，提供了"遗民学术"与"遗民诗文制作"所赖以进行的环境、情境（由此又不难想到遗民中主动"失语"者用心之苦，他们所以放弃言语的缘由）。"遗民"角色固然出于自主的选择，遗民却无从选择或拒绝其被"历史"安排的位置。而其时及后世遗民传状的叙事惯例，往往将真实的"关系"掩盖了。

还不妨承认，即使有清初江南的"哭庙""科场""奏销"诸案及文字狱，也仍不便以明遗民所历之境为特殊。即如遗民著述之有"违碍"者虽屡遭禁毁，而有关明遗的文献仍有可观。顾炎武说王玑所著《信书》，即曰"此固宋之遗臣所隐晦而不敢笔之书者也"（《歙王君墓志铭》，《顾亭林诗文集》页117）。清初的杀戮士人，就其残酷性而言，也未必较明初为甚。清初当道对知名人士，虽羁縻不遗余力，如顾炎武者尚能"徜徉自遂"（《与李星来》，同书，页187），这也是为时所重的大学者才能有的一份潇洒，而明初拒仕新朝者，其处境似更其严酷。$^{[1]}$

实则明遗较之前代遗民，有幸有不幸。有清一代对文字的禁毁，虽可比之于"暴秦"，而清代士人整理遗民文献的工程之浩大，也像是并无先例。这当然也因了明遗民拥有的力量，其著述之丰，遗民"存史"的意志之顽强。经由辑佚"修复"历史、复完形

---

[1]《明史》卷九三刑法志一：洪武十八年，为《大诰》，"其目十条：……曰寰中士夫不为君用。其罪至抄札。"卷九四刑法志二："凡三《诰》所列凌迟、枭示、种诛者，无虑千百，弃市以下万数。贵溪儒士夏伯启叔侄断指不仕，苏州人才姚润、王谟被征不至，皆诛而籍其家。'寰中士夫不为君用'之科所由设也。"卷一三八严德珉传，记严"以淡求归。帝怒，鞭其面，谪成凤阳"。卷一三九录叶伯巨疏，中有"古之为士者，以登仕为荣，以罢职为辱。今之为士者，以溷迹无闻为福，以受玷不录为幸"等语。叶氏死于狱。万斯同《读洪武实录》（《石园文集》卷五，四明丛书）说太祖"杀戮之惨"，曰："追不为君用之法行，而士子贤往逮甚于穿坑，盖自暴秦以后所绝无而仅有者。此非人之所教诲，亦非人之所能施也。"

象，清中叶即在进行。到清末，更有遗民文字的大规模搜集整理，甚至如黄宗羲、顾炎武文字中因涉时忌而删于生前的，也无不被搜寻刊刻，"盖黄、顾二老，为国朝儒林之冠，虽寸墨片楮，皆当宝贵，为之流传"（萧穆《南雷徐集跋》、《黄宗羲全集》第十一册，页458），也未必是黄、顾等人逆料所及的。

至于遗民与"故明"的联系，毋宁说是极其复杂的问题，仅由忠义、遗民的传状，是不能得其实更不能得其深的，似乎还须向遗民的明代政治、历史批判中寻绎。梁份以鲁仲连自期，说秦、赵相争，"譬之邑令，一旧一新，贪均也。与民习而欲既厌者，其旧也。夫既无廉者，则执与旧令之犹贤也？天下人不知此，而仲连知之。其欲解纷排难，为天下非为赵也"（《怀葛堂集》卷一《与李中孚书》，民国胡思敬校刊本）。其逻辑像是大可玩味。遗民对"故国"的情感，本因家世身世而有不同。黄宗羲对故明政治的严厉的批评态度，也应与其个人背景有关。"历史"常有极其诡谲的安排。启、祯年间的党争，直演到南明小朝廷，而当阮大铖欲兴大狱一网打尽政敌之际，某些复社人士竟赖"北兵"之南下而获保全$^{[1]}$，岂不就是令人啼笑皆非的？

遗民现象在时间中的消逝，自然也由后人的"遗忘"而助成，对此，遗民与表彰遗民者同样莫可如何。全祖望在《亭林先生神道

---

[1] 其时的有关记述也颇耐人寻味。《静志居诗话》曰："假令王师下江南少缓，则'复社'诸君，难予免于白马之祸矣。"（卷二一（孙泽），页650）虽不便据此认为其人幸明之亡，却可以作为对孙光朝覆亡的一种反映。同书记雷续祥："金事遣命家人勿葬，仿伍子胥抉目遗意，置棺南花台，未浃月，而留都不守矣。"（卷一九（周镳），页572）杜登春《社事本末》亦曰"社稷用倾，门户之忧，亦从此烟消冰释矣。"（《陈子龙年谱》附录，见《陈子龙诗集》页736）

表》中说，"读先生之书者虽多，而能言其大节者已罕"（《鮚埼亭集》卷一二）。此时距顾氏之死并不远。全氏另在《端孝李先生窆石铭》中慨叹道："鸣呼！孝子之孝，不特吾里中人知之，而大吏亦知之，天子亦知之者也。而岂知孝子之不止于孝者，则固无一人知之者耶！"（同书卷二一）在"大吏"以至"天子"，属有意遗忘；小民的"忘"，则是忘当道所"忘"。遗民以学术传，以文传，以孝传，却未必能以"节"传，即未必以"遗民"传：这也应当是刺激了全氏于乾隆年间传状明遗民的事实。"忠义事迹"先就湮没，也属"遗民命运"。由此看来，遗民的"时间恐惧"岂非大有远见在！

遗民的"遗民史述"作为记忆工程，是与上述"忘"的自觉对抗。遗民作为"故国"所"遗"，因"国"之故而成"故"；遗民又以"存史"（包括遗民史）为"存明"。甚至不止于"存明"。顾炎武序时人所撰《广宋遗民录》，说其书"存人类于天下"，自说"将以训后之人，冀人道之犹未绝"。（《广宋遗民录序》，《顾亭林诗文集》页34）而相当一些遗民确也终以文传，以学术传——"文字"的功用，正如遗民致力于著述者之所期。全氏在《中条陆先生墓表》中说："鸣呼！先生之志节至今日而始白。然而论先生者不但当以其诗，而先生之所以至今日而得白者，亦终赖其诗。"（《鮚埼亭集》卷一四）亦一种遗民命运的悖论。至于明遗民反清文献的为清末志士所援据，更令人有"轮回"之感。这也是明遗民命运的一部分。说遗民凭借文字而活在时间中，不如说其活在后人的读解中。"遗民"出诸选择，遗民又要经受选择。价值论是因时而变动的，仅仅文字毕竟不足以"传"遗民：于此又令人窥见了人与时间的一般关系。

在结束这一章节的时候，不妨将遗民自我界定所凭借的时空假定，视为遗民对抗其意识到了的"时间威胁"的策略；遗民的"孤独"也要透过时间方能说明。遗民在时间中磨蚀，同时经由时间保存，遗民在时间的不断塑造中：这又是不惟遗民才有的命运——我们总在对遗民现象的追究中，遭遇更大的主题，"士"的以至"人"的主题。遗民以其特殊，将"普遍"演示了。

*本文为《明清之际士大夫研究》下编《明遗民研究》第七章，收入本书略有改动

伍

谈兵
——关于明清之际一种文化现象的分析

谈兵即经世。当明亡之际，尤其是经世之首务。明末士人勇于任事；与军事有关的事，最属当务之急。"国之大事，在祀与戎。"（《左传》成公十三年）礼乐兵刑，乃国家政治的大关节目；当明之世，"兵"的紧迫性往往又在其他诸项之上。"国防军事"是理解明代政经诸多问题的基本线索。军事在有明一代政治制度、经济结构中的位置，仅由《皇明经世文编》中关涉军务者所占比例也约略可知。

孙武兵法被认为"百代谈兵之祖"（《四库全书总目提要》子部兵家类《孙子》）。本章所谓"谈兵"的"兵"，包括兵谋、兵制、兵器等等，上述种种，不出传统所谓"兵学"与"兵事"的范围。"兵"，最初指称兵器，后也指身在行伍者，即"士兵"。有"士""王"同为斧形之说——王权来自军事权力；士在其起源处与"兵"的关系本直接而密切。^[1] 本篇所论这一时期被划归狭义的"兵学"者，具有"经世之学"的一般品性，即如强调"经世"指向（动机、目标设置），不具有"专业"特性，不能作为严格意义上的学术类别。

谈兵与所谈之兵，尚可作种种区分。即如士人最热心谈论的"兵谋"，可区分为一般的军事谋略与具体的战守；后者又可区分为关系全局的部署与局部战事（包括地方守御）。将其时士人的"谈兵"作为分析对象，尚可由谈兵者的身份，区分为文士之谈与武将之谈、兵学专家之谈与一般的书生之谈、当事任者之谈与非当

---

[1] 关于"兵"，参看《日知录》卷七"去兵去食"条。《明史·戚继光传》曰戚"所著《纪效新书》《练兵实纪》，谈兵者遵用焉"（卷二一二）。此"谈兵者"又指称从事军事者。

事任者之谈。由谈兵者的动机、目标，可分为以兵为学（如注孙注吴）与作用于当前军事（本章的兴趣更在后者）。甚至谈兵者为朝臣抑在野之士，为武将或介人军事的文臣以至幕府之士，均可区以别之。即同为"文臣""文士"，又何尝不可由亲自参与部署以至亲临战阵，或仅从事过策划而绝无实战经历作一区分？

本章所处理的材料，包括有关"谈"这一行为的记述与所谈之"兵"。因而材料主要来自两个方面：有关其时士人"谈兵"这一行为的记述，与可资考其所谈之"兵"的言论材料；后者既包括有关著述，也包括奏疏及文集中与军事有关的文字。军事战略分析，军事行动记述，借诸史论、策论的兵谋、兵略谈，多出自文臣、文士手笔；武将所撰，如戚继光的《纪效新书》《练兵实纪》之属，则属实用兵书。但也不便作一概之论。如徐光启的《选练条格》等，亦以实用为期待。而作为本章材料的收入《皇明经世文编》（中华书局，1962）及明人文集的大量奏疏，多属具体建议，以见诸实施为目标。这里较为特殊的，是有关兵制之谈。明代兵制批评固因在明亡前后而有不同，发表在明亡后的兵制论，由近人看去，则又有"学术含量"的差异——且学术与非学术之间的分界，并非总能厘清。当明清易代之际，即注经也不免有现实的针对性，不可仅据著述的形式而作区分。出诸时人的有关当世谈兵的记述，提供了想象其时情境、氛围的材料，我力图由此而获得"现场感"；至于其时有关军事的言论，本章所及，不免挂一漏万。这是要预先说明的。

唐代对兵书，有私藏私习之禁。（参看《唐律》《唐律疏议》）见诸《四库全书》著录的兵学类书籍，其数量至宋渐有可观，而明人的有关著作尤伙。文士谈兵虽不自宋始，但演成风气，似应追溯至宋。至于有宋一代著名文士的参与军事，辛弃疾、陆游、叶适等，均为著例。梅尧臣、欧阳修曾注《孙子》，欧阳修还撰有《九射格》，为明末士人所心仪的谢枋得（叠山），亦曾有兵书的注释与纂辑。明人好谈宋，自然因了所处情势惟宋可比；而对于明人，宋代人物确也提供了较近的榜样。

危机时刻的书生谈兵

宋、明两代文士的谈兵，同为时势所激成。有明一代有自始至终的军事形势的严峻性。尤为严重的，是来自北方的威胁。至英宗朝土木之变，嘉、隆之际东南"倭患"，士人每有家国之忧。王世贞说："自庚戌始，而西北之兵亡日不与房战；自壬子始，而东南之兵亡日不与倭战。兵日以战，挫削日以继。"（《策》，《明经世文编》卷三三五）危机感、威胁感——上述军事形势，不能不影响于士大夫的生存状态，亦士夫为此"谈"的情势。钱谦益《张公路诗集序》，说张名由（公路）"当神庙日中之世，抵腕论兵，壮年北游燕、赵、晋、魏，访问昔年营阵战垒，旷衡时事，磊然有微风动摇之虑"（《牧斋有学集》卷一九，页815，上海古籍出版社，1996）。归庄《张公路先生诗集序》也说张氏诗"如《闻庚戌边报》《观骑射》《暹罗刀歌》诸作，慨然有封狼居胥之意"（《归庄集》卷三，页186，上海古籍出版社，1984）。李贽亦好与人"谈兵谈经济"（袁宗道《答陶石篑》，《明代文论选》页309，人民文学出版社，1993）。书生谈兵，有时即以兵事为谈资，不过博快意于一"谈"。但到覆亡的危机迫在眉睫，士人的兵事兴趣亦被赋予了时事的严重性。徐光启自说"生长海滨，习闻倭警，中怀愤激，时览兵传"（《敷陈未议以殄凶酋疏》，万历四十七年，《徐光启集》卷三，页97，上海古籍出版社，1984）。明末的军事失败，更刺激了士人谈兵以至军事参与的热情。钱谦益记述其时的京城夜谈，生动如画："……余在长安，东事方殷，海内士大夫自负才略，好谭兵事者，往往集余邸中，相与清夜置酒，明灯促坐，扼腕奋臂，谈犂庭扫穴之举。而其人多用兵事显，拥高牙，捧赐剑，登坛而伐钺者多矣。"（《谢象三五十寿序》，《牧斋初学集》卷三六，页1018，上海古籍出版社，1985）钱氏本人亦好此"谈"，有"投笔"一集。$^{[1]}$兵事甚至是其人与柳如是洞房中的谈资（参看《秋夕燕堂话旧事有感》，同书卷二〇），《庄子·说剑》篇则是此一时期他一用再用的典故。直到降清后，他犹致书瞿式耜，为永历小朝廷的军事献策。（参看《瞿式耜集》卷一《报中兴机会疏》，上海古籍出版社，1981）他的友人归庄于此有同好，与钱谦益相聚，不免要谈谈"古今用兵方略如何，战争棋局如何，古今人才术志量如何"。这类谈论自然引人入胜。钱氏说当归庄纵谈之际，"余隐几侧耳，若凭轼凭车以观战斗，不觉欣然移日"（《牧斋有学集》卷一九，页821）。其时北方名士阎尔梅任侠，好谈兵；南方名士方以智也曾聚米画灰，筹划军事。这类记述的兴趣所在，更是谈兵者的情态，其时士人的精

---

[1] 钱氏《元日奉题长句八首》之三有"投笔儒生膺羽檄"句，钱氏自注："无锡顾果秀才传号忠徽"，亦可自注其《投笔集》。

神意气，至于其人所筹大计、所画方略，就只能悬揣了。

在未尝亲历战阵的文士，其谈兵的主要资源，不外兵书与史书。古代中国，史学与兵学固有亲缘关系。《日知录》卷二六"史记通鉴兵事"条："太史公胸中，固有一天下大势，非后代书生之所能几也。""司马温公《通鉴》，承左氏而作，其中所载兵法甚详。"（《日知录集释》，中州古籍出版社，1990）由本篇所论的这一时期看，史书确也是士人兵学知识的一部分来源。吴应箕即以左氏为"言兵之祖"（参看其《古方略序》，《楼山堂集》卷一四，《贵池二妙集》，贵池先哲遗书，1920年刊本）。借诸史书而作古代著名战例的分析，亦书生谈兵的通常方式。曾在孙承宗幕下的茅元仪，撰有《廿一史战略考》。魏禧则自说"生平好读左氏，于其兵事稍有窥得失，曾著《春秋战论》十篇，为天下士所赏识"（《答曾君有书》，《魏叔子文集》卷五，《宁都三魏文集》，道光二十五年谢庭经重刊）。黎遂球也说其军事知识得之于左氏《春秋》，说自己"取左氏诸兵事，别为端委，手自写记，时以已意附于其末"（《春秋兵法序》，《莲须阁集》卷六，乾坤正气集）。王德森《昆山明贤画像传赞》说归庄"纵览六艺百家之书，尤精《司马兵法》"（《归庄集》页577）。对此钱谦益的说法是，"按古方以疗新病，虽有危证，恶疾可得而除也"，以为"古方具在，医国之手非乏也"。（《乡言下》，《牧斋初学集》卷二四，页780、781）其本人即以"医国手"自居无疑。他一再论及"用荆、襄以制中原""用荆、襄以固东南"（同上），与顾炎武所见不殊（参看顾氏《形势论》）。此种共识，确也由史例即"古方"来。

正如学"为政"通常以名臣传状、言论为实用教本，戚继光也径以名将传为学兵之资。他说"予尝教人专看'将鉴'与'将传'，不可偏看《七书》兵法"，认为"《七书》如医之《素问》等类"，而"活将传"乃"对证之实方"。（《止止堂集·愚愚稿》，光绪十四年山东书局重刊本）以载诸史册的战例为题，分析"兵机利害"、前人用兵得失，亦通常文人的兵事之谈借以展开的方式。在近代的军事学兴起之前，有关战事的叙述，以至著名将领的传状文字，承担了军事教育的功能。兵学与史学未尝分，于此也可得一证。

与兵学、兵事有关的撰著一向多出自文士之手。有明一代虽名将如戚继光有所著述，存世与存目的兵书，仍多为文士纂辑撰著。明初刘基即颇从事于与兵学有关的著述，以及古代兵法的纂辑。有明一代名臣如于谦、王阳明、张居正等，均有兵学著作。清四库馆臣由明人诗言范涞所著《海防书》，推测道："盖自宋以来，儒者例以性命为精言，以事功为霸术，至于兵事，尤所恶言。殆作志者恐妨涞醇儒之名，故诋此书欤？"（《四库全书总目提要》史部地理类存目，范涞撰《两浙海防类考续编十卷》）这种推测似难得到证实。有明一代非但被认为非正统的思想家、学者如吕坤、李贽等，有与兵学有关的撰著（吕坤撰有《守城秘要》、李贽有《孙子参同》），且著名文人也热心于此项事业，如王世贞评注《孙子》，归有光则有对于多种兵书（包括《吴子》《尉缭子》《孙武子》《司马子》《子牙子》等）的辑评。他们还往往对当前的军事问题发言（如归有光撰有《御倭议》《备倭事略》等，参看《震川先生集》）。至于徐孚远、陈子龙等人辑《皇明经世文编》，所采录的明清之际士人文集中的谈兵之作，尤堪作为反证。

这里所谓"文士"，与"武人"相对待，几乎是"士大夫"的别称，包括了依"学"划分的"儒者""学人""文人"。前于明代，以儒林中人物而好谈兵，多少会被作为其人"非主流"之一证。陈亮自说"独好伯王大略，兵机利害"（《酌古论·酌古论序》，《陈亮集（增订本）》卷五，页50，中华书局，1987）。徐光启对陈亮的谈兵夷然不屑，理由却是陈氏实不知兵。他不客气地说："永嘉粗心盛气，其最自意者兵，然实其言曾不堪为赵括作灶下养。"（《刻紫阳朱子全集序》，《徐光启集》卷三，页96）事实是，生当宋、明，即"梓儒"也不能拒绝兵学以至"军事技艺"的吸引。丁元荐《西山日记》卷下《文学》："陆九渊闻靖康之难，辄剪爪习弓矢，曰：'终日驰射，不失本领。'张子厚少年谈兵，一变至道。二先生始不为腐儒。"^[1]弘、正间何孟春说过："儒者不言兵，儒者不可以不知兵也。"（《上大司马相公书》，《明经世文编》卷一二六）嘉靖间名儒薛应旂撰《御寇论》，自序曰："薛子既谢浙江学政，待次家居，值海寇陆梁，直抵苏、松，以及于无锡，所在伤残，不胜惨酷。奔播中，为著《御寇论》八篇……"（同书卷二八八。按薛应旂尚撰有《孙子说》）亦所谓"不容已"。《明史》卷二〇六记其时的唐枢，曰："枢少学于湛若水，深造实践。又留心经世略，九边及越、蜀、滇、黔险阻陂塞，无不亲历、蹙辉茹草，至老不衰。"唐氏是活跃的讲学家，其上述举动，宜于视作实践的儒者应有的态度。明亡之际，后

---

[1]《西山日记》，康熙己巳先醒斋刊本。

世以"粹儒"目之的陆世仪、张履祥等，也参与了兵事之谈。陈瑚自记其与陆世仪："时天下已多故矣。两人知其不久将乱，又见天下人材落落，颇自负，欲为盖世奇男子而后快，凡横槊舞剑，弯弓弄刀，战斗之具，两人无不习也，而君尤好言阵法。"（《尊道先生陆君行状》，《梓亭先生遗书》，光绪乙亥刻本。按"君"指陆氏）陆氏《桑梓五防》曰："庚辰春正月，积雪经旬，晏坐书室，读陆宣公文集。耳中所闻时事，殊多骇听者，不胜忧危。乃效宣公文体，私作《五防》……"（棣香斋丛书。按庚辰为崇祯十三年，"五防"即"防州""防城""防乡""防变""防饥"）他自说曾欲辑兵书为三卷，曰道、曰法、曰术（"术则智术"），以此为体用兼备（《思辨录辑要》卷一七，正谊堂全书）。$^{[1]}$《二曲集》卷四五《历年纪略》顺治十三年："先生目击流寇劫掠之惨，是年究心兵法。"（光绪三年信述堂刊本）至于王夫之作于永历朝的《黄书》，对兵事颇有主张，指画部署，具体到了划分战区、分派物资：即使不能见诸施行，也显示了足够的舆地知识，以及全局在胸、力图为战略设计的大气概。

其时士人关于兵事的谈论，专门著述之外，运用了章奏、策论、史论、书札以及其他文体，见诸文集，已不胜搜采。明末科试，策问有以兵事为问者。策问谈兵，可知兵事之为急务；问计于书生，则可证以书生为知兵。凡此，都使得"兵"之为话题，

---

[1] 儒者出于民生关怀，不能不为"桑梓"谋。同文即曰："室庐坟墓不及谋，而父母妻子不及顾，安得暇然谈天下事乎？"陆氏的《支更说》亦关地方保安。其《思辨录》屡记其为张采策划军事，计虑详密。其他尚辑有《城守全书》，撰《八阵发明》等。《杨园先生全集》卷一五载张履祥明亡前夕上地方当局书，谈防卫事宜。

"谈兵"这一行为普遍化、日常化了。文士因与军事有关的任命而谈兵，因处幕中而谈兵，因朝廷征求策议而谈兵，缘朝廷建言而谈兵——既有诸多机会，确也有经验、有关的事务可资谈论。随处可见的兵事之谈，不但证实了兵事对于士人日常生活的渗透，军事问题在士人思考中所占据的分量，也令人具体可感明末军事情势、社会氛围的紧张性。由后世看去，散见于有明一代士人文集中的有关兵学、兵事的议论，对于了解其时有关的知识水平与其人的见识，较之专门的著述，价值未见得不若。由唐顺之文集中与边务、兵事有关的奏疏、条陈以至书札，可知其对于具体军事事务的区处。收入归有光文集中的其人所拟武科策问六道，涉及兵谋兵略、兵书、"前史"之战例，则可证归氏的有关知识与见解。钱澄之的《粤论》及部分疏、书（参看《藏山阁文存》，龙潭室丛书），谈具体的军事部署，令人可以想见其人计虑之缜密周严。收入吴梅村文集的策问，亦见出对政情、军情的谙悉。（参看《吴梅村全集》卷五六《崇祯九年湖广乡试程录》，上海古籍出版社，1990）凡此，非唯可资考其时的军事情势，也为了解士人军事参与的程度，提供了重要依据。

书生何尝只知书！明末名士如吴应箕，谈兵即有特识，不可以狂生目之。惟其为"名士"，故思路少羁束，能于时论众议外，别具只眼，独出心裁，而论说及文字能力又足以副之。收入《楼山堂集》的《拟进策》《时务策》《兵事策》等，论兵即颇有警策，我在下文中将一再谈到。文人谈兵从不乏卓见。使此种"谈"归于无用的，毋宁说是文人所处位置，与其时的政治、军事情势。至于到了谈亦亡不谈亦亡的时候，仍不已于谈，也如其时举义者的知不可而为，因了上文提到过的"不容已"的吧。

明中叶以后，士人所从事的与兵学、兵事有关的纂辑，规模可观。嘉、隆之际，唐顺之即曾辑有《武编》。明亡前后，则有陈子龙辑《骈珠五经大全》、金堡辑《韬略奇书》。关于唐顺之的《武编》，四库馆臣以为其体例略如宋曾公亮等人的《武经总要》，然唐氏亲历战阵，"捍御得宜，著有成效。究非房琯刘秩迂谬偾辕者可比。是编虽纸上之谈，亦多由阅历而得，固非可概以书生之见目之"，与曾公亮等"但襄赞太平，未娴将略"，亦自有别（《四库全书总目提要》子部兵家类）——在清人看来，有无直接的军事经历，值得作为衡度其人谈兵资格的标准。但这一尺度也未见得可靠。茅元仪辑《武备志》二百四十卷，黄宗羲曰其"非作手"，说该书出范景文之指授，"猥杂不足观"。（《思旧录·范景文》，《黄宗羲全集》第一册，页342，浙江古籍出版社，1985）$^{[1]}$ 也如明末朝廷的仓促应敌，明末士人的有关纂辑，或也因应付过于紧迫的需求而无暇抉择。兴起于此一时期的舆地之学，也以易代之际的军事对抗为直接动力。此学的代表性人物顾祖禹、梁份，均与三藩之变有关；梁份还曾亲历西北边塞。至于遗民如魏禧、王徐佑等人谈兵于易代之后，难免会令后世之人如我者遭遇解释的困难。我们在这里不过遇到了"易代"这特殊时世诸种矛盾现象之一种罢了。当此际遗民的谈兵或更出于惯性，目标及动机业已模糊，多少成为

---

[1] 但茅元仪的《武备志》与王鸣鹤的《登坛必究》，却被《剑桥中国明代史》有关章节的撰写者认为是"杰出作品"（中译本页822，中国社会科学出版社，1992）。关于茅氏的《武备志》，该书认为"是一部关于军事战略战术、装备与战争手段、军事组织与边防的百科全书"，"最好地体现了晚明时期军事科学知识的状况"（同上）。

对象不明的"谈"。

在渊源古老的文武对立中，文人理应距"武"最远，而有明一代文人的谈兵，入幕几成时尚，且为人所艳称。到了明末，更热衷于聚米画灰，抵掌谈厄塞夷险。绝塞荒徼，胡笳画角，横槊赋诗，倚马草檄，对于文人，一向有其吸引力；好纵谈天下事，好为大言，好谈兵，好谈经济，好指画方略、说"大计"，也原属文人习癖。兵之为事何事也！而文人正要借此非常之事为激情发抒。归庄诗曰"文士独好武，常怀投笔志"（《卧病》，《归庄集》卷一，页58）；曰"愿提一剑荡中原，再造皇明如后汉"（《夏日陈秀才池馆读书》，同卷页56）。其时自负"知兵"的文人中，确也有人渴望于金戈倥偬、羽书旁午之际，更真切地体验生命力量。钱谦益《书寇徐记事后》："子暇为举子时，莳花艺药，焚香扫地，居则左琴右书，行则左弦右壶。一旦为广文于徐，当兵荒浠臻，寇盗盘牙之日，挟弓刃，衣袴褶，授兵登碑，厉气巡城，日不饱莜麦，夜不御管篝。世间奇伟男子，磊落变化，何所不有。"（《牧斋初学集》卷八四，页1776）生当乱世，这份洒落正被视为名士风流。关于方以智人生经历之丰富与形象的多变，我已在《明清之际士大夫研究·余论之一》中谈到。

军旅生涯的甘苦，自非徒事空谈的文人所能想见，即如孙传庭所述，真真是艰难万状。（《移镇商雒派防汛地疏》，《白谷集》卷一，乾坤正气集）但这"生涯"也不止有风雨、矢石。鹿善继自说从孙承宗于边关，"殊不觉疲，盖与诸将卒同在鼓舞中，而且马上行吟，不觉成帙"（《回徐恒山书》，《认真草》卷一四，畿辅丛书）。杨廷麟记卢象昇自述与部将塞外较射，"发百数十矢，跨生狗，泼刺而还"，"猎骑骄嘶，解鞍放牧之下，草色连天，云锦地列，殆绝塞壮观云"。（《宫保大司马忠烈卢公事实俊传》、《卢忠肃公集》卷首，光绪三十四年重修板刊本）名将由边地艰苦的军旅生涯中体验的诗意，是寻常文人无从感受的。

据说汉武帝欲教霍去病兵法，霍氏辞曰"顾方略何如耳"（《汉书·霍去病传》）。文人画灰借箸，自以为所长正在于此（方略）。黎遂球致书友人，说"今天下日多事矣，吾辈会当穷究《阴符》《六韬》，天下厄塞之势，星辰云物休咎之征，为国家杀贼"（《报刘生民书》，《莲须阁集》卷二）。他还对友人说，"今日之事，吾辈既无兵饷，则以谋画为功；既无事权，当以口舌为用"（《与友人论湖南屯兵书》，同书卷三）。黄宗羲《吴处士墓碣铭》刻绘吴氏，曰："闾里之间，急难密谋，其计画无复之者，必从君得其要领，迟明，户外之履已满，君已摄衣倩出矣。"（《黄宗羲全集》第十册，页395，浙江古籍出版社，1993）其时好谈兵略的，往往即此等人物，文章意气，自不同于流辈。而谈兵固因文人的"好奇"，也应与军事知识、技能的吸引力有关。由文人记述军事家、著名武将的文字，即不难感知记述者兴趣所在。钱谦益对其座师孙承宗的军事才具不胜倾倒。在这种时候，文人所使用的，是评价人的"能力"（非止"功业"）尺度。他们显然乐于欣赏"谋略"的军事运用之为"艺术"。

"上兵伐谋"。《韩非子·难一》："战阵之间，不厌诈伪。"明人夏良胜也说："兵，诡道也，正胜之战，不闻久矣。"（《论用兵十二便宜状》，《明经世文编》卷一五四）而"权谋"则为儒者（尤其所谓"粹儒"）所诟言。通达如叶适，虽曾参与兵事，却对孙子以兵为"诡道"，大不以为然，（《习学记言序目》页676，中华书局，1977）还说"《六韬》阴谲狭陋"（同上，页683）。$^{[1]}$ 元代，汉人不得知兵机、兵数。到明代，兵事、兵法仍有道德意义上的敏感性。唐顺之说正、嘉间名将沈希仪"与人交，重然诺，肠胃如直绳，一视可尽。至于临敌应机，腹里黧谷，飞钳网络，神鬼不能测。或消公谲，公曰：'吾谲贼耳，非谲人也。'知公者以为然"（《都督沈紫江生墓碑记》，《唐荆川文集》卷一〇，江南书局据明嘉靖本重刊）——即用之于军事的"谲"，依然要面对"正当"与否的质疑。无怪乎其时的名将戚继光反复申说"兵者诡道"非即"诡诈于心"（参看《止止堂集·愚愚稿上》）。王慎中曾说到有关军事的"奏报章疏"格于体例以及"吏议"，而不能如实反映战场情况；"且夫用间出饵，合于古之所谓'奇'者，妙用长策，正在于此，而最为吏议之所抵牾，又焉得形容其仿佛耶？"（《胡公平寇奏议序》，《明经世文编》卷二六四）王守仁因用兵饶谋略（如其平仲容而用诈），为人诟病。$^{[2]}$ 陈子龙比较文人、儒者，说："今国家所以教儒生者，不特未尝令其习兵，且与兵事大相反。兵事尚奇而儒者尚平，兵事尚诡而儒者尚正，兵事尚杂学而儒者一切禁止。"（《储将才》，《陈

---

[1] 叶适说："非诈不为兵，盖自孙武始。甚矣人心之不仁也，非武之书不好焉。"他以为"古之兵也，止言其法"，"至于孙武，始弃法而言智"。（《叶适集·水心别集》卷四《兵权上》，页679，中华书局，1983）——由"心术"（"不仁之心"）的一面分析兵法的道德意义，的确是儒者面目。李梦阳亦指孙武、司马穰宜为"变诈之兵"而不屑道（《与徐氏论文书》，《明代文论选》页108）。

[2] 张履祥就说："阳明用兵多以许谋取胜，儒者不为也。校之陆宣公，气象自别。"（《杨园先生全集》卷二八《愿学记三》，道光庚子刊本）

忠裕全集》卷二三，嘉庆八年刊本）对此种现象，清四库馆臣评论道："兵家者流大抵以权谋相尚，儒家者流又往往持论迂阔，讳言军旅，盖两失之。"（《四库全书总目提要》子部兵家类《太白阴经八卷》）到明亡之际，虽儒家之徒已不以谈兵为讳，但与文人所谈仍有不同。文人好谈谋略，儒者则关心更在军事制度及地方守御。黄宗羲号称大儒而有文人习气，他批评儒生道："自儒生久不为将，其视用兵也，一以为尚力之事，当属之豪健之流；一以为阴谋之事，当属之倾危之士。"（《明夷待访录·兵制三》，《黄宗羲全集》第一册，页35）尤其有禁忌性的，即"阴谋之事"；而文人的喜谈兵，正因乐于用智，且不以"阴谋"为讳。$^{[1]}$

弘治朝曾任兵部尚书的马文升，其《为刊印武书以作养将材事疏》，有"我朝机密兵书有禁，人不敢习，所以将材甚为难得"云云（《明经世文编》卷六三）。该疏吁请刊印宋曾公亮等所编《武经总要》，且此书"不系机密兵书，在律条亦所不禁，各处不敢擅自镂板，所以武职官员多未得见"——有明一代兵器之禁虽未见明证，由此兵书之禁，亦可知有关的防范较宋为严密。我由此推测明代文人的谈兵，快感或也在借此题目——也即凭借了"阴谋"在军事活动中的正当性——公然地谈论禁忌性话题。传统兵学为有关"阴谋"的言说提供了道德上的安全屏障。

"阴谋"在"兵谋"的意义上的运用起始甚早（参看《国

---

[1] 儒者也非一律。李顒就以为学者苟有志于当世，对于兵机宜"深计细究"（《体用全学》）。颜元以耻"诡道""陷阱之术"为"圣门之腐儒""天下之罪人"（《颜习斋先生言行录》卷下《不为第十八》，《颜元集》页689，中华书局，1987），于此却仍不忘条件的设定，令人可感其言及"术"的谨慎态度。

语·越》下）。《隋书·经籍志》著录《太公阴谋》六卷、《太公阴谋解》三卷、《黄石公阴谋行军秘法》一卷；《旧唐书·经籍志》著录《太公谋三十六用》一卷。周书《阴符》《六韬》《风后握奇经》等，均不妨读作军事阴谋教科书（按《四库全书》以《握奇经》《六韬》为伪书）。归有光曾说兵书"大抵不出权谋、形势、阴阳、技巧四种而已"（《策问二十三道》，《震川先生集》别集卷三，页801，上海古籍出版社，1981）。他还说到陈平"从高祖在兵间，不惮为诈，卒以此成功，可谓应变合权矣"（《河南策问对二道》，同书别集卷二下，页783），以为非如此不足以"成天下之事"。吕坤说："治道尚阳，兵道尚阴。"（《呻吟语》卷五《治道》，《吕新吾先生遗集》，吕慎高重刊）曾从事兵事的鹿善继，一再说"兵，阴道也，从前失著在以阳用之"（《答张蓬元书》，《认真草》卷一三）；"兵，阴象也，以阳用之则败"（同卷《答阁浮槛书》）。徐光启亦曰："兵书所称，将帅所贵，不过权谋、阴阳、形势、技巧。"（《拟上安边御房疏》，《徐光启集》卷一，页6）"兵不厌诈"（亦作"兵不厌权"，语见《后汉书》五八《虞诩传》）。"诡""诈"均关心术；"诡"即有违于"正"。而文人借"兵"之为话题，确也在某种意义上辩护了"权谋"的正当性。

有明一代被许为"知兵"的文士，为人所艳称的，正是其计谋。刘基已被诸种传说塑造为传奇性人物。杨荣一再以大臣参与军事，运筹帷幄，史称其人"历事四朝，谋而能断"（《明史》卷一四八本传）。著名文人徐渭则"好奇计"，胡宗宪"擒徐海，诱王直，皆预其谋"（同书卷二八八徐渭传）。王宗沐撰《茅鹿门先生文集序》，说茅坤"王伯甲兵之略，撑腹流口，听之令人座上须眉开张，欲起周旋"（转引自张梦新《茅坤研究》页153，中华书局，2001）。好奇谋奇计，合于文人"好奇"的癖性。豪杰之士以兵事为逞勇斗狠的舞台，文人则以与于谋划为智力愉悦。较之战场胜负，他们甚至可能更有兴趣验证自己预测的准确性。《明史》记唐时升，曰其人"值塞上用兵，逆断其情形虚实，将帅胜负，无一爽者"（卷二八八）——其满足自然在"事功"之外。我在下文还将谈到，"谋臣""策士"一类传统角色，正凭借了明代的特殊条件而重新活跃。

文士、文人也由"谋略"的一面，肯定了自己在军事行动中的重要性。世宗朝刘龙曰："夫兵之为道，有战之者，有所以战之者。战之者，武臣之技；所以战者，非儒臣弗能也。……兵，武事也，而参之儒臣，庸非以膏梁将种，不皆卫、霍之流，而科第儒生，亦有韩、范之辈乎？况夫折冲樽俎，制胜两楹，顾方略何如，殊不在驰马试剑，角一旦之命也。"（《送高宪副文明兵备固原序》，《明经世文编》卷一四二）文士的不幸在于，谋略得以实施，从来赖有苛刻的条件，即身任戎务者，也不免受制于条件而难得展布。《明史·兵志三》曰嘉靖朝巡抚都御史陈讲筹边事，"规画虽密，然兵将率怯弱，其健者仅能自守而已"（卷九一）。如此情势，不能不令以韬铃自负的文人徒唤奈何。由《皇明经世文编》、明人文集看，越近末世危局，士人谈兵越有精彩，而其成效也越不可期——军事形势已非士夫的智慧所能扭转，此种智慧只能借诸"言论"而肯定自身并供后世鉴赏。黄宗羲《思旧录》记韩上桂（孟郁），曰其人"好谈兵略，郁郁无所试而卒"（《黄宗羲全集》第一册，页353）。而据《明史·选举志》，崇祯"十四年谕各部臣特开奇谋异勇科。诏下，无应者"。

然而有豪杰气的文士、文人仍不以指画方略、快意一谈为满足，他们不惜履险蹈危，奔走兵间，冀以临戎决胜、斩将擎旗完成豪杰人格。徐渭自说"生平颇阅兵法"，"尝身匪兵中，环舟贼垒，度地形为方略，设以身处其地，而默试其经营，笔之于书者亦且数篇"。（《拟上督府书》，《徐渭集》页465—466，中华书局，1983）唐顺之"躬自擐甲阵中"，甚至为激励将士而身先士卒，"自往死斗"（《行总督军门胡手本》，《唐荆川文集》外集卷三）——确非徒作空言者可比。《明史》茅坤传，记坤曾连破"瑶贼"十七营（卷二八七）。任环传："倭患起，长吏不娴兵革。环性慷慨，独以身任之。"（同书卷二〇五）归有光《海上纪事》，有"文武衣冠盛府中，轻身杀贼有任公"，及"任公血战一生余"等句。任环本人诗中也曰"剑横沧海夜谈兵"，意气豪迈。归有光本人也曾参与昆山城守。其《昆山县倭寇始末书》曰："愚秀与守城，与贼来去之日相终始。"（《震川先生集》卷八，页185）《上总制书》自说"亦尝冒风雨，蒙矢石，躬同行伍者四十余昼夜"（同卷页179）。$^{[1]}$

在明亡之际普遍的军事动员中，顾炎武曾参与苏州抗清起义。（《顾炎武新传》，《赵俪生史学论著自选集》页332，山东大学出版社，1999）黄宗羲于乙酉与两弟"纠合黄竹浦子弟数百人，

---

[1] 归氏"御倭"主张，尚见诸书札。因亲与其事，自有根据，非泛之谈可比。如《论御倭书（代）》《上总制书》（均载《震川先生集》卷八）。然钱谦益所撰归氏小传（《列朝诗集小传》）、王锡爵所撰归氏墓志铭，均未及归氏参与城守事。

步迎监国鲁王于蒿坎，驻军江上，人呼之曰'世忠营'"（参看《黄宗羲年谱》页24，中华书局，1993）。$^{[1]}$北方儒者如孙奇逢、刁包，也曾参与守城。陆世仪自说于庚辰（崇祯十三年）为钱肃乐、张采策划太仓城守，甚详密。（《思辨录辑要》卷一七。按前此陆氏辑有《城守全书》）后来被顾炎武许为"萧然物外，自得天机"的傅山，亦曾赴督师李建泰聘。据陈子龙所见，方以智也跃跃欲试。《陈忠裕全集》卷二五《方密之流寓草序》，记"方子尊人大中丞方握全楚之师镇荆鄂，受命之日，散家财、募精卒，即日之镇。而方子亦左驀键、右铅管，结七八少年以从"。李雯序方以智《流寓草》，也说"其家大人以文武方略，拥全楚之节，控制上游。密之常将苍头异军，从至幕府"（《方子流寓草》，明末刻本，《四库禁毁书丛刊》集部）。当其时急欲请缨的，不乏其人。杜濬《六十自序》曰："中年值用武之世，亦思提十万师，横行其间，运筹决策，战必胜、攻必克，使麟阁图吾形，而勋业照耀于史牒，良足愉快，称奇男子……"（《变雅堂遗集》文集卷五，光绪二十年黄冈沈氏刊本）钱谦益记沈演晚年里居，犹"画江南守御事"，且"辟馆舍，庀薪水，招延四方奇士"，"冀得一二人以效一臂于国家"。（《南京刑部尚书沈公神道碑铭》，《牧斋初学集》卷六五，页1517）所谓"士气"可用，所根据的，即应是此种事例。《明史》曰："明季士大夫，问钱谷不知，问甲兵不知。"（卷二五二赞文）仅由上述材料也可证此类说法病在笼统。

---

[1] 黄氏自说当孙嘉绩建义，他曾以"世忠营"佐孙；"乃余西渡，公（即孙氏）以'大攻营'见拨，差可一战"。（《思旧录·孙嘉绩》，《黄宗羲全集》第一册，页386）但由文字看，黄氏似不曾真的用兵。

下文还将谈到，书生、文士确有知兵者。明代士人固然有人终日谈心性，也有既谈心性而又谙练兵机者。即"明季士大夫"，又何可一概而论！

考察文士、文人的军事参与，不妨认为，明中叶以降逐渐完善的幕府制，为实现此种参与提供了更大的可能。嘉、隆之际王烨献御房议，其中谈到有无开"古幕府"的可能性："拟议贵精，咨访贵广。以礼敦辟名臣俊士，足为主帅之师友，以赞军机，如古幕府之开，可乎？"（《陈朕见以赞修攘疏》、《明经世文编》卷二六三）明亡前后，胡宗宪幕府人才之盛，即为士人津津乐道。黄宗羲说："吾观胡之幕府，周云渊之《易》、历，何心隐之游侠，徐文长、沈嘉则之诗文，及宗信之游说，皆古振奇人也！旷世且不可得，岂场屋之功名所敢望哉？"（《蒋氏三世传》，《黄宗羲全集》第十册，页583。按周云渊即周述学，沈嘉则即沈明臣，宗信即黄氏此篇所写之蒋洲）另在《周云渊先生传》中说，"总督胡宗宪征倭，私述学（按即周云渊）于幕中，容以秘计；述学亦不惮出入于狂涛毒矢之间，卒成海上之功"；同篇还说周氏"在南北兵间，多所擘画，其功归之主者，未尝引为己有"（同书，页547）。《明史》徐渭传："督府势严重，将吏莫敢仰视。渭角巾布衣，长揖纵谈。幕中有急需，夜深开戟门以待。渭或醉不至，宗宪顾善之。"同在幕中的余寅、沈明臣"亦颇负崖岸，以侃直见礼"（卷二八八）。在此种场合，傲岸、骄弛不羁，亦一种文人特权。至于如胡宗宪一流人物对文士的优容中，也包含着轻蔑，则是另一回事。

此一时期以饱学之士而谈兵入幕参军事的，非只周述学，陈第亦一例。其人亦如周氏，亲历沙场，出入战阵，更身任游击将军，非徒骋舌辩者可比（参看容肇祖《明代思想史》页270，齐鲁书社，1992）。嘉、隆号称盛世，明末士人对其时人物不胜神往，徐光启就曾概叹道："然则今者果有握边算、佐庙筹，如鹿门先生之于胡公者乎？"（《阳明先生批武经序》，《徐光启集》卷二，页65。按鹿门，茅坤；胡公，胡宗宪）$^{[1]}$ 徐光启本人也得力于幕下士。他自说当从事练兵时，"一时幕下才技之士，颇为济济"（《疏辩》，同书卷四，页213）。同一时期如孙承宗幕下，亦有鹿善继、茅元仪等人。$^{[2]}$ 鹿氏对茅元仪不胜倾倒，其《答茅止生书》曰："足下天下才也，胸中兵甲，笔底风云，即一刀札无不顿挫跌宕，令人心折，复令人魂摇。"还说："天生才必有用，才如足下，而肘不悬斗大印，无是理。"（《认真草》卷一四）茅氏的魅力可知。钱谦益挽茅元仪，有"田宅凋残皮骨尽，廿年来只为辽东"等句（《茅止生挽词十首》之九，《牧斋初学集》卷一七，页

---

[1]《明史·胡宗宪传》曰胡氏"性善宾客，招致东南士大夫预谋议，名用是起。至技术杂流，奉养倡有恩，能得其力"（卷二〇五）。唐顺之在《郑君元化正典序》中刻画其时游戎幕者的神采："会稽郑君少喜谈兵，读鞬铃诸书，尤工于风角鸟占。尝北抵宣，大，东历辽，蓟，掀髯诸诸边帅，谈笑油幕间。每席镝蹇飞，发一语策胜败，屡屡奇中。以是越贵将老将，而出其囊中之金……"（《唐荆川文集》卷六）运筹帷幄且收入不菲，无疑合于文人名士的胃口。

[2] 孙承宗曾指摘"以武略备边，而日增置文官于幕"（参看《明史》本传）；他本人幕下，却文武稠缪。据《明史》鹿善继传，孙承宗督师，表鹿氏为赞画（时鹿为兵部职方主事）；其他如茅元仪等，则为孙氏本人罗致，非朝廷"增置"。鹿氏从孙承宗于边关，在书札中说"相公一日在师中，弟即一日在幕中"；自说义无反顾，"情愿在行间为共忧共患之人"。（《复张见立书》、《认真草》卷一三。按相公即孙承宗）

599）。$^{[1]}$以兵事受知于孙承宗者，另有周敏成其人。据归庄所记，周氏以一文士啸傲武将间，"规划纵横，智略辐辏"（《周参军家传》，《归庄集》卷七，页416）。弘光朝，史可法开府扬州，后来的著名遗民如阎尔梅（古古）、彭士望（躬庵）等，都一度在其幕中。阎氏为明遗民中的传奇人物，有战国策士、游侠之风，所谓"布衣之雄"。

画策兵间，售其智计，这种异乎寻常的生存方式无疑富于刺激性。钱谦益日卓去病"以文士喜论兵，达战守胜负之要，似尹师鲁"，其人也因此而为卢象昇所重。据说卢"朝见属吏罢，辄开后堂延去病上坐，馨折谢不敏，隅坐请事，议上时漏下二鼓，卢公烛传签，质明而事定"（《卓去病先生墓志铭》，《牧斋有学集》卷三二，页1152。时卓去病任大同推官，卢为督府）。出诸钱氏之笔，或不免夸张，但其时用兵者对谋略之士的重视，应不远于事实。不消说，参与军事的文人并无意于放弃其为"文人"，更无论自居武夫。文人的从事戎务，正因他那一种特殊身份方能成佳话、美谈。毋宁说文士、武夫间的距离正因此而显现出来，何况所谓"戎幕"的幕主往往正是文臣。

具有讽刺意味的是，清初平三藩之乱，颇有汉族文士在武人幕中。据尚小明《学人游幕与清代学术》，"清初学人参赞戎幕，主

---

[1] 钱氏《列朝诗集小传》记茅元仪，说"其大志之所存者，则在乎筹进取，论区复，画地聚来，决策制胜。集中连篇累牍，满江倾海，皆是物也"（丁集下，页592，上海古籍出版社，1983）。据《明史》孙承宗传，崇祯初年，兵部尚书王在晋曾疏论马世龙及茅元仪"冒惠极辅坏关事"。鹿善继也曾说到王岵云"修怨高阳，而借马、茅为题"（《与袁自如书》，《认真草》卷一六。按高阳，孙承宗）。

要是在平定'三藩'之乱期间"（页20，社会科学文献出版社，1999），大可作为明清易代之际世相驳杂之一例。有趣的是，其时士人分别参与了双方军事——除如尚小明所说参加平叛外，尚有遗民对"叛乱"的参与。（参阅赵俪生《清初明遗民奔走活动事迹考略》，《赵俪生史学论著自选集》；拙著《明清之际士大夫研究》下编《余论（之二）》）这一话题已不宜在此展开。

明亡后的追论

到了大势已去，明末朝廷仓皇之际，轻用谈兵的书生，被追论不已。熊文灿因酒后狂言而得委任（参看《明史》卷二六〇本传），或许是最富于戏剧性的一例。不知兵而膺军事重任的，熊文灿外，另如杨嗣昌之父杨鹤，以及李景隆辈。

王夫之说，"兵不可以言言者也"（《读通鉴论》卷一四，页523，《船山全书》第10册，岳麓书社，1988）。如下对谈兵者的刻画，无疑依据了直接的政治经验。他说其人"大言炎炎，危言悯悯，足以动人主之听"，"猜暗之君"倚以商略兵事，"猜防"帅臣，"于是有甫离帖括，乍读孙、吴者，即以其章句声韵之小慧，为尊俎折冲之奇谋"，"以其雕虫之才、灸毂之口，言之而成章，推之而成理，乃以消元戎宿将之怯而寡谋也，竟起攘快而争之"，至军覆国危，非但不任其责，且"功罪不及，悠然事外"；王夫之指其人为"以人国为嫐者"，且分析了使之能成其"嫐"的政治条件（同书卷二四，页923）——自应有感于近事而云然。同卷还说到"白面书生"不及陆贽之百一，"乃敢以谈兵惑主听，勿诛焉足

矣，而可令操三军之生死、宗社之存亡哉！"（同上，页924）

终宋之世，武功不竞。明末士人自以为所处之世类宋：谈兵的风气固然类宋，风气中的讽刺性竞也相类。叶适说："言之实者无奇，无奇则难听，故天下多奇言，而言兵为尤奇。"此"尤奇"指好谈兵谋，好孙武的诈术。因士之嗜谈兵而人主好奇言，故"奇言漫衍于天下，而天下反皆以奇为常，是以下未知兵而习为多杀人之术，上未用兵而先有轻杀人之心"（《叶适集·水心别集》卷四《进卷·兵权下》，页682，中华书局，1983）。同文列举谈兵者的诸种说辞及情态，极尽讽刺。如曰"……或山林草泽之士，请来献见。或在外之臣，无以固结恩宠，走马面论，密疏入中。或因缘称荐，无以为名，必挟兵说以自重。且其开口论议，容止不动，声音伟然，问答纵横，不可穷诘。……"与明末的情景何其相似！当然应当说，叶适此篇的期待读者是人主；他是以类似近臣的角度打量那些谈兵者的。

薛应旂《御寇论·固本》："往余在京师，会诸士人，论学之馀，辄即论兵。凡山川房势、士马城堡、将领粮饷、事机权变、纪纲法令之属，咸能建议，俱各成章，而天文舆地图说，亦若莫不究心矣。及庚戌之秋，房众犯我都城，则相顾错愕，无能为驱逐之计……"（《明经世文编》卷二八八）其时京师士人所论之"兵"，不过纯粹"话题"。强调实战经验，于谦曾说"用兵之法，不测如阴阳，难知如鬼神，贵在临期应变，难以一定而求"（《建置五团营疏》，同书卷三三）。到了明亡前夕，卢象昇则说，"若夫兵家要略，运筹帷幄，终是迁谈；临阵决机，乃为实用。盖阃外师中，非身到、眼到、心到、口到不可"（《请仿秋防疏》，《卢忠肃公集》卷一〇，光绪三十四年重修板刊本），是身任其事者的体会。有隆武朝的经验，黄道周承认"不亲行伍，不知行伍之难也"（《与徐竹孙书》，《黄漳浦集》卷一六，道光戊子刻本）。陈确则断然道，"兵不可谈，谈兵者即不知兵"（《复来成夫书》，《陈确集》页90）。

书生固有好谈兵者，却也另有对此持清醒的批评态度者，见事之明，未必不在当局者之上。当其时吴应箕就说："时非开创，君非圣神，亦欲破格取人，登进不次，此立败之道。"（《时务策》，《楼山堂集》卷一一）还说："兵者，专家之学也，习之久而后精，有功效而后见。今文臣即自负管、葛，武臣即自谓韩、白之能，岂有不待更试，卒然拔之草野之中，而推毂于行伍之内乎？"（《拟进策》，同书卷九）前此，嘉、隆之际即有"储边才"之议。隆庆初，大学士高拱以为"兵者专门之学，非素习不可应卒。储养本兵，当自兵部司属始。宜慎选司属，多得智谋才力晓畅军旅者，久而任之，勿迁他曹。他日边方兵备督抚之选，皆于是取之"（《明史》卷二一三本传）。待到崇祯十五年李清的章疏重申此议（参看《明会要》卷三二，页538，中华书局，1998），已仓促无实施之可能。局外者的军事热情或也正由局中者的羸软怯懦所激成。《明史》陈新甲传，曰陈氏得以乙榜为尚书，乃因"兵事方亟，诸大臣避中枢"（卷二五七）。事实之复杂尚不止于此。王献定说崇祯末年，"朝议往往以朋党私隙，谋报复，阳为推毂，实借寇兵报仇。督抚一命，如驱羊就虎"（《许氏七义烈传》，《四照堂集》卷八，豫章丛书）。"推毂"、破格任用的背后，竟有可能埋伏了杀机!

但明末那种对号称"知兵"者的非常规选拔、随机任用，的确有效地刺激了士人的谈兵热情。在久困于场屋，厌倦了帖括、咕哔的书生，这实在是难得再逢的机会。用人之际的这种随意性，自为侦军败事准备了条件。归有光曾以殷浩、房琯为例，批评"用违其才"。较之殷浩、房琯，明末的僧人申甫，无疑是更具有戏剧性的例子。$^{[1]}$ 但事后的追论也并非没有问题。熊开元辩护金声的荐申甫，说当崇祯召见群臣令条上方略时，"举朝错愕莫敢出一言"；待申甫兵败，"从前错愕一言不出者，交言书生误国，章满公车"。（《金忠节公传》，《金忠节公文集》）

曾主持练兵的徐光启并不乏自知之明，其奏疏中说："臣自知自量，则身非可用，而言或可用。譬如医非卢、扁，所执者卢、扁之方耳。皇上若用臣之言，则使臣言之，而使能者为之足矣，何必臣自为之乎？……一经委任，才力不支，并生平讲求考究之微长而尽掩之矣。"（《仰承恩命量力知难疏》，天启元年，《徐光启集》卷四，页190—191）钱谦益即自负知兵，也有"多谢群公慎推举，莫令人笑李元平"等语（《牧斋初学集》卷二〇，页725。李元平事见《新唐书》关播传）。其时却一再演出李元平故事。

[1] 僧申甫好谈兵，私制战车火器，为金声所荐，参与军事，兵败陈亡（参看《明史》卷二七七金声传、陈垣《明季滇黔佛教考》卷三，页157—158，中华书局，1962）。金声的幕刘与鸥、申甫，所据确也是其人的谈兵（参看金氏《据实奏报疏》），己巳，《金忠节公文集》卷二，道光丁亥嘉鱼宫赏刊本）用兵而信妖术，亦一种末世景象。更有甚者，乾光朝柳敬亭入左良玉幕府，参机密，在黄宗羲看来，近于儿戏。黄氏《柳敬亭传》描描淮南梅村的柳氏传，将柳氏泰宁南军事比之于齐介推之排难解纷，以之为"大轻重"，"倒计文章案子"（《黄宗羲全集》第十册，页573—574）清王应奎《柳南续笔》卷一 "服御奏优"条："阮大铖巡师江上，衣春缌，围碧玉，见者误为梨园装束。某尚书家姬冠翦缘羽，戎服骑入国门，如昭君出塞状，大兵长礼，而变为倡优排演场，苟非国之将亡，亦岂得有此举动哉？"（页153，《柳南续笔》，中华书局，1997）

《明史》陈士奇传："士奇本文人，再督学政，好与诸生谈兵，朝士以士奇知兵。及秉节钺，反以文墨为事，军政废弛。"（卷二六三。按陈氏死于与张献忠的战事）以文士督师而致偾事的，可鄙可笑无过于李建泰。（参看《明史》卷二五三魏藻德传）凡此，事后看来，像是以兵事为儿戏，而在当时，确也有不得已者。

明末朝廷用人不当，本不应由士人的谈兵负责，而明亡之际的追究，却也及于此"谈"，可以归入其时涉及广泛的士文化反省之内。曾任隆武朝大臣的黄道周，就因不知兵而蒙讥。前此归有光曾概叹道："宋世士大夫，慎于功之不竞，而喜论兵如此。熙宁间，徐僖、萧注、熊本、沈起之徒，用之而辄败。天子寻以为悔。元符、政和开边之议复起，驯致国亡。呜呼！兵岂易言哉？"（《跋何博士论后》、《震川先生集》卷五，页114）清四库馆臣大不满于归氏此跋，曰："有光不替宋之溃乱由士大夫不知兵，而转替去非之谈兵。明代通儒所见如是，明所由亦弱亡矣？"（《四库全书总目提要》子部兵家类宋何去非撰《何博士备论一卷》）上述议论由近人看来，均不免倒置本末。宋、明之亡固不由士大夫之不知兵，亦不由士人的谈兵。归氏不过夸大了文士在军事活动中的作用（包括谈兵的效用）罢了；在这一点上，四库馆臣的思路正与之相近。毋宁说此种夸大（其中包含了不适当的自我期许），才是士人通病。倘若不以成败论，应当说，那些被事后嘲笑者，其言非尽不可用；仅由成败论，即不免如徐光启所说，"并生平讲求考究之微长而尽掩之"。

士夫才略不获展，即获展而终归于败亡，更像是宿命，并非只在危亡关头。上文所引钱谦益《谢象三五十寿序》接下来说，当年那班在其邸宅中剧谈的友人，虽"用兵事显"，而"久之则暴骨原野，填尸牢户者，项背相望"。无论成败，谈兵作为一种文化姿态，作为对抗、挑战的姿态，对于士人精神的"解放"意义，是无可怀疑的。且兵事是何等事！即使止于"谈"，也足以影响人生境界，使之浩荡感激、壮怀激烈。士人所寻求的，有时不过是此种意境，以便安顿身心罢了。

直至清初，流风未泯。王源《颜习斋先生传》记颜元："盖先生自幼学兵法，技击驰射，阴阳象纬，无不精，遇豪杰，无贵贱莫不深交之。"（《居业堂文集》卷四，道光辛卯刊本）王源本人何尝不如此！其《与王更部书》曰："源鹿鹿无所短长，独喜谈兵，考形势，著有《舆图指掌》《兵法要略》，固皆书生闭户之言，然于孙武暨武侯八阵之法，窃妄谓管窥其一二。"（同书卷六）清初士人的任侠之风亦明世遗习，只不过目标渐失，士风终为世所转。

唐甄的好谈兵亦明人余习，其人议论纵横，有策士风。《潜书》下篇（下）《全学》"学者善独身。居平世，仁义足矣，而非全学也。全学犹鼎也，鼎有三足，学亦有之：仁一也，义一也，兵一也"（页173，中华书局，1963），与张履祥、颜元思路有合；而以"兵"与"仁""义"并列，张、颜似无此议论；以此界定"儒"，则明人所未道。"所贵乎儒者，伐暴而天下之暴除，诛乱而天下之乱定，养民而天下之民安。"如此议论发出在大动荡之后，惟其时的历史氛围方能解释。

兵事乃男人所事，亦男人所以为男人——据颜元、王源等人的记述，这种渊源古老的思想，至此在北方遗民中犹有存留。颜元《公奠李隐君谥孝憨先生文》记李塨之父李明性，曰："至若始衰之年，犹率及门弯弓拾矢，习射不解，以瓮牖贫儒，馕粮三石，妆饰莫邪；豪壮之气，震耀千古，岂宋、明诸儒所得般流者哉！"另在《祭李孝慈文》中说其人"五旬衰老，日习弓矢，壁悬宝剑，时复欲舞"。《哭涿州陈国镇先生》记其夜宿陈国镇家，陈氏"呼童进弓刃曰：'近严戒小辈。'遂关弓鸣弦，曾七旬老叟而雄壮若是乎！"（《习斋记馀》卷七，以上分别见《颜元集》页531、532、536）明亡之际，直接或间接地联系于其时制度复古、经学复兴的要求，有恢复士的原始功能的呼求。颜元反复申说复"古学"——"六艺"，强调尤在恢复"射""御"等军事技术的操练，将其作为其设计中的文化修复工程的重要部分。在这一种思路中，"射""御"之废被认为导致了书生式的孱弱，主张经由对"六艺"（亦"古学"）的修复，从事传统书生性格的改造、寻找、恢复失去了的男性力量。由后世看去，主张者不过以"拾矢弯弓"为象征性的补救——弓、矢在这里，更宜于视为"行动性""实践性"的象征。因此不便认定到颜元的时代，北方较南方为尚武。情况更可能是，颜元依其理想，按图索骥，找到了其所欲寻找的人物。此外应当注意的是，北方儒者、遗民以习武为一种特殊的表达，亦自言其志，在明亡之后，有语义的复杂性。这里有情感的宣泄，"恢复"意志的表达，自然还有见诸行动、形之于动作的儒学反思、士习批评。颜元、王源等人所着意渲染的，即孔子所谓"北方之强"。却也有敏感的士人，由兵心感到了戾气。吴伟业就说过，鼎革之际，"天下靡然，皆以阴谋秘策，长枪大刀，足以适于世达于用，而鄙先儒之言为迂阔"，在此风气下，"即使过阙里，登其堂，摩掌植柏，观俎豆与礼器，恐无足以感发其志思者"。

（《太仓州学记》，《吴梅村全集》卷六〇，页1220）敏感到战争对于心性的影响，吴氏的忧虑无疑有极现实的根据；也证明了虑之深远的不唯儒家之徒。

有清一代，也仍有士人谈兵，仍有谈兵者的慨事，其成为风气，却要等到中叶的危机之后。夏仁虎《旧京琐记》卷三《朝流》："清流最负盛名而喜谈兵略者，南为吴清卿，北则张幼樵也。幼樵论兵事如掌上螺纹。清卿自谓精枪法，有百发百中之技，试之良信。与习者，或谓其枪上置望远镜云。两公皆主用兵以张国威，清卿北辱于榆关，幼樵南败于闽峤，论者或谓用违其地矣。"更耐人寻味者，是："自吴、张好谈兵而致倾覆，于是清流乃出其看家之学，以相号召而消磨日月。其目约分为五：曰三传三礼，曰金石碑版，曰考据目录，曰小学舆地，曰词章楷法。厥后道义诸人出，始复有志于兵事。"（页49，北京古籍出版社，1986。按吴清卿即吴大澂，张幼樵即张佩纶，道义即文廷式）将后世所谓"清学"之兴，归因于"谈兵而致倾覆"，不失为有趣的见解。

谈兵制（之一）："寓兵于农"

前于本篇所设时段，关于有明一代兵制，就时有批评。明清之际与兵制有关的批评，沿袭已有的思路，通常在两个方面展开：对文武分、兵民（"民"亦作"农"）分的体制追究。而兵制论亦如田制论，通常也凭借了有关"三代"的制度论视野，以文献所提供的"三代"以前"兵民合""文武合"的图景，作为批评现行体制的根据。似乎是，只有凭借了这一视野，士人的有关议论才得以展开，并彼此构成对话关系。甚至近人亦未尽在此视野之外，与前人的有关对话也凭借了同一视野——至少令人可感有关"三代"的经典描述作为参照系统隐然的制约。三代、井田论影响之深远，于此也可得一证。兵制与田制本相因依，论兵制于"三代论"的视野之内，即不可避免地涉及三代可复与否的整体判断。因此其时兵制复古的要求，往往与复井田的要求配套，论者的有关主张通常也有在此框架内的自身统一。$^{[1]}$

"兵—民""文—武"之分被认为始自"三代"以后，两种"分"又被认为有相关性。孙奇逢就说过："文武本无分也，分之自兵民始。自兵与民分统，将与吏遂分治，属囊与载笔遂分业……"（《夏峰先生集》卷三《赠孔氏兄弟序》，畿辅丛书）。以此"分"为制度病，当其时更像是士人的常谈。黄宗羲批评"兵民太分""文武分为两途"（《明夷待访录·兵制一》），却不曾说到"合"缘何途径达致，亦有书生论政对"可操作性"的一贯漠视。陈子龙也说："古今之事，一变而不可辘复，至于今不胜其弊者，莫若兵民之异名而文武之异官。"（《重将权》、《陈忠裕全集》卷二三）顾炎武直至乙酉，仍主张对兵制稍作更革，冀有万一之效；而其有关兵制的思路，不出"寓兵于农""兵农合一"的固有框架。清初论者对上述思路又有沿袭。颜元即说："元每叹夫兵、民分而中国弱，文、武分而圣学亡。"（《朱子语类评》、

---

[1] 古代中国兵制与田制的相关性作为基本事实，也构成了近人研究中国古代土地制度与军事制度的认识论根据。陈守实的《中国古代土地关系史稿》以"土地关系"为论题，对历代兵制多所讨论。即如他认为，"在北魏到隋唐这一时期中，兵制与田制是不能分开考察的。"（页178，上海人民出版社，1984）

《颜元集》页300）——几于众口一词。

兵民、文武，问题虽有内在的相关性，作为论域却非即重合。"兵一民"关系田制，"文一武"则系于权力机构内的功能分割，更与铨政、职官制度及近代所谓的"教育体制"有关——均渊源深远。对于有关论题，我只能在限定了的时段中讨论，当然也会做力所能及的上溯。

兵民分合作为话题已然古老，明人不过是在"接着说"。即如距明不远的宋，陈亮就以"兵农合一"为"天地之常经"（《策问·问兵农分合》，《陈亮集（增订本）》卷一四，页163），说："古者兵民为一，后世兵民分矣，然汉、唐盛时，兵犹出于民也。"（《策问·问古者兵民为一后世兵民分》，同书卷一三，页154）以其本朝所实行的募兵制为弊政。叶适也提出过"由募还农"的折中方案（参看《习学记言序目》卷三九）。其时钱文子《补汉兵志》、陈傅良《历代兵制》均涉及此话题。宋元之际，马端临的《文献通考》于文献考释中更多所发明，似乎已无剩义，然而由明至清，论者仍喋喋不已。这固然可以作为既有的思想材料制约人的思维的例子，也不妨想到，古老话题被不同时代的论者一再重提，必有它的缘由。《汉书·刑法志》"因井田而制军赋"，只是部分地解释了田制、赋制、兵制的相关性。有关兵制与田制相因依的认识，勾画了明人论说的基本方向。在明代士人看来，田制、兵制之相关不只限于兵源、军饷等具体环节，更在兵民关系的铸造上。他们经由这一话题，不但表达了对"兵制"与其他制度（尤其田制）的内在关联的认知，而且其中的少数论者，还表现出对于制度的文化后果的敏感。

伍

谈兵

近人陈守实说，"均田、府兵、租庸调，基本上是相关的"（《中国古代土地关系史稿》页210）。有明一代施行的卫所、民兵、屯田（尤其军屯）制，则为其时的"兵制—田制"论提供了切近的经验依据。李因笃说屯田与井田相表里，"井寓兵于农者也，屯寓农于兵者也"（《屯田》，《受祺堂文集》卷二，道光十年刊本）。近人李洵则认为，卫所制是"朱元璋'寓兵于农'主导思想的体现"，"他的'寓兵于农'的'农'，已不是'兵农合一'中的'农'，而是一种军事屯田制下的'兵农'"。（《论公元十五、十六世纪明代中国若干历史问题》，《下学集》页12、13，中国社会科学出版社，1995）毛佩奇、王莉《中国明代军事史》也以为明代卫所制是"另一种形式的寓兵于农"（页4，人民出版社，1994）。孟森对有明初制，极为称赞。关于卫所，甚至说"兵制之善，实无以复加"（《明清史讲义》页40，中华书局，1981）。但法久弊生，嘉靖间魏焕即说："国初屯田，每军一分；今之屯田，十无一存。"（《经略总考》，《明经世文编》卷二五〇）未到明末，屯政即已败坏，隐射，占役，冒粮，积弊无可救。对古制的理想化，出于解决实际问题（如军饷问题）的动机。有明一代军饷的来源，赋税之外，即赖屯、盐。因而直至明末卫所制衰败之后，出于军事需要，屯田仍在进行。天启初张慎言曾出督畿辅屯田（《明史》本传）。赵率教在关外屯田，袁崇焕有"大兴屯田"之议，卢象昇则于宣、大"大兴屯政"，孙传庭亦于陕西开屯田。（均见《明史》本传）到弘光朝，史可法犹遣官屯田开封（《明史》本传）——更像是一种象征性的姿态。而屯田的必要性，仍然被由"寓兵于农"的一面来说明。孙传庭自说"恨不仿古人寓兵于农之意"（《恭报司务厅练兵并请关防马匹疏》，《白谷集》卷一）。他的着眼处，不过在开利源以足兵饷，将"寓兵于农"作为了应急措施。（参看同卷《清屯第三疏》）金铉也说："屯法修明，师从无粮从之忧；乡勇鼓纠，田畯皆鹰扬之选，则兵农差可合治，是周官伍两遗制也。"（《拟周礼策对》，《金忠洁集》卷四，畿辅丛书）

明代有所谓"军"与"兵"。与"民"分的，是"军"，而"兵"则可兵可民。吴晗曾谈到"军"和"兵"在明代，是"平行的两种制度"，"军是一种特殊的制度，自有军籍"，（《明代的军兵》，《读史札记》页92，三联书店，1979）而"兵"系临时召募；"军""兵"对称并行。至于"民兵"，则属非常备的地方武装。被认为体现了"寓兵于农"的，是民兵。《明史·食货志》："太祖初，立民兵万户府，寓兵于农，其法最善。"$^{[1]}$《明史·兵志》："太祖定江东，循元制，立管领民兵万户府。后从山西行都司言，听边民自备军械，团结防边。闽、浙苦倭，指挥方谦清籍民丁多者为军。寻以为患乡里，诏闽、浙互徙。时已用民兵，然非召募也。正统二年始募所在军余、民壮愿自效者，陕西得四千二百人。人给布二匹，月粮四斗。景泰初，遣使分募直隶、山东、山西、河南民壮，拨山西义勇守大同，而紫荆、倒马二关，亦用民兵防守，事平免归。""弘治七年立金民壮法。州、县七八百里以上，里金二人；五百里，三；三百里，四；百里以上，五。有

---

[1] "民兵"亦称"民壮""弓兵""机兵""快手"等，不隶军籍，自备军械，战时应召，"事平"得"免归"。"土兵"则边郡之"民兵""民壮"。

司训练，遇警调发，给以行粮……"隆庆中张居正等关于民兵，有"登名尺籍，秉抚臣操练，岁无过三月，月无过三次，练毕即令归农，复其身"云云，尚合于"民兵"之设的初衷。"然自嘉靖后，山东、河南民兵戍蓟门者，率征银以充召募。"

实行屯田的卫所，与作为有明初政的民兵，均由"寓兵于农"的一面得到了肯定。嘉、隆间杨博曰："……祖宗民壮之设，最得古人寓兵于农之意。"（《覆整饬军务粮饷都御史翟鹏议处民兵疏》，《明经世文编》卷二七四）正、嘉以降，应对其时的军事形势，更有"人人皆兵"的主张。王阳明曾推行保甲法，曰："诚使此法一行，则不待调发而处处皆兵，不待屯聚而家家皆兵，不待蓄养而人人皆兵。"（《总制两广牌行左江道缉柔流贼》，同书卷一三二）嘉、隆之际东南"倭患"，因官军、客兵骚扰剽掠，训练乡民、民壮之议起，"家自为兵，户可以战""家自为战，人自为防"云云，几乎成为其时之常谈。（参看康太和《与巡抚王方湖公书》，同书卷二一三；孙陞《与李县尹书》，同书卷二三六）茅坤亦有"家自为守，人自为战"云云（《与李泼泉中丞议海寇事宜书》，《茅坤集》页223，浙江古籍出版社，1993）。海瑞也以"家自为守，人自为战"为"古法遗意"（《启殷石汀两广军门》，《海瑞集》页438，中华书局，1962）。张居正以为兴边屯则"家自为战，人自为守，不求兵而兵足矣"（《答蓟镇总督王鉴川言边屯》，《张太岳集》卷二三，页280，上海古籍出版社，1984）。

明亡之际，金声为地方筹划守御，以为与其用"内地之官与内地之兵"，"莫若即鼓励而用其众，即其村之能守御者而官之"。

（《与郡太守》，《金忠节公文集》卷四）他主张"家自为守"，说"将败敌奸贼，只知用兵而不知用民，则未有不困者也"（《黄石义防引》，同书卷八）——也因"兵"（应指所募之兵）确已不足恃；非但不足恃，且骚扰更甚于"贼"。钱谦益《南京刑部尚书沈公神道碑铭》，曰沈演以为"剿以经略，不若督抚；剿以督抚，不若郡县；剿以郡县，不若团结乡镇，人自为守"（《牧斋初学集》卷六五，页1517）。刘城《兵制论》说井田、封建"必不可复"，"兵农合一之制制不然"，"故不若即民而兵之。即民而兵之，是尽民而兵也；尽民而兵，则凡万家之邑、十室之聚，岂不有战士焉，兵可胜用乎"？（《峚桐集》卷五，《贵池二妙集》，贵池先哲遗书，1920年刊本）清初魏礼还说："愚谓可久行而无弊者，莫如团练乡兵自为战守。"（《代赣州弭盗》，《魏季子文集》卷一六，《宁都三魏文集》）李塨《拟太平策》关于"寓兵于农"的具体设计，也不出此。他说："天下处处皆粮则天下富，天下人人习兵则天下强。"（卷四，颜李遗书）$^{[1]}$

倘若抽去上述背景，你会以顾炎武那种武装民众的主张为惊人之论。《日知录》卷九"边县"条引苏轼语，曰："今河朔西路，被边州军，自澶渊讲和以来，百姓自相团结，为弓箭社，不论家业

---

[1] 孔飞力认为，中国历史上的民兵思想，以《周礼》《孟子》《管子》等为其文献根据。"寓兵于农"（又作"寓兵于民"），其起源和含义原与孟子井田图景的"自卫村社"大有不同，到中华帝国的晚期却被注入了新的语义，即"厌恶大量常备军队；将民与兵的身份理想地结合起来"。他还认为，"寓兵于农"一语所具有的含糊性和广泛的联想性，使其在这一时期成为军事乌托邦思想的灵感来源。这桑乌托邦构想，"当其在实践中变得越来越难以达到时，却越来越具有理论上的吸引力"（《中华帝国晚期的叛乱及其敌人——1796－1864年的军事化与社会结构》中译本页31、32，中国社会科学出版社，1990）。

高下，户出一人；又自相推择，家资武艺，众所服者，为社头、社副、录事，谓之头目；带弓而锄，佩剑而樵，出入山坂，饮食长技，与北敌同……"顾氏显然感慨于此种情景未能于明末再现。同条曰宋代弓箭社之法，"虽承平废弛，而靖康之变，河北忠义，多出于此。有国家者，能于闲暇之时，而为此寓兵于农之计，可不至如崇祯之末，课责有司，以修练储备之纷纷矣"。$^{[1]}$ 明亡前张履祥曾批评禁民挟弓矢，说"其弊必使盗贼公行，夷狄得志"（《愿学记三》，《杨园先生全集》卷二八，道光庚子刊本）。《日知录》卷一二"禁兵器"条，以及《日知录之余》卷二"禁兵器"条，也表达了类似的判断。其中引元末刘基诗，曰："他时重禁藏予戟，今日呼令习鼓鞞。"无疑有甚深的感慨于其间。不妨说，其时与兵事有关的文化批评，以上述"禁兵器"条最具深度，可以作为以"学术"为政治批评的绝好例子。$^{[2]}$ 顾氏以其辑录的大量史料，令人看到了兵器之禁与政治权力的复杂历史关系，可资推想士人的文化品格在其间蜕变的复杂而漫长的过程。至于其所辑与地域、民族有关的禁制（尤其异族统治时期加之于汉人的兵器之禁），当明清

---

[1] 赵俪生曾谈到，有宋一代，"缘中古'兵户'遗意，平素也颇有'弓箭手''刀弩手''枪排手'等的设置，承平之时，这种武装组织多'隐于民间'；一遭板荡，则多起而保家卫国。在明朝，这样的力量是很少了。"（《清康、建年间各种民间武装势力性质的分析》，《赵俪生史学论著自选集》页3）"兵户遗意"似不足以解释何以这样的力量在明代不能如宋一样地存在。倘若归于社会控制的强化，则又可以认为，正是对"行动"的禁抑，刺激了士人的读兵——亦唯此读，可激扬意气，使冲动得到想象性的满足。

[2]《日知录之余》卷二"禁兵器"条录有汉武帝时公孙宏与吾邱寿王关于"禁民毋得挟持弓弩"的辩论。此条所录大半为元代之禁（元代尚有马禁，参看同卷"禁马"条），明代仅一条，且限于局部地区。由顾氏所录，可以想象实行于元代的针对汉人、南人的有关禁制，对于士人心性的影响。

易代之际，尤其意味深长。似乎匪夷所思的是，顾炎武非但以为解除兵器之禁有利于强国，且以为有助于保障社会的安定！但也应当说，主张"兵农合一""寓兵于农"于屯田、民壮均不足以救亡之后，毕宁说证明了先在的思想材料的强大制约，"三代"制度论视野对论者的限固。

然而较之于几乎众口一词的"寓兵于农"说，我以为王夫之"分兵民而专其治"（参看《黄书·宰制》，《船山全书》第十二册，页508，岳麓书社，1992）的主张更足以惊人。他说"天下皆有兵，而天下无兵矣"（《噩梦》，同书，页559），堪称警策。他一再申说"农之不可为兵"，以为"兵其农则无农"，"民兵之敝，酷于军屯"。（《诗广传》卷三，页426，《船山全书》第3册，岳麓书社，1992）说古者兵农合一，"谓即农简兵，而无世籍之兵"，非谓"兵其农而农其兵"。（同书卷二，页382）他不以"乡团保甲"为善策（《读通鉴论》卷二七，页1035—1036），也不以府兵、卫所、屯田为善制（同书卷一七，页659—661；卷二二，页840）。$^{[1]}$ 即使经历了明末的军事失败，却依然反对"人人皆兵"的战时体制，凡此，又与其"义军论""庶民论"相互发明。（参看拙著《明清之际士大夫研究》上编第一章第三节）他以为乡团保甲非但不足以戢盗，且"导人于乱"；以民为兵，

---

[1] 王夫之在《噩梦》中，提到刘宗周任京兆尹时的措置，肯定刘氏的不责民以"武备"，曰此"亦王政之枝叶"（《船山全书》第十二册，页561）。但刘氏崇祯初年在京兆尹任上，曾辑有《保民训要》，主张"因此间族党而寓厉兵讲武之法，户备器械，保备牛骡，乡备马匹弓矢，选其技能者以时训练之，联以什伍，行以赏罚，平居而亲睦，宛如同井，有事而捍御，即为千城"（刘宗周年谱，崇祯三年，《刘子全书》卷四〇，道光甲申刻本）。

势必"斫其醇谨之良，相习于竞悍"。（《读通鉴论》卷一七，页660。另参看同书卷二〇，页770—771）他以"争斗其民"为民厉，关注在暴戾之气对人心的斫丧。$^{[1]}$对于"寓兵于农"的这一种批评角度，似为王夫之所独有。据此可知，王氏绝不至于同情顾炎武"武装民众"的主张。在"禁兵器"这一敏感题目上，他的思路亦与顾氏有别。他以为"秦销天下之兵而盗起，唐令天下乡村各置弓刀鼓板而盗益横，故古王者之训曰'魏文匮武'。明著其迹曰魏，善藏其用曰匮。其魏也，非能取《五礼》之精微大喻于天下也，宣昭其迹，勒为可兴而不可废之典，以徐引之而动其心。其匮之也，非能取五兵之为人用者遂使销亡也，听民置之可用不可用之间以自为之，而知非上之所敝也"（同书卷二七，页1035。按"五兵"所指不一，一说谓矛、戟、弓、剑、戈）。真可谓解释先王之用意而得其精妙者。可惜这用意太过曲折，怕是君人者难以把握得恰到好处的吧。此种精微的思理，不唯当时，即后世也未见得能为人理解。仅由此一端，也可证孤独之为思想者的宿命。你由此却不难察知王夫之对"秩序"的严重关切，以及"仁"之为原则在其思想学说中无所不在地贯穿。王氏思想的彻底性，其内在统一，于此等处确也令人印象尤为深刻。不导民以斗，不教民以乱，与他的"包拯、海瑞论"也有逻辑的贯通——即经历了明亡的大劫难（或

---

[1] 他说："封建既废，天下安堵，农工商贾各从其业，而可免于荷戈致死之苦，此天地穷则变而可久者也，奈何更欲争斗其民哉！朱子自谓守郡日时有上意，故欲训练保甲，后熟思此土之民已竞武勇，奈何复导之以强，因而已之。大儒体国靖民之远图，不泥于古固如此，未尝挟一寓兵于农之成说，以学术杀天下，如王介甫之螳螂于保甲也。"（《噩梦》，页560）

者说正因经历了此劫难），亦不愿"争斗其民"，贻害将来。此即其人所理解的王道、"王政"。而"以学术杀天下"云云，则是对于其时的"三代论"者措辞最严厉的批评。

王夫之的异议尚不止于此。他还径以为"卫所兴屯之法，销天下之兵而中国弱"（《读通鉴论》卷一七，页661），曰宋、明"散武备于腹里"，乃相沿唐府兵之弊。（参看《噩梦》，页558）他直截了当地批评祖宗法之不善，说"洪、永间分列卫所，颇以迁就功臣而处之善地，遂以坏一代之军政"（同上页559），似未为人道。魏源则依据清代兵力及其分布，批评唐代的府兵制，曰"通计中外禁旅驻防兵二十万有奇，而居京师者半之。以是知唐府兵之制，举天下不敢关中，以是为居重驭轻者，适示天下以不广也"（《圣武记》附录，卷一一，《武事余记》，转引自郑天挺主编《明清史资料（下）》页124，天津人民出版社，1981），也着眼于军事力量的合理分布。此外，如王夫之主张"军器皮作火器各局之费，应责之于商贾"（《噩梦》，页561），似亦未为他人道。王氏虽批评条鞭使农输钱（而非输粟），却又有上述主张，可知其人对于有明商品经济的发展及其效用，是自有其估价的。

即使如此，也仍不便轻易地断为"空谷足音"，只是看似接近的主张，依然有"内在理路"之别罢了。王琼以正统间"召集壮勇"为"一时权宜之计"，"深为民害"，请"尽行革罢，与民休息"。（《为专捕盗处民兵以祛民患事》，《明经世文编》卷一一〇）吴应箕也不以"团练乡勇"为然（参看其《时务策》）。稍前，徐光启则主张"富国必以本业，强国必以正兵"（《复太史焦座师》，《徐光启集》卷一〇，页454）。徐氏所谓"正兵"，显然非与"奇兵"相对，而略近于近代所谓"正规军"。事实是，自嘉、隆始即不断有人提倡"选、练"，以为兵不在多（因而不以扩大招募、组织民壮为得计），而在精、强。张履祥《上陈时事略》也说过："盖古昔井田不废，兵民未分，故农可以战。后世唯屯政为不失井田之意，故乡兵可用也。井田不能行于今，则乡兵不能行于今明矣。"（《杨园先生全集》卷一五）王源也以为"不必如古制，尽人而兵也"（《平书·武备》，《平书订》卷九，颜李遗书）。$^{[1]}$由此看来，其时的有识之士固有不谋而合者，亦有所见歧异如上文所示者，唯此才足以构成其时思想版图色彩的丰富性。

谈兵制（之二）：督、抚之设

也如说兵民分、合，本文所论这一时期论者说文武分、合，以文武既分为无须论证的事实。将明的军事失败归因于文武分，则是明末清初的一种时论。王源就说："文臣鲜知兵，又卑武臣不与齿，其末也，至武臣养寇，自利爪牙，一无足恃，而底于亡。文武分途，祸可胜言哉！"（《襄城张孝廉传》，《居业堂文集》卷四）

陆世仪说"古之天子，寄军政于六卿"，文武未尝分途；分

---

[1] 实则至明末，无论卫所，还是金、募，均归无用。有趣的却是，论兵制于卫所、也田、民兵作为制度"大坏极弊"之后，却无妨于不断重弹"寓兵于农"的老调。孔飞力在对清朝军事制度的研究中，批评曹海宗写于二十世纪三十年代后期的一部著作（《中国文化与中国的兵》）"多少夸大了传统中国社会的民一兵的分离"（《中华帝国晚期的叛乱及其敌人》中译本，页12）。该书关于"民兵"为制度的讨论，见中译本页13—36。

途自战国始（《思辨录辑要》卷一二）；他以为"武只是吾道中一艺"，不宜与"文"对举。（同书卷二〇）文武之分的确渊源古老。顾颉刚在《武士与文士之蜕化》一文中，叙述了孔子及其门弟子以至于"末流""士风之丕变"，由武士到文士的"蜕化"。据顾氏说，孔子的时代文、武尚未"界而为二"，战国时代文、武则已形成集团性对立，分别曰"儒"曰"侠"；"所业既专，则文者益文，武者益武，各作极端之表现"。（《史林杂识（初编）》页89，中华书局，1963）武人社会地位的下降，是在秦、汉以还漫长的历史过程中发生的；而文士谈兵的成为一种可供分析的事实，自然也基于文武分途的士的历史（也即"士"的文士化的历史），以及权力机构中相应的职官设置。

却也始终存在着另一面的事实。正如叶适说兵民（农）固未尝分，权力机构中的文武在事权／功能层面也原不曾有明确的分割。明代尤为显例。只不过论者往往沿袭成说，于显然的事实视若无睹罢了。文武的功能分化在权力机构中的实现，固在职官之设；而"文武合"之早期历史的遗迹，也正存留在"职官"（官衔／职掌）中。

《明史·职官志》："明官制，沿汉、唐之旧而损益之。""分大都督府为五，而征调隶于兵部。"$^{[1]}$ 陆世仪说有明开国五军都督府之设，"略寓天子亲操之意"；而由兵部所掌控的范围看，"尤有犬牙相制之意"——"互相制驭"的不止于下文将要论到的文、

---

[1] 钱穆以为明承元弊，元"文武分途之弊制，遂为明清两代所沿袭"（《国史大纲》第七编第三五章，页649，商务印书馆，1996）。

武（《思辨录辑要》卷一三）。然而明人所谓"文帅""文将"，所指却非即兵部官员，而是负有更直接的军事责任的文臣即督、抚。"文帅"通常指总督。如赵炳然曰"总督之职，即古帅臣，文武兼该，亲督战阵"（《题为条陈边务以俾安攘事》，《明经世文编》卷二五二）。沈德符《万历野获编》有"本朝宣德以后，大臣总督，止施于工程钱粮等项。继乃有总督军务，为文帅第一重任"（卷二二，中华书局，1997）云云。吴应箕说所谓"将"："'将'何易言哉！今武臣之有'总'有'副'者，将也；文臣之为'抚'为'督'，即身为大帅而将将者也。武以材勇跳荡于疆场，文以方略发踪于帷幄，如是曰'将'也。"（《原将》，《楼山堂集》卷一九）吴氏《拟进策》亦有"此储文将之法"云云。与"文将"（即文臣而将）语义稍有别，从来有所谓"儒将"之目，此"儒"非即"儒学"之谓，语义也应更近于"文"。此种人物据说能运筹帷幄以至临阵却敌，而又满腹经纶，一向为士人所乐道。

据《明史·职官志》，明初太祖谕御史大夫邓愈、汤和等曰："国家立三大府，中书总政事，都督掌军旅，御史掌纠察。"功能分割简单明确。其后的功能混溶——就本章而言，即文武功能的混溶——以抚、按军事参与程度之加深为表征。明代自中叶以后军事形势的严峻化，导致了一系列制度性安排。在明末军事中发挥了重大作用的督、抚，是适应军事需要而设置的，具有"因事特遣、偏重军事、节制地方文武以及置罢不常"（关文发、颜广文著《明代政治制度研究》，页70，中国社会科学出版社，1995）等特点。而"以'总督''巡抚'名官，并形成为一种官制，实始自明代"（页50）。该书还认为，"自万历中期以后所设置的巡抚，都是不大正常的，随着明王朝统治危机的日益加深，巡抚按省建制的进程已被打乱了，因事特设的成分变得越来越严重了。这种情况直到清朝统治在全国确立后才得以改变，按省设抚的建制才得以完全确立"（页70）。其所谓"不大正常"，既指打破了按省设抚的建制而因事特设，也指设抚纯粹出于军事需要。归有光自负史才，颇留意于有关职官的掌故，其述"巡抚"之设，曰："自顷倭夷为患，朝廷并敕以阃外之事，寄任滋隆焉。"（《巡抚都御史史翁寿颂》，《震川先生集》卷二九，页655）按察司官员亦参与地方军务（如整饬兵备道）。《明史·职官志》："兵道之设，仿自洪熙间，以武臣疏于文墨，遣参政副使沈固、刘绍等往各总兵处理文书，商权机密，未尝身领军务也。至弘治中，本兵马文升虑武职不修，议增副金一员救之。自是兵备之员盈天下。"吴晗论有明一代文（臣）武（臣）势力之消长，曰："明初开国时，武臣最重，英国公张辅兄信，至以侍郎换授指挥同知。武臣出兵，多用文臣参赞……正统以后，文臣的地位渐高，出征时由文臣任总督或提督军务，经画一切，武臣只负领军作战的任务。""从此文臣统帅，武臣领兵，便成定制。"（《明代的军兵》，《读史札记》页99—100）上述制度安排在扩大文臣的军事参与的同时，无疑也激发了士人谈兵、介入军务的热情。

世宗朝，"设武臣一，曰总督京营戎政，以咸宁侯仇鸾为之；文臣一，曰协理京营戎政，即以邦瑞充之"（《明史·兵志》）。所谓"协理""协管"，仅由字面看，文臣（包括兵部官员）不过"协"武将"理"戎政，主从分明，事实却不尽然。至于"提督""总督"等，其职权更绝不限于督察（"绳愆纠缪"）、"监临"，而且是直接参与军事部署，以至临战指挥。唐顺之以为"宜文臣督帅时御戎服出入军中，发扬蹈厉，以作武将之气"（《条陈海防经略事疏》，《唐荆川文集》外集卷二）；他本人就身体力行。《明史》王琼传："琼用王守仁抚南、赣，假便宜提督军务。比宸濠反，书闻，举朝惶惶。琼日：'诸君勿忧，吾用王伯安赣州，正为今日，贼旦夕禽耳。'未几，果如其言。"（卷一九八）据同传，其时不但王守仁，且湖广巡抚、应天巡抚、淮阳巡抚均参与了平宸濠的军事行动。文臣将兵，固然赖有军事知识，如上文提到的任环，也赖有道德感召力。《明史》谭纶传日谭氏其人"以功进兵部尚书兼右都御史，协理如故"（卷二二二）；谭纶却非但躬亲兵事，且临阵杀敌。同传即记其"尝战酣，刃血渍腕，累沃乃脱"——持刀拼杀状不难想见。$^{[1]}$

至于文臣直接领军，亦应属于上述制度设计的有机部分。"永乐初，设三大营，总于武将。景泰元年始设提督团营，命兵部尚书于谦兼领之，后罢。成化三年复设，率以本部尚书或都御史兼之。嘉靖二十年始命尚书刘天和辖部务，另给关防，专理戎政。"（《明史·职官志》）凡此，均令人可窥文（臣）武（将）权势消

---

[1] 戚继光《祭大司马谭公》一文，日其本人"统驭"，谭纶则"监督"；同文又记谭氏"每督战，袍裹以中而殿，徒出阵前，众错愕，同救锐言，又固不自赦"（《止止堂集·横槊稿中》）。海瑞《启刘带川两广军门》却说谭氏"不能亲戎马，冒矢石"（《海瑞集》页437）。

长之迹。$^{[1]}$ 及至战时，地方官亦被责以"专城之守"。嘉靖朝屠仲律说："保封域，固郊圻，全境安民者，守、令之任也。"甚至主张"自今江南守、令之职，当以训练士兵、保全境土为殿最"（《御倭五事疏》，《明经世文编》卷二八二）。

上述制度安排，非但提高了文臣在军事行动中的地位，而且提高了文臣、文士的自信心。李承勋说："古称天下安危，其重在边，而臣又以为边地安危，其重在文臣。"（《丰财用材》，《明经世文编》卷一〇〇）杨一清《朱宪副平贼图记》："若公以文臣统师旅，不请益兵，不重费转输，笑谈尊俎，安如平昔，坐运筹策，指麾诸将……而谓文儒不谙军旅，其过言哉！"（同书卷一一八。按朱宪副，朱汉）《皇明经世文编》宋徵璧所拟《凡例》，有"指受方略，半系督抚"云云，自非虚言。

权力机构内文武事权未分，作为显而易见的制度事实，仅此即已足证。据此，黄宗羲说："有明虽失其制，总兵皆用武人，然必听节制于督抚或经略。则是督抚、经略，将也；总兵，偏裨也。"（《明夷待访录·兵制二》，《黄宗羲全集》第一册，页33）他强调文臣将兵，自古已然："汤之伐桀，伊尹为将；武之入商，太公为将；晋作六军，其为将者皆六卿之选也。"（同上）在他看来有明兵制弊不在文臣将兵，而在参与军事的文臣"专任节制"而不

---

[1] 但有关的事实仍有复杂性。杨洪《言四事疏》有"乞嘱总督军务少保于谦以将权，俾军士知所以畏令"（《明经世文编》卷五七）等语。"总督军务"的文臣的"将权"尚待特明，所谓"文臣将兵"，实际"将"否尚待考察。黄仁宇说："明代的制度多数难以准确地分类与定性，它们是不断变化的。"（《十六世纪明代中国之财政与税收》中译本，页3，三联书店，2001）考察兵制，对此也宜注意。

得"操兵"，即权力的不完整。（《兵制三》，同书，页34）他很明了使"节制"与"操兵"事权不一的制度设计者的用心，即以此"犬牙交制"。黄宗羲分别文武为"君子/小人"，以为"国家社稷之事"，不可"使小人而优为之"（同上）。他主张实行更彻底的文臣将兵制，而"参用"武人。陈子龙也曾有"专任文将"的主张，曰："专任文臣可以成大功者，先朝已然之明验也。"所举之例，即有威名远播的王靖远（王骥）、王威宁（王越），以及王守仁。

由出身看，嘉靖年间的抗倭名臣名将，胡宗宪、谭纶外，如朱纨、张经、曹邦辅、任环、李遂、唐顺之等，均系科甲出身。明末则不但杨嗣昌、卢象昇、孙传庭、袁崇焕、史可法等人出身科甲，被认为偾军败事的杨鹤、陈奇瑜、熊文灿也无不是科甲出身。甚至最高层的文臣也直接参与军事。天启元年，孙承宗以阁臣掌部（兵部）务，自请督师，经略山海关，称枢辅。据《明史·职官志》，崇祯十二年后，俱以内阁督师。前此，永乐、宣德朝杨荣曾因参与军事决策受上赏。（《明史》杨荣传）其他以大臣而被认为谙练兵机、晓畅边事者，尚有杨一清、王琼等。杨氏"三为总制"（总制军务），《明史》本传曰其人世宗朝以"故相行边"，"温诏褒美，比之郭子仪"。（卷一九八）刘基、王阳明的军事才能，尤为士人所倾倒。归有光称赞刘基"文武大略"（《送狄承式青田教谕序》、《震川先生集》）；嘉靖朝唐龙为王守仁颂功，曰"视古名将，何以过此"（《议江西军功疏》、《明经世文编》卷一八九）。《明史》王守仁传则曰："终明之世，文臣用兵制胜，未有如守仁者也。"（卷一九五）传世的有关兵学、兵事的著述，即部分地出自有军事经历的文臣之手。如王琼的《北边事迹》《西番事迹》（王琼曾总督三边军务），盛万年的《岭西水陆兵记》（盛氏曾官广西按察使）。张延登奉敕巡视京营，编巡视事宜一卷，共一百三十四条。（参看刘理顺《总宪华东张公墓碑》，《刘文烈公集》，乾坤正气集）孙承宗则有《督师全书》一百卷。

其他文臣亦有因军事需要，随时被委以军务者（如唐顺之以右通政、徐光启以詹事府少詹事参与兵事）。因攻讦者有"以翰林而兼河南道，从来无此官衔；以词臣而出典兵，从来无此职掌"云云，徐光启疏辩，称："正统已徐武功珵、杨庄敏鼎以侍讲，王祭酒以简讨各行监察御史，分镇河南山东等处要地，抚安军民。嘉靖庚戌赵文肃贞吉以司业兼监察御史，领银赏募，是从来有此官衔。嘉靖戊午唐中丞顺之以通政升金都御史，视师浙、直，与胡司马宗宪协剿倭寇，是从来有此职掌。"（《疏辩》，天启五年，《徐光启集》卷四，页212。按万历间徐光启以詹事府少詹事兼河南道监察御史，奉旨管理练兵）攻徐一疏有关"官衔""职掌"的质疑绝非无端。正如攻者所强调的，徐光启尚非一般的"文臣"，而是以"翰林""词臣"而地处"清要"、本应更远于"戎政"的文臣；而徐氏辩疏所援诸例，则证实了朝廷随机委任（以宪衔解决"职掌"问题），也非仅止一见的事实。$^{[1]}$至于"官"与"任"的非一致性，则唐顺之有"臣任同总帅，官系纳言"云云，可资佐

---

[1] 徐光启有《徐氏庖言》，"庖言"指"越俎代庖"而言兵。徐氏在其章奏中，一再自说其"越俎""代庖"，可见其以"词臣"而介入军事之非正常，也证明了文臣（包括"词臣"）固然有可能随时奉旨参与军务，却仍有身份、职分问题，当事者本人也有此身份自觉。

证。$^{[1]}$ 徐光启辩疏引神宗谕旨，中有"吏部便拟应升职衔来说"云云，可知"职衔"可依所欲任用而"拟"，职掌不妨因事因人而设。故而徐氏理直气壮："是则官衔职掌，总由公疏部题得旨，该部奉旨拟升，职能自主乎？"

据此可以认为，凡权力机构中的官员，均有介入军事、接受有关委任之可能。因而所谓"文臣"，系由进身途径言之，非严格地依职任言之。文臣随时有可能被要求承担与其知识、训练无关的军事任务。这里尚未提及除巡、按等"封疆大吏"外，守、令一类亲民官的"守御"之责——也如兵、民，文、武作为社会身份的分化，文、武在权力机构中的职能分割，固然渊源古老，而如上述的事权、功能的混溶，则始终存在，也应构成了士人谈兵的体制背景。至于易代之际文臣的军事贡献，在时论以及史家的记述中，往往以武将的怯懦无能为对照。黄宗羲所说"与毅宗从死者，皆文臣"，"建义于郡县者，皆文臣及儒生"，（《明夷待访录·兵制二》）已是其时文士之常谈。钱谦益《汪中丞岁星》也有"武夫保项领，文臣涂脑髓"（《牧斋初学集》卷二〇，页735）等句。至于"贼""房"军中多降将，确也可称明末战场上的一大景观。杨廷麟为此种情景写照，曰："将军诸啸多文吏，群盗纵横半旧臣。"（参看《梅村诗话》，《吴梅村全集》卷五八，页1142）

在近代人，一个不容回避的问题，即文臣将兵的资格，是缘何而获得的。

……………………………………

[1] 唐顺之《奉敕视军情升通政司右通政谢表》："在古文臣建阃，或以权任轻浅而偾师；大将临戎，或以章奏隔阂而败事。臣任同总帅，官系纳言……"（《唐荆川文集》外集卷一）

可以断定的是，若"兵"人人可谈，其非近代所谓的"专业知识"无疑。当时与事后被讥以不知兵的黄道周，确实不以为用兵"别有学问"。$^{[1]}$ 由文字材料看，除膂力一项得之于天赋外，其时的文士武将获取军事知识、军事技能的途径几无不同；有关经验赖于实战中的积累，亦有同然。而文士在此之外，更拥有知识（兵学、史学、天文、舆地等学）方面的优势——文士的自信确有其根据。王夫之曾批评"武举"（参看《噩梦》，页559—560），也因"宰相必起于州部，猛将必发于卒伍"（《韩非子·显学》）云云人人之深。既如此，何"武举"为？在近代军事教育作为制度兴起之前，鉴于科举之弊，与前近代战争的特点，关于军事人才的选拔，确也难以另有主张。这也可以由一个方面为军事的"非专业性"佐证。

由史传文字看，上文已经提到的那些参与军事且卓有成效的文臣，其军事知识的由来、军事指挥资格的获取，既与教育体制亦与铨政无干——那毋宁说是一种个人修养，略近于近人所谓的"业

---

[1] 彭士望《与李元仲书》："漳浦尝读天下书，一览不遗，独未学军旅，竟以此败。"（《树庐文钞》卷二，道光甲申刊本。按漳浦即黄道周）黄道周本人则说："禹、稷、颜、闵一样苦心，何曾别有学问？如要学问，黄、农七十二战，岂有兵书？烈山枪食，天下未开泉府也。"（《榕坛问业》卷一二，《景印文渊阁四库全书》子部儒家类）可知其人的"未学军旅"，也因不认为"军旅"有待于学。黄氏治《易》，即以《易》为兵书，说"征伐之道，详于《易》书"（同书卷一）。

余爱好"。$^{[1]}$ 杨一清任山西按察金事，以副使督学陕西，"在陕八年，以其暇究边事甚悉"（《明史》本传）。袁崇焕任邵武知县而"好谈兵"，"遇老校退卒，辄与论塞上事，晓其厄塞情形，以边才自许"（同书卷二五九本传）。至于文臣因任职兵部而"知兵"，则是有此职任而方有此学的例子。《明史》郑晓传，曰晓嘉靖初为职方主事，"日披故牍，尽知天下厄塞，士马虚实强弱之数。尚书金献民属撰《九边图志》，人争传写之"（卷一九九）。文臣的军事知识，既得之于文字（如"故牍"），也得之于实地考察与亲历战阵。与军事有关的任命，固然提供了获取此种知识的条件；而披览故牍与实地考察，即非任职兵部者也自可能。王阳明"年十五，访客居庸、山海关。时阙出塞，纵观山川形胜。弱冠举乡试，学大进。顾亦好言兵，且善射"（《明史》王守仁传）。孙承宗则"始为县学生，授经边郡。往来飞狐、拒马间，直走白登，又从纥干、清波故道南下。喜从材官老兵究问险要陂塞，用是晓畅边事"（同书卷二五〇本传）。熊开元记金声未仕时，因天下多故，即以王守仁为榜样，"凡行间所应有，无不习焉"（《金忠节公传》，《金忠节公文集》）。因而史传文字所谓的"明习兵事""晓畅兵机"云云，作为一种能力，系于人而非系于职事。由

---

[1] 美国学者赖文迪说过："如同八股文的极端美文主义所显示的那样，中国的官员在履行官务上是 amateur，中国的官员在履行官务上是 amateur，这一情况到明代较此前更甚。他们受过学院式教育，（绝大多数）经过书面考试，但却没有受过直接的职业训练。""在政务之中他们是 amateur，因为他们所修习的是艺术；而其对艺术本身的爱好也是 amateur 式的，因为他们的职业是政务。"（转引自阎步克《士大夫政治演生史稿》页5-6，北京大学出版社，1996）清初王源批评官之"职"不专，"但以官之大小为升降，不论其才与职之称否，似天下皆通才，遂致天下皆庸才"。李塨则引了陆世仪的类似议论（《平书订》卷三）。

"仕一学"论，情况往往是，先"仕"而后有是学。当然对史传所谓的"知兵"，也只能在其时的知识状况中理解。"兵学"既非严格的专业知识，"知兵"作为一种个人修养、才能，也自无须经由严格的衡度。$^{[1]}$

文武事权、功能非充分分割的状况，势必施加极大的影响于人才的造就。法家主张"以吏为师"，以律令、朝廷功令为教材。国家制度，尤其某些制度性安排，对于造成一时代的人才状况，以至塑造士人心性，其力量确非学校、书院所可比拟。可以设想，前述的制度设置、官员任用，直接鼓励了士人对"文武兼资"这一目标的追求。据说熊廷弼才兼文武，"先中万历某科湖广武乡试第一名，后又弃武就文，中万历丁酉湖广乡试第一名。于是榜其堂曰：'三元天下有，两解世间无。'"（王应奎《柳南随笔》卷一，页6，中华书局，1997）而上文已引的徐光启所谓"权谋、阴阳、形势、技巧"，则不但概括了其时"兵学"的主要项目，亦提示了拣选军事人才的标准。因"形势""阴阳"与"谋略"有关，可以大略地认为，到本篇所论的这一时期，士人所认为与兵事有关的知识与技能，仍限于谋略与技击。有关的军事人才标准，不但被认为适用于武将，也适用于从事军事的文臣。

---

[1] 但"兵"仍被认为有学的必要。范景文引孔子所说"军旅之事，未之学也"，曰："天下事未有不学而能，而兵事为甚。其所谓'学'者，身曾涉历，手曾容综……"（《辟免新命疏》，《范文忠公文集》卷二，戢翰丛书）强调其"学"的实践品性。徐光启曾强调"武书"的重要性，曰："武书之不讲也久矣，释楛组而谈折冲，不已迂乎？""徐氏欲借王阳明所批《武经》，为'筹辽'之'一筹'。"（《阳明先生批武经序》，《徐光启集》卷二，页65。按《武经七书》指《孙子》《吴子》《六韬》《司马法》《三略》《尉缭子》《李卫公问对》，徐氏所序为茅氏印本）

"投石超距"、射石没羽到此时仍被津津乐道，确可谓风味古老。王守仁曾以善射令将士折服。《明史》王守仁传记王氏巡抚江西，武将"轻守仁文士，强之射。徐起，三发三中"；熊廷弼"有胆知兵，善左右射"（同书卷二五九本传）；卢象昇非但善射，且有膂力（卷二六一本传）——都强调了传主的军事技能，使用传统兵器的技巧。文臣能令武将、士卒折服的，亦此"三发三中""左右射"。弓马娴熟，至此不但仍被作为"军事人才"（包括将领乃至统帅）的标准，也是文士被许"知兵"、赖以与武人抗衡的重要条件。"唐荆川于谯楼自持枪教命大献，一时以为韵事"（陆世仪《思辨录辑要》卷一七）。卢象昇"虽文士，善射，娴将略，能治军"，其人"身先士卒，与贼格斗，刃及鞍勿顾"，"以是有能兵名"（《明史》本传）——无论文臣武将，非如此即不足以服众。于此由"人才"的一面沟通了文武。尽管如下文将要谈到的，火器的迅速发展已改变了"实战模式"。由此一端也证明了人们有关"军事"的观念并未发生重大更革。凡此均可资考中国前近代的军事制度与军事教育。$^{[1]}$

《明史·礼志》记洪武三年所定的作为"军礼"的"大射之礼"："太祖又以先王射礼久废，弧矢之事专习于武夫，而文士

---

[1] 徐有贞《条议五事疏》："国家用兵，必责智勇之人，艺必尽出于将军之中。大凡天下之民有心计者，皆能运智，有膂力者，皆能效勇。"（《明经世文编》卷三七）主张不拘一格选拔，标准即"军谋勇力""弓马膂力"。刘大夏以为选将之法不善，"挽强引重者，目为勇敢；该说纵横者，号为谋略"，无以得将才。但他设想中的武举，所试亦不出"骑射""步射""策、论"等项。（参看其《议行武举疏》，同书卷七九）杨一清说军事人才的选拔，亦不出"弓马出众、膂力兼人，有胆气有智略"（《蕃漠陈行兵事宜》，同书卷一一八）四条标准。

多未解。乃诏国学及郡县生员皆令习射，颁仪式于天下。"永乐时尚有"击球射柳之制"。同书《舆服志》则记有"自太祖不欲勋臣废骑射，虽上公，出必乘马"。关于太祖命国子生习骑射及郊庙之祭行大射之礼，尚可参看黄佐《南雍志》卷一《事纪》一。《明太祖实录》：洪武二十年七月，"礼部请如前代故事，立武学、用武举，仍祀太公，建昭烈武成王庙。上曰：……至于建武学、用武举，是分文武为二途，轻天下无全才矣。古之学者，文武兼备，故措之于用，无所不宜，岂谓文武异科、各求专习者乎？"顾炎武于此概叹道："文事武备，统归于一，鸣呼纯矣！"（《日知录》卷一七"武学"条）以马上得天下的开国之君，无论明清，均有此种思路，即经由制度对士实施塑造，使"文一武"的均衡实现于士人的品质。明亡之际，士人确也以习武作为对危机的回应。风气所至，虽学人也"学双剑，学长枪"（《张元岵先生墓志铭》，《黄宗羲全集》第十册，页391。按张元岵，张次仲），可知风气之移人。

明清之际士人因了时事的刺激，企图以军事教育制度的复古，为士文化复兴的契机。孙承宗记左光斗"特疏开武学……期得兼资奇伟。所至较诸生射，颁《射艺录》，刻《兼材录》，有古弓箭社之遗，其意特远。故士竞射，而胆识为开"（《明都察院左佥都御史赠右副都御史太子少保浮丘左公墓志铭》，《高阳诗文集》卷一七，崇祯元年序刊本）。陆世仪主张儒者学习军事技艺，说"器虽一技之微，儒者亦不可不学"（《思辨录辑要》卷一七）。他以为应设科于学校之中，教授兵法（同书卷二〇）。颜元制度复古的意向，体现于对漳南书院的设计——以一斋习"文事"，"课礼、乐、书、数、天文、地理等科"；以一斋习"武备"，"课黄帝、太公以及孙、吴五子兵法，并攻守、营阵、陆水诸战法，射御、技击等科"。（《习斋记馀》卷二《漳南书院记》，《颜元集》页413）前于颜元，明亡前张履祥即曾上书当道，建议学校"复射圃"，以图造就"文武之材"，"天下无事，陶以礼乐诗书，天下有事，入则儒臣，出则大将……"（《上本县兵事书》，《杨园先生全集》卷一五）顾颉刚解释《孟子》所谓"设为庠、序、学、校以教之。'序'者，射也"，说"其实非特'序'为肄射之地，他三名皆然"。西汉犹承其制，"《周官》大司徒以乡三物教民，'三曰六艺：礼、乐、射、御、书、数'，而礼有大射、乡射，乐有《驺虞》《貍首》，御亦以佐助田猎，皆与射事发生关联。其所以习射于学宫，驰驱于郊野，表面固为礼节，为娱乐，而其主要之作用则为战事之训练。"（《武士与文士之蜕化》，《史林杂识（初编）》页85、86）从来的儒者（包括张履祥、颜元）均未免将周官之为制度理想化，从而也将骑，射乃至弓矢的象征意义、文化功能夸大了。

出将入相，文武兼资——黄宗羲所主张的文武合，也"合"于人才素质。黄宗羲说："使文武合为一途，为儒生者知兵书战策非我分外，习之而知其无过高之论，为武夫者知亲上爱民为用武之本，不以粗暴为能。"（《明夷待访录·兵制三》，《黄宗羲全集》第一册，页35）——尽管仍严于"儒生""武夫"之别。前于此陈亮就说过"才智所在，一焉而已"（《酌古论·酌古论序》，《陈亮集（增订本）》卷五，页50）。在这一具体话题上，一时的"有识之士"又所见略同。

但同时论者的思路尚另有歧异。就我阅读所及，其时论文武分、合者，惟王夫之明确肯定了权力机构内文武职任之分的必然性。他说："若以古今之通势而言之，则三代以后，文与武固不可合矣，犹田之不可复井，刑之不可复肉矣。""汉初之分丞相将军为两途，事随势迁，而法必变。"（《读通鉴论》卷五，页190、191）还说"三代之制，不可行于后世者有二：农不可兵，兵不可农；相不可将，将不可相"（同书卷二，页98）。《黄书·宰制》所谓"分兵民而专其治"，即宜于理解为治兵、治民事权之分，目的在使"事权重而战守专"。较之兵农分合、文武分合的泛泛之论，上述涉及职官事权／功能的思考，无疑更有意义。但即使王夫之，虽认为文武理当"各专其业"，却也以为三品以上的大臣，无论其登仕自戊伍抑科目，均应"出而屏藩，入而经纬"，以此"合大臣宪邦之用以使交重，而不相激以偏轻"（《噩梦》，页593）——即将"合"体现于高层官员的职任与能力，以及经国者的平衡之术。

我所读到的其时的文字中，另一有力的异议表达来自吴应箕。他不一味恭维"祖制"，他的说法是："高皇帝尝诏郡国生员习射，又尝于士策名之后，试以骑、射、书、算五事，未几辄罢，知不能兼也。"（《令文士试骑射对》、《楼山堂集》卷一九）至于"六艺"之一的"射"，固为"古者文士所习"，然而"非独以厉武备患也。悬之始生，以示有事；行之泽宫，以观有德"，所重更在其文化功用。同文还说到庠序之士不习骑射，"非尽由天性，以国之兴亡，兵之强弱，固不系此"。在他看来，当道混淆了作为军事技能的"骑""射"，与作为用兵条件的"知兵"。"语曰：以书御者，不尽马之情。则能执弓乘马者，非即知兵者也。……国家留计边务，所置经督必以文臣，贵方略也。臣见先朝之臣，有以兵名者矣，未闻骑射之必优也。"识见显然较张履祥、颜元为精。颜元、张履祥等夸张了骑射对于提高士的品性的作用，在某种程度上也将骑射乃至弓矢的象征意义与实用功能混淆了。但也如王夫之，吴应箕尽管强调"兵者"为"专家之学"，却绝不认为兵事应为武人所专。他不过认为军事人才的选拔另有标准，文臣习兵别有途径——"兵部者，文臣习兵之府也"，建议即以兵部为选拔、训练及储"文将"之所（《拟进策》）。无论王夫之还是吴应箕，其思路均未远出现行制度的范围。显而易见的是，不能将本章所论这一时期的"文臣"，等同于近代欧美所谓"职业文官"；不但其训练不同，而且职掌有别（所学、所事）。在本章所论的"文/武"这一范围内，的确保留了长期历史过程中存在的功能混溶的那种情形。谈兵之为风气，其根源确也应由此得到解释。

明末政局中的文武

文人武人犹之天敌，其对立起源甚古，所谓积不相能。而本篇所论的这一时期有关文武的议论，也基于有明一代的文武关系的实际状况，以及明亡前后对于此种政治关系的检讨。魏际瑞说："文章之士声气满天下，而拳勇豪侠之士声气亦满天下。然是二人者，多不相能。文人谓武人不足语，武人又谓文人无用，不识时务。故无事则两相讥，有事则两相轧。"（《阏将军寿序》，《魏伯子文集》卷一，《宁都三魏文集》）在这种表述中，文、武似为对等的双方，实则不然。多数情况下，文人处在可以轻、鄙武人的优越地位。

《明史·选举志》说"终明之世，右文左武"。该书《兵志》述有明一代文武消长之迹，曰太祖、文皇时，"都指挥使与布、按并称三司，为封疆大吏。而专阃重臣，文武亦无定职，世犹以武为重，军政修饬。正德以来，军职冒滥，为世所轻。内之部科，外之监军、督抚，叠相弹压，五军府如赘疣，弁帅如走卒。总兵官领敕于兵部，皆跽，间为长揖，即谓非礼。至于末季，卫所军士，虽一诸生可役使之。积轻积弱，重以隐占、虚冒诸弊，至举天下之兵，不足以任战守，而明遂亡矣"——以为"轻—重"之转换在正德一朝。正史书法，涉及时间界限，"以来""以降"云云，不过约略言之；实则积渐至于"轻""弱"，根源往往即在初制（所谓"祖制"）中。

明制，"凡爵非社稷军功不得封"（《明史·职官志》）。《明史·刑法志》："文职责在奉法，犯杖则不叙。军官至徒流，以世功犹得擢用。"然此种"宽武夫"而"重责文吏"（同卷），与"右文左武"未必即扞格。王夫之所指出的"文臣不许封侯"与"公侯之为帅者，卻伏于士大夫之门"的矛盾现象（《噩梦》，页593），令人不难寻绎最高权力者既以爵位抑制文臣，又经由礼仪控驭武人的复杂用意。上述制度安排对于造成有明一代朝廷政治中的文武关系，具有根源性的意义。

《明史·职官志》："凡军制内外相维"，证诸下文，首先即文（臣）武（将）相维。权力机构内部制衡，是实施中央集权的必要条件。雄猜之主的制度设计中，尤有无所不在的制衡、"相维"。在实行中，相维实即相摰。吕留良说："后世经国者，亦只讲得犬牙相制，然则立制之初，已纯是一团权诈，又安望其后世之无弊也。"（《四书讲义》卷三九，《吕晚村先生四书讲义》，《续修四库全书》经部四书类）王阳明缘他个人的经历，深知"凡败军偾事，皆缘政出多门"（《与王晋溪司马》，《王阳明全集》卷二七，页1004，上海古籍出版社，1992）。"戚继光用兵，威名震寰宇。然当张居正、谭纶任国事则成，厥后张鼎思、张希皋等居言路则废。"（《明史》卷二一二）明末孙承宗则批评朝廷"以将用兵，而以文官招练。以将临阵，而以文官指发。以武略备边，而日增置文官于幕。以边任经、抚，而日问战守于朝"，指为"极弊"，主张"重将权"，使之"得自辟置偏裨以下，勿使文吏用小见沾沾凌其上"。（同书卷二五〇本传。孙承宗的这篇议论，涉及的事实复杂。其中"当重将权"之"将"，宜非专指武臣，也包括任边事的经、抚在内）在文武"相维"之外，更有文臣之于文臣的制约。嘉靖朝，朱纨以巡抚提督军务，迫切吁请的，是事权之一，"不必御史干预"（参看其《请明职掌以便遵行事》，《明经世文编》卷二〇五）。穆宗朝，谭纶请责其与戚继光得专断，"勿使巡按、巡关御史参与其间"（《明史》谭纶传。时谭氏为兵部左侍郎兼右金都御史，总督蓟、辽、保定军务），果如所请。但明末鹿善继就没有这样幸运。鹿氏言及为文臣（言官）掣肘，不胜愤懑。

畸轻畸重，此消彼长，又有因时的变动。黄宗羲述说明代文武势力之消长，将甲之变归结为崇祯"重武之效"（《明夷待访录·兵制二》）；以武将为小人，为"豪猪健狗"（《兵制三》），愤激之情，溢于言表。孙奇逢也说"时平以大帅仰小吏之鼻息，世乱以悍将制懦儒之性命"（《夏峰先生集》卷三《赠孔氏兄弟序》）。王夫之将文官受制于武人，归因于文官爱钱，因而武人得以"始媚之，中玩之，继乃挟持之"（《搔首问》，《船山全书》第十二册，页632），所见与黄宗羲有别。而在事实上，明末的情状，"右文""右武"已不敷形容。

文臣的处境更其不堪的，是在大厦倾倒中的南明朝。其时曾亲见或亲闻文臣为武夫所挟制、摆布的黄宗羲，到明亡后仍不免愤慨。他比隆武朝黄道周、苏观生等人于"蛟龙受制于蟁蚁"（《行朝录》卷一，《黄宗羲全集》第二册，页121，浙江古籍出版社，1986），以崇祯、弘光间"大将屯兵"为有明兵制之一变。令黄氏印象深刻的，固然是武人的骄恣跋扈，亦有文人于兵事的无能。《行朝录》卷三："当是时，孙、熊建义，皆书生不知兵，迎方、王二帅，拱手而让之国成。"（同书，页128。按孙，孙嘉绩；熊，熊汝霖；方，方国安；王，王之仁）《海外恸哭记》亦曰自孙嘉绩建义，浙东豪杰皆起，"然嘉绩实不知兵，以其权授之总兵王之仁、方国安，东浙之事不能有所发舒"（同书，页211）。上述文字作于明亡之后，对文士的救亡乏术，犹有余恨。黄宗羲本人曾于鲁王监国时从亡海上，亲身体验了其时"诸臣默默无所用力，俯首而听武人之恣睢排暴"（《海外恸哭记》，页209）的尴尬窘迫。文士的厄运尚不止于此。熊汝霖终为武人（郑彩）所杀——忠臣义士的末路竟至于此！黄氏所师事的刘宗周曾与崇祯辩论"才""守"。由上述事实看，举义的文士虽风操凛然，奈无军事才能何！明清之际有关文武全才的人才标准，自然也以此沉痛的经验为依据。$^{[1]}$上文所引陈子龙《重将权》说文武分的后果，曰"方今之患，文士懦弱而寡略。寡略者非独昧于兵也，而凡事不胜任"（《陈忠裕全集》卷二三）。文士不惟在明清对抗中，也在这一时期激烈的文武对峙中认识了自身的"弱"，因而制度复古以至身亲戎事均被作为了自强的途径。在这种意义上，"谈兵"亦为"对峙"所激成。

武将之"鹰扬""跋扈"，一向为文士所侧目。热衷于谈兵，并不意味着稍减对武夫的根深蒂固的鄙视。魏禧《书欧阳文忠论狄青札子后》，说欧阳修论其时的名将狄青，"深文巧诋，以中人于深祸……险狠阴猾，若古小人害君子之术而又工骂者"（《魏叔子文集》卷一三）——在此一题目上发露欧阳修的"心术"，如此之不容情！$^{[2]}$上文所引关于文武对立、对抗的描述，因出诸文人而不无偏见，毋宁读作文人的武人批评。即使如此，仅由上文也可知，明亡之际由"文一武"的角度的明代政治批评，旨趣互有差异甚至抵牾。批评朝廷轻视武人、文士鄙薄武人和兵事的，与批评明亡之际人主的纵容武将、武将的横恣的，批评人主杀戮"文帅""文将"（如熊廷弼、袁崇焕之狱）、自毁长城的，批评文士（尤其言

---

[1] 黄宗羲《钱忠介公传》对比宋末与明末，说："在昔文、谢孤军，角逐于万死一生之中，空坑、安仁之败，亦是用兵非其所长，其进止固得自由也。未有一切大臣，听命于武夫之恣睢推排，同此呼吸之死生，而鑫然不得一置可否如幕客、如旅人。"推原其故，"有明文武过分，书生视戎事如鬼神，将谓别有校觉，前此姑置。当其建义之始，兵权在握，诸公皆恇恐推去，不敢自任，武人大君而倘已无及矣"（《钱忠介公传》，《黄宗羲全集》第十册，页559—560）。痛惜之意，情见乎辞。

[2]《宋史》卷三一九欧阳修传："狄青为枢密使，有威名，帝不豫，讹言籍籍。修请出之于外，以保其终，遂要知陈州。"

官）空谈使将帅不得展布以至败军偾事的，像是都有足够的事实根据。明亡后的追论中，既有人责难文士不敢身任兵事，放弃军权，任由武人窃唯，又有人指摘书生之妄言知兵，徒以误国，毋宁说示人以问题本身的复杂性。

有明一代，文武关系也绝非一味紧张。武将的骄恣不法（如李成梁），固然赖"当国大臣"（即文臣）为奥援；（参看《明史》本传）武将得以"展布""发舒"的条件，也正在文臣的支持（至少不掣肘）。$^{[1]}$《明史》戚继光传曰其"赖当国大臣徐阶、高拱、张居正先后倚任之。居正尤事与商榷，欲为继光难者，辄徒之去。诸督抚大臣如谭纶、刘应节、梁梦龙辈咸与善，动无掣肘，故继光益发舒"（卷二一二）。戚继光本人说其与谭纶，曰"知公者某，成某者惟公"（《祭大司马谭公》，《止止堂集·横槊稿中》。按公即谭氏）——是谭、戚共同成就的一段佳话。至于张居正对戚继光的体贴，为其主持公道，参看其《与蓟辽总督》《答总兵戚南塘授击士蛮之策》（《张太岳集》卷二一、卷三二）。

文人对于武人，非但不一律轻视，对于能文（即使只是粗通文墨）的武人，更不吝揄扬。钱谦益记戚继光"少折节为儒，通晓经术，军中篝灯读书，每至夜分。戎事少间，登山临海，缓带赋诗"（《列朝诗集小传》丁集中，页540，上海古籍出版社，1983）；

---

[1] 陆粲认为对武将宜宽文法，疏节简目，曰："夫有非常之人，然后能行度外之事。汉用陈平，措黄金四万斤，不问其出入，遂以灭项羽。今之边臣，动支其钱谷，拔用一将校，稍破长格，则文法史且操尺寸以议其后。"（《极上备边状》，《明经世文编》卷二九○）主张使将帅"饶于财"，俾土卒用命。王夫之对军养生活也有出诸人情的体贴，认为不宜以廉洁苛责武人，曰"牛酒时作，金钱飞洒，所以赏禁之死心"（《黄书·宰制》，《船山全书》第十二册，页518）。

称道戚继光、俞大猷，说："庆历以来，称名将者，无如戚南塘、俞旷江。南塘之《练兵实纪》，旷江之《正气集》，使文人弄毛锥者为之，我知其必缩手也。"（《题张子鸥行卷》，《牧斋初学集》卷八四，页1777—1778）可知其对戚、俞，不以寻常"武夫"目之。陈子龙也在诗中说戚继光"著书近《六韬》，词赋齐名卿"（《上念故戚大将军功在社稷问其裔孙几人不忘勋旧以励来者感而赋诗》，《陈子龙诗集》卷六，上海古籍出版社，1983）。武将与文士论文，亦一时美谈。《明史》萧如薰传："蓟镇戚继光有能诗名，尤好延文士，倾赀结纳，取足军府。如薰亦能诗，士趋之若鹜，宾座常满。妻杨氏、继妻南氏皆贵家女，至脱簪珥供客犹不给。军中患苦之，如薰莫能却也。一时风会所尚，诸边物力为耗，识者叹焉。"（卷二三九）由此可知，非惟文人谈兵、入幕为"风会所尚"，即武人的能诗好延揽文士，亦何尝不在风会中！

戚继光即不能称"儒将"，其文集中涉及儒学、理学的话语，足证其绝不自外于儒者，也不自外于文人。而吐属风雅，虽戎马倥偬之际，仍不废诗酒唱和，亦其人为武将而为文人接纳的一部分根据。郭朝宾《止止堂集序》称道戚氏处战地而"意思安闲，游于翰墨，其整且暇何如者"——正是文人所欣赏的一种儒将风度。更有意思的是，虽身为武将，却以孙武、圣贤比较而高下优劣之，也证明了他的自期绝不止于武人。（参看《止止堂集·愚愚稿上》）戚氏说："孔明兵法，莫过于'宁静致远'一句。故谓去外寇易，去心寇难。能去外寇而不能怎念窒欲以治腹心窃发之寇者，不武也。""用兵能用浩然之气，即是义理之勇，否则血气而已矣。"（同上）理学语境中武人"谈兵"有如是者！若戚氏生当崇祯朝，必附和刘宗周"先守后才"说无疑。理学氛围中的武人，甚至不免于袭用理学话头，说"主静"，说"不睹不闻""戒慎恐惧"，撰《大学经解》（参看戚继光《书静庵卷》，《止止堂集·横槊稿中》；同书《愚愚稿》），且也用语录体——亦其时的"时式"。

到明亡之际，戚继光、俞大猷一流人物，已罕有其人。

火器与明末军事

与文人的谋略之谈相映成趣的，是部分地出自文臣之手的实用类兵书。何良臣的《阵纪》，清四库馆臣许其"切实近理"（《四库全书总目提要》子部兵家类。按何氏弱冠弃诸生从军，嘉靖间曾官蓟镇游击）；对郑若曾的《江南经略》，则以为虽"多一时权宜之计"，"究非纸上空谈，检谱而角觝者也"（《四库全书总目提要》子部兵家类存目。按郑氏曾佐胡宗宪平倭）——也强调其实用性。徐光启有关军事的著述如《徐氏庖言》，有关练兵的《选练条格》（见《慎守要录》卷七，经韩霖删改），以东南"倭患"与东北边患（建州的军事扩张）为直接背景，著述期待极其明确。范景文参与军事，亦"辑战守等书，用以训练戍伍"（《将略标序》，《范文忠公文集》卷六），务切于用。对效用——包括时效，因而不免于"权宜之计"——的期待，也属于其时经世之学的一般特征。

与戚继光《纪效新书》、徐光启《选练条格》一类著述相应的，是关于军事管理的标准化、规范化（包括一定程度的量化）的要求。徐氏所谓"条格"，即在此方向上，用他本人的话说，即"器式程度"，有可供"按核"的"铢两尺寸"。（《处置宗禄查核边饷议》，《徐光启集》卷一，页17—18）对于其他军事措置，徐氏也主张"定格式""画一规格"，强调可计量、可复制性，与其在工程方面强调"度数"、技术指标，同一思路。他对于敌台的设计，度数详明，正乃用其所长（参看其天启元年《移工部揭帖》，同书卷四）。徐氏思考的精密，对于技术性、工艺指标的强调，与同时大多谈"经世"、兵事者，已不在同一境界，可供辨识近代"科学""技术"的输入，在此一隅打下的印记。

当其时虽有实用兵事大全、兵学知识总汇一类大书的纂辑梓行，我所谓"实用兵书"者的著述趣味，注重的是具体的适用性，如备倭，如城守，如选将、练兵等。有关兵事的奏疏亦然：固有"太平十策"类无所不包者，也有止于一事或数事，目标极其明确具体者。徐光启解释"古来谈兵，未见有琐屑至此者"，归因于宋代以后武备的废弛。（《徐光启集》卷三，页115）事实则是上述具体化，其间有关事类的划分，未始不可以视为传统兵学进一步专业化的契机。

孙承宗所撰《车营百八叩》，即面对下属的车战教材。全书共一百零八问，涉及历史上的著名战例（车战），设想车战的诸种情境，问对应之策。该书应撰于其守辽时，自序中说："辽，吾土也，其寒暖燥湿、丘陵、阪险、原隰，吾得备悉。……日与诸文武大吏肆。撞晚钟而入幕，独坐则思，漏四五下，觉而又思；撞晓钟而起，旦与诸文武大吏肆。知则试之，不知则相与探讨……"（畿辅丛书。由该书王徐佑跋可知，鹿善继亦撰有《车营说》）

明末对于战车、车战的兴趣，因于其时的战场形势。叶适读《孙子》，读出了《孙子》非教战之书，乃教不战或守的书，"此书尽用兵之害，而于守与不战持之最坚"，"其论彼已胜败之际，至为悬切，盖止欲不败，而未尝敢求必胜也"（《习学记言序目》页678），"然则为孙子之术者，必无战而后可尔"（同书，页684）。明中叶后士人的谈兵，所谈也更在"守"；"止欲不败"，则因强弱之势至此早已昭然。$^{[1]}$关于战车，嘉靖朝程文德就曾说其功能在"捍""盖"，便于以此"壮胆"，因"我军见房，如羊见虎。虎逐来时，羊得一藩篱，亦可幸免"；认为"我军必不能迎战，恒欲自守"，而战车即"可守之具"。（《与人议战车书》，《明经世文编》卷二一一）

有别于文人的方略谈，徐光启一流人由实战出发，着眼于器甲士马等的逐一改进，士卒的选练外，甲仗的精良、具体的攻防设施（即硬件），自然备受关注。《荀子·议兵》："古之兵，戈、矛、弓、矢而已矣。"到本篇所论的时期，所谓"兵"，早已不限于上述数种。范景文崇祯初年出镇，大举修缮兵器，除枪炮刀斧外，"至于兵书战策所载、术士剑客所传军火秘器，堪备攻守之用者，皆令制一以备掌故之遗"（《恭报公费缮器疏》，《范文忠公文集》卷四）。

---

[1] 张居正曾说蓟镇不同于他镇，"在他镇以战为守，此地以守为守；在他镇以能杀敌为功，而此地以贼不入为功"（《答阅边邸川言战守功间》，《张太岳集》卷二八，页342）。他授策戚继光，也说："今日之事，但当以拒守为主，贼不得入，即为上功。"（《答总兵戚南塘投土官云策之策》，同书卷三二，页405）戚继光也说："故谓战守当并论。今前山川险阻，能守而使之不入，不更愈于战乎？曰'兵法全国为上'，守陲正全国之道也。蓟莫善于守。"（《辨请兵》，《明经世文编》卷三四九）其时论者主张筑边墙，守边围围。谭纶亦以"负墙以战，逼之边外"为"上策"（同书卷三二二）。这样的战守形势势必影响士民的心态。有明中叶以还军事上的软弱，造成了普遍的不安全感，衰世、末世之感，不可避免地影响千人们的行为方式。

马文升早就谈到其时京军器械之麻恶（参看马氏《为修饬武备以防不虞事疏》、《明经世文编》卷六三）。万历年间徐光启实施其"选练"计划，发现"兵非臣之所谓兵也，铠非臣之所谓铠也，器甲非臣所谓器甲也"（《剖析事理仰祈睿斥疏》，万历四十七年，《徐光启集》卷三，页140）。他批评其时边军的物质状况，曰："甲胄苦恶，器械朽钝，业已不堪，今或苦恶朽钝之物并为乌有，甚则举而鬻诸房中也。"（《拟上安边御房疏》，同书卷一，页3）徐光启强调"器胜"，且明确地指出此"器"即火器，说"最利者，则无如近世之火器"，火器乃"今之时务"。徐光启不但言"知兵"，且言"知器"（参看其《西洋神器既见其益宜尽其用疏》，同书卷六）：这似乎是他特有的提法。他本人热衷于制器，说："欲我制敌先议器械，欲敌不能制我先议盔甲。"（《恭承新命谨陈急切事宜疏》，卷三，页123）——与儒者所谓轻重后先大相径庭。$^{[1]}$ 他以为在当时的战场形势下，"惟尽用西术，乃能胜之"，而"欲尽其术，必造我器尽如彼器，精我法尽如彼法，练我人尽如彼人而后可"（《西洋神器既见其益宜尽其用疏》，卷六，页288、289）——确可作为晚清洋务运动的先声。

《明史·兵志》："古所谓炮，皆以机发石。元初得西域炮，攻金蔡州城，始用火。然造法不传，后亦军用。至明成祖平交趾，得神机枪炮法，特置神机营肄习。"嘉靖初，御史丘养浩请多铸火器，给沿边州县。隆庆初戚继光于蓟镇练兵，上疏以"有火器

---

[1] 刘宗周奏对，说："臣闻用兵之道，太上汤武之仁义，其次桓文之节制，下此非所论矣。"（《子刘子行状》卷上，《黄宗羲全集》第一册，页235）

不能用"为"士卒不练"之一失。（《明史》戚继光传）嘉靖朝翁万达《置造火器疏》可资考其时火器性能及应用情况。翁氏说，当其时，"若神机枪、佛郎机铳、毒火飞炮等项火器，则夷狄所绝无"，为"中国"所"独擅"。（《明经世文编》卷二二三）近人李洵说，徐光启所设计的火器车营，以各种武器、兵种联合作战，装备更为完善。（参看《明代火器的发展与封建军事制度的关系》，《下学集》页45）鹿善继《车营说》，即谈以火器为装备的车营（"铳与车合"），而不废弓弩步骑，欲使"相资相卫"（《认真草》卷一三。同卷《前锋后劲说》，亦阐述以火器、车营为依托的战术设想）。近人以为，"明代兵器、尤其是火器的发展，在中国古代史上是空前的"（毛佩奇、王莉《中国明代军事史》页135）。"火器在明代军队中占有很大比例。"到明末，"炮""铳"品类繁多（据《明史·兵志》，计有数十种），火器的制造已颇具规模。

对物质性、技术性的注重，固然与明末清初"经世"视野的扩展有关，对武器装备的重视，却自昔已然。徐氏之前，明代朝野人士即表现出对武器发展、装备革新的关注。甚至不少名臣参与了器械的设计，表现出浓厚的技术热情。如李贤《论御房疏》所言战车形制（《明经世文编》卷三六）、郭登《上偏箱车式疏》（同书卷五七）、余子俊《为军务议造战车事》（卷六一）、秦纮《献战车疏》（卷六八）；丘濬亦一再议及战车，且详载车式。（如《车战议》，卷七四）万历朝赵士桢《神器谱》一书，内容包括了火器的"设计、制造工艺、施放方法及火器作战的布置"（李洵《明代火器的发展与封建军事制度的关系》，《下学集》页34）。明亡之际，黎遂球自说"愿鬻变家产，制斑鸠铳五百门"（《上直指刘公》，《莲须阁集》卷三）。还说，"使数万人皆习此器，贼当辟易"（同卷《复友人论勤王复仇书》）。陆世仪也说自己曾欲创为战车（《思辨录辑要》卷一七）。直至京城陷落之后，尚有民间人士从事武器设计，冀有万一之效。但也有另外的一面。《天工开物》卷下《佳兵·火药料》："火药、火器，今时妄想进身博官者，人人张目而道，著书以献，未必尽由试验。"（吉林人民出版社版）《续文献通考》卷一八三《经籍》四三，关于顾斌《火器图》一卷，曰书中所言军中火攻之具，"大抵斌以意造之，无济于实用"，"所制木人骑马之类，颇近儿戏"。（商务印书馆，1936）

尽管越来越多的火器用于实战，且"新式火器"促成了明代后期兵制的变化，却直到明末，"古之兵"仍不免是交战中的主要武器。火器的运用非但未能扭转战场形势，且往往徒以资敌。"崇祯时，大学士徐光启请令西洋人制造，发各镇。然将帅多不得人，城守不固，有委而去之者。及流寇犯关，三大营兵不战而溃，枪炮皆为贼有，反用以攻城。城上亦发炮击贼。时中官已多异志，皆空器贮药，取声震而已。"（《明史·兵志》）徐光启本人也说，其时的对手（"贼"）"甚而西洋大炮我所首称长技前无横敌者，并得而有之"（《钦奉明旨敷陈愚见疏》，《徐光启集》卷六，页310）。$^{[1]}$ 明清对抗，明军仅有的优势已与对手所共；八旗汉军

---

[1]《柳如是别传》据钱谦益《初学集》所记徐从治为落入"贼"手的明军西洋大炮击毙一事，转引赵舍之言曰："火攻之法，用有奇效。我之所长，转为厉阶。"陈寅恪于此评论道："此数语实为明清兴亡之一大关键。"（上册页156，上海古籍出版社，1980）

中的火器部队，即参加了对明军的作战。《史可法别传》记弘光乙西史可法守扬州，"北兵由泗州运红夷大炮至，试放一弹，飞至府堂，权之，重十斤四两，满城惶怖"（《史可法集·附录》，页176，上海古籍出版社，1984）。人/器这一伦理问题背后，有复杂的经验事实。李洵说，"在十七世纪的明清战场上，虽然双方都装备了火器，但还是主要用冷兵器。而仅有一点火器的清兵战胜了拥有大量火器但不放弃冷兵器的明军。"（《论公元十五、十六世纪明代中国若干历史问题》，《下学集》页16）先进武器不足以救明之亡，提示的与其说是"器"的功用的限度，不如说更是器与其他因素，尤其制度条件的关系。本章涉及的所有因素——不惟武器装备，而且军事制度、文武关系等等，都对明清之际的军事对抗及其结局产生了影响。那一时期的战事是在这诸多因素的共同作用下进行的。

《刘子全书》卷一七附录《召对纪事》，详记崇祯十五年刘宗周当召对时与崇祯的激辩。刘氏批评"专恃火器"，说"火器彼此共之，我可以御彼，则彼得之亦可以制我，不见河间反为火器所陷乎？……不恃人而恃器，所以愈用兵而国威愈损矣"。$^{[1]}$ 徐光启也说过："若有人无器，则人非我有矣；有器无人，则器反为敌有矣。"（《处不得不战之势宜求必战必胜之策疏》，崇祯四年，

---

[1] 刘氏接下来说："至汤若望，西番外夷，向来倡邪说以鼓动人心，已不容于圣世，今又创为奇技淫巧以惑君心，其罪愈不可挽。乞皇上放还彼国，以永绝并端，以永遏善中国礼教冠裳之极。"崇祯"意不怿"，曰："火器乃国家长技，汤若望非东觉西夷可比。不过命其一制火器，何必放逐！……"刘氏此番与崇祯争辩"人/器""才/守"，最见儒者本色。

《徐光启集》卷六，页309）亦如争"任人""任法"，刘宗周与崇祯所辩任人、任器，亦自有充分的经验根据；而刘氏所坚持的"先守后才"，也未可即如崇祯，径以"迂阔"目之。当然，讨论明军的失败，仅上述视野显然不够。其他因素之外，也应当说，其时的技术水平限制了火器的效用。嘉隆间戚继光就曾说到，明军较之房"长技惟有火器"，而火器"势难继发"；（《止止堂集·悬悬稿上》）说当时的火器"动称百种，与夫机械之属纷然杂陈，竟无成效"（同上）。"诸多因素的共同作用"的结果是，无论火器的发展还是兵制的有限变动，在十七世纪的中国，都未能有效地推动军事制度由前近代向近代转化。

结语

倘若将谈兵置于下述背景上，其所以演成风气，更值得做深入的探究。

儒学经典有关兵事的论述，无疑施加过极其深远的影响于士人。《论语·卫灵公》："卫灵公问陈于孔子。孔子对曰：'俎豆之事，则尝闻之矣；军旅之事，未尝学也。'明日遂行。"《孟子·尽心》："有人曰：'我善为陈，我善为战。'大罪也。"《孟子·离娄》："争地以战，杀人盈野；争城以战，杀人盈城。此所谓率土地而食人肉，罪不容于死。故善战者服上刑，连诸侯者次之，辟草莱任土地者次之。"所谓"兵凶战危"，以兵事为不祥，则无问儒、道。《老子》曰："战胜以丧礼处之。"上述经典话语对于士人心性的塑造，是无论如何估量都不至于过分的。儒者面对与兵事有关的道德难题，用以规避的，通常即孔子的"兵旅之事，未之学也"。广为流传的，另有"儒先"的故事。如张载"少喜谈兵，至欲结客取洮西之地，年二十一，以书谒范仲淹"，范警之曰："儒者自有名教可乐，何事于兵。"因劝读《中庸》，张氏终成粹儒。（《宋史》卷四二七本传）上文一再谈到的徐光启，好谈兵且弱亲兵事，却一再申明"臣本文儒，未习军旅"，可见"军旅"本非"文儒"所当从事。号称"能兵"的卢象昇，也自说"非军旅长才"。（杨廷麟《宫保大司马忠烈卢公事实侯传》，《卢忠肃公集》卷首）《明史》杨嗣昌传，记杨氏奏对有"善战服上刑"等语，为崇祯所申斥。当此时杨嗣昌的引据经典，确也只能解释为自掩其无能。

在清初经学复兴的氛围中，与兵事有关的经典释读，也呈现出活跃的面貌。颜元《四书正误》由《论语·述而》"子之所慎"章，说孔子知兵，曰："此处记夫子'慎战'，必夫子亦曾临阵。又证之夫子自言'我战则克'，是吾夫子不惟战，且善战，明矣。至孟子传道，已似少差。流至汉、宋儒，峨冠博带，袖手空谈，习成妇人女子态，尚是孔门之儒乎？熟视后世书生，岂惟太息，真堪痛哭矣！"（卷三，《颜元集》页193）还说："孔门以兵、农、礼、乐为业，门人记夫子慎战，夫子自言'我战则克'，再求对季氏，战法学于仲尼，且夫子对哀公，亦许灵公用治军旅者之得人，岂真不学军旅乎？偶以矫其偏好耳。后儒狃于妇女之习者，便以此借口，误矣。"（卷四，同书，页220）他不以为然于《孟子》所谓"善战""辟草莱""服上刑"（《颜习斋先生言行录》卷下《王次亭第十二》，同书，页663）；实则他的有关议论，亦

"救弊之言"——不惜救之以另一偏至。王源《平书·武备》也说："卫灵公问陈而孔子不答者，非谓军旅之事不当学，以卫灵所急者，不在是耳。后世儒者遂以孔子为口实，谓为国者宜文不宜武。"（参看《平书订》卷九）$^{[1]}$ 还说："人知周之尚文，而不知周之尚武。"（同上）。陆世仪甚至说"礼乐是儒家一个阵法"（《思辨录辑要》卷二一），绝非兵家所能想见。

儒、道对于军事行动的社会文化意义、伦理后果的严重关切，其积极意义却毋庸置疑。

丘濬说："臣尝谓天下之事，惟武功一事，最难得其尽善而无余弊。何也？盖兴师动众，人至多也；临阵对敌，机无穷也。不杀则不足以退敌而功不成，是武之成，必在于杀人也。"（《赏功议》，《明经世文编》卷七五）敏感的儒者对此不能不心情复杂；兵事、与兵事有关的话题，确也构成了对儒者伦理意识的考验。前此叶适就曾主张"不多杀人"；在南宋危亡的情势下，尚曰"自淮以北"皆吾土吾民，"流涕以对之犹不足"，尚忍言"孙武之智"乎！（《兵权上》，《叶适集·水心别集》卷四，页681）明亡之际，金声也说："夫兵者，所谓聚不义之人，持不仁之器，而教之以杀人之事。"（《举边才足兵刍议》，《金忠节公文集》卷一）还说："惟不嗜杀人，乃可使杀人。"（同书卷八《唐中丞

---

[1] 前此杨继盛曾驳以"佳兵不祥"为口实者（参看其《请罢马市疏》，《明经世文编》卷二九三）。李贽也说过，被"邯郸之初"作为口实的孔子的"军旅之事，未之学也"云云，"非定论也"（《藏书世纪列传总目后论》，中华书局，1959）。顾颉刚解释孔子答卫灵公问陈，也以"军旅之事未之学"为"托词"（参看《武士与文士之蜕化》，《史林杂识（初编）》页86－87）。

传》）金铣也说："忘战者危，好兵者亡。"（《拟周礼策对》）有明一代屡有疏论"首功"者，无不以"止杀"为说；对以首级论功中包含的残忍性及不可避免的弊端（如杀良冒功）的追究，也出于"仁"之一念。（如潘潢《论首功疏》，《明经世文编》卷一九八）$^{[1]}$陆世仪以"仁"说"兵"，曰："兵法儒者不可不习，此虽毒天下之事，而实仁天下之事。"（《思辨录辑要》卷四）说"兵阵，仁人之事也，不仁之人为民害。不得已而杀人以生人，此非大仁人不可"，更以为"杀人之中有礼乐"，"杀人之中有理存焉"。（同书卷一七）他于"六艺"之一的射，既取其实用，又关心礼意，说："古者射以观德，是于强有力之中又欲择其德器，所谓杀人之中又有礼焉也……"（同书卷一）这层意思，似未见于其他论"六艺"者。儒者的兵事之谈不同于兵家也不同于文人者，正应在此。出诸仁者情怀，正在发展中的"火器"及其杀伤力已足以令陆世仪不安，他甚至有"厉禁"的主张（同上）。$^{[2]}$一方面，严峻的军事形势要求武器的精良，另一方面，武器日益增强的威力又预示了战争规模的扩大，对大量生命的摧毁。敏感的儒者不能不对人心的嗜杀、对军事行动之于生命的蔑视怀有深忧。儒者对"军旅之事"的矛盾态度亦基于此，尽管他们不可能提出有效的替代方案。

---

[1] 然而出诸文人之手的武将传状，却往往有对于暴力行为的渲染。对残酷行为——诸如"碟""刳目""截耳"（又作"馘"）——的叙述态度，包含了如下理解，即以故方（"贼""夷"等）为非人，不适用于"仁"的原则。

[2]《天工开物》的作者并不熟悉与火器制作有关的技术，却表达了对于红夷炮、"万人敌"之类火器的威力的震惊（如"千军万马立时糜烂"云云）。

明清之际士人与"兵事"有关的文化追究，甚至达于某种制度细节。王夫之好深湛之思，总能于人们习焉不察、制度沿袭已久处发现弊窦。徒、流、充军、戍边，作为古老的惩罚手段，刊之法典，沿用已久，王夫之却发他人未发之覆，追究至于上述政治行为的潜在语义，洞见隐藏其中的有关军事（尤其边务）的价值态度。他在《噩梦》中说："……乃自充军之例兴，杂犯死罪，若流若徒，皆以例发充军。军舍武职有大罪则调边卫，边卫有大罪则发哨瞭，是以封疆大故为刑人抵罪之地，明示阃外之任为辱贱投死之罚，督制镇将且为罪人之渠帅，如驿吏之领囚徒，国家之神气，几何而不沮丧乎！"（页587）"然罪人充配，损国威而短士气，始为谪罪充军之议者，庸人误国之祸原也。"（页592。按《明律》充军条例至有二百十三条之多）的确可谓鞭辟入里。王源《平书》论"刑罚"，也说："若夫充军之法则愈谬。军者，国之爪牙，宜鼓舞之，优渥之，然后可以得其心与力；乃以为罪人，而出于'徒'之下，人孰肯为之哉？此武备之所以弛，而敌忾无人也。"（参看《平书订》卷一三）李塨《拟太平策》也说："明问罪充军，大误。军者，民之杰；国之大事，戡乱安民以定社稷，易乃以为罪所也？"（卷五）与王夫之不谋而论合。被我们惊为"特异之见"的，未必不是某一圈层中的共识。颜元所见，也与上述诸人有合。他说："军者，天地之义气，天子之强民，达德之勇，天下之至荣也。故古者童子荷戈以卫社稷，必葬以成人之礼，示荣也。明政充军以罪，疆场岂复有敌忾之军乎！"（《颜习斋先生言行录》卷下《不为第十八》，《颜元集》页688）上文提到文人、名士的兵事之谈不乏精彩，如王夫之、颜元这样的儒者的上述意义追究，不也出诸特识?

在清理"明清之际"这一起止不甚明确的时段的文献时，我发现了太多的"共识""不谋而合"，对其时的思想共享与可能的交流不禁产生了好奇——天各一方的论者是经由何种渠道实现"共享"的？被战乱、流离播迁所分割的士人间的"交流"缘何而进行？

---

*本文为2000年出席美国哥伦比亚大学东亚语言文化系、北京大学中国语言文学系、北京大学二十世纪中国文化中心主办之《晚明至晚清：历史传承与文化创新》学术讨论会提交的论文，经修改后作为《制度·言论·心态——〈明清之际士大夫研究〉续编》上编第二章。《制度·言论·心态——〈明清之际士大夫研究〉续编》由北京大学出版社2006年出版。

伍 续长

陆

那一个历史瞬间

甲申年三月十九日

甲申年三月十九日，即西历1644年4月25日，明朝京城陷落。有关这一事件的诸种记述（包括近人的叙事史学著作），几乎都提到了那个关键时刻的天气。你不难注意到，叙述者最希望传达的，是其时的气氛；而当日的天气，似乎有意地参与了气氛的营造，只是为了使那一时刻更加深入人心。无名氏《燕都日记》记十八日的京城，说"先是连旬天气阴惨，日色无光。是日大风骤雨，冰霰雷电交至"；"十九日，平明，寂然无声。微雨后，雾障迷目"（冯梦龙辑《甲申纪事》卷六，页105，《冯梦龙全集》第17册，南京：江苏古籍出版社，1993）。时陈济生在城中，其《再生纪略》记十八日晨，"黄沙障天，忽而凄风苦雨，愁惨异常"（上，冯梦龙辑同书卷四，页69）。当日也身在城中的赵士锦，事后记城破时分，"阴雨蔽天，飞雪满城，惨杀之气，透人心脾"（氏著《甲申纪事》附《北归记》，页21，中华书局，1959）。"凄""苦""愁惨""惨杀"，多少也是记忆中的个人心情为天气涂染的颜色。$^{[1]}$ 近人樊树志《晚明史（1573—1644年）》半据文献半由想象，对那个夜晚作了如下描述："三月十八日夜，内城各

---

[1]《明季北略》卷二〇《十八日申刻外城陷》："时黄沙障天，忽而凄风苦雨。良久，冰霰雷电交至"（页452，中华书局，1984），所记乃十八日晨。十九日，"味爽，阴云四合，城外烟焰障天，微雨不绝，雾迷。俄微雪，城陷"（同卷《李自成入北京内城》，页455）。同书卷二三《李自成入京城》写三月十八，"黄沙障天，旋风刮地，雷雨交作"，"天气阴霾，日光惨悴"。（页670）冯梦龙《甲申纪闻》得之于传闻，说十八日上午，大雨（冯氏辑《甲申纪事》卷一，页6）。该还《国榷》记这一时刻："味爽，天忽雨，俄微雪，须臾城陷。"（卷一〇〇，页6047，中华书局，1958）无不强调天气对此一事件的参与。

门全部打开，炮声顿时停息，李自成军队已经控制了京城。京城上空烟火弥漫，微雨不绝，细雨中夹杂着雪花，在烟雾迷蒙中洒向全城。"（页1129，复旦大学出版社，2003）天气作为一个角色，其功能像是只为了传递不祥的消息：一个王朝终结在凄风苦雨中。这种黯淡的情境刻画，显然包含了如下判断，即明亡是一场悲剧。本来，那一时刻既是结局又是开端，方死方生，却被由特定的方向作了描述。其实描述者未必都以为明之亡值得如此哀挽；或可能只是沿用文献现成的说法，甚至有可能更着眼于修辞——使文字更具有情绪的感染力。但至少由字面看，诸书作者当写下上引文字时，关注的更是一个王朝的终结，而非另一个王朝的兴起。

下文将要谈到的郭沫若的《甲申三百年祭》，开篇就说："甲申轮到它的第五个周期，今年是明朝灭亡的三百周年纪念了。"尽管由该篇看，所祭不只在"明亡"，甚至更在李自成的失败，$^{[1]}$ 但"甲申"毕竟是大明王朝的"忌日"。前此任何一个朝代的覆亡，似乎都不曾引起过如此沉痛的"纪念"。

关于当日京城接下来的一幕，诸书的描述有详略之别，务期"惊心动魄"则是一致的。《甲申传信录》写道："十九日黎明，时人马喧嘈，城中鼎沸。德胜门，齐化门，阜成门，宣武门，正阳门，同时俱启，守城者争下，裂弃戎衣征袍战靴而走……"（卷一，页17，上海书店，1982）该书的作者其时并不在现场；据他

---

[1]《甲申三百年祭》，人民出版社，2004。谢国桢《增订晚明史籍考》关于《甲申三百年祭》，就说："是书著于一九四四年……恰为大顺农民军进入北京之三百年，故著为是编，以资纪念。又鉴于当胜利到来之时，不致因胜利而骄矜，以提高警惕。"（卷六《农民起义》上，页288，中华书局，1964）

说自己是四月十六日回到京城的。冯梦龙《甲申纪闻》说攻城之际，李自成军"衣黄罩甲，四面如黄云蔽野"（冯氏辑《甲申纪事》卷一，页6）；且说十九日"城中火起，顺成、齐化、东直三门，一时俱开"（同上，页7）。《明季北略》卷二○《李自成入北京内城》并存异说，一云曹化淳、张缙彦开彰义门迎"贼"；一云张缙彦坐正阳门，朱纯臣守齐化门，一时俱开，"闻城中火起，顺成、齐化、东直三门，一时俱开"；一云"得胜、平则、顺成、齐化、正阳五门，一时俱开"（页455）。无论三门、五门，也无论系何门，"一时俱开"，想必有特殊的震撼性。

门开之后的场面，更传闻异辞。即如李自成军入城之际的动作行为，我所见的几种记述，就言人人殊。赵士锦事后追记见闻，说三月十九日李自成军进城，"俱白帽青衣，御甲负箭，衔枚贯走。百姓门俱闭，有行走者，避于道旁，亦不相诘。寂然无声，惟闻甲马之音"；当日午后，"百姓粘'顺民'二字于帽上，往来奔走如故"（冯氏辑《甲申纪事》，页9）。樊树志《晚明史（1573—1644年）》据此篇的记述，以为农军"确实有点秋毫无犯的样子"（下卷第一三章，页1134）。$^{[1]}$《明季北略》卷二○《李自成入北京内城》："贼将刘宗敏整军入，军容甚肃。"（页455）。《国权》记李自成军进城的当日，"榜示开业，罢市者斩。兵政府榜曰：'大师临城，秋毫无犯，敢掠民财者，即碟之。'有二贼掠绢肆，碟于市。市民闻，大喜传

---

[1] 但赵士锦该书还记有"日间百姓尚不知苦，至夜则以防奸细为名，将马兵拦截街坊出路，兵丁斩门而入，掠金银，淫妇女，民始苦之。每至夜皆然"（页9）。顾诚《南明史》没有关于李自成进城的具体描写，只说"包括北京在内的整个黄河流域"的百姓"欣喜若狂，欢迎恩后"（页3，中国青年出版社，1997）。

告，安堵如故。"（卷一〇〇，页6048）《燕都日记》却说是日"贼众填塞街衢，搜索骡马、儿童、妇女，哭声震天"。$^{[1]}$尽管孟森说过，"多一异同之本即多一推考之资"（《书檠史通俗演义》，《明清史论著集刊》上册，页170，中华书局，2006），在有了关于"农民革命与农民战争"的经典论述之后，农军的形象非同小可，李自成军进城这一关键时刻，却被诸多或凭了传闻，或声称"亲历"者叙述得如此参差错落，想必使史学家遭遇了取舍之难。

记述者当日是否身在京城，其实并不那么重要。在京城非即在"现场"。由诸种记述看，其时未及出逃的士人，藏匿惶恐不深，所知也得诸传闻；所见固可能囿于一隅，所闻也不免会是一面之词。也因此亲历者的记述，在历史文献的选择中并不就理应具有优先性。记述者所处的具体位置之外，另有其人的判断力以至书写能力，乃至事后（即使极贴近"现场"的事后）追记中无可避免的整理——依惯例、流行样式、通行文类、共用修辞手段，等等。最不可信的，是"传信"之类的标榜。钱澄之的《所知录》，黄宗羲以为与《传信录》《劫灰录》均"可考信不诬"（《桐城方烈妇墓志铭》，《黄宗羲全集》第10册，页460，浙江古籍出版社，1993），全祖望已不以为然（参看《鮚埼亭集》外编卷二九《题〈所知录〉》，

---

[1]《再生纪略》拟写是日"献"杀掠之惨，如曰"各胡同步骑如织，以献留马为名，遍行杀掠。男女杂踏呼号，续聚续散。趁者、踢者、刀砍者、箭伤者、惊死扑地者、悬梁者、投井者、走奔堕胎者、委裸被丢去者、为众挤仆者、墙压者、马踩垂命者、断手折腔者、割腹者、截耳者、剃须发者衔恨悲箱，哭声如雷"（上，冯氏辑《甲申纪事》卷四，页71）。程源由他人口中听到的，亦"献入城，纵兵大掠杀。城南一带，皆膏粉。妇女奸污死者，并冷梁屋皆满，城中哭声震天"（《孤臣纪哭》，冯氏辑《甲申纪事》卷三，页56）。

四部丛刊初编集部）。$^{[1]}$《甲申传信录》，谢国桢《增订晚明史籍考》录徐藟《小腆纪传》，以为是书"颇不失实"（页349），黄裳则说该书"错误百出"（《不是抬杠——评姚雪垠〈评《甲申三百年祭》〉》，《〈甲申三百年祭〉风雨六十年》，页246，人民出版社，2005）。在我看来，上述文献更宜于作为了解其时人们的感受的材料：他们由哪些方面领受了"易代"所带来的震动，承受了何种方向上的冲击，以及作何反应，等等。由上文所引文字看，士大夫在这个瞬间的紧张感，所感受的震撼，的确可用"天崩地坼"来形容。

至于当日京城百姓的反应，较为人们所熟悉的一种，是顺从。上文已引"百姓粘'顺民'二字于帽"。《燕都日记》则记该城居民"面帖'顺民'二字，继而又书'永昌元年'，或又书'顺天王万万岁'，庶几免祸"（页106）。$^{[2]}$ 三天后这些顺民经历的大洗劫，绝非他们此时所能料到。（参看魏斐德《洪业——清朝开国史》中译本，页258—259，江苏人民出版社，1992）据说劫掠之后，居民得到了吴三桂在山海关获胜、明太子即将复位的传闻，"不禁欣然泪下"（同书，页279）。无怪乎经历了那段历史的士大夫以为，最反复无常的，就是"民"。

这一天京城中上演着诸种故事，被史家以为最值得记述的，是

---

[1] 傅以礼又有对全氏之说的不以为然（参看傅氏《华延年室题跋》卷上《所知录》，1909年（宣统元年）俞人萃排印本）。

[2]《燕都志变》（韦道人述）记"城中家户，用黄纸书大顺永昌牌位，祀奉人。以黄纸书'顺民'二字插鬓边，然后出市行"（《遇变纪略》彭家屏刻本附录，《甲申史籍三种校本》，页330，中州古籍出版社，2002）。据谢国桢《增订晚明史籍考》，《燕都志变》原题韦道人徐应芬述；《刺猬逸史》中之《遇变纪略》，《昭代丛书》中之《燕都识馀》，均为该书。（页352）

崇祯之死，以及明臣的动向。

王朝更迭（即所谓"鼎革"）本是一个发生在时间中的具有连续性的过程。使这一事件以明确的日期为标记，通常因了那个日子都城陷落、君主被废黜或死亡（自杀抑他杀）。都城陷落与君主之死，被作为一个王朝覆亡的确证——即使此后仍有连绵的战事，有抗拒与反扑。本篇选取甲申年三月十九日这个"历史瞬间"，不完全因了它在事实上的重要性，或者说更因了它被认为的重要性——由当时直至晚近。而它在事实上的重要性，主要也是由两个相关的事件论证的：李自成攻陷北京与崇祯自缢煤山。发生了如此事件的日子，其被认为重要，是无须解释的，即使这个日子是不是明亡的确切日期仍有争议。$^{[1]}$ 或许明亡本没有"确切日期"。明亡是一个过

……………………………………………………

[1] 吕思勉的《中国简史》即以1662年永历为吴三桂所杀为"明亡"（参看该书第四编第一章，页293，中国工人出版社，2007），郭沫若的《甲申三百年祭》开篇即说"今年是明朝灭亡的第三百周年纪念"。而发表于1944年4月15日《群众》周刊的柳亚子的《纪念三百年前的甲中》一文，却一再表明自己不认为甲申为明亡之岁。（《〈甲申三百年祭〉风雨六十年》，页51，52）翦伯赞《中国史纲要》以三月十九日为明亡（页245，人民出版社，1963）；翦氏主编之《中外历史年表》于1661年（清顺治十八年、明永历十五年）却有"明自太祖开国至思宗共二百十七年，至永历帝共二百九十四年而亡"（页695，中华书局，1961）云云。孟森更断明亡于康熙三年，因张煌言殉死，"明乃无人"；鲁王死，"明亡"。（《明清史讲义》第二编第七章，页361，中华书局，1981）通常所谓有明二百七十六年（或二百七十七年），是不将南明诸朝历历时间计算在内的。谢国桢《南明史略》谨慎地避开了有关判断。顾诚《南明史》以崇祯自缢、李自成进入北京"标志着明朝的覆亡"（页1），较晚出的樊树志的《晚明史（1573—1644年）》，亦以为崇祯的死"意味着明朝的覆亡"（页1132）。美国学者司徒琳在《南明史（1644—1662）·引言》中说，1644年"并非明王朝清兴的分界线"，因为皇太极1636年就做了清的皇帝，而永历直至1662年才被灭。（中译本，页1，上海古籍出版社，1992）关于明亡的日期，清人的说法即互有不同。《南疆逸史》有"是岁（按即永历十五年，公元1661年），缅人献永历帝，明亡"（卷五四，页433，中华书局，1959）的字样。张岱《石匮书后集》却断然道："崇祯甲申三月，便是明亡"（卷五，页49，中华书局，1959）。明亡时间的认定，关系南明诸朝的历史是明的"后史"、抑明史的一部分。在王朝史的框架中，绝非无关紧要。至于赵翼《廿二史札记》所说："论者谓明之亡，不亡于崇祯而亡于万历"（卷三五《万历中矿税之害》，页502，中国书店，1990），则是明亡后的一种常谈。

程。局部的"亡"，三月十九日前就在进行；而三月十九日之后，即永历之死也未必就终结了这一过程。我还将谈到，遗民的存在，将明亡这一事件在时间上大大地延展了。倘若考虑到遗民、类遗民现象几乎终有清一代，确定明亡的日期更显得过于学究气。但这并不就降低了甲申年三月十九日作为时间节点的重要性。

甲申年三月十九日之非同寻常，仅由下面的事实也可以证明。

1944年3月19至22日，郭沫若的《甲申三百年祭》于重庆《新华日报》连载。这里的3月19日是西历。毋宁认为，这一精心选择的刊出日期，以异乎寻常的方式提示了"甲申年三月十九日"这个日期的重要性。在3月19日刊出该文，而不考虑受众那里可能发生的混淆——误以为"三百年前"的崇祯之死是在西历的3月19日而非4月25日——倒是更加证明了那个日期入人人之深。郭文所用，乃"甲申三月十九日"；稍后柳亚子的《纪念三百年前的甲申》，所用亦"崇祯十七年甲申旧历三月十九日"，无疑为了贴近"现场"，使于人们想象发生于其时的震撼。^[1]赋予某一日期以纪念性，通常是一种仪式行为；有意的重提则是仪式的一部分。有趣的是，郭沫若该文的发表是纪念，六十年后又有对纪念的纪念（纪念文字结集为《〈甲申三百年祭〉风雨六十年》，于2005年出版），其内容包含了对于纪念的辩护，对于纪念的必要性及其意义的阐发，也包含了关于处理"史学—政治""史学—革命"的原则的重申——与郭文共同完成了一个"跨世纪"的仪式行为。

---

[1] 与此不同，本书将一再提到的国外学者的有关著作，如魏斐德《洪业——清朝开国史》、司徒琳《南明史（1644—1662）》，均用西历。

在明清间人，情况或许是，"甲申年三月十九日"这个日期在心理上的重要性，更甚于其作为事件的重要性——尽管有南明朝这段尾声，永历覆灭的日期却没有获得同等的重要性；永历被害的那个日子甚至难得被人提起。正因甲申年三月十九日被认为的重要性，清末俞正燮才有理由指责明末大儒黄道周在这个日子后的行为不当，不像是为君主服丧者所宜有。$^{[1]}$ 在俞氏看来，有了三月十九日，就有了诸种禁忌，诸不可，不宜，甚至断断不可为。这个日子之后，地无分南北，士大夫均应时刻在国丧的哀痛中，才合于对故国旧君的正常感情。而曾经活在那段历史中的人们，反倒会像今人似的，认为"生活仍然在继续"，因而黄道周甲申年九月因郧山书舍落成而举行仪式，从容揖让，组豆歌诗，并不认为不正常以至不道德。

对于叙述者以及研究者，选定一个时间的点，有可能更出自策略上的考量：可供开发的线索凭借这一个"点"而绾合，也缘此而发散——如果那确实是个值得拈出的点（"时刻""瞬间"）。在这一点上，学术方式与文学方式没有显然的界限，前者大可由后者汲取灵感。$^{[2]}$ 至于本篇题目中的"瞬间"，意在凸显"短时段"的事

---

[1] 参看俞正燮《癸巳存稿》补遗《黄石斋年谱当贤论》，页485—486，商务印书馆，1957。

[2] 类似的叙事策略早已有之。作为一个事件，1936年，邹韬奋受高尔基在苏联发起并主编的《世界的一日》的启发，发起《中国的一日》征文活动，尝试截取、呈现时代生活的横切面。该活动意在纪念"马日事变"，以1936年5月21日（马日）为中心时点。来稿达3000多篇，600多万字，以490篇、80万字成书，茅盾任主编，蔡元培作恙序。此后又有《上海一日》（1938）、《冀中一日》（1941）、《渡江一日》（1949）、《志愿军一日》（1953）等征文活动。其中《上海一日》征文在"八一三"淞沪抗战一周年之际。至于大陆学界采用类似的结构方式，多少受到了黄仁宇《万历十五年》的影响（近期坊间尚有《崇祯十七年》《乾隆一日》等）。黄氏该书在方法论方面的启示，在于一个选定的时间点可供开掘的可能性，对于一个年头的叙述，有可能达到的历史纵深。"万历十五年"的意义是被发现、在论述中生成的。当然这种叙事策略也另有其弊，即如因了过于浓缩而致的戏剧性。

件史的重要性。据说年鉴学派重视长时段，认为短时段的政治史不过是"转瞬即逝的尘埃"；这或许有助于校正成见，与我的经验却不那么一致。$^{[1]}$在大历史的视野中，甲申年三月十九日固然是瞬间，万历十五年也是瞬间，甚至"明清之际"也是瞬间。但在本篇中，我不取这种强调相对性的看法。不同瞬间的意义含量是不同的。司徒琳《南明史（1644—1662）》中译本朱维铮序，说作为四个或五个抗清政权的统称的"南明"，通计不到二十年，"只可称作历史的瞬间"；还说："历史也真古怪。有时上百年过去了，留下的记录平淡无奇。但有那么若干瞬间反而在后世会激起回响，并且引发历史学家们不倦的探索兴味。" "南明史便显然属于这样的瞬间。"

由此看来，时间点不应当如占卜似的随意拈出，尽管由理论上说，任意一个点都有展开的可能。截取时间节点从来难以避免"意

---

[1] 关于"传统历史"即"事件史"，费尔南·布罗岱尔在他的《地中海世界》第一版序言中说，"这是表面的骚动，是潮汐在其强有力的运动中激起的波涛，是一种短促而动荡的历史"。对这种历史"我们应持怀疑的态度"（《菲利普二世时代的地中海和地中海世界》中译本，页8—10，商务印书馆，1996）。还说："历史通常只关心危机，只关心缓慢运动过程中出现的剧变。然而，危机事前都经过长期的酝酿，事后又产生无穷的后果。这些运动有时在缓慢的演变中，逐渐改变了特征。"（同书第一卷，页109）在该书第二版的序言中，他又说："这是所有历史研究者都会遇到的问题：人们能否采用这种或者那种方式，同时抓住一种迅速变化着的，又因其变化本身及其场面而引人注目的历史，和一种隐蔽的（或者更确切地说，情节的，当然是不怎么引人注目的），几乎不被见证人和主演者觉察的、终究抵抗住时间顽强的磨蚀并且始终保持原状的历史？这个有待阐明的决定性矛盾，是认识和研究的一个重要手段。"（同上，页15）据说布罗岱尔已经过时。他的关于三种历史（或曰考察历史的三个层次）的论述，对于我仍然具有启发性。情况的确是，我们的视野往往止于"传统历史"，而无视那种"几乎静止的历史"，以及"深海暗流"与它激起的"表面的骚动"，只能程序性地提供粗糙的因果分析（即公式化的背景陈述）。但如果止于"几乎静止的历史""深海暗流"，不力图使激变的瞬间因前两个层面而得到更丰富更有力的解释，则是另一种偏至，且往往使我们的研究不能有效地面对现实的课题。

图"的引领。你只能尽可能设法脱出"意图"对想象与叙述的过度干预。我相信中国史五千年中，大有值得、经得住"细读"的瞬间，问题在于有没有细读的能力。"细读"的确是一种能力。对于"历史"，我们的阅读往往太粗糙，"上下五千年"似乎可任由驰骋。此外应当随时想到，抽取尽可能小的时间单位，只是为了便于在严格限定了的范围内搜索共时空间中铺展开的"历史"，事件的诸种空间形象，逐层推展，开发出历史生活的丰富性与广阔性——"历史"的确曾经广阔地展开，且丰富到了不可穷尽。

崇祯自缢、李自成军进城之外，甲申年三月十九日的京城各处，还演出着各种故事。不同于我们的古人，当代人因了历史观的导引，已有可能关注大事件中的个人事件，即如"一个人的"三月十九日。这个人不妨是崇祯末年任翰林院检讨的方以智。

明亡之际方以智的故事颇有几分荒诞。据那本被认为不足以"传信"的《甲申传信录》，这年的三月初七日，方氏曾"具疏请出淮上，招募豪杰"，未得到答复。（卷一，页11。年谱告诉我们，方氏是年一月二十四日上《请缪疏》；三月十二日，请至淮上招集豪杰，未报）原因有点微妙。据说前此曾有人提醒朝廷，京城的官员一旦出城，就会逃掉；那些谋求出京的官员，不过寻找借口避祸罢了。$^{[1]}$有这样的猜度，方以智势不能不陷在了围城中。

至于在那关键的一天里方氏的经历，个别情节巧合得令人生疑。据年谱，那天方氏曾与魏学濂等集于金水桥图谋联络孙奇逢

---

[1]《甲申传信录》记其时京城的官员"知国已危，则争求衔令以远行避祸为贤"（卷三，页36）；彼时曾有北人上言，曰"各官不可使出，出即潜遁，无为朝廷用者"（同书卷一，页10）。

武装，后因李自成破宣武门，驰入内宫，方氏等人也就作鸟兽散。（任道斌《方以智年谱》页123，安徽教育出版社，1983）《明季北略》卷二二《方以智》记方氏闻变，"潜走禄米仓后夹弄，见草房侧有大井，意欲下投，适担水者数人至，不果"。"次早，家人同四卒物色及之，则家人惧祸，已代为报名矣。四卒挟往见伪刑官，逼认献银若干，后乘间逃回"（页585）。其实在这种时候，并非谁人都能像倪元璐、施邦曜似的决绝，死得义无反顾。"图谋联络孙奇逢武装"，投井而适逢担水人至，未必不是迁延的借口。

关于那一天的情状，方氏曾在南逃途中作过如下描述："奔城南，走城北，炮声轰轰天地黑。女墙摆甲皆中官，司马上城上不得……须臾中宫、大门、东直门，贼营四布如云屯。此时张牙禁出入，蓬首陋巷阴风泣。"[《方以智密之诗抄·瞻旻·哀哉行（四月二十三日济下作）》，《方以智年谱》，页126]诗中那个仓皇地"奔""走""蓬首陋巷"者，自然是方氏本人。四月二十三日距三月十九日尚近，写在诗中的，是较为新鲜的记忆。

冯梦龙所辑《中兴伟略》中，有关于京城陷落之际的《难民确报》，说李自成部曾传"假谕"："百官俱报职名，愿留仕者留仕，愿回籍者回籍。于是满朝除死节之臣外，皆出递报单。"（页2，《冯梦龙全集》第17册）被"家人"首告的方以智，处境不能不狼狈而屈辱。其时的农军首领以酷刑索要财物，方氏的被拷掠是不可免的。《燕都日记》记诸官遭拷比"夹死复甦"者，就有方以智。（冯氏辑《甲申纪事》卷六，页109）《再生纪略》记"贼将中，或原系降官而昔有交情者，委曲求宽"，"大减前派之数"，所举的例亦有方以智。（上，同书卷四，页77）能逃出京城，在方氏，无异于重生。《再生纪略》的作者自说曾与方以智相遇于南逃途中，将方氏归类为在京明朝官员中已向贼报名"而未授职者"。（下，同书卷五，页87）该篇自述南逃经过，详记道里及沿途见闻，应可资考方氏的逃亡所历。$^{[1]}$

方氏的噩梦，到此并未结束。《明季北略》将方以智归入"刑戮诸臣"。在明末清初的语境中，受刑即受辱，即玷污；不死而遭刑戮，与失节无异。冯梦龙《甲申纪闻》说在京明臣"名单一人，而此身已隶贼籍"（冯氏辑《甲申纪事》卷一，页8）。南京政权判断忠、逆，即依名单定谳，而无论是否曾与"贼"合作。$^{[2]}$南京政府曾"禁北来逃官，不许入京"（顾炎武《圣安本纪》，《明季稗史初编》，页190，商务印书馆，1936）。"逃官"当其时，已成一种身份。官不可逃，倘若陷敌，惟有一死。覆巢之下，必不可有完卵。临难不死，臣节已自有亏。全身而逃者，人人得而怀疑之。其时的《嵩江府阖郡士民讨逆贼杨汝成檄》，有"近者南归一辈，拷掠而逃，尚属偷生致讨。闻关而至，谓其踪迹堪疑"（冯氏辑《甲申纪事》卷八，页156）云云。在军事对抗的情境中，认为南来逃人"踪迹堪疑"，也应当属于正常反应。对"刑辱诸臣"，冯梦龙事后试图区分情境，避免作一概之论，谓其中"不肯呈身而

---

[1] 赵士锦《北归纪》亦记自己北归途中，曾与方以智同行（氏著《甲申纪事》附，页23）。方氏本人在诗中对他的这段经历记述甚详。参看《方以智年谱》页124—126。

[2] 那年六月，方以智的友人，复社干将吴应箕拟《公讨从贼逃臣檄》，要求胪列从贼诸臣姓名，"以声其罪于天下"；该檄篇末有"谨布从逆姓名于后，与天下共诛之"等语（《楼山堂集》卷一九，《贵池二妙集》，贵池先哲遗书，1920年刊本），但文集刊刻时略去了姓名。

横遭束缚"者，与"偷生幸免，甘就桎梏"者，固有不同。（《绅志略》，冯氏辑《甲申纪事》卷二，页21）但当时风雨飘摇中的南京政府，却出台了"从逆六等事例"，所涉情节，几乎包括了甲申之际在京在外省的官员除抵抗而死之外的所有可能的处境及选择，足证小朝廷的官员思维之缜密、设想之周严。其中"徒凡二条"，包括"遇贼变偶不逃，为贼胁留，未受伪官者"；"杖凡一条"，惩罚的即"初为贼所拘，未受伪官，乘间先归者"，都适用于方以智。（参看顾炎武《圣安本纪》，《明季稗史初编》，页195—196）黄宗羲《弘光实录钞》卷三记南京政府"定北都从贼诸臣罪"，"五等应徒议贼九人"中，确有方以智、傅鼎铨、张家玉。（《黄宗羲全集》第2册，页79，浙江古籍出版社，1986）$^{[1]}$ 方氏南归后处境之尴尬狼狈可想。

由此看来，方以智作为其时的"污点人物"，非"徒"即"杖"，应无可幸免，但仍然给他逃脱了。方氏日后的"流"更像是自动执行的，即自我放逐——由南京先赴闽、浙、粤，游荡在南

---

[1]《明史》解学龙传记甲申年南京"治从贼之狱"，解氏为刑部尚书，"仿唐制六等定罪"，由解氏议定，以十二月上之。得旨，有"侯恂、宋学显、吴朗思、方以智、汤同春拟罪未合"云云（卷二七五）。李清《南渡录》记同一事，说得旨："……方以智系定王讲官，今定王安在，何止一使？"（卷四，页185、186，浙江古籍出版社，1988）该书还记有甲申年七月，南京政府礼部尚书顾锡畴"疏纠从逆诸词臣"，所纠词臣中有方以智。（卷二，页65）《南疆逸史》记阮大铖"使人奏以智降贼，欲杀之，乃变姓名遁之岭南"（卷四○，页304），将其人归入"隐遁"类。《国榷》更记有甲申年八月，"陕西道御史王孙蕃勋商讨方以智、刘世芳北京逃归，复撰伪书，颠倒是非，命逮下法司"（卷一○二，页6142）。全祖望引林时对批评彭孙贻略《流寇志》："包凭邸报流传，全无实据……叙陷贼诸人，说以承祚，更多诬妄"，所举的例就有方以智"陷贼不屈，向归，阮大铖逐以伪命，入之六等，举朝大哗乃止，而彭氏以为降贼，投点常"。（《戴彭仲谋流寇志》，《鮚埼亭集》外编卷二九）"举朝大哗"疑出于想象。关于彭孙贻略《流寇志》，参看谢国桢《增订晚明史籍考》卷六，页271—272。

粤山水间；又随永历至梧州、桂林；后又到沅州，辗转于黔、湘、鄂、桂，漂泊、苦行，披缁逃禅，最终死于押解途中。（据余英时《方以智晚节考》）到了近代，仍然有人说，偏周锺不死，"则与方以智、陈子壮同图晚盖，亦未可知"（朱倓《明季社党研究》，页202，商务印书馆，1945。关于陈子壮，参看拙著《想象与叙述》第三篇）。由此看来，那个瞬间发生的事，对一些身在京城的士大夫，实在是致命的——不只是城陷之际抵抗、陷落之后自杀者，还有那些幸存者。$^{[1]}$

"日"自然不是不可切割的最小时间单元；它在理论上可以无限切割，更逼近真实的而非隐喻意义上的"瞬间"。研究者不妨关心发生于这一天而不为史家选中的琐细情事，尤其里巷草民的故事。皇城根下的居民、通衢大道边的居民、深巷中的居民、近郊农民是日所经历的，他们看到、听到的，想必人各不同。可惜的是，这类故事通常不能见之于记述。

文献记述最详的，是忠臣殉难的故事。当"板荡"之波传递到了眼前，士人中固然有人猝不及防，却也有敏感者，早已准备了这一时刻的到来，甚至未必不因漫长等待后的到来而如释重负——他们终于可以履行承诺，赴死，或漂泊异乡。一种拟想中可怕的经历一旦开始，人也会泰然、坦然地，接受自己的命运。由文集中你知

---

[1] 当其时即有不同的声音。黄道周对南京政府所议"六等定罪"不谓然，说"今以陷贼之徒，投界逮方，不查乡党，已为过矣"（《六等定罪议》，《黄漳浦集》卷一一，道光戊子刻本）。史可法也有异论，对此，以下篇章还将谈到。祁彪佳迁柩亲，松，曾揭榜于路，有"毋借幽逋报私怨"（毛奇龄所撰祁氏传，《祁彪佳集》卷一〇，页246，中华书局，1960）云云。可见"报私怨"作为现象的普遍。

道，吴麟徵自裁前对儿辈说，"富不如贫，贵不如贱，生不如死，今方悟之"（《示儿辈》，《吴忠节公遗集》卷二，乾坤正气集）。据年谱，这天听到城陷的消息，倪元璐"束带向阙，北谢天子，南谢太夫人"，以帛自缢。（倪会鼎撰《倪文正公年谱》，《倪元璐年谱》页72，中华书局，1994）知名之士殉明的，尚有范景文、王家彦、凌义渠等，或在三月十九日，或在次日，死得都算及时。其中施邦耀（也作施邦曜）之死在士大夫的记述中最为沉痛。"邦耀守城，贼入，道梗不得还寓，入民舍自缢。居民恐累之，解其悬；入他舍又缢，他居民又解之。……当邦耀求死不得时，叹日：'忠臣固不易做！'"（《弘光实录钞》，《黄宗羲全集》第2册，页39）$^{[1]}$沉痛自然在"民"对于忠臣的拒绝——拒绝的固然是牵累，在叙述者看来，未必不也一并拒绝了忠臣的道德诉求。

你不难依据此类材料，整理出"吴麟徵在三月十九日""施邦耀在三月十九日""范景文在三月十九日"，等等。这是其时士人最要知道，也最希望他人知道的。上文提到的那篇吴应箕《公讨从贼逆臣檄》就说，在南方听到了北京陷落、崇祯蒙难的消息，"愤泣之余，即共以所知诸臣私相较量，如某某者必死，今果死矣；某某者必不死，果不死矣……"（《楼山堂集》卷一九）可以知道其时士人的关注所在。但你毕竟活在当代。你想问的是，有什么事情，在这一历史瞬间发生了？这个瞬间开启了又结束了什么？生

---

[1] 黄氏《左副都御史赠太子少保谥忠介四明施公神道碑铭》的叙述则是："……在东长安门，闻凶皇帝既殉社稷，恸哭而书日：'断无丰氏匹时难，唯有一死报君恩。'遂投环死，仆遂解之……是时贼满街巷，不可远客，公望门求绍，居人皆席之出，乃以砒霜投烧酒饮，九窍血聚而逝。"（《黄宗羲全集》第十册，页232）

活中有哪些方面因这个瞬间而发生了变化，此前与此后被此一瞬间划开了？

上文已经提到，本篇所谓的"瞬间"，是修辞学意义上的。甲申年三月十九日之后，还有一些重要瞬间，即如弘光覆灭之年，隆武覆灭之年，永历覆灭之年。另有一些士大夫历史中的标志式时刻，如刘宗周、黄道周殉难、就义之年；以至于陆世仪何时走出"梓亭"，方以智何时披缁，黄宗羲、王夫之何时进入"学者"角色；诸多士人何时、以何种方式"入清"；等等。凡此，均不失为值得追踪、呈现的"瞬间"。至于"易代"这种特殊时刻，其意义是无可怀疑的，因为这一时刻的确发生了"日常""平世"所不可能发生的破坏、改造，有种种事情因这一时刻而改变，包括"日常生活"的面貌。永远有所谓的"重大事件""特殊时刻"。无论史学理论如何流变，仅据经验你也可以相信，那些个"重大""特殊"的确不便与寻常日子的生活流程等量齐观。

是日前后

应当说，不将探问的目标锁定在某一瞬间，是呈现那一瞬间的条件。就本篇而言，为了回访甲申年的三月十九日，有必要看出去，看是日所在的"明清之际"，以至更长的时段。

在较大的视野中，甲申年三月十九日这个时间节点的重要性更是对于明代的，至于已然兴起的清朝，决定性时刻有可能在彼不在此。上文已经提到，如同其他在文献中被作了标记的瞬间，甲申年三月十九日这一瞬间之重要不全是自然生成的，它的深入人心更缘于叙述。对这个特定日子的强调，通常为了唤醒关于一个朝代的记忆，乃至唤醒一个朝代的亡灵。

任一"瞬间"都有弹性。即使爆发的一瞬也有其长度。讨论甲申年的三月十九日，不能不涉及这个日子的之前与之后，先兆与余震。如若确定北京为震中，则有震幅，有震感的传递。与这一瞬间相连的，本来就不是一个能以"一日"为长度度量的事件。一旦引入稍长的时段，故事的情节不免会变得不确定，因线索纷纭而难以梳理。

不妨先来想象震动之波自北而南的传递。历史想象的空间伸展，固然赖有"史料"的支持，也要凭借对时、空的敏感与想象力。由理论上说，在将三月十九日作为坐标上的定点之后，有可能将处于不同空间位置的个人对事件的反应搜集、排列，据此绘出震波。你的确可以想象消息是如水波般一圈圈向外传递的；倘若有足够的文字材料，应当能大致测出递送的速度，将消息抵达的时刻标在明代地图上。那或许是以京城为中心的一组曲线。

据滕一飞《淮城记事》，三月二十九日，京城失守的消息传到淮上，"众疑信相半"（冯氏辑《甲中纪事》卷六，页118）。《鹿樵纪闻》开篇即道："顺治元年四月戊午，明留都闻京师之变。"（卷上，《扬州十日记》，页79，上海书店，1982。按四月戊午即四月初一日，西历5月16日）据陈廉《豫变纪略》，那年的夏四月，河南的绅民尚没有得到准确的消息，"三月十九日之事，言人人殊"（卷七，页271，《甲申史籍三种校本》）。近人的有关著述注意到了上述时间差。$^{[1]}$ 可以确信的是，处在不同地理位置的士人，在不同的时间经历了这一巨大震撼的瞬间。

士大夫既然不能不先后经历"国变"，三月十九日身在京城的方以智，与远在浙、闽的刘宗周、黄道周，经验自然有了不同。

身在商业繁荣的浙东的刘宗周，与僻处福建漳州的黄道周，均迟至五月才得到了京城陷落的消息。据年谱，刘宗周五月初二日"闻北变"，时在会稽；次日，"如会城，大会抚按、藩臬诸司，申讨贼之义"（刘汋所撰年谱，《刘宗周全集》第五册，台湾"中央研究院"中国文哲研究所筹备处，1996）。$^{[2]}$ 黄道周则曾致书钱谦益，说"蛰处天末，无殊聋瞆。五月廿七日，乃闻神州陆沉……"（《黄漳浦集》卷一五）刘宗周的门人吴蕃昌有自叙诗十章，其一曰："三月国始破，五月浙始闻。六月详邸信，七月归家伥。家伥与幕客，四月离燕京。八月儿出门，哭走江淮营……"（《祇欠庵集》附录《吴东发续激浦诗话二则》。《祇欠庵集》，适园丛书。诗中"儿"系自指）《祁忠敏公日记·甲申日历》记是年四月

---

[1] 孟森《明清史讲义》说当年的四月十二日己巳，"凶问至南京"（第二编第七章，页338）。顾诚《南明史》则说："三月二十九日，即在北京失守十天之后，消息就传到了江苏淮安。"（页41）；"四月初八日，崇祯自尽的消息传到南京；直至十七日，这消息才被证实。（页43）樊树志《晚明史（1573—1644年）》的说法是，大约三月二十九日，北京事变的消息传到淮安；四月九日，消息得到证实；消息传到南京，大约在四月十二日至十四日之间；到四月二十五日"北报确信"（以上用旧历）。魏斐德《洪业——清朝开国史》依据所用材料，说皇上驾崩的消息传到南京，为当年的西历5月18日（农历四月十八日）；传到福州，则为西历6月25日（中译本，页287及同页注1），即事变发生西个月之后。司徒琳《南明史（1644—1662）》说，直至西历5月5日（农历三月二十九日），淮安巡抚才得知北京陷落的消息，而淮安城内众人疑信相半（中译本，页2），即应据膝一飞的《淮城记事》。

[2] 黄炳垕撰《黄梨洲先生年谱》却说，那年四月，黄氏得知京师失守，即从其师刘宗周赴杭州。（《黄宗羲年谱》，页23）

二十五日，祁彪佳尚闻"神京无恙"；二十七日在句容，有人自南都来，才确知三月十九日之变，"为之彷徨彻夜"；二十八日在淳化，得知倪元璐、李邦华等人中"有殉难者"，知南都于二十二日已知北都之变。五月十六日前后，则得知清兵已入关。$^{[1]}$据陈子龙自撰年谱，他这年三月初到四月中"治兵于蛟关"，其间曾回华亭的家。这段时间里，"寇势日急，席卷三晋，度恒山，破云中、上谷，声问尽绝"（《陈子龙年谱》卷上，《陈子龙诗集》附录二，页688，上海古籍出版社，1983）；直至五月二日，才得知京城陷落。（同上，页689）时陈氏或在松江（云间）。余同元《崇祯十七年——社会震荡与文化变奏》说，"当时虽无电报电话，但事变的消息仍然于旬日间传遍全国各地"（页17，东方出版社，2006），未免失考。

与上述人物同时的士大夫"闻变"的时间，他们于第一时刻的反应，大多已不可考，当此关头的个人故事不免因此而残缺不全。为卓尔堪辑入的"遗民诗"中，自述"闻变"当时的反应的，似乎惟有卷一方孔炤的《苍天》一首，说自己当时在济南，"号绝"。那首诗确也令人想见其呼天抢地，号恸欲绝。（《明遗民诗》页49，中华书局，1961）《祗欠庵集》附录《吴东发续濑浦诗话二则》后附记解释吴蕃昌《哀大树诗》及自叙诗十章该书未载，"殆编录时值禁网密，以涉忌讳，去之"。陆世仪有《五月四日，得先帝、后惨报确信，四海同仇，若丧考妣，诸朝乡绅有楼船广筵纵观竞渡者，愤而刺之》一诗（参看冯氏辑《甲申纪事》卷一三，页

---

[1]《祁忠敏公日记》，民国二十六年八月绍兴县修志委员会校刊，远山堂原本。

257），传世的《梓亭先生遗集》《陆梓亭先生文集》均未载。

战乱随处造成着阻滞与隔绝。你大可相信，因了京城陷落的消息姗姗来迟，那个史书上的重大日子，淮河上下、大江南北的许多士人可能是平淡甚至轻松地度过的。黄淳耀的《甲申日记》，为"学道"的记录；三月十九日所记，亦此种内容，全不及于时局。$^{[1]}$（《黄忠节公甲申日记》）祁彪佳日记三月十九日那天记有如下数事：会晤绍兴知府于颖，为筑寓山别业而"为石工会计"，此外另有几档应酬，复了几封信。那天日记中的祁彪佳很闲逸，非但不能遥测，且没有大难将至的预感。十九日前后他的日记所记京中消息，多属旧闻，即如四月十四日方知京城于三月十八日被困；二十一日听到的，是三月十七日出都者所说外城有可能不保；二十五日尚听人说"神京无恙"。由年谱可知，这年春三月庚子（即三月十二日），黄道周应弟子之请所构之明诚堂（讲堂）落成。是日"天气清和，春风四敷"，宾朋云集，黄氏从容讲论，观者如堵。京畿地区的剧烈动荡，甚至无妨于江南士人的声色征逐。至于深山与海瀷，永远是最闭塞迟钝的区域。只有当着抵抗（或假借抵抗之名的军事行动）依山靠海而进行，才将那些化外之区拖进了这一"历史时刻"。

落后的交通条件与迟滞的邮传，使三月十九日的事变没有可能引发大范围的共振。樊树志的《晚明史（1573—1644年）》说北京陷落后，南京政府反应缓慢迟钝，"原因之一是消息传递的困难。南北阻隔千里，原先的情报传递系统在战争动乱中已运转

---

[1] 黄淳耀《黄忠节公甲申日记》，留余草堂丛书，《历代日记丛钞》影印，第九册，北京：学苑出版社，2006。

不灵，北京事变——李自成攻陷北京与思宗殉国的消息沿着运河交通线以最为原始的方式向南传递，颇费时日"[《晚明史（1573—1644年）》，页1152]。该书引用了日本学者岸本美绪由新闻传播学视角所作的研究。司徒琳也谈到南京政权的行动迟缓，与局势不明朗有关[《南明史（1644—1662）》中译本，页24]。亲历其境的陈贞慧的《书甲申南中事》，记甲申变后南京士绅的反应极生动。据该文，得到确信，距崇祯自缢"已几一月矣"，而此前的消息"多得之道路"。即政府要员史可法、姜曰广，对局势也懵然无知，陈氏不禁感叹"以金陵重地，不异僻壤；司马、宗伯重任，所传不异道路"（《陈定生先生遗书三种》，光绪乙未武进盛氏刊本。按司马，史可法；宗伯，姜曰广）。同时，也正是落后的交通与邮传条件，使情感的表达受到了压抑，才激出了某些更强烈的反应。比如刘宗周的不计成败，力促杭州地方当局组织义师，在今人看来更像是在表达悲愤，是沉痛至极后的宣泄，出于深刻的无力感，而非基于冷静的军事估量。在江南，由士夫发动的抵抗，往往带有此种色彩。

当这种关头，"速度"才有可能被体会到其极端的重要性。黄道周《答王忠端公书》叹息音耗难通，说"天末间关，遣使经年，每发一缄，头髪尽白"（《黄漳浦集》卷一七），是时黄氏在漳南。由心情而言，"头髪尽白"云云，并不夸张。黄淳耀《陶庵全集·诗集》卷四《野人叹》五首，有"燕齐杳杳无信来，但闻官吏多逃窜"（其一。《陶庵全集》，乾隆辛已刻本）云云。钱谦益也叹息着"原野萧条邮骑少，庙堂镇静羽书稀"（《冬至后京江舟中感怀八首·其六》，《牧斋初学集》卷二〇，页678，上海古籍出

版社，1985）。对于信使，真真是望眼欲穿！$^{[1]}$

复原三月十九日事变的传递过程，需要的就有关于其时邮传方面的知识。南北邮传的阻滞，甲申变前已然。战乱中，不惟驿站，递铺想必也不可能正常运作。《祁忠敏公日记·壬午日历》记崇祯十五年闰十一月祁氏北上到临胸一带，说"邸报至此不通，已十二日矣"。同书《癸未日历》则说"大河以南，皆文移不通"，是时为崇祯十六年二月。你或许会想到，崇祯二年前后出于财政方面的考虑而裁撤驿站，是否成了影响其时信息传输的一个因素。你当然已经知道，失业的驿卒中的一个，米脂地面的李自成，后来参与并领导了席卷南北的一大"叛乱"。$^{[2]}$ 战局的不明，无疑增加了形势的不确定性，不但造成了士大夫间经验的巨大差异，也加

---

[1]《菲利普二世时代的地中海和地中海世界》的作者费尔南·布罗岱尔告诉我们，在地中海地区，十六世纪即有企业化的邮政设施。（参看该书中译本，页301）该书第二部，在"经济：十六世纪的尺度"这一章下，第一个小标题，即"距离，头号敌人"；此下的标题是"对写信者来说，信件往来费时甚多"（同书，页530、531）。这里，"距离"之为"头号敌人"，是因了经济发展的要求而被体会到的。该书所说"速度"，关涉"运输，转移，传递"诸项。（参看同书，页552）

[2] 魏斐德《洪业——清朝开国史》说到明朝末年"公用事业"的崩溃："1629年，朝廷为缩减开支，将驿递系统砍去了30%，结果导致了通信的中断，各官府不得不自己出钱雇人传递文书。由于驿站大量空缺，王朝的'血脉'严重阻塞，1630年以后，地方官府甚至不能肯定他们的奏章能否送达京师。"（中译本，页17）该书又据里斌夫《明代的运输》等说，至晚明，驿递制度实际上被私商所控制了（至1629年，只有20%的交通是官办的）"（中译本，页444注3）。裁减驿递，乃为增加军饷，据樊树志《晚明史（1573—1644年）》，杨嗣昌曾提出加征剿饷的四个途径，其一即"在裁减驿递后节省的开支中每年拨出二十万两充作军饷"（该书，页974）。康熙《米脂县志》卷五《邮传》则说，"明末李自成，银川驿之一马夫耳。因裁驿站，饥荒无所得食，奋臂一呼，卒至土崩，不可救。"[转引自樊树志《晚明史（1573—1644年）》，页899] 将甲中之变径直归结为驿站的裁撤，不免夸张，但三分之一的驿卒被遣散，证明了确系为渊驱鱼。对于裁撤驿站，余煌当时曾特并议，理由即"多一夫，少一贼"（查继佐《国寿录》卷三，页86，中华书局，1959）。

剧了他们当此关头选择的艰难。曾在松江一带组织抵抗的侯峒曾抱怨道，"吾等不知敌军所在。神灵保佑，只有待敌而动，所谓骑虎难下矣"（参看魏斐德《洪业——清朝开国史》中译本，页622注3）。却又不妨相信，那些事后看来无望的抵抗、反叛，发生在当时，或许正赖有信息流通的不畅，消息来源的不可靠，"天下大势"以至具体的战场形势的不明。如此一来，信息的阻隔，倒有可能使得两个朝代间的纠缠大大地延宕，将那个"瞬间"拉长了。

信息阻隔造成的空隙，通常由谣传、讹言填补。乱世从来多荒诞不经的传闻。陈廉《豫变纪略》写崇祯十三年河南地面曾一时相传"空中有人马声，屋上雪中有人马迹"（卷三，页102，《甲申史籍三种校本》）。《鹿樵纪闻》述弘光朝事，说顺治元年五月，"地一日三震，长庚见东方，光芒闪烁中有刀剑旌旆之影"（卷上，《扬州十日记》，页82）——与空中人马声正可配对，均奇幻诡异，出自非常的想象力。$^{[1]}$那个时期，人们的想象力似乎异常活跃而生动，留在文字中的，多神怪不经之谈，种种"物怪人妖"，像是一时并出。不经之谈、讹传，也参与造成了这一时期历史的面貌——固然往往加剧混乱，有时却也支撑信念，以心理的抚慰以至自欺，帮助生当其时的人们度过艰难的岁月。这一点，我在《想象与叙述》的其他篇章还将谈到。

那一瞬间之后，参与抵抗的士大夫，所得往往是"土崩瓦解"

---

[1] 元末有类似传闻，且同样诡异。陶宗仪《南村辍耕录》卷七《志怪》："至正乙未正月廿三日，日入时，平江在城，忽闻东南方，军声且渐近，惊走觇视，它无所有，但见黑云一簇中，仿佛皆裹人马，而前后火光若灯烛者，莫知其算，遂遂由西北方而没……"（页92，中华书局，1959）

的印象。抵抗像是只为了见证崩解似的。黄宗羲《思旧录·孙嘉绩》："大兵将渡，东浙郡县皆已献户口册籍，牛酒犒师，各官亦委署易置，人情缩踏不敢动。"（《黄宗羲全集》第一册，页386，浙江古籍出版社，1985）陈确则说，自长江不守，"胡马横驱，所至人心崩溃，浙东、西郡县之民劫守令降附"（《祭山阴刘先生文》，《陈确集》文集卷一三，页307）。比较之下，士大夫会说宋亡没有如是之速。王夫之就说过这意思（参看《宋论》卷一○，《船山全书》第11册，页227—228，岳麓书社，1992）。在他看来，明末事事与宋末不同，"最后一幕"的剧情自然也不同。

事后看去，三月十九日的事变只是如期而至；此前所发生的，似乎都被导向这个瞬间，准备着极度紧张中的爆发——这自然多少也出自"后见之明"，以及事后的叙事策略。$^{[1]}$你不难注意到，无论当时抑事后的叙述中，《铁函心史》于明亡前夕的崇祯十一年由苏州承天寺出井，既像是一个凶险的预言，又成为对于士大夫的意义严重的提醒，提醒他们面临的抉择。那部神秘的书稿经林古度重加校正，再刊于金陵，似乎只为了见证另一个危机时刻。$^{[2]}$同年，黄宗羲注谢翱的《西台恸哭记》《冬青引》（《黄宗羲年谱》，页

---

[1]《明季北略》卷一九《北都崩解情景》："崇祯末年，在京者有'只图今日，不过明朝'之意，贫富贵贱，各自为心，每云：'鞑子、流贼到门，我即开城请进。'"（页350）据此，则三月十九日前京城已不属明。

[2] 所谓"铁函心史"不仅成了启发与激励，也提供了可资模仿的形式。黄宗羲晚年曾作一石函，"铜其所著述于中，悬之梁上"，嘱其子必要时埋之于某处。（《鹧鸪先生神道表》，《鲒埼亭集》卷一三）邵廷采说张俊名其所作曰"石匮藏书"，乃"拟郑思肖之《铁函心史》"。（《明遗民所知传》，《思复堂文集》卷三，页223，浙江古籍出版社，1987）

18，中华书局，1993），则属于事变前黄氏个人的准备。事实是，士大夫中的敏感者，从来不缺乏某种预测能力，何况黄宗羲这样烂熟历史的人物！明人往往以论宋而论明；明亡前夕，由郑思肖所处朝代，他们预先看到了自己的命运。

明亡前危机的加深，可以划归"前近代"社会历史渐变的漫长过程。有远缘，有近因；有种种远缘，种种近因。士人原有这种远距离搜索的习惯：为当世、为自己的当下生存寻求解释。古代中国人好说盛衰。衰变本来就是一个积累的过程。即如明代之由盛到衰，种因甚至可以追到"国初"。事实上，"士论"中从来不乏此种暗示，如在追究燕王"靖难"的后果的场合。论者似乎赋有某种神秘的感知能力，由盛世捕捉"衰"的将至、已至的消息。在一种由经验启示了的视野中，一个朝代的命运，尤其最终的劫运，似乎当王朝历史的大幕揭开的一刻就开始了。

唐顺之以"盛世人物"，嘉靖间就概叹着"天下事鱼烂极矣"（《与胡柏泉参政》，《唐荆川文集》补遗卷二，江南书局据明嘉靖本重刊），语气中充满了不祥之感。$^{[1]}$万历朝吕坤的《忧危疏》，更直截了当地说当时"乱征"已见，"乱象已形"。$^{[2]}$万历四十二

---

[1] 嘉靖二十年御史杨爵奏疏中说："今天下大势，如人衰病已极，腹心百骸莫不受患，即欲拯之，无措手地。"（《明会要》卷三三，页570，中华书局，1998）陈时明说当时情势，已是"徐乐所谓土崩之势"，"乐之言曰：天下之患，在于土崩，不在瓦解。何谓'土崩'？秦之末世是也。"（《严武备以壮国威疏》，《明经世文编》卷二二九，中华书局，1962）魏时亮说其时"边邑之势，有如厝火积薪；都城之势，有如处堂燕雀"（《题为圣明加意房防基陈大计一十八议疏》，同书卷三七一）。

[2] 吕氏说："当今天下之势，乱象已形，而乱机未动；天下之人，乱心已萌，而乱人未倡。今日之政，皆拨乱机而使之动，助乱人而使之倡者也。"（《明经世文编》卷四一五）

年的刘宗周，甚至洞穿时空，看到了三十年后的"铜驼荆棘"。$^{[1]}$ 王夫之的说法更出诸富于深度的体察。他解释"陵夷"，说"陵"与"原"本无畛域，"方乱之终，治之几动而响随之，为暄风之试于霜午，忧乱已亟者，莫之魏焉耳；方治之盛，乱之几动而响随之，为凉飙之随于暑昼，恬治而骄者，莫之觉焉耳"（《诗广传》卷四，《船山全书》第三册，页479，岳麓书社，1992）。由此看来，凶兆，乱萌，就在不但天下向治、且治之已盛之时。洞见幽微，察知此"几"与"响"，被士大夫作为了对于当世的责任。

古代中国人的感知盛衰，缘于"历史经验"，所谓鉴往知来，久之而成思维惯性——出于危机感、忧患意识。但又不便仅据留在文字间的上述预感、预言，轻易地为事件的"必然性"作证。事实是，任一朝代，即使公认的"盛世"，也一定有"危言"，即鲁迅所说的"枭鸣"。这也是士大夫的一种传统。那种鸣声正是"盛世"的一部分，与其他声音合成了那个时代之声。没有"危言"的时代反倒是不正常的，只能想象为超常高压下的"无声的中国"。但万历中期以降的有关言说，却不能再读作常谈，往往联系于具体事项、世相，是由政治、社会生活中切实感受到的衰变。翻阅六大本中华书局版的《明经世文编》，社会的日趋动荡，"社会空气"的渐趋烦热，士人危机感的加剧，由文字（多属朝臣奏疏）中清晰

---

[1] 其《与周生书》说："时事日非，斯道阻丧。孟争之而败，续调之而亦败，虽有子房，无从借今日之箸，直眼见铜驼蜊棘而已。"（《刘宗周全集》第三册，页463）顾炎武说"今日之事，兴一利便是添一害"（《与人书》八，《顾亭林诗文集》页93，中华书局，1983），可为刘氏的说法做注。顾氏曾引宋代罗泌《路史·封建后论》"天下之柱未足以害理，而矫柱之柱常深；天下之弊未足以害事，而救弊之弊常大"（《日知录集释》卷九《藩镇》，页221，中州古籍出版社，1990。《封建后论》，见《路史》卷三一）。

可感，不由人不心惊。你不难想象清醒地面对此一过程的士人内心的苦痛，他们的焦灼与无奈。也因此，士人以其对时势演变的感受与言说，使"明亡"之为事件，在较之那一瞬间远为漫长的时间中伸展开来。

对危机的反应，仍不免因人之异。上文提到的方以智，像是预先准备了日后的流亡。"老人持篮纷，为余缝大布。布衣染为缁，尘多邑愁污"（《方子流寓草》卷二《卜寓》，明末刻本，《四库禁毁书丛刊》集部。年谱系此诗于崇祯七年）。缁衣固然因了经脏，使于"倫德避难"，由方氏的终于为僧看，却又不免成谶。大致同一时期，江南一带的生员、秀才，却衣着举止艳丽浮夸，$^{[1]}$上文所引吴麟徵的书札中说，"人情物态，日趋变怪"。吴应箕则将他对上述"怪现状"的观察，写在了《留都见闻录》里。（见该书卷之下《服色》，贵池先哲遗书）"国之将亡，必有妖孽。"其时士人目击身历的"易代"，也由复杂的感官印象构成。

据文献记载，气候不只介入，而且直接参与了明亡的过程，在这一事件中扮演了一个特殊的角色。王思任等人所编祁彪佳年谱，说崇祯十三年海内大饥，十四年，"数百里饥民群起为盗，

---

[1] 据魏斐德《洪业——清朝开国史》，李东对于此种"被当时人们视为性异常或社会异常现象"深为反感，写道："热闹二十年来，东南郡邑，凡生员读书人家有力者，尽为妇人红紫之服，外披内衣……"（中译本，页81—82。所引李东语见李氏《见闻杂记》卷一○）

劫掠郡邑"（《祁忠敏公年谱》）。$^{[1]}$凌锡棋编陆世仪年谱，记崇祯十一年大旱，"赤氛竟天"；崇祯十三、十四年，又淫旱，"野如赭"；崇祯十五年春，大饥，"家饱糠核，屑榆为粥，人相食"（《尊道先生年谱》，《梓亭先生遗书》，光绪乙亥刻本）。陈廉《豫变纪略》记有崇祯十一、十二年春夏，河南大旱且蝗，赤地千里；十三年，大饥，人相食；十四年，大饥疫；甚至有父食子、妻食夫者，"其颠顿死于沟壑者，群聚而封割之，顷刻而骨骸相撑矣"（卷一，页24、26、27；卷三，页103）。在士大夫的记忆中，灾难是绵延、接踵而至的，尽管这并不削弱三月十九日那一瞬间的震撼性。连续性，持续之感，也对感觉中时间的长度产生了影响。

灾荒一流民一动乱，是被一再验证过的因果链。就甲申年三月十九日的事变而言，诡异的是，灾荒不但像是适时地爆发，也像是适时地结束。《豫变纪略》记乙西（顺治二年）五月清军渡江，"豫州始脱兵燹之祸"；接下来说："是岁豫州大有麦禾。"更有奇者，"兵火之余，人不暇耕，但鲁养播种而已。夏秋间，中原千里，禾稼如云。既刈复秀，一本凡数茎，其颗粒与初熟者无异。直获至十月间乃已"（卷八，页300、301）。天意从来高难问。远在赣南的魏禧，直白地表达了他的困惑。梦中他对亡父说"今年天

---

[1] 据祁彪佳崇祯十四年日记，其时浙东因饥荒而人情汹汹，抢掠四起，缙绅企图以救荒而"弭变"，祁氏的有关文字间充满了紧张感。（《祁忠敏公日记·小救录》）士大夫每当这种关口，鉴于"历史经验"，也出于"民胞物与"的情怀，往往不待动员即自发地起而应对——凭借乡村社会历久而生成的应对粮食危机的机制，以及诸种惯例。这里有错辨早已认领的公共义务。即使严格自律不介入地方事务的却任在某县的官员，当此关头也会挺身而出；发生在甲申年的三月十九日之前，也是阻止事件发生的一种努力。

变良已极，时平物贱岁屡登"（《纪梦》，《魏叔子诗集》卷五，《宁都三魏文集》，道光二十五年刊本），言罢竟痛哭失声。

我们已经谈到了，这是一个有一定长度的"历史瞬间"；接下来要说的是，它还是凭借某种空间形式展开的瞬间。

南—北

明的溃败也即清的挺进，是自北而南的。由于战事推进中的无序，人们的空间经验在这一时期较之平世有了不同。陈济生《再生纪略》记自己南逃至长江，官兵"一路盘诘，以乡谭（按即口音、方言）验南北"，见"一江之隔，而南北风景大异"。（下，冯氏辑《甲申纪事》卷五，页99）文秉《甲乙事案》却注意到了其时局面之混乱，南北间界限的模糊，说"兵备凌駉已受清巡抚山东之命"，"于南京亦发疏不绝"（卷上，《南明史料》，页450，江苏古籍出版社，1999），令人想到了所谓的"两面政权"。$^{[1]}$福建

---

[1] 对此查继佐的说法是，京城陷落，凌氏国所部仅五百人，不足以勤王，"乃驻临清遥南下者"（《国寿录》卷二《御史凌公传》，页50）。《南疆逸史》则说，京城陷落后，凌氏聚兵据临清，"间遣使人上书，请收拾山东"，未得回应；"亦时时与新朝（按指清朝）通书，盖孤军难以自立也"（卷一一，页79，中华书局，1959）。据李清《南渡录》，甲申年八月，南京政府"政兵部主事凌駉为山东巡按御史"（卷二，页93，浙江古籍出版社，1988）；九月，凌駉奏疏中有"方今贼势猖张，东师渐进，然使彼强任其旁劳，而我安享其逸，恐亦无以服彼徒心而仲我论。为今日计，或暂假臣便宜，权通北好，合力计贼，名为西伐，实作东防"（卷三，页107）云云，将他的思路表述得很清楚。据同书，"初，駉不肯附闯，倡义临清，复东昌一府。北兵破闯，接兵科"，后问闯南归，接御史（卷五，页248）据谈迁《国榷》，"清房命李建泰称谕凌駉，接巡抚，駉阳受之，以闻"（卷一〇二，页6126，中华书局，1958）；"駉在临清，阳事建房，驰奏亟奏机恢复"（同卷，页6141）；后凌"驰赴河南，上清房所接符印，实接御史"（同书卷一〇三，页6167）。

的余隩描画了更其怪异的图景，即明人与清人同地征俪，"满笠纱巾，分庭对坐；包布毛帽，并路前驱"，很有点"胡越一家"的味道。（《莆变纪事·掠俪》，页3—4，江苏古籍出版社，2000）$^{[1]}$ 但南/北仍然是关于那个瞬间的空间想象的坐标。

我们熟悉一种文学叙述方式：古代说部的"话分两头"，近人所谓的"在同一时刻里"。《明季北略》记三月十九日的京城情景，而后不无突兀地臂向数千里外，说"是日，淮安西门外有马兵突至，劫掠妇女"，后知为马士英军。（卷二○《李自成入北京内城》，页457）《国权》记甲申年事，亦力图兼顾南北。考察共时空间中的人生百态，年谱，尤其日谱（也叫日记、日历），大可作为凭借，尤其近人撰写的材料组织得较为密实的年谱。$^{[2]}$ 见诸年谱的时空分割，更细致而清晰，可据以知晓其时人物因所处经纬度的不同，其生存呈现出的不同样貌。比如你由年谱得知，当刘宗周、黄道周分别在浙东、漳浦得到了京城陷落的消息，一些北方人士已适应了"新朝"，选择了在其中扮演的角色。乙酉（顺治二年），王士祯的兄长王士禄出就有司试；尽管前一年，其伯父自尽殉明。济南诸州邑的动乱已粗定，而江南的劫难才刚刚开始。这一年清兵屠扬州，南京不战而降。同一年，方以智在流离中，"伏病南海"（《方以智年谱》）。吴应箕等人起兵抗清死。刘宗周绝食死。黄宗羲与两弟纠合数百人迎监国鲁王，驻军江上。顺治三年施闰章中

---

[1] 据余氏该书，时当癸巳（1653年）之秋，清当局与"海上"（总指郑氏）有"和辑"之议，准其浩海索俪，于是有了余氏所写的一幕。

[2] 比如冯其庸、叶君远的《吴梅村年谱》，蒋寅的《王渔洋事迹征略》，卞僧慧的《吕留良年谱长编》，陆勇强的《陈维崧年谱》，任道斌的《方以智年谱》等。

举；是年孙临抗清死于浦城，黄宗羲率余众入四明山，山民焚其寨。顺治四年宋牵以大臣之子的身份入（清）朝侍卫，宋琬等人中进士。是年陈子龙就义。方以智追随永历至梧州、桂林，后又跋山涉水至沅州，与苗民杂处，卜卦糊口；被清兵追捕，奔窜逃亡，一年三易姓名。次年王士祯出应童子试……"时间差"影响于南北士人，王士禄、士祯兄弟与吴越的知名之士，经历、经验有了如此大的不同。$^{[1]}$ 我们于此看到了发生在同一时刻的战争与和平，对抗与顺适。这岂不有助于扩张你关于明清易代之际的想象的幅度？清军南下过程中造成的差异，足以使旧有的南／北观念获得新的依据。

明亡清兴的过程作为时空连续体，随处留下印迹，复杂化了这一时期的历史图景，使那图景呈现出丰富的层次。

明清易代因相对短促，尚不足以造成北、南宋那样的地域问题，却仍然勾起了历史记忆，强化了关于南北的差异感。将这种差异感表达得尤为激烈、极端的，是王夫之。王氏在其史论中，几于将"夷狄"治下的北人视同异类。比如他说："石敬瑭割土于契丹，宋人弃地于女直，冀州尧、舜之余民，化为禽俗。"（《读通鉴论》卷三，《船山全书》第10册，页139）还说，"三代以上，华、夷之分在燕山，三代以后在大河"（同上，卷一二，页454），所依据的，未必不是最切近的经验。将"入清"视为道德蜕变，依此考察易代中的南北，自然在夷夏论的视野中。王夫之所表达的，正是这种偏激之见。将先被征服的北方视为清的版图，

---

[1] 我在这里强调了时间作为视点的重要性。也应当说，差异的造成，有仅以时、地所不能解释者。

而将较晚纳入清廷治下的南方与北方作了区分——被大清一统的迟早，暗中被作为了区分彼我的根据。土既非我土，民也非我民。读宋元之际、明清之际的文献，你会发现"北"这一关于方位的用语，通常直接用来指称元、清；北人即作为敌方的元人、清人，而无论其人是否蒙、满。$^{[1]}$陈洪绶说"越中无赖事椎埋者数十百人，戎服佩刀，习北人语言，号从军健儿，星布四处，白昼夺货物于市郡，县官不敢问"（《为刘侯寿序》，《宝纶堂集》，康熙乙西序刊本）。板荡之际"北人语言"曾被如此运用，却也另有全然不同的有关"北方"的想象。陈确就记述了一群传闻中不知来自何地的好汉，奋力惊人，"皆北音"（《陈确集》文集卷九《东渓寺异人记》），以此渲染北方的雄奇沉郁，以及北方式的英雄气概。

《剑桥中国明代史》对人物的籍贯，似乎有特殊的关注。地域（籍贯等）被国外学者作为了理解中国历史现象的一种线索。他们显然认为人物关系与人物的命运，可以由此得到一定的解释。魏斐德的《洪业——清朝开国史》即以此为标题："北人与南人"（中译本，页398）。国外学者对地域——南北，以及省籍——的重视，由魏氏该书征引的文献亦可知。该书在注释中引用了一种说法，以解释明清易代中江南士绅抵抗的顽强，认为江南地主"没有直接面对北方那种急风暴雨般的农民大起义"，以及他们惑于"文人义士"的宏论，"低估了清军的力量"（中译本，页559

---

[1] 周密《癸辛杂识》所谓"北人元遗山"（别集下《褚承亮不就试》，页275，中华书局，1988），"北人"不只指籍贯，更据元好问在南北不同政权间的归属。陶宗仪《南村辍耕录》卷五《汪水云》记当杭州被元军攻下后汪元量的诗作，中有"南人堕泪北人笑"（页56），所谓"北人"，也无论蒙、汉。

注1）。这种解释并不有力。较之北方，江南的士大夫有更强大而易于激发的政治能量；而不少参与抵抗的士人，尤其其中的领袖人物，系"知不可而为"，出于极冷静的抉择。（参看拙著《制度·言论·心态——〈明清之际士大夫研究〉续编》上编第一章《经世·任事》）"不识时务"，或曰拒绝"识时务"，是士文化高度发展所培养、鼓励的一种精神品格。那种绝望的抗争，正出自"理性态度"。$^{[1]}$

清军对北方的军事征服相对顺利，似乎支持了王夫之的上述偏见。但相对顺利中仍然有差异。鲁、豫就有不同——与省情，该省在战乱中遭受破坏的程度，尤其该省缙绅对于易代的反应，均应有关。据魏斐德《洪业——清朝开国史》，"1644年投降的'贰臣'中，有1/4来自山东。如果说东北地区为满族征服中国提供了大部分军事将领的话，那么，正是山东一地在为北京清政权提供文官上，遥遥领先。山东人在清初的这种骤然显贵，在一定程度上是由于该省平定较早，部分地由于在各处起义时这里的乡绅名流遵守了王朝的法令"

---

[1] 魏斐德该书中的一些统计表很有意思：关于进入清初政治体制的人物，于省籍之外，尚统计及于考中进士的年份，以及在明朝的原任职部门、原任职务——被作为影响其时士大夫的政治选择的条件。以省籍、考中进士的年份、原任职六部中的何部、解释某人对明、大顺、清的态度，无疑是别致的思路。近人更有将南北差异归结于学术者。陈守实就说："明亡后，为抗清之举，前仆后继，不顾成败利钝，亦惟大江南北王学盛行之流域为最烈。盖其勇动之气，激昂淋漓之致，学说有以植其基也。"（《明史抉微》，包遵彭主编《明史考证抉微》，页12—13，台湾学生书局，1968）

（中译本，页385）。$^{[1]}$ 这或许多少可以解释王士祯在清初的经历。$^{[2]}$

差异毋宁说更在士、民之间。谢国桢《南明史略》就说"农民起义的烽火燃遍了山东全省，前后相继不下二三十年"（页101，上海人民出版社，1957）。在"山东的投降"这一标题下，魏斐德也告诉我们，山东的民间武装力量的抵抗持久而强劲。（参看《洪业——清朝开国史》第九章《北方中国的地方控制·山东的清剿》）在清占领北京后不久，1644年夏、秋间，山东就已经是反清军事活动活跃的地区。至于"北方"，更不可一概而论！杨凤苞写《南疆逸史跋四》，说："甲乙之际，大河以北，建义旗者云集响臻。长山则刘孔和，掖县则赵哲文，文登则满之章，鸡泽则殷渊，上谷则周永宪，海州则谢陛，沛县则阎尔梅，是皆临江节士，扶风豪士一流人，事未可以成败论也。"（《秋室集》卷二，湖州丛书本）。$^{[3]}$ 由此看来，其时关于"两河忠义"的联想，未见得毫无根据——绝非南方多义士，北方皆顺民。其时关于"北方"的印

---

[1] 该书写道："在多尔衮进入北京的三个月内，吏部的汉人尚书、侍郎都由山东人担任了。山东人逐相引荐，以求得朝廷注意。这个省份的名流在京城的影响更加明显了。而且，山东人在科举中成绩优异，就像早些年间的北人那样。"（页403）

[2] 差异看的不只是南/北，还可能有男/女。高彦颐写到了明亡过程中的祁彪佳夫妇，说"女性世界的安宁和王朝迫在眉睫的垮台形成了鲜明对照"（《闺塾师——明末清初江南的才女文化》中译本，页241，江苏人民出版社，2005）。共一时空甚至亲密如夫妇，所度过的同一"历史性时刻"，广地也会有如许之不同，更不必说处于不同阶层、社会地位的人们。

[3] 易代之际的北方，不但有保定的坚守（《崇祯甲中保定城守纪略》，《戴名世集》卷一三），更有周遇吉在宁武的顽强抵抗（《弘光实录钞》卷二，《黄宗羲全集》第二册，页45）。见诸文献，陕西的抵抗似乎尤为顽强。戴名世记发生在榆林的惨烈战事（《崇祯癸未榆林城守纪略》，《戴名世集》卷一三，中华书局，1986），足证西北的坚韧。直到1647年夏天，陕西的中心地区才大致为清军所控制。此时据甲申之变已三年有余。

象，多少也因了资讯不足，史迹有阙。这或许又因发生在北方的抵抗较少士大夫的主导，而更有民间自发的性质。$^{[1]}$但无论如何，"省籍"视角毕竟使一些易于被忽略的"事实"得以浮现，使某种"不平衡"得到了描述的机会。较之笼统的南/北，这无疑是更细致的考察，有可能以地方史的细节丰富关于那一时段的想象。

戏剧性的是，随着战场的向南方推进，"北兵"的构成中有了越来越多的汉人。万历朝侯先春就已经注意到，其时夷狄"入犯之时，为之四散据掠者，亦多中国人"（《安边二十四议疏》，《明经世文编》卷四二八）。$^{[2]}$美国学者梅尔清注意到，《扬州十日记》的作者王秀楚"根据兵卒所穿的是满族服装还是汉族服装或是讲满语还是说汉语来区分兵卒。相对于用来描述满族军官的措词，用来描述普通兵卒的词汇要激烈得多"（《清初扬州文化》中译

---

[1] 谢国桢《南明史略》说孙奇逢、傅日初，王余佑曾"起兵雄县，连克容县、新城（河北容城县）"（页96）。孙奇逢年谱记有崇祯九年七月孙氏参与容城守事，起兵事未见之于记述。谢氏该书也说"清朝在北方的统治比较稳定，士大夫大部分投降了清朝，在北方各地继续不断爆发的抗清斗争中，再也没有像般洲、孙奇逢这一类人物参加了"（同上）。南方则不然，士大夫的反清往往与当地的抵抗运动相始终，而且正作为抵抗运动的中坚。商鸿逵《清初内地人民抗清斗争的性质问题》一文说叶廷秀、阎尔梅"参加过山东榆园军"，接下来也说，"知识分子参加抗清队伍"，仍然以南方为多，"江南战场几乎无役无有知识分子参加"（《明清史论著合集》，页73—74，北京大学出版社，1988）。

[2] 郑天挺《清代的八旗兵和绿营兵》一文说："一六四四年满清入关，军队作战以八旗满洲蒙古兵为主，汉军和投降的汉兵只在次要地位。一六四六年以后汉军与满洲兵并肩，一六五〇年以后以新旧汉军为主了，八旗满洲蒙古兵已成次要。……到了一六七三年，三藩事起，八旗兵（包括汉军）差不多已不能作战，满清统治者只好利用汉人的绿旗兵，前后动员了四十万人（《清史稿·兵志二》），每次作战，全是绿营步兵在前，八旗兵尾随于后。"（《探微集》，页176，中华书局，1980）魏斐德（洪业——清朝开国史）称多铎的部队为"满汉部队"（中译本，页524）。在关于明清对抗的叙述中，该书对辽东籍军人的动向尤为关注，甚至包括降清的左良玉旧部中曾在辽东担任军职的军人（参看该书页497），尽管将后者与最初参与满汉对抗的"辽东籍"军人联系在一起，不无牵强。

本，页19注4，复旦大学出版社，2004）。这无疑也是易于被忽略的细节。军事对抗进行到后来，不但满、汉，甚至明、清的界限已然模糊不清。至于到了大局已定之时，南北之间的——主要应当是南人对于北人的——异己、敌对感，未必不也有清当道蓄意造成。

山、湖与海

拟上述题目，不消说受到了布罗岱尔的提示。只是在这一题目下所要讨论的，并非缓慢流逝、演变，在漫长的时间里发生影响的"几乎静止的历史"，人同他周围环境的关系史，而是山、湖与海这样特殊的物质形态怎样参与了明清易代这一事件，并在事件中扮演了角色。山、河、湖、海当其时，乃繁华世界的边缘，至是其作用凸显。余颖《蒓变纪事·人稀》说："国变以后，丁亥、戊子之乱，山海纠合，乡树一帜，家兴一旅，乡与城仇，南与北敌，山与海哄，杀戮如草，白骨盈郊"（页26）。对山、海、城、乡、南、北的拟人化表述，很有可能贴近当时人的感受。后人读其时的文献时也不免相信，正是上述空间形式以不同于平世、常态的姿势出现在了这个历史瞬间，使得明清两个朝代间的交接越发见出了"犬牙交错"。

明清对抗在河网纵横的江南平原基本结束之后，又在东南的岛屿、西南的蛮荒之地以至中部的山地延续了一段时间。与易于征服的平原对峙，山、湖与海一度成了抵抗力量的前沿阵地与抵抗分子的通逃薮。参与抵抗的，就有所谓的"山贼""湖寇"，近人概名之曰"农民群众"。吴易、陈子龙等人参与组织了太湖上的抵抗。

川、楚交界处的一带山林，则掩护了李自成残部所谓的"夔东十三家"。近人将李过的养子李来亨1664年在茅麓山的最后抵抗，渲染了浓重的悲剧色彩，据说经此一役，清人当遭遇艰难困厄，会说："又上茅麓山耶？"山扮演的角色尚不止于此。孙奇逢曾避入五峰山，黄宗羲则曾奉母避入化安山，更为人所知的船山，是王夫之的栖居之地。清定鼎后的一段时间，山继续提供着庇护。湖上之师、海上之师溃败后，浙江、福建一带沿海岛屿，也继续收留、庇护着抗清义士，见证了吴锺峦的最后岁月与张煌言的末路。

朱书《皖寨纪事》说安庆"西北皆大山，绵亘不绝，毗连河南、湖广之界。其崎者或插天汉；其出入之径则逼隘，仅可错趾，左右悬岩如谷无底；其巅乃衍平……而薪，黄间名寨四十八，由此上接德安、汝宁，名寨四百八十九……"（《朱书集》卷一〇，页186—187，黄山书社，1994）直至"海氛渐灭"，山寨"此蹶彼兴"，余波久久未能平息。《皖寨纪事》说，安庆已"北属大清"，山寨仍"遥奉明制"（页188），"六、七年而后平"（页187）；亦有坚守至十余年者（页190）。据朱书所记，上述抵抗，颇有士人（由生员到进士）参与其间，设官授职，隐然山中之国。$^{[1]}$坚持了最后的抵抗的夔东十三家军，亦有士人参与主持，如洪育鳌（一作洪清鳌）。洪氏永历朝为御史，总督粤、滇、黔、

---

[1] 谢国桢《增订晚明史籍考》中说，"当明季，东南奉多保境自守，始则乡绅与农民军为敌，继则合力抗清，数十年不绝。而尤以皖中英、霍诸寨，及鄂中蕲、黄诸寨为最著"（卷一四，页678）。魏斐德《洪业——清朝开国史》则说"山地'带发'人"的抵抗，直至1649年还在进行。（参见该书中译本，页647）

晋、楚、豫军务。孟森认为其人"俨然一川东之张煌言"（《后明韩主》，《明清史论著集刊》上册，页84）。海上的抵抗，则持续的时间更久。郑氏三代"奉永历正朔三十七年"，直至康熙二十二年（1683年），郑成功之孙克塽"以明宗室诸王降"，"明朔始亡"。（《小腆纪年附考》卷二〇，页794、789，中华书局，1957）顾诚《南明史》据大顺、大西军残部拥明抗清与郑成功的抗清，说"腐败透顶"的明王朝所以能同"气焰方张"的清周旋二十年，"主要是靠曾被视作'大逆不道'的'流寇'和'海贼'"（页1115）。这岂不也是明亡中的戏剧性一幕？

山、湖与海，在本篇所写的时期，继续被目为化外之地。深林密菁，从来是绿林响马的啸聚之所，湖、海也往往利于强徒枭雄的出没。当明清间对抗的主战场转移到了此种所在，已是临近尾声的时候。凭借了这些舞台演出的，不能不是更细碎片段凌乱的故事；其中认真的抵抗，也像是染有某种绝望的色彩。但山、湖与海，毕竟造成了明清之交归属未定、暧昧不明的地带，使"易代"的剧情更缠绕虬结，也使两个朝代的边缘更见参差。这种地带甚至零星地深入江南的腹地，向不肯归顺的"士"与"民"，传递着复明有望的消息。我在一本小册子中，说到明王朝"千回百转的悠长余音"（《易堂寻踪——关于明清之际一个士人群体的叙述》，页135，江西教育出版社，2001）——那尾声的长度是由遗民的卒年标记的。如若将山间湖上海上规模不等的冲突都收入视野，这尾声确也说得上"千回百转"。一个王朝逶迤远行之时，竟拖曳了如此长的后影！

当然，其时的山、湖、海也如平原一样色彩驳杂。文秉《甲乙事案》说乙西年间的陈湖："时城中富室大家皆避兵水乡，为人朵颐久矣。于是，集义者四起，咸以劫掠财物为事。"（卷下，《南明史料》，页562）即使吴志葵、黄蜚的太湖义兵，也"无远图，惟搜捕剃发人，及沿村打粮而已"，以至"民甚苦之"。（卷下，同书，页566）余瀫《莆变纪事·海氛》开头就道："海上煽祸十有余年"，极写"贼"对于沿海的劫掠。大约也因听多了此种故事，陈确将"吾道而异端"，比之于"山海之穷寇自号为义师，以殊民毒众，而倬万不可必之功者"。（《异端论》，《陈确集》文集卷五，页166）古老的盗匪故事也正借诸"易代"而翻新出奇。如黄宗羲关于四明山寨的记述所示人的那样，山中有惯匪宿盗，有"义军"，也有为了自保而袭杀"义军"的山民。$^{[1]}$ 黄宗羲与其弟就曾为"山贼"所缚，经了营救才得以脱身。（顺治十三年，《黄宗羲年谱》，页29）当着志在"恢复"的士大夫与盗匪在山中相遇，"文明人"遭遇化外之民，暴露的难免是士大夫自身的脆弱，在山的雄强与蛮荒面前的无力。黄氏于此有痛苦的经验。他从亡海上的经验同样痛苦。我所读到的其时文献中，再没有黄氏如下的一段文字，更足以传达追随鲁王于海上者内心的凄怆的了："落日狂涛，君臣相对，乱礁穷岛，衣冠聚谈……"（《行朝录》卷四《鲁王监国》，《黄宗羲全集》第二册，页141）黄氏想必不是偶然地选取了黄昏这颓败的一景。这应当是他记忆中最凄凉、心绪最纷乱

---

[1] 参看黄氏《行朝录》卷九《四明山寨》；《黄宗羲年谱》顺治三年，页25。黄宗会《亡弟司舆黄君权厝志》一篇记其地"寨兵"情状，亦可考见浙东反清民间武装，及士民当明亡之际的动向。所记清兵对谋聚清剿手段之残忍，尤可补黄宗羲有关记述之阙略。（《编客文集》，上海古籍出版社，1983）

的时分。这海以怎样的神情见证了也参与了残明最后的挣扎。

也应当说，即使板荡之际，也仍然有不同的山、湖与海，发生于其间的不同故事。即如那时的山，仍然印着文人的游踪，山志则收录了他们的吟咏。山中有隐士的肥遁，为了避乱，或只为了避世——无论所避为明为清。山中的佛徒，继续着他们的宗教生活，却也有僧人正是在这关头，较之平世更深地"卷入"了世俗历史，接纳、庇护亡命，乃至直接介入反清秘密活动。随着小股抵抗的被剿灭，山、湖与海也就纳入了清政权的控驭范围——尽管仍然会有化外之民。

兵、贼、盗、寇、义军

尽管不及《扬州十日记》的广为人知，我所读过的那一时期的文献中，《研堂见闻杂记》（一作《研堂见闻杂录》）将太仓一带诸种政治势力间的起伏消长，情势的倏忽变化，人们的盲目奔窜，士人裹胁于乱局的身不由己，叙述得令人印象深刻。由该书看，当时的这一带到处都在流血，而导致流血的冲突却似乎可以发生在任意两方（或多方）之间。演出在此处的"历史"，成分混杂，冲突各方色彩闪烁不定，并不如正史叙事的并然有序、阵线分明。"有序""分明"想必以牺牲上述"混乱"为代价——将参差的边沿裁剪整齐，以便装入现成的框架。

明清交接处局面的混乱，确有事后看去匪夷所思者。上文已提到了凌驾的"两面政权"。李宏志《述往》一书中有更怪异的例子，该书说崇祯十五年，中原大乱，"流氛所过州县，命吏、伪员同城共治，而命吏且听命于伪员"（页3，《甲申史籍三种校本》）。按"命吏"即明朝官员，"伪员"指大顺朝官员），谁说不是易代中的奇景！$^{[1]}$

发生在这一时期的混乱，部分地也由角色的繁杂与角色面目的难以分辨所造成。

当时以及事后的叙述文字，指称其时的军事力量，有"兵""贼""盗""房""义军""北兵""清军"诸名。其中"贼""房"都界定清晰，贼（亦作"流寇"）专指李自成、张献忠军，房则特指清军，惟"盗"语义含混，指乘势而起的诸种武装力量。"贼"的取向明确，标识清楚，"盗"则不然，往往目标不明，成分复杂，品类混淆，如易堂诸子所记述，"市井游手"与佃、奴混在一起，而以"义师"自命。王士祯在《池北偶谈》中校正稗史关于山东"义兵"的误记，说某仆系"群盗"，而非"义师"。（卷一〇《纪载失实》，页235，中华书局，1982）其实"义师""群盗"无从分别，无论宋末、明末，无不如此。难以区分的，即有上文刚刚说到过的"山贼""海寇"与"义军"，甚至官兵与强盗。"跋扈将军"所部的乱兵（明军），行径就往往无异

---

[1] 在司徒琳看来，"明清之间的长期争斗，与其说是两国间直接交争，还不如说是双方的一场竞赛，看谁先制服第三方，或是先为第三方所击败。这第三方就是十七世纪中叶逐一吞噬各地的社会政治的无政府状态"；而"在这场竞赛中，明朝的失败比清朝的得胜来得更快"（《南明史（1644—1662）》中译本，页58—59）。该书认为，导致明朝失败的，是它失去了对于地方政府与社会的控制。梅尔清甚至认为，明末的那种社会动荡有时只有表面的政治性，多数情况下，不过是"在政治大混乱中趁火打劫"而已。（《清初扬州文化》中译本，页15）这自然是她得之于文献的印象。

于寇、盗。$^{[1]}$ 至于横行大江南北的左兵（左良玉部），虐焰张天，残民或更甚于"贼""房"。三百年后梁启超注孔尚任的《桃花扇》，还批评该剧"于左良玉祖护过甚"（第九出《抚兵》，文学古籍刊行社，1954）。$^{[2]}$

由此看来，处现代之世，的确不能将明清之际的战场想象成两军对垒、阵线分明。当其时更有诸种性质不同的反覆。明朝忠臣陈子壮被后来"反正"的李成栋处刑，另一忠臣杨廷麟则因后来"反正"的金声桓攻陷赣州而赴水死。在旷日持久的战事中，"义军"固然成分驳杂，正规军（无论明朝官军还是清兵）何独不然！战场上的敌方，可能正是旧日同僚。杨廷麟就说过"群盗纵横半旧臣"（见《梅村诗话》，《吴梅村全集》卷五八，页1142，上海古籍出版社，1990）。尤有戏剧性的，是李自成残部的加盟南明抗清武装。江右的曾灿不胜感慨，说"当日赤眉犹助汉，降臣朱晃竞倾唐"（《秋兴二十首次舒鲁斋韵》，《六松堂集》诗集卷六，豫章丛书本）。$^{[3]}$ 天启"壬祸"中被难的顾大章之子顾昊，据说被"误杀"于"乱民"（参看魏禧《跋顾子方手札》，《魏叔子文集》卷

---

[1] 黄淳耀《陶庵全集·诗集》卷四《野人叹》，写官军与"贼""盗"串通一气，以劫掠杀人为事，曰："昨闻死贼劫财贼，分与官军作贿赂。乱民头大挂高树，黎明视贼贼已去。"（其二）写江南"游手村民勇贼虏，跳向湖心作群盗，公然持兵劫官府。"

[2] 文学古籍刊行社（北京），1954年版孔尚任撰、梁启超注《桃花扇》，页141。该书第三十四出注4批评该剧的以左良玉、史可法、黄得功为"三忠"，说孔尚任对左"非惟无眨词"，且"极力为之章写忠义。盖东林诸人素来祖护良玉，清初文士尚守于其说"，孔尚任亦为所误。（页195—196）

[3] 彭士望大不以为然，批评道："兵非自鸣马营不重，人非自绿林不雄。又甚则本未为盗，或假托以来招抚，进化美官，一倡百和，竟成风尚。"（《与傅度山兵科书》，《树庐文钞》卷四，道光甲申刊本）

一二）。一说其人死于"乱兵"（《思旧录·顾昊》，《黄宗羲全集》第一册，页365）。死于乱兵抑乱民，其实并没有什么不同。$^{[1]}$此一时，彼一时，你中有我，我中有你，倒戈反水，瞬息万变，不能不使得身份、角色界限模糊不清。商鸿逵曾问及反清运动的性质。倘若追究至具体战役，性质实在难以断定。商氏对于这一问题的回答尽管未脱出那一时期的"史观"，但有关的讨论无疑是有意义的。$^{[2]}$

江西是明清之际遭受破坏最严重的地区之一。在该地士民，那是一个创巨痛深的血腥瞬间。魏禧说甲乙之际，他所在的赣南，"邑大猎群起为雄，四鄙之野人揭竿称名字者，不可胜数"（《诸子世杰三十初度叙》，《魏叔子文集》卷九）。未知那些揭竿者称何"名字"。无疑的是，"义军"的"义"，当此之时，是最易于被假借的名义。近人黄志繁说，赣南自南宋到清初的动乱者，"并非全是耕佃为主的农民，而是包含了盐商、雇工、兵卒、无赖或是塾师等各种复杂的人群"（《"贼""民"之间——12—18世纪赣南地域社会》，页259，三联书店，2006）。该书更推而广之，认为"在中国传统时代地方动乱的'动乱者'，往往在动乱前都能够在地域社会中具有一定的支配力量，甚至很多时候他们就是地方

---

[1] 关于顾昊之死，《明季南略》引《无锡实录》，说法有不同（参看该书卷四，页232，中华书局，1984）。魏斐德《洪业——清朝开国史》的有关叙述依据了温睿临《南疆逸史》（页388—389）、查继佐《国寿录》（页70）。在该书的叙述中，顾昊系为乡邻所谋害，不过借了农民的刀而已。

[2] 商鸿逵《清初内地人民抗清斗争的性质问题》一文，收入商氏《明清史论著合集》。是"阶级斗争"还是"民族斗争"，是当时提问的方式。这种讨论也基于其时武装力量成分、"阶级背景"的复杂、多样性。

社会最有势力的人群。这一事实表明，地方动乱的'动乱者'，并非传统阶级斗争视野中的被压迫者，相反，他们往往是地方社会中的主宰性力量"（同上，页260）。$^{[1]}$ 上述问题仍然有讨论的余地。可以相信的是，发生在同一时期的"动乱"，缘起、诉求本互有不同，宜于作个案研究。

此外我还想到，我们的想象是否过分受限于既有的"名"？历史生活中从来有模糊地带。黄氏讨论了"'贼''民'之间"。有诸种"之间"，图像就不再清晰。色彩繁复，斑驳陆离，想象的空间于是乎扩张。热衷于"命名"不一定是好习惯，但不命名，又不便言说。知乎此，对于"名"就不必太拘泥，关心应当在不可能为诸"名"所涵盖的丰富的事实，由"模糊地带"，由诸"之间"开发自己的想象力。

史学家由历史人类学的角度研究"动乱"，回答"动乱"与地方社会变迁的关系问题，我所关注的，仍然是士大夫的经验与反应。兵、贼、盗、寇、义军，均系士大夫经验中的"民"，他们在不同情境中面对的"民"，是对此"民"的依情境、关系不同的不同指称。官方文件与士大夫的表述中的"民"，一向语义含混。这个远非透明的角色，在政治、社会大动荡中，位置最难厘定。

"民"在"贼""盗""寇""义军""官军"任何一方中，又有

---

[1] 该书说，宋代"赣南作乱的首领大多不是贫困农民，而是地方土豪"（页49）。说在"抗元"这一特殊情势下，"贼"与"义军"、"贼"与"民"间的"边界"模糊不清。（参看该书第二章第四节《边界的模糊：文天祥抗元与"畲贼"》）该书认为，明清之际赣南的"租佃斗争"属于"经济斗争"（而非"政治斗争"），只不过为"易代"中的社会动荡所激化而已。（参看该书页204—213）

可能是其中任何一种力量的受害者。反清志士说"民心可用"；下文将谈到，他们所遭遇的当面、直接之敌，佃农、家奴、"田贼"、土寇，也正是民。在明清对抗中，乘乱而起之民，是最不确定也最不易控制的因素，是乱局中的一大变数。曾参与过抵抗的曾灿，说因"积怨已深"，"民尽是贼"，一旦"寇"到了城下，"不外降则内溃"。（《上万年伯书》，《六松堂集》文集卷一一）在当时、事后的叙述中，此"民"只能由其与王朝的政治关系以及与士夫的关系而被界定，似乎在其时的对抗中仅具有功能意义。由出诸士大夫之手的"文献"，没有可能还原历史岁月中的民。即使在引入"唯物史观"之后，不能直接发声者仍保持着缄默；更何况到了晚近，自居为"代言者"的，对于自己的角色认知也发生了动摇呢。

当面之敌

二十世纪三四十年代兴起的明末民变研究通常持农军立场，有意不将士大夫的感受纳入考察范围。我所面对的更是士大夫的明清之际，士大夫的"易代"经验，包括了他们经验中的民变、奴变。所谓"当面之敌"，即取士大夫的角度。其实，史学据以考察的，无不是士大夫的经验；农战史、奴变史的大量史料，本来就有可能在另一种旨趣下读解。对于我的意图尤有价值的，是其时较有影响（往往也更有见识、更有自觉意识）的士大夫的经验，较为个人化的、具有某种直接性（即非止得之于传闻）的、文字间保留有某种现场感的材料。这种材料通常保存在文集中。

同样经历了"易代"，最具震撼性的瞬间仍有可能因人而异。

对于当时不曾身任军事的缙绅，那个瞬间或许更在遭遇身边的"民变""奴变"之时。文秉记乙酉年的江南，说"是时叛仆四起，大家咸救死不暇"（《甲乙事案》卷下，《南明史料》页567）。易代中士大夫最当面之敌，不能不是那些识面或不识面的奴仆佃客；较之远敌，这当面的"反叛"无疑更有冲击力与破坏性。这也有可能是他们所经历的更切身的"易代"。欲知"士大夫在易代之际"，非将其放回到上述情境中，是不能得其实、得其情的。

黄淳耀记甲申后的嘉定民变，最令他刻骨铭心的，不消说是"仆坐堂上，饮啖自若，主跪堂下，搏颡呼号"（《送赵少府还郢诗序》，《陶庵文集》卷一，乾坤正气集）。平时以为"最相得，最受恩，此时各易面孔为虎狼，老拳恶声相加"（《研堂见闻杂录》，《烈皇小识》页274，上海书店，1982）。$^{[1]}$杜濬说甲申、乙酉，他一家住在金陵期间，僮仆叛去，窜入兵籍，"不数日，立马主人门，举鞭指画，放言无忌，以明得意。甚者拔刀砍庭柱，叫呼索酒食，不得则恣意大骂，极快畅，然后驰去"（《瘗老仆骨志铭》，《变雅堂遗集》文集卷六，光绪二十年黄冈沈氏刊本）。我所读到的类似记述，生动无过于此的了——真真是"打翻在地，再踏上一只脚"，与毛泽东《湖南农民运动考察报告》中所写情景何其相似！你还不难注意到，尽管饱受了惊吓，当写这种文字时，杜氏显然已恢复了优越感以至幽默感，语含揶揄——正是一个主子的

---

[1] 方以智《桐变》小序，说其时"奴仆多叛其主入寇者"（《方子流寓草》卷五），自说其家"累世修德"（同卷《思望》小序），亦不能幸免。

态度。在主子眼中，那些造反的奴仆、佃客，无不可恨而又可笑。《明季南略》卷四《黟县仆变》："乙酉四月，清兵犹未至也，邑之奴仆结十二寨，索家主文书，稍拂其意，即焚杀之，皆云：'皇帝已换，家主亦应作仆事我辈矣。'主仆俱兄弟相称。时有嫁娶者，新人皆步行，竟无一人为僮仆。"（页270）"家主亦应作仆事我辈"，乃颠倒伦序；却又"主仆俱兄弟相称"，由今人看去，不免矛盾。事实是，纵然"仆坐堂上"，"主跪堂下"，颠倒了主奴，也绝对无意于颠覆主/奴这一种社会关系结构。而一旦遭遇了祁彪佳似的严厉镇压，却又见"膝行搏颡"，乞求主子的赦免。$^{[1]}$反奴为主，易主为奴，不出主奴之间；易卑为尊，也无非人上人下，过一把做主子的瘾。

本来"奴"就有种种。有豪奴悍仆（略如朝廷中的权珰），也有所谓的"忠奴""义仆"。上文所引杜濬的文字，意在对比，就讲了一个义仆的故事（《瘗老仆骨志铭》）。也因此并非所在瓦解，而是有瓦解有较平世更紧密的黏合。传统的平衡仍在。"天崩地坼"只是士大夫的想象，以至为传达某种感觉而有意过甚的形容。且主奴间的关系从来都不绝对，奴者主之，主者奴之，每见于记述。"其用事之人，则主人之起居食息，以至于出处语默，无一不受其节制"（《日知录集释》卷一三《奴仆》，页325）；狐假虎威横行乡里者即此辈。谢国桢《明季奴变考》所录材料，

---

[1] 祁彪佳处置"叛奴"，确也别出心裁。他将数万名造反的"奴客"（应指奴仆佃户）"急挽缺"，宣称只赦免那些为主子保释者，"于是诸奴客家皆膝行搏颡，巧原主赦免"（毛奇龄所撰祁氏传，《祁彪佳集》卷一〇，页246）。不但为主子们复了仇，且为他们挽回了面子。

有一则说奴中之任事者，"即得因缘上下，累累起家为富翁"；另一则说，"奴或致富，主利其财，则侯少有过犯，杖而桐之，席卷而去，名曰抄估"（《明清之际党社运动考》附录一，页212、213，中华书局，1982）。

但明清易代这样的关头，通常确也是清算的时候。有冤报冤，有仇报仇。甲申城陷，陈演因先前曾"责治一仆，仆恨之，遂出首于贼"，遭追比，受刑甚惨。$^{[1]}$（冯梦龙《绅志略》，冯氏辑《甲申纪事》卷二，页21）顾炎武被"世仆"首告，想必也由于宿怨。隆武朝因"租斗"问题起而围城的福建莆田农民，近人以之为反清武装（参看傅衣凌《明清农村社会经济》，页178—179，三联书店，1961），陈鸿《国朝莆变小乘》却说该地农民不过"借明起义"（参看同书，页179注3）。其时"义军"多有此"借"，无论所举为何种旗号，锋芒所向，无非当地的官府豪绅。至于参与其中的佃客各"思入城快泄其平时之小忿"，"快报其睚眦"（康熙《宁化县志》卷七《寇变》，同上，注6），也是这类"群众运动"中的常态。士大夫的"举义""建义"，就有可能因了直接面对的威胁——固然为了救亡，却也为了自保。据上引《黟县仆变》，在"仆变"的威胁下，休宁知县"遍邑绅饮，痛哭，遂起义"（《明季南略》卷四，页271）。黄道周弘光朝出山前的书札，一再抱怨"盗贼"的"焚掠"，使他不能安于松楸之下。江右

---

[1] 方以智致书张自烈，说自己"极难时遭奴仆之叛"（《寄张尔公书》，《浮山文集前编》卷八《岭外稿》中，《四库禁毁书丛刊》集部），指的则是甲申之变在京城被家人首告的那档子事。而据赵士锦《北归纪》，农军"令各官投职名，一时长班家人最祸，迫之出。且有一家匿十家迸宅之令，亦无处藏身"（冯氏辑《甲中纪事》附，页21）。

的宋之盛也说："诸生起义甚难，……顾往往蹈难为之、视死如归者，痛父母之受困盗贼，无成败捐躯赴之，亦其所也。"（《郭义士传》，《譬山文钞》卷上，豫章丛书本）士大夫自告奋勇地主持、参与的守御，所"御"往往也是此辈当面之敌。

士大夫中有深远之虑者，并不局于家族利益。他们由诸种端倪，早已瞥见了秩序大破坏的凶险前兆。顾炎武搜集整理其时"奴告主"的材料，即应出于这种忧虑。（见《日知录之余》卷二）$^{[1]}$ 发生在其时社会生活中的"下犯上"，自然不止于此。该书所录"奴告主"要与同卷关于下犯上、卑犯尊的其他各条——"卒告将""吏告本官""小校杀本官""妻子告家长""吏告前官"等——置于同一图景中看取，才有可能更贴近士大夫当时复杂的伦理经验和他们的焦虑。呈现在这里的，的确是一幅社会关系颠覆的图像。"天地翻覆""天崩地坼"，士大夫上述感觉之由来，不也缘于这种秩序的大破坏？在其时士人，伦理秩序的颠倒，是最具根本意义的"颠覆"；对此种世相的敏感，为儒家之徒所特具，亦其人之为"儒家之徒"的证明。$^{[2]}$

《明史·刑法一》："奴婢不得首主。凡告人者，告人祖父不得指其子孙为证，弟不证兄，妻不证夫，奴婢不证主。"关于主佃，朱熹主张凡系讼狱，首先"论其尊卑上下长幼亲疏之分"，

---

[1] 高王凌《租佃关系新论——地主、农民和地租》分析了清初江南佃户以"构讼"为手段，"告计官长乡绅"以抗租的现象。（参看该书第四章，页120—121，126，上海书店出版社，2005）

[2] 士大夫的有关经验，也应当作为明末清初的礼学复兴的一部分背景。经学自身的逻辑与历史情境，很难说什么是更具根源性的。顾炎武发愿效法蓝田吕氏从事教化，无非教化此种无视礼法之民。

然后"听其曲直之词"，如"以下犯上，以卑凌尊"，"虽直不佑"。（转引自《李文治集》，页339，中国社会科学出版社，2000）据说因系婢出，张溥不为宗党所重，未成名时曾为族人倾陷、强奴欺凌（参看陆世仪《复社纪略》卷二、《续修四库全书》史部杂史类），死后遗属仍为奴所欺。吴梅村文集中有《清河家法述》一篇，记张溥的门人故交主持惩奴一事。所描述的场面，象征意义似乎更大于实际意义；不惜用了牛刀杀鸡，也是一种"申明"的动作，表明整顿纪纲的意志，决意使上下各复其位。顾炎武的杀"叛仆"，也可看作他对于"颠覆"的一种反应——以此申明"主子"身份，甚至"主"之于"仆"生杀的权力。$^{[1]}$钱谦益《国初群雄事略》记有元明之际如下故事：元末，岭南王成等人作乱，何真围剿，募人能缚王成者给钞十千。"未几，成奴缚之以出"，何真如约付钞，却以汤锅烹了那奴，并极力扩大影响，以做效尤。（参看该书卷一四，页297—298，中华书局，1982）何真所为，也无非在"表明整顿纪纲的意志"。

如若将零星的小股造反计算在内，或许可以说，民变、奴变几乎与有明一代相始终，只不过中叶以降，渐有大爆发的消息罢了。嘉靖间唐顺之的奏疏中说，吴淞、定海、苏州一带有民变、兵变的苗头（"民变之渐""兵变之渐"），素来怯弱的苏州人，竟也敢于"烧官寺，劫狱囚"（李开先《荆川唐都御史传》，《李开先集·闲居集》，页626，中华书局，1959）。震动一时的，有

---

[1] 顾炎武杀世仆陆恩事，参看谢国桢《明季奴变考》，《明清之际党社运动考》附录一，页231。

万历间董氏之变，$^{[1]}$ 天启朝苏州市民的反阉。由文献中不难感知上述场面的火爆，参与的民众不可遏制的激情。苏州市民颜佩韦等人固然不惜身命，乌程民众因田赋不均而群聚申诉时，竟一再有人投江以表达愤懑（朱国祯《涌幢小品》卷一四《均田》，中华书局，1959）。到了死不足畏，离揭竿而起也就不远了。

主/奴之外，尚有主/佃。文献对于奴、佃并不严格区分。上引文字中的"奴客"，"客"或即佃。事实上奴、佃也往往一致行动，尽管诉求仍互有不同。江右的魏礼说当变乱发生，"佃户占租税，立万总、千总之号，田主履亩，则露刃相向，执缚索货赂"（《析产后序》，《魏季子文集》卷七，《宁都三魏文集》），于是魏氏家道中落。这种主、佃对抗，也可以看作局部的"农战"。$^{[2]}$

民变、奴变之于甲申之变，既是原因，又是结果。下抗上加剧了社会冲突，遍及城乡的动荡正缘此发生，而普遍发生的对抗又赖有社会控制的废弛以至于"王纲解纽"作为条件。沟口雄三曾提到"社会人心的开明化导致奴变"（《中国前近代思想的演变》中译

---

[1] 关于董氏之变，以及张汉儒告钱谦益、瞿式耜的疏稿等，见谢国桢《明季奴变考》、《明清之际党社运动考》附录一，页219—222。

[2] 至于发生在乡村的主佃之争的具体形式，近人的有关考察有助于校正"常识的见解"，对于想象本篇所涉时段农村的阶级关系也不无启发性。高王凌《租佃关系新论——地主、农民和地租》讨论了租佃关系中佃户对业主的种种反制行为。该书认为，抗租欠租的农民"往往持有一种'抗欠有理论'，他们又享有一定的'信息优势'，和对农产品的直接掌控权，这都使农民并非总是处于'弱者'的地位"。（第四章，页130）"为人们特别重视的武装斗争或暴力反抗，其实并不是农民经常使用的方法，尽管各地几乎都有这一类事件发生。……日常生活中可以引致不成文的'制度修订'的'静悄悄'的抗争，毋宁说具有更重要的意义和地位。"（同上）"中国农民正是通过这种在日常生活中的隐秘行为和软性的反抗，在表面规定无所更改的情况下，'无形之中'实现了制度的修改。"（第六章，页195）这里也涉及了"瞬间"与"日常"，非常时期的非常事件与"正常"状态。

本，页460，中华书局，1997）。李文治则以为明代体现于律例的主佃关系，是"封建土地关系的松解趋势"（或曰"封建依附关系趋向松解"）的表征。$^{[1]}$

李文治《晚明民变》定稿于1944年秋，正是郭沫若《甲申三百年祭》发表的那年。（参看《李文治集》页21注）二十世纪三十年代以降对"农战""民变""奴变"的研究，与同一时期进行中的革命（中国共产党领导下的"农民战争"），与其时推广中的革命意识形态，自然有着呼应。学术与社会运动的互动，在二十世纪上半期的中国，构成了一道特别的景观。谢国桢自说他考察明末奴变所带的三个问题，第三个问题即"奴变和索卖身契的事，是不是民族阶级的运动"（《明季奴变考》，《明清之际党社运动考》附录一，页210）。当时，农战、民变、奴变，被不加分析地一概作为"进步"的运动，"推动历史发展的动力"。在"进步/反动"的思维框架中，缙绅无疑属于反动营垒。谢氏此篇所说的"农民军起来了，农民翻了身，可以当家作主人了"（同上，页224）。"翻身""当家作主人"，或许在当时还陌生而新鲜，却正是稍后流行的说法。同篇所使用的材料，又不能不由士大夫、缙绅提供，因而难以将上述认识贯彻始终；"刁奴"云云，袭用的

---

[1] 李氏认为"这种变化是从明中叶开始的。成化（1465—1487）弘治（1488—1505）年间，'民风转厚'，那时'少者习于事长'，'贱者亦习于事贱（按应为贵之误）'。嘉靖（1522—1566）、隆庆（1567—1572）两朝开始发生变化，万历朝更加显著，如管志道所说，少长尊卑及贵贱等级两者'盖至于今之又僮不讳矣'"（《论李自成的"均田"纲领口号的时代意义》，《李文治集》页341）。在另一处李氏说，到清代前期，"随着地主绅权衰落，农民地位上升，出现了主佃之间超经济强制关系的松弛化。这种变化，有的地区从明清之际就开始了，而且，随着农民反抗斗争的开展，波及地区愈广"（《论清代前期的土地占有关系》，同书，页217）。

不正是缙绅的口吻？由谢氏此篇的叙述，也不难察知选择叙述立场、态度之难。将"贫苦农民"与"刁奴"区分，是谢氏所难以做到的吧。

江右的魏禧有《与友人论省刑书》（《魏叔子文集》卷五），其所谓"省刑"，指处置僮仆不可滥用刑罚。他那友人也实在暴虐，叔子说其人"走使僮仆姜婢，不均劳逸，不恤饥寒疾苦，意有小失，茶酒之过，答棰便下，动以十百数不止；剥衣裸形，涕号宛转，唇鼻沾地尘，涕泪流沫不断如带，血射肉飞，裂皮筐骨"；打人打得如此辛苦，那友人却像是乐此不疲。或者一两天来一次，甚至一天里打两三次。以今人看去是不折不扣的施虐狂。如此"主子"，奴变正难以避免。魏禧在上述书札中，就说到了"积虐之报"，而以近事近例为警示。

社会关系发生巨大变动之时，士大夫中的有识者主动调整姿态，有改善主奴、主佃关系，善待佃仆的呼吁。我在其他处已经谈到过刘宗周门下张履祥、陈确的有关主张。盛行于明清之际的善书，也有类似的劝诫。仅仅将此视为农民"阶级斗争"的结果，未必不是出于偏见。谢国桢《明季奴变考》引用吴梅村《复社纪略》卷二，说张溥早年受强奴欺侮，与其友人张采发誓报仇。"及戊辰联捷，作书约同年缙绅禁收投靠家人，吴下薄俗为之一变"；张溥还为提拔一个家僮，不惜得罪其主人，以至引起陆文声的讦奏，"社事几为倾覆"。谢国桢说，张溥尽管未必有大规模解放奴仆的计划，"但是这种奖擢人材，一视同仁的态度，是不可及的"（《明清之际党社运动考》附录一，页219、224）。这或许也是

"东林正义派"人士的一个值得注意的取向。$^{[1]}$

裂变的家族

美国学者司徒琳感到"特异"的是，在晚明，"反叛精神在社会中是那样喧嚣，那样弥漫"，对抗着的不只是地主／佃户、家主／奴仆，"身份关系的崩溃，甚至出现在同一社会等级之内，例如某些家族或团体的长幼尊卑之间"（《南明史（1644—1662）·引言》中译本，页16）。这自然是得自文献的印象。而其时士大夫"天崩地坼"的感觉，确有可能直接来自身边、周边的伦理现实，他们本人的经验世界中最切身的事件：主奴（仆、佃）的对抗外，即宗族内部关系的崩解。宗族、里闬，构成了士大夫的日常生活空间。乱世的伦理情境多属平世的延伸，与"易代"未必有关。然而即平世也时有发生的事件，因在一个特殊时世，置于政权更迭的背景上，人们的感觉仍然会不同——家族伦理事件、个人事件因了那背景，俨然成为大事件的构成部分，必由大事件才能读解似的。国事、家事、天下事，在士大夫的知觉中，区隔并不分明，当此时刻更不免连成了一片。

宗法的破坏，仅由名遗民的遭际也可见一斑。顾炎武的《答再从兄书》如一篇控诉，一连串的"孰使我……者乎"，排山倒海而来，痛切的质问指向家族内部的攫夺、鲸吞、离间、倾陷，真所

---

[1] 沟口雄三认为，"至少在主观意识中，东林派人士认为基本的对立并不是与佃户、奴仆之间的对立，而是与国家权力之间的对立"（《中国前近代思想的演变》中译本，页485）。

谓创巨痛深。$^{[1]}$ 顾氏的北游不归，也因家族不容其归。另一遗民徐枋，说自己病到了危殆，想嘱托后事，而"城中骨肉手足，无一至者"（《居易堂集》卷八《再生记》，1919年上虞罗氏刊本），只得托诸友人。清初凶险的政治环境中，往往祸起萧墙。魏禧致书方以智的三个儿子，传授的就是处此凶险环境的方略。$^{[2]}$ 另有些个人事件，只留了蛛丝马迹在文献中。黄道周曾移家"避族人之难"（洪思《黄子年谱》，侯真平、姜曾泉《黄道周年谱》，页4，福建人民出版社，1999）；你不知是何种"难"。傅山致魏乔介（环溪）的书札，说到"两孙屏少，内外眷属无可缓急者，罗又外侮，寇繁有徒"，请求魏氏"护持"；（《遗魏环溪》，《霜红龛集》卷二三，页647，山西人民出版社，1985）你也不知针对傅家的"外侮"来自何方。这类经验，表述者往往闪烁其词，令人难得其详，比如难以知晓那些冲突关涉经济利益的程度。当然，怨毒绝不会是"莫名"的。张履祥感叹着"教衰俗敝，远近同志莫不各有天伦之苦"（《杨园先生全集》卷二四《答吴仲木》，页675，中华书局，2002）。在给友人的信中，他抱怨自己的"家边习气"，"一曰贪，至于父子兄弟不相顾；一曰狠，惟以凌弱暴寡为事"，说自己"所以邪恶思去也"；（《与邱季心》，同书卷四，页106）另札则说自己兄弟"年暮儿痴，受侮不少，大都近在族姓"

---

[1] 其中就有"致使我遗赀数千金，尽供镰握，四壁并非己有，一替不得随身，绝粒三春，奇餐他氏者乎？""致使我诸父宗人，互寻衅隙，四载讼庭，必假手蕾薇而后快者乎？"（《顾亭林诗文集》，页193）。关于顾氏与财产纠纷有关的"家难"，参看赵俪生《顾炎武新传》（《赵俪生史学论著自选集》，页331，山东大学出版社，1999）。

[2] 参看其《同林瑞奇与桐城三方书》，《魏叔子文集》卷五。魏禧劝方氏兄弟避地以图保全；由此书札看，对于方氏的威胁应当来自"其乡"的"亲戚朋友"。

（《与何商隐》，同书卷五，页141）。他甚至经历了更为严酷的"人伦之变"——其女竟被其婿"鸩杀"（参看同书卷九诸札）。至于钱谦益死后的"家变"，更是哄传于其时士类间的一大事件。

"家变"即使与"国变"无关，在罹此"变"者，其创痛也不能不相关。士人确也暗中将个人事件与所处的特殊历史时刻联系起来。"山河破碎""风雨飘摇"的感觉，无疑被发生于个人生活中的碎裂，大大地加强了，那里有混茫一片的家国身世之感。事实却是，当其时固然有崩解的故事，但也有凝聚的故事。如若使用"历史动荡中的家族"一类题目，即不免受限于自己设置的背景。顾炎武与其"叛奴"间的戏剧，固然赖"易代"作为舞台；而如钱氏家变，如张履祥女儿被谋害一案，则世不乱也会发生，尽管属于非常且恶性事件。无论与大事件关系如何，在将上述材料定向搜集并排列之后，确也让人看到了士大夫伦理处境、伦理经验的复杂性，"传统社会"生活中隐晦、阴暗的那一面。下文将谈到变与不变，破坏与修复。难以修复的，就应当有宗族、家庭内部关系的裂隙。因而在山河复归"一统"之后，破碎感仍有可能久久延续。

方死方生

"改朝换代"之际的灾难记忆，似乎以明清之际最为刻骨铭心——固然因了杀戮之惨，也因了士大夫高度自觉的存史的意志。但那一时期仍然有亡有不亡，有局部的死亡与更生，甚至有兴建，方生方死，是发生于"社会"巨大肌体的复杂过程。上文只是极其粗略、挂一漏万地搜索了这一历史瞬间，多少涉及了有什么在这一瞬间发生了改变，却没有谈到有什么仍然在继续，以及社会生活中遭遇了破坏的那些部分的重建再生。那一方面的材料尚待梳理。即如孙奇逢的《日谱》$^{[1]}$，就给你看到了他的生活所依循的惯常的生活轨道，亲友往还，诗文酬酢，讲学授徒；以及可供想象的未被记入的种种琐屑的日常行为。对"易代"这一事件所引发震动的振幅的夸大估计，难免掩蔽了日常生活的惯性力量——无论俗众还是文人。这里可能有政治史、社会生活史的不同视野。由本篇所设角度，它们似乎分别关注破坏、中断与延续、连续性，历史生活的不同面相。

明清之际"残破"的，首先是故明的"江山"。谢和耐说元灭宋这一重大事件"对于日常生活亦有着直接的影响"；但可以相信的是，影响的程度，深刻地卷入政治，尤其处于权力中心的士大夫，与普通民众仍然不同。该书也说，"直至兵临城下之前，杭州城内的生活仍是一如既往的悠哉闲哉"（《蒙元入侵前夜的中国日常生活》中译本，页4，江苏人民出版社，1998），而杭州失陷之后，生活也仍然在原有的轨道上继续。明清之际亦然。"瞬间"的时间分割不利于"社会生活史"的考察；但即使是所能划分的最小的时间单位，生活的不同样态的并存也与长时段的视野所见无异。魏斐德在其《洪业——清朝开国史》中引了史可法的家书，其中谈到清军在济南的杀戮，魏氏说，"奇怪的是——虽然这不是无法解释——徐州画家万寿祺及其同仁好友竟如此健忘，于当年夏天便聚

---

[1] 据年谱，孙奇逢顺治六年南行（传世的《日谱》即记自此时），次年五月到苏门，康熙十四年以九十二岁的高龄卒于辉县，葬于夏峰。苏门，山名。《日谱》，光绪甲午年刊本。

集北京编撰诗集。清军撤出关外才三个月，他们就又在京城无忧无虑地聚会狂欢了"（中译本，页125）。解释有可能很简单：不能想象一个人在三个月里无时无刻不在沉痛中。金声生前对其时的社会心理有如下洞察："乱之始生，人心惶惧；及其既也，目不见而耳习闻，率以为常。甚至目亲见而虑不及其身。"（《复李□□年兄》，《金忠节公文集》卷四，道光丁亥嘉鱼官署刊本）——这也是常态，其中有常人的生存策略。人的适应、忍耐力似乎是无限的。如此看来，纵然战时的生活，即使危急关头、非常时刻，也经不住过于严重的想象。

明清之际也有日常，有不变，不待证明。但在我看来，这种角度固然可以丰富对于历史的想象，却不便以此贬低动荡、对抗、搏杀的严重性，其在历史生活中的巨大冲击力。蒋廷黻《中国近代史大纲》中说"十七世纪是个大屠杀的世纪"（页33，中州古籍出版社，2015）。可见血色记忆的深入人心。但大破坏之后，甚至大破坏中就有修复与重建，且用于物质与心理修复的时间并不那么漫长。这一点给了遗民以刺激，令他们欣慰中夹杂了苦痛。实则他们中的一些人也以其文人积习，参与了生活的重建——尽管像是与遗民的心事相违。

梅尔清根据一些零散的材料，试图还原扬州城由毁灭而重生的过程，却发现"即便有过关于扬州物质重建方面的记载，这些材料也无一保留下来。通常有关破坏与恢复的材料都隐藏在《府志》不引人注意的位置。有的隐藏在人物传记中，有的包含在对特定建筑的记载中"（《清初扬州文化》中译本，页21）；当时的文学作品中，"几乎缺乏对扬州物质实体的描述"（页4）。传统的文学样式如诗，不免要依其传统剪裁"生活"，世俗生活内容通常被认为不便入诗而排摈在外。文人过熟的文体意识，诸种业已形成且僵硬的文体规范，都排斥一部分"生活"的进入，甚至包括被认为私密的书信、日记。物质细节往往找不到容纳它们的文体形式。

梅尔清同时发现，"虽然描述扬州'非官方'物质方面的重建材料十分匮乏，但看得出有关奢侈与娱乐的设施恢复得相当快"（《清初扬州文化》中译本，页63）。你大可相信，如万寿祺一流人物的需求，也正是城市"有关奢侈与娱乐的设施"恢复的动力。恢复与重建毕竟证明了一个城市由巨大劫难中振起的力量，社会生活由严重破坏中再生的能力，小民顽强的生存意志、强盛的生命力。至于易代中的蛮荒之地，更是破坏与开发齐头并进，由陈垣《明季滇黔佛教考》中关于僧人在云南、贵州踪迹的考察也可以知道。"易代"改写了这种地区的人文面貌，"文明进程"在政治对抗中深入到了穷乡僻壤——至少点点滴滴留在了该地区的历史上，影响了那里的生产方式与物质生活，渗进了其地的文化土壤。

如果你将上述破坏与修复一并纳入视野，甲申年三月十九日那个历史瞬间，由那一瞬间所引发的，是何等的丰富，无可穷尽！

在关于一个历史瞬间琐碎啰唆地叙说了上面的内容之后，我知道自己在所涉及的点上都未及从容地停留。本篇不过由文献中抽取了若干线索，不成经纬。我相信一定有更富于解释力的框架，也一定有其重要性不下于上文所引的材料在某处，尚未经人翻查。大量的遗失与遗漏，等待着另一种眼光向尘封中搜寻。

*本文为《想象与叙述》一书第一篇。《想象与叙述》由人民文学出版社2009年出版。

柒

再说想象与叙述
——以明清之际、元明之际为例

本篇尝试着由明清之际稍加延伸，探讨关于"易代之际"开发的可能性。

对于宋元之际、元明之际、清末民初我都有兴趣，希望知道这些历史时刻究竟发生了什么，关心上述"之际"的社会、文化史意涵，尤其朝代更迭之于士人的生存状态、心态。上述"之际"既是中国史重要的时间点，又与民族史交集，如宋元之际、明清之际。民族间的遭遇虽非始于此种时刻，却在这一时刻，一个（或不止一个）民族深入另一民族内部，民族生活发生了长时间大面积的交接，此种"之际"意义岂不重大！对于考察历史中的民族关系，考察汉民族华/夷观念的具体形态，上述"之际"无疑提供了特殊便利。民族间的交接尽管发端甚古，当着逼近了"中华帝国"的晚期，其形态与内涵确也愈见复杂。

历史教科书告诉我们，古代中国史上的改朝换代，往往"换汤不换药"，有动荡，有程度不等的破坏，深层却并未变动——明清之际、清末民初却不然。仅由思想史的角度，就不难知那变动抵达了深层。巨大的社会危机、政治危机使得思想尖锐——如备受思想史瞩目的明清之际的政治论述（尤其君主论）。当然，社会危机的深刻并不注定了激发思想。思想的演进、进发，还赖有其他条件，即如思想本身的积累、成长。古代中国被认为思想进发的时刻并不多，先秦诸子争鸣之后，就应当是明清之际、清末民初。其他时期并非没有精彩的思想，但人物辈出、相互激荡，确也更见于上述"之际"。

诸"之际"间的关系，是另一有趣的现象，无论明清之际与清末民初，还是宋元之际与明清之际，元明之际与明清之际。我在其他处已经谈到，不但"晚明"被清初、晚清、五四一再塑造，赋予了不同的象征意义，而且近代不同学科对晚明的叙述，往往也大相径庭。不同历史时代间的关联是如何经由叙述、言说生成的？即如塑造我们的晚明印象，政治史叙述、意识形态诠释、文学作品等各在其中扮演了怎样的角色？至于二十世纪四五十年代之交的清理，较之明清之际，无疑有更大的难度。原因之一也在缺少基础性的工作——即如对大量事实缺乏清理，因而"基本面貌"不清。有必要追问的，是那一时期究竟发生了什么，即如1945—1949年间究竟发生了什么？与其以"禁忌"为借口回避，不如寻求突破之道：包括提升研究能力，处理复杂问题、描述复杂世相的能力。

再谈明清之际

关于自己所研究的时段，我通常使用的说法是"明清之际""明末清初"而非"晚明"。"晚明"不同于"明清之际"。在我看来，"明清之际"更突出了"转换"一义。"晚明"与"明清之际"，不仅所指时段不尽重叠，且论说者的"问题意识"往往也有不同。$^{[1]}$

上一篇已经说到"清史专家"一名对于孟森不尽适用。孟氏

---

[1] 关于"晚明"的起止，似乎没有一致认可的设定。谢国桢《增订晚明史籍考》的《凡例》说该书的"晚明"，"由万历至崇祯，以迄清康熙间平定三藩事件时为止"，樊树志的《晚明史（1573—1644年）》（复旦大学出版社，2003），却以万历元年、甲申为起讫。何冠彪《生与死：明季士大夫的选择》谈到著述者所谓"明季"，所设年限互有不同。（见该书第一章，页1，台北：联经出版事业股份有限公司，1997）"明清之际"在使用中弹性更大，有指明嘉靖、万历至清乾隆、嘉庆时期者。（同上，页2）

由考察清先世与明的关系入手，着力处在"之际"；他不惟由"关系"考清的早期历史，且由"关系"看清初人物、人事。在这一方面，孟氏晚年所撰《明元清系通纪》尤称巨著。该书初名《清朝前纪》，后曾改为《满洲开国史》。由本篇的题旨看去，较之《清朝前纪》《满洲开国史》，《明元清系通纪》一名更能呈现其独特构想。元史学家屠寄必烈未定中国前成吉思汗（太祖）、窝阔台（太宗）、贵由（定宗）、蒙哥（宪宗）的蒙古史，与中国之外的诸汗国（奇卜察克汗国、伊儿汗国、察哈台汗国）史，别为专书，而孟森的《明元清系通纪》则为处理类似题材提供了更完善的著述形式，不但厘清了"关系"，而且开辟了广阔的想象空间。$^{[1]}$

该书正编开篇就说，明太祖开国，而清肇祖与其同时而生，"以其时考之，天祚有明，而取而代之者与之并起，亦史迹之一奇也"（页75，中华书局，2006）。孟氏由明的一方追原祸始，说明朝为清取代，"早由成祖时女戎肇祸"（同书，页138）——两个朝代之间的纠缠有如是之悠长。非惟"缠绕"，而且并行：清的"前史"，清兴的历史，贯穿了有明一代。

有这样的研究视野，关于明清史的想象，与专治明史或清史者，想必有所不同的吧。只是有必要说明的是，孟森在该书中一再强调的，是后来自号为"清"者，曾臣服于明，在几乎有明一代为

---

[1] 孟森《明元清系通纪·前编弁言》："此书先称《清朝前纪》，后又作《满洲开国史》，迭经整理及补充，遂将清先世在明代，一一可纪以年岁。盖清之发祥，与明之开国，时代相将。自肇祖为清肇基王迹之始，清太庙即以肇祖为始祖，其行事在明太祖洪武年间，已可考见。以后历代皆与明历帝垂统，相循而下，今以明代之纪元，叙清代之世系，成一编之文，一览瞭然。"

所"卵翼"，而非自始即为敌国；清当局却对此深以为讳，百般遮饰，欲灭没这段历史渊源。在这种眼光的观照下，不能不是更其特别的朝代间的纠结。孟森强调清与明曾有君臣关系，清之代明，是由内部，而非自外邦；强调清对于明的曾经的臣服，指摘清当局抹煞、篡改其历史为忘恩背义，由今人看去，显然是所谓的"时代印记"。$^{[1]}$

魏斐德《洪业——清朝开国史》（中译本，江苏人民出版社，1992）虽以"清朝开国史"为总题，在几乎每一具体的标题下，都涉及了被认为互为因果、互为表里的两面：明何以亡，清何以兴；此亡彼兴被认为在时间上同步，属于同一过程的不同面向。孟森虽指摘清对于明的"卵翼""负心图赖"，其《八旗制度考实》引天聪八年清太宗谕臣下语，让人看到的却是，满洲开国，尽管系"草昧之部落"，"而内政外交有条不紊"；经济生活方式落后，却能"处外族以优逸，用广招徕"，结论是："国无大小，实心为政，虚心待人，事必有济"（《明清史论著集刊正续编》，页191，河

---

[1] 孟森说，清修《明史》，"所以有颇隐没之事实，即在清代与明本身之关系"。还说："从古于易代之际，以后代修前代之史，于关系新朝之处，例不能无曲笔，然相涉之年代无多，所有文饰之语，后之读史者亦自可意会其故，从未有若明与清始终相涉，一隐没而遂及一代史之全部。"（《明清史讲义》页2，中华书局，1981）他比较了明清间与宋元间的不同，说："清历世为明属，受官爵势，并于急难时赐居边内以保存之，其与明权元之与宋有间。"（同书，页338）在《明元清系通纪》中，说清言道"于明廷之世世卵翼，不惜负心图赖"；"清代必极言其先世与明无涉，则反形其味良反噬"（页194，165）。傅斯年的《东北史纲》卷首《引语》也说："满洲本大明之臣仆，原在职贡之域，亦即属国之人。"（《傅斯年全集》第2卷，页375，湖南教育出版社，2003）也应据此。《剑桥中国明代史》写道："具有讽刺意味的是，正是明王朝的政策培育了一个更大规模地、更完善地组织起来的女真社会。"（中译本，下卷第四章，页239，中国社会科学出版社，1992）

北教育出版社，2000）。他还说，"自太祖（按即努尔哈赤）初兴，传经两代，时逾五十年，锐意图强，有进无止"，而"中国"与之对应的，却是"万历、天启之朝局"。孟氏更以崇祯与清太宗（皇太极）对比，以为"兴亡之判，非偶然矣"（同上）。

明亡清兴当然是内容复杂的过程，或许永远不可能将其中的丰富细节呈现出来，即如发生在时间中的心理潜变。魏斐德的《洪业——清朝开国史》写到许多来自山东和山西的移民被辽东人大致同化，注引拉铁摩尔的很有趣的论述。拉铁摩尔指出，汉语称东北地区为"口外"，"当问题是移居口外——而非移民海外——之时，人们会产生某种与华侨类似的体验。最初是感到失去了长城的保护，因而缺乏安全感。其后，一旦定居下来，又感到自己处在高于中国的位置上。他不再受长城的保护；而长城所保护的正是中国；长城使他和同伴与之分离的正是中国。这就是说，地域情感部分地取代了种族的或民族的情感，这一变化令人费解，但意义深远"（《满洲里——冲突的发源地》）。拉铁摩尔进一步指出，这种地域情感集中表现为一种"夷"、汉皆有的特殊社会心理，即回过头来，将中国视为可征服的希望之乡。"冒险家们背对着中国而向荒野出发，而其成功的标志，却是能够掉转身来，作为特权发源地之特权居民的一员，面向中国；于是，中国取代荒野之地成了'希望之乡'，成了财富的源泉和行使权力的合适场地。"（见魏斐德该书中译本，页33注3）明清之交，对于明朝，入侵、征服者中，正有汉族移民或其后代。拉铁摩尔的上述心理分析，涉及了微妙之处，是将明清对抗等同于汉满对抗者易于忽略的。在继续的入侵、征服中，先被征服者中，又会发生类似的心理异变，尽管与满洲的汉族移民有所不同。这样，也就在军事推进的过程中，制造出了种种差异。王夫之所见的南北之别，出于粗略的观察（参看本书第六篇），"实际情况"要复杂得多。"时间"一维的重要性，在这里也凸显出来。当然，拉铁摩尔的以上论述或更出于推测，却也证明了心理分析在历史研究中应用的可能性。由此一端，也可以想见发生在"之际"的故事的不可穷尽的丰富性——对"明清之际"的探究还有相当大的伸展的空间。

由后人看去更具有戏剧性的，是清对于明的承袭。孟森以为明朝自万历末年衰败，"能稍复其旧制者反是代明之清"，清"所必与明立异者，不过章服小节，其余国计民生，官方吏治，不过能师其万历以前之规模"。他断然道："清无制作，尽守明之制作。"（《明清史讲义》页13）$^{[1]}$ 这样看来，明与清两个朝代，无论时空，还是体制，无不彼此缠绕纠结。明"朝"亡了，明代历史却侵入了清代，深入的程度甚至难以估量。

"明代"在"清代"中的继续，是通常断代史的框架中难以充分展开的。制度之外，另如在清初政治中延续的明末党争，遗民人生与遗民的文化创造，更有此起彼伏绵延不绝的反清活动。谢

---

[1] 吕思勉《中国简史》："有明一代，政治虽欠清明，制度则颇为详密。其大都都为清代所沿袭，有到现在还存在的。"（第四十五章，页277，中国工人出版社，2007）商鸿逵《略论清初经济恢复和巩固的过程及其成就》："清朝入关向自夸以为能继明善政，实际它并未能把明政好坏加以选择或修改，而是一股脑地全部继承下来，正如能髡展所说，'国家章程法度一踵先朝之旧，……承沈袭陋，苟且因仍，曾不闻略加整顿'。"（《明清史论著合集》，页81，北京大学出版社，1988）《剑桥中国明代史》也说："不能说清代的税赋结构和财政改革优于明代的相应结构和改革；满洲人对暴力、恐怖和祠下的权势所依赖所造成的形势能使晚明的改革比以前更为广泛地进行。所以清代的社会经济结构并没有体现出与明代结构的决裂，它是明代结构的继续"（下卷，中译本，第九章，页553）。

国桢就说到，到台湾入清朝版图，明祚似已告终，"然而蕲黄四明之依岩结寨，山颠海滨之会社秘谋，所在多有。细审有清一代，志士仁人，谋推翻清廷者，前后继起，未尝中绝。故论明之统绪，以其统治权之张弛言，则当万历以后政治糜败，早失人心，其权势威力，业已告终；若人民奋斗之毅力，坚贞不屈之精神，堪与有清相终始者也"（《增订晚明史籍考·自序》，页4，上海古籍出版社，1981）。套用下文所引的说法，上述种种，让人想到的，是"明亡而实未亡"。杨维桢论正统，说："宋命一日而未革，则我元之大统亦一日而未集。"（参看陶宗仪《南村辍耕录》卷三，页36—37，中华书局，1959）问题是，缘何断"宋命"之"绝"否、"革"否？甚至难以断定宋亡于临安城陷，还是陆秀夫崖山赴海。我在《易堂寻踪——关于明清之际一个士人群体的叙述》那本小书中说，正是如魏世效这样的遗民后代，"将'遗民'这一现象在时间上延展了，也将晚明的某种遗风余绪，带进了另一个时代。政治史上断然分割的朝代，在个体人生中，在人的生动具体的生存经验中，其边界更失却了清晰性质。两个朝代之间的犬牙交错、彼此缠绕，其关系的复杂性，几乎不可能诉诸描述"（页137，江西教育出版社，2001）。$^{[1]}$

关于"之际"的叙述，正史并未形成严格的规范。全祖望说《宋史》列传十卷，"未尝载谢翱、郑思肖只字"（《移明史馆

---

[1]《宋史》写赵昺、杨太后及枢密副使张世杰死，"宋遂亡"（卷四七）。郑思肖却说，"大宋不以有疆土而存，不以无疆土而亡"（《自跋》，《郑思肖集》，页198，上海古籍出版社，1991）。此类见解，由来应久。全祖望就以为丁鹤年诀口之果，乃"残元七庙之所维系"（《鲒埼亭集》外编卷一八《海巢记》，页704）。

帖子五》，《鮚埼亭集》外编卷四二，四部丛刊初编集部）；还说《元史》于殉难臣僚有专传，"而其仗节于顺帝逊位之后，尚有多人，史稿成于洪武之初，多失不录，如扩廓不当与张、李同传，陈友定不当与张、陈同传"，建议附元遗臣传于《明史》。（同上《移明史馆帖子六》。按张、李，张良弼、李思齐）$^{[1]}$ 钱谦益的《开国群雄事略》也不免以扩廓、陈友定与张士诚、陈友谅诸"雄"并列。清修明史，沿用了类似的书法。$^{[2]}$ 徐元文主持明史局，认为"明祚"讫于崇祯，应以崇祯"终本纪之篇"，福、唐、桂三王"从附传之例"（参看李晋华《明史纂修考》，包遵彭主编《明史编纂考》，页101，台湾学生书局，1968。按《开国群雄事略》亦作《国初群雄事略》）。此建议显然未经采纳。三王作为诸王的附传，见诸《明史》的《诸王传》中。由此，南明三朝的地位被刻意贬低。$^{[3]}$ 与其兄乾学、弟元文先后为明史总裁官的徐秉

---

[1] 按《元史》无陈友定传。该书卷一四一叙述扩廓帖木儿，止于其奔太原，"领其余众西奔于甘肃"（至正二十八年）。赵翼所见与全祖望不同，以为《元史》以扩廓元季事迹附察罕传后，"而他日与明争战之事则不书"，"最为位置得宜"。（《廿二史札记》卷二九，页415，中国书店，1990）

[2] 但《明史》卷元"元遗臣传"之目，对扩廓、陈友定，把匣刺瓦尔密与张士诚、陈友谅等，却有显然的区分，而非以"国初群雄"等视之。

[3] 杨凤苞《秋室集》卷二《南疆逸史跋十二》（湖州丛书本）录乾隆四十年闰十月二十四日上谕，曰"特命于甲申以后，附纪福王年号，仍从分注之例，而提纲则刻书'明'字以别之，直至芜湖被执，始大书'明亡'"，以弘光朝与隆武、永历朝区别对待，理由是弘光朝"偏安之规模未失，不可遽以国亡之例绝之"，而唐王、桂王"苟延残喘，不复成其为国，正与宋末景、禹二王之流离海岛者相类，自不得等于福王之例"（按《宋史》卷四十七，本纪四十七有瀛国公赵显及二王赵昰、赵昺传）。舒赫德、于敏中等奉敕据"胜朝殉节诸臣录"，陈述议温的原则，"议见在在，祯问已经议温者，均无庸再给；自福王以后得温者，"并按其应温之实，除接更正"（《钦定胜朝殉节诸臣录》），以示不承认福王等的正统地位。

义，其《明末忠烈纪实·凡例》中说："方今奉旨纂修明史，前朝人物幽光，不患其不显矣。然观宋元之史，其人当两代之交，多遗其后事不书，故龚开文陆之传，为宋史所不传，而庚申外史，亦多元史所不载。以古况今，想亦当然。"（抄本，民国二十一年，有朱希祖校记。文，文天祥；陆，陆秀夫）其《纪实》一书的编著，意在"补史之阙文"。$^{[1]}$《清史稿》的纂修者也沿用上述书法，于张煌言、郑成功、李定国传后论曰：此数人"比之扩廓帖木儿、陈友定辈，何多让焉。即用《明史》例，次于开国群雄之列"（卷二二四）——既以其人为"先代遗忠"，又以见清代"开创艰难"，用意的确曲折。

叙述明史，遗民著述也书法不一。《国榷》（中华书局，1958）由太祖降生（元天历元年）记起，迄于弘光元年（1328—1645），不及隆武朝事。$^{[2]}$ 查继佐的《罪惟录》（浙江古籍出版社，1986）始撰于顺治十二年，完成于康熙十五年，以弘光、隆武、永历诸纪作为《帝纪》十七卷的"附纪"，却仍将弘光置于帝

---

[1] 按《宋史》有文天祥、陆秀夫传，载卷四一八、卷四五一；徐氏所言不确。《元史·顺帝本纪》对遁入沙漠后的顺帝，记述极简略（卷四七）。本书上文已涉及关于易代间人物的书法问题。《元史纪事本末凡例》："旧史，革命之陈起事诸人俱系后代，故陈胜，项籍不系秦而系汉，李密，王世充不系隋而系唐。元末群雄并起，若友谅、士诚、玉珍辈，俱当从此例，故今仍略述其乱之由，而其事应入我朝国史者，俱不载。"（《元史纪事本末》附录三，页228，中华书局，1979）四库馆臣却批评该书记"元初草创之迹，邦略既列于《宋编》（按指《宋史纪事本末》），又以燕京不守，元帝北但，为当入明史，是一代兴废之大纲，皆淹而不著，据以史例，未见其然"（《四库全书元史纪事本末提要》，《元史纪事本末》附录四，页229）。可证关于"之际"的叙述，的确未形成严格的规范。

[2] 据吴晗《谈迁和〈国榷〉》（收入谈迁《北游录》。《北游录》，北京：中华书局，1960），1653年该书尚在修订中，是年为顺治十年、永历七年。

系中，与隆武、永历、鲁监国作了区分。$^{[1]}$ 张岱既以为"崇祯甲申三月，便是明亡"（语见本书第六篇），其《石匮书后集》即以弘光、隆武、永历等，撰为《明末五王世家》。《与周戬伯》一札自说"以先帝鼎升之时，遂为明亡之日，并不一字载及弘光，更无一言牵连昭代，兄可任意较雠，无庸疑虑也"（《石匮书后集》附录，页394，中华书局，1959）。则上述体例，又像是出于避祸的考虑。$^{[2]}$ 但无论《明史》还是上述诸史，南明朝的史实散见于人物传记（如瞿式耜、吴钟峦、张肯堂等人传），如何看待南明诸朝，又像是不便仅据"体例"而断定。$^{[3]}$

以南明三朝的历史为明史的一部分，抑明的后史，是某些遗民

---

[1] 附纪除鲁监国、唐王、桂王外，尚有韩王（韩王名误作本铉）。孟森《后明韩主》一篇，对《罪惟录》本纪附纪之《韩王纪》详为订证。该篇说："弘光以次三主皆立国南方，故世谓之南明。川东地又近北而偏西，不能与南明并称，故直谓之后明云。"（《明清史论著集刊》上册，页84，中华书局，2006）谢国桢《增订晚明史籍考》："韩王名本铉，为农民军领袖邵永忠（摇旗）、刘体纯等拥立于鄂西、巴东山中，改元定武，据守抗清，达十七年之久，清康熙二年癸卯（一六六三）被清军击败，在永历失败之后，为存明统之最晚者。"（卷一，页8）按永历十五年（定武十六年，清顺治十八年）桂亡，后二年（定武十八年，清康熙二年）十二月，韩亡，定武乃韩王年号。

[2] 该书对明末诸王，也有区分。称福王"弘光"，对隆武、永历，则日"上"日"帝"。且传与论的书写态度，亦不一致。唐王世家对隆武，颇多赞美之辞，"论"则口吻严厉，不似出诸同一作者——可能张氏的紧张敏感。沈铭彝序高承埏所撰《自靖录》，说自己对该书"翻阅一过，知其于陶节故实，直书其事，并无讥议本朝之语"，"正如祖伊奔告，第痛惜殷之所以失绝，不议周之所以得"（谢国桢《增订晚明史籍考》卷一七，页733，祖伊，封之臣；其"奔告"事，见《史记·殷本纪》）。又是易代之际遗民的言述策略：对发生于其时的"兴亡"，仅提供"亡"的一面的考察与思考，也应当有禁网之下不得已的苦衷。

[3] 其他明史著述采体例五并，无不隐含了与明亡、南明诸朝有关的判断。《明史纪事本末》编撰在顺治十三年后，顺治十五年刊行，所记以元至正十二年（1352年）朱元璋起兵、崇祯十七年北京陷落为起迄。夏燮《明通鉴》于卷九十后有附记六卷，始于甲申，迄于郑克塽降（康熙二十二年），以清代帝号纪年。

史家与主持明史局者的分歧所在，且被认为关系重大。以之为明的后史，即不妨据清的正统地位，而指南明为"叛"——即使并未明言，此种逻辑也可能包含其中。遗民的孜孜于南明史的叙述，应当出于极现实的计虑。如黄宗羲、王夫之者，亦为自己参与其中的一段历史作证。但如上文所说，同被划归"遗民"，言述策略也互有不同。朱希祖曾比较康熙本《明史稿》、雍正本《明史稿》与《明史》，猜测康熙明史列传稿"既不立三王传，又不分载于福恭王、唐定王、桂恭王传"的可能用意，以为"万斯同原稿如此，甚有深意"（参看谢国桢《增订晚明史籍考》卷一，页20）。所谓"深意"，无非避免对南明历史的贬抑。温睿临自说其《南疆逸史》的编撰，因万斯同之嘱（见该书凡例），但温氏自序该书，解释何以纪弘光、隆武、永历三朝遗事而不言"朝"，却说因其"不成朝也"（《南疆逸史序》页1，中华书局，1959），那么万斯同的原意又是什么？$^{[1]}$ 南明这段与清初并行的历史，其地位的不确定性由此也可见。

我在其他处已经提到的官修《元史》《明史》"有意遗落"最后的抵抗者。诸史的编纂者或也格于体例，有不得已的苦衷。孟森所指摘的以元臣入《明史》，以明臣入《清史稿》，多少也应当由纪传一体造成：人物历史不便依朝代作断然的切割。有些问题甚至不止令当时的史家为难。确定遗民的朝代归属，即使今天的出

---

[1] 对南明三朝，确有"三朝"或"三藩"（后者如杨陆荣《三藩纪事本末》）的不同说法。既以福王、唐王、桂王为"三藩"，即非以之为帝王，不以为具"朝代"性质——不过暂存于清代的明代藩王而已。杨陆荣《三藩纪事本末·凡例》有"是编遵本朝正朔，各藩所僭位号，不以统年"云云。

版物，也仍然未能划一标准。同一张岱，上海古籍出版社的《陶庵梦忆》、中华书局的《石匮书后集》以其为明人，而浙江古籍出版社版的《四书遇》《夜航船》则以其为清人。$^{[1]}$纪年之为难题，也见之于遗民年谱。朱彝尊上书明史馆总裁，认为庄烈帝（即崇祯）之谥"定自本朝"，"宜以后定之谥大书简端"（《史馆上总裁第七书》，《曝书亭集》卷三二，页549，上海：商务印书馆，1935）。"庄烈帝"（庄烈愍皇帝）当其时并未通用。全祖望说倪元璐明谥文正，清谥文贞，"今《明史》并作'文正'，误矣"（《鮚埼亭集》外编卷三〇《跋始宁倪尚书墓铭后》）。而通行的正是"文正"。近人陈垣以为不应称金声"金忠节"，而应称"金文毅"，因"文毅"系明谥（《读金正希先生集》，《陈垣早年文集》，页98，台湾"中央研究院"中国文哲研究所，1992）——当年的士人却未必作如是观；"文毅"的确不如"忠节"的更为人所知。刘宗周鲁王谥"忠端"，唐王谥"忠正"，清谥"忠介"，通行的也是"忠介"。

见之于文献，明清两个朝代交接处的模糊地带还不限于此。处明清易代，关于近事的记述往往示人以叙述者身份的暧昧。即如陈廉《豫变纪略》（《甲申史籍三种校本》，中州古籍出版社，2002），记明朝与李自成战，谓明为"我"（如曰"我军"），记明清对决，则曰清为"我朝"，清军为"王师""我兵""我师"。其他如《鹿樵纪闻》（《扬州十日记》，上海书店，1982）

---

[1] 谢国桢《增订晚明史籍考·凡例》说"兹编凡明末遗民，及在明有科甲者，尽题明字；其已入仕清朝者，则题清字。如事实不明，则仅题其姓名；籍贯，时代则暂从阙如"（页19）。

之属，虽曰清"国朝""王师""朝廷""本朝"，记述南明事，却绝非如对敌国。避免在行文中明确地"站位"——亦清初野史常见的"书法"，或可认为为正史编纂在叙述方式、语态上预作了准备。至"我朝""胜国"区分俨然，也就到了新朝的统治已然确立之后。

回到本书第六篇讨论过的题目上，则应当说，无论正史还是私家著述，都证明了王朝历史的起讫，本没有也不必设绝对的断限。一代之史，包括了其前史、后史——均为"之际"的历史。亦兴亦亡，方死方生，这种想象或许更逼近"原本的"历史生活？

元明—明清之际

魏斐德《洪业——清朝开国史》说，"明清两朝的嬗替，绝非一次突如其来的事变。无论是我们现在所持的公正观点，还是当时在明朝臣民和清朝征服者中流行的观点，都承认1644年的事变，肯定是十七世纪明朝商业经济萎缩、社会秩序崩溃、清朝政权日益强大这一漫长进程的组成部分"（中译本，页1）。这种叙述显然不适用于元的取代明。李思纯的《元史学》引梁启超语，谓"成吉思汗以漠北一部落崛起，数十年间，几混一东半球，曾不百年，子孙沦灭，退伏沙漠，正如世界历史上一飙风"（页3）。倏起倏落，其兴也疾，其衰也骤，在这一点上，元代历史像是有十足的戏剧性。但将明兴元亡看得太轻易，似乎也经不住推敲。商鸿逵比较清的代明与明的代元，说"清朝取代明朝的封建统治像是很容易，实则很不容易。不像明之代元，顺帝出走，大都遂下，中原地区即渐进入安定状态"（《清初内地人民抗清斗争的性质问题》，商氏著《明清史论著合集》，页61）。这种说法至少忽略了"顺帝出走"后元的历史。吕思勉的《中国简史》说："世祖（按即忽必烈）灭宋之日，就是元朝最盛之时，然而其分裂，也就于此时开始了。"（第三编第三十七章，页243）由这角度看，元亡岂不也经历了漫长的过程?

明亡前后——正是以明亡为契机——元明之际的历史得以重新清理。钱谦益、潘柽章不失时机地涉足禁地，以关于有明国初史的考证，参与建构关于故明的历史记忆，所从事的，多少是一种揭秘的工作，包含了批判意图。这意图甚至相当显豁。史家精神，于此得以张扬。事实是，明清帝王都讳言来历。明也有要刻意隐讳的"前史"，即某一部分元末群雄争斗史。

如若以两个"之际"强为比较，不难看到的是，明清之际不曾形成如元明之际的军事割据局面；发生在明清之际南部中国的稍具规模的反清军事活动，包括山寨如薪、黄四十八营，往往由士大夫主持，与元明之际的割据势力当起事时的情况不同。至于所造成的破坏，据国外学者的考察，就水利系统而言，明清之际远没有元末明初严重。$^{[1]}$

主持并参与撰写《剑桥中国明代史》的牟复礼认为，元朝瓦解和明朝兴起的方式"完全不是表现在中华帝国历史上的那种改朝换代的模式"（中译本，页12）。该书第二章说，明朝"从一个叛乱运动中产生，这个叛乱运动的基础是中国的秘密会社传统和外来的

---

[1] "在14世纪，受破坏最严重的地区简直杳无人烟。而在十七世纪四五十年代，水利系统的总体结构完整无损，动乱时期的幸存者得以从早先较为安全的避难地返回原居。"魏斐德《洪业——清朝开国史》中译本，页843注1）。

宗教形式。在反叛元帝国的时候，它在某种程度上采用了世袭的和穷兵黩武的蒙古人和色目人统治阶级的世界观。只是在后来它才想到要争取文人学士，才对儒家传统让步"（中译本，页108）。认为反叛元帝国者"在某种程度上采用了世袭的和穷兵黩武的蒙古人和色目人统治阶级的世界观"，是一个有趣的判断。值得追问的是，这里所谓的"世界观"（如果中译本没有误译的话）具体指的是什么？

到了明亡之际，士大夫自然地拟清于元，以此作为言述策略，由那个胡人统治的朝代，辨认自己当下的处境与命运。吕留良《钱墓松歌》借元说清，迹近诅咒。（诗见《吕晚村诗·真腊凝寒集》，《续修四库全书》集部别集类）雍正《大义觉迷录》卷二引曾静口供："因吕留良《钱墓松歌》上有云：'其中虿有数十年，天荒地塌非人间。'彼时闻得此说，如坠深谷。语虽为元朝而发，而引例未尝不通于本朝。"三藩变中在台湾的郑经发布征讨清廷的檄文，指清为"犭胡"，说"历观故元之政，未有败坏如今日之甚者"（《大义觉迷录》，清雍正间内府刻本）。$^{[1]}$

上文谈到清定鼎后明清间的缠绕纠结，元与明何独不然，只不过形态有别罢了。事实是，"兴朝"（明朝）在其二百余年的历史中，始终由那个遁入沙漠的王朝的"残余势力"伴随。这种共生关系，理应作为我们想象两个朝代的一部分根据。事情的复杂性不止于此。与明朝"共生"的，另有一个"暗中"兴起的王朝——孟

---

[1] 魏斐德《洪业——清朝开国史》中译本，页728注1："清初作家经常根据元代进行类推。如兰德彰在评论顾嗣立的《元诗选》时所说'顾嗣立似乎认为，他所了解和热爱的文化会在清人统治中国期间继续存在下去，而这个阶段，再用类推法看，证明是短命的'。"兰德彰《顾嗣立〈元诗选〉与中国17世纪后期的忠君主义》，第3页。"

森的《明元清系通纪》，将这种共生关系呈现得何其丰富而生动！《剑桥中国明代史》下卷第四章写到了有明一代的蒙古人（《蒙古的威胁》），有明一代的女真人（《从女真到满族》），视野开阔，写的正是明与被取代的元朝及逐渐兴起的清的相互胶着的历史。与明在一段时间里共生的，除了暗中兴起中的后金／清，未亡、未尽亡的元，另有同样由成吉思汗的后裔建立的帖木儿帝国（1370—1506）。$^{[1]}$ 上述历史图景色彩何等繁复驳杂！

李思纯的《元史学》说，"自来研究蒙古史迹者，皆注意于成吉思汗以来之武功政略，至于元亡明兴以来，当时蒙古部落，窜归沙漠后之变迁蜕化，以成今日蒙古之局，则鲜为人所注意"，而张穆的《蒙古游牧记》则开启了这项研究（页66，上海中华书局，1926）。李氏提请注意的，正是梁启超所说的那阵飓风过后"退伏沙漠"的蒙古历史。$^{[2]}$《明史纪事本末》卷一〇题作"故元遗兵"，说"顺帝北出渔阳，旋舆沙漠，整复故都，不失旧物，元亡而实未始亡耳"（《明史纪事本末》卷一〇，页149，中华书局，1977）。该卷记洪武三年徐达等人"往征沙漠"，亦元明对抗在沙漠中的继续。此后元、明间的对抗，起伏隐现，而蒙古族继续以"元"为名义，如景泰四年也先对明通贡，书称"大元田盛大可汗"；成化十年，元世祖七世孙巴图孟克向明朝奉书求贡，自称

---

[1] 张文德《明与帖木儿王朝关系史研究》刘迎胜序说，这个由成吉思汗的后裔建立的王朝，"成为除明帝国之外蒙元王朝政治遗产的最大继承者"（页1，中华书局，2006）。

[2] 出版于1926年的李思纯的《元史学》，并非关于元史的叙述史学著作，讨论的是元史作为学术即"元史之学"。该书四章的标题分别为"元史学之鹄的""过去之元史学及其史料""元史学之各项问题""元史学之将来"，旨趣可知。

"大元大可汗"。$^{[1]}$据此，元在几乎有明一代，不但是象征意义上的，而且是实体性的存在，纵然只是"不绝如线"。$^{[2]}$这实在是漫长的"之际"。

元史、元明之际这段历史的叙述，曾以平衡"阶级"/"民族"为一大关键。谢国桢《南明史略》开篇说："在十三世纪后期至十四世纪前期，我国曾为元朝蒙古贵族统治了约有一个世纪，人民受到蒙汉统治阶级的严重的剥削和压迫，因而激起了元末农民大起义。明太祖朱元璋以农民出身，起兵濠梁（安徽凤阳），驱逐了元朝统治者的残暴势力，恢复了汉族的统治……"表述中力求兼顾"阶级"与"民族"。蒙思明以为，"前人往往以纯民族革命解释元、明代之史迹者，殆未必然也"（《元代社会阶级制度》页216，中华书局，1980）。该书不惜生造"种族阶级""经济阶级"等名，无非为了厘清上述关系。蒙氏注意到元末的造反民众，"焚荡城郭，杀戮士夫"，却"未闻其杀戮蒙古、色目人"；抗拒造反民众的，主要的也非蒙古、色目人士，而是汉人、南人中的

---

[1] 参看陈生玺《明末蒙古各部的纷争与清（后金）对漠南蒙古的征服》、《明清易代史独见》，页90，上海古籍出版社，2006。达力扎布《北元政治制度的演变及其历史分期》："1368年，元朝在中原的统治崩溃后，蒙古贵族退回北方草原，逐渐演变为蒙古游牧政权。自元迁北使上都至蒙古林丹汗子额哲降清存在了二百七十年（1368—1635），几乎与明朝相始终。《高丽史》中称作'北元'，明代史籍中初称故元，后改称'北虏'、'鞑靼'等，亦俗称'北朝'。蒙古人则始终自称为'大蒙古'或'大元'。"（《明清蒙古史论稿》页82，民族出版社，2003）该文，该书则取"北元"之称。同书《北元初期史实略述》："北元初期二十年，历惠宗（即元顺帝）、昭宗、脱古思帖木儿汗三朝，虽然未能重返中原，但是得以立足北方草原，成为与明朝并存的蒙古政权。"（页1）关于元朝残余势力（"故元遗觉"）与明王朝间的军事对抗，见《明史》卷三二七《鞑靼列传》。"北元""元廷"/"故元""残元"，元惠宗/元顺帝，庚申君，指称不同，视野亦有别。

[2] "元氏宗祧不绝如线"，明成祖语，见《明史》卷三二七《鞑靼列传》。

力量"足以推翻元室之统治"的"财富阶级"。（同书，页225—226）他以为"历来治史者之均以民族革命目元末之民变者，盖皆由结果而断定其性质者也"（页226）。蒙氏又认为"元末革命"的过程中有"性质之转移"（页229）。而朱元璋至"江南既平"，才更鲜明地提出"种族革命"之口号（页232）；元既亡，乃有"若干排除胡习之法令，与防范蒙人之处置"（页233）。"群雄"当起兵之初，未必有明确的"夷/夏"意识，这一点显然不同于明清之际与清末。考察士大夫的夷/夏观念由宋到清的演变，元明之际与明清之际的上述差异，无疑值得细细推究。

洪武三年六月，百官上表贺平沙漠，朱元璋对臣下说，当自己起兵之时，"天下已非元氏有"，"朕取天下于群雄之手，不在元氏之手"（《明实录·明太祖实录》卷五三，页1056，台湾"中央研究院"历史语言研究所校印），并不否定被取而代之的政权曾经拥有的合法性。无独有偶，明玉珍取四川，自称陇蜀王，所颁的政令中，也有"予取尔蜀于青巾之手，非取诸元"[参看钱谦益《国初群雄事略》卷五，页117，中华书局，1982。按青巾，元末民间武装，李喜（一作李喜喜）称首]云云。清初当道也有类似的说法，即取自流贼，而非取自明——都不愿意承认自己推翻了"合法政权"。无论以夏代夷，还是相反，暗中都有对于"正统"的敬畏，不欲背负"篡""窃"之名。

明太祖对于被明取代的元朝，心情很有点微妙。洪武三年六月，明太祖"命礼部榜示：凡北方捷至，尝仕元者不许称贺"；"又以元主不战而奔，克知天命，谥曰顺帝"（《明实录·明太祖实录》卷五三，页1040）。同年同月，中书省因李文忠奏捷榜谕天下，太祖以为其中有"侈大之词"，对元"妄加诋诮"，说："况元虽夷狄，然君主中国且将百年，朕与卿等父母皆赖其生养。元之兴亡，自是气运，于朕何预？……"承认曾经是元的臣民。关于是否可以用献俘之礼，与杨宪有如下一段对话。太祖："……古者虽有献俘之礼，武王伐纣，曾用之乎？"宪对曰："武王事殆不可知，唐太宗尝行之矣。"太祖："太宗是待王世充，若遇隋之子孙，恐不行此礼。元虽夷狄人入主中国，百年之内，生齿浩繁，家给人足，朕之祖父亦预享其太平。虽古有献俘之礼，不忍加之……"（同书同卷，页1041）其《平定沙漠诏》一再申明自己的参与反元军事，出于无奈；元亡明兴，"系乎天运"，"非朕所能"。（同上，页1045）可见对逆取顺取，甚为在意，并不即据华/夷说辩护自己取彼代之的合法性；尽管也用与夷/夏有关的一套说辞，对其所谓的"胡房""夷狄"，并不就深恶而痛绝之；对元、元主，始终保有复杂的评价态度与感情——甚至正是曾经的"臣民"的感情。$^{[1]}$

---

[1] 据《国榷》，元至正二十七年十月朱元璋檄今北方诸省人曰"自古帝王临驭天下，中国居内，夷狄居外，未闻夷狄治中国也"，说自己意在"驱逐胡房，搓生民之涂炭，复汉宫之威仪"，却又承认元初"君明臣良，纲纪天下"。（卷二，页345）同年十二月祭告上帝皇祇，也有"自宋运告终，帝命真人，未自沙漠"（同卷，页350）云云，肯定元的君权亦自神授，非由篡、窃。此意他一再说过。洪武元年正月诏曰："自宋运既终，天命真人于沙漠，入中国为天下主，传及子孙，百有余年。"（同书卷三，页352）洪武六年十一月，更"立元世祖庙于北平"（同书卷五，页494）。洪武七年八月祭元世祖文曰："朕本元之农民，初无黄屋左纛之意，不择菲德，继承正统。唐虞禅授，汤武征诛，因时制宜，其理昭然。神灵在天，想自知之。"（同卷，页507）《剑桥中国明代史》提到，朱元璋"对那些曾服务于元朝的人和精英阶层中他的'阶级敌人'都采取明显的概不战视的态度"，这一点"对马克思主义历史学家来说一直是一个难题"。（中译本，第一章，页54）还说，朱"从未向蒙古元王朝一度享有的合法性挑战，只是指出蒙古在他那个时代应该失去它的合法地位"（同上，页56）。

攻取元都前，朱元璋曾问计于徐达，徐氏以为若"师进而彼北奔，不穷迹之，将为异日忧"。朱元璋却说："元运替矣，彼且自渐尽，何烦我穷兵为？出塞之后，固守疆圉，防其侵轶可也。"（洪武元年六月，《国榷》卷三，页363）显然不欲赶尽杀绝。$^{[1]}$ 此后的北征沙漠，也因迫于来自蒙古人的威胁，倒是证明了元的"残余势力"图谋恢复的意志之顽强。

元明之际的"群雄"（也作"群盗"）往往倏"叛"倏降，身份变幻不定。钱谦益《国朝群雄事略》所记"群雄"中，有起兵反元者，有先反而后降元者，有作为元的地方势力打击反元武装者，有起兵保乡里而欲据御一方者，有拥兵自雄而最终降明者，正合成一幅纷乱动荡的图画。朱元璋对张士诚声罪致讨，所列罪状如"诈降于元"，如"僭号改元"，立场就不免混乱，正所谓"欲加之罪，何患无辞"；至于斥其人为民不良，"私贩盐货"，据有浙江后十年不贡钱粮，更像是出于元廷口吻，忘记了自己乃何许人。（参看钱谦益《国朝群雄事略》，页193）

立场模糊的，亦有史家。我们在这里又遇到了"书法"问题。钱谦益的《国初群雄事略》，以元与大明为合法政权，以察

---

[1] 不惟此，对于俘获的元廷后妃，嘱以尊重其习俗，"饮食居第，务适其宜。若其欲归，当遣还沙漠"（洪武三年六月，《明实录·明太祖实录》卷五三，页1043）。一再送元人北归，不强之，也应当有基于"民族特性"的考虑。在元末争战中的至正二十七年，即送元宗室神保大王及黑汉等九人北归（《国榷》卷二，页341），到明初仍沿用这种做法。如洪武三年四月释元平章火儿忽答、右丞哈海等北归（同书卷四，页412）；洪武十一年十月，"归元平章完者不花于故元丞相驴儿"（同书卷六，页566）。前此，洪武七年九月，更礼遣顺帝朴买的里入利北归。明太祖禁称入"胡习"，却像是并不鼓励胡人汉化，曾禁蒙古、色目人更易姓氏，说的是"天生斯民，族属灶氏，各有本源"（洪武三年四月，《明实录·明太祖实录》卷五一，页999）。

罕帖木儿、李思齐所将为"义兵"，以"天完""汉""夏"为"伪"，以"东吴""庆元"为"盗窃"，更是由元而非明立论的。（按"天完"，徐寿辉；"汉"，陈友谅；"夏"，明玉珍；"东吴"，张士诚；"庆元"，方谷珍，又作方国珍）在这一点上，钱氏的见识似乎在谈迁之下。《国权·义例》："国初如汉陈友谅、吴张士诚、夏明玉珍之类，或书'入寇'，云'伪汉''伪吴''伪夏'，大非孝陵逐鹿之意。秦未尝臣六国，汉初未尝抑西楚也……"$^{[1]}$ 黄宗羲的《留书·史》更强调"内外之辨"，包括了内盗贼而外夷狄，以为"即以中国之盗贼治中国，尚为不失中国之人也。徐寿辉改元治平，韩林儿改元龙凤，吾以为《春秋》之义将必与之"，史臣却"贼之伪之"，"独不思为贼为伪有甚于蒙古者耶"？（《黄宗羲全集》第十一册，页12，浙江古籍出版社，1993）其实"贼之伪之"，记述元明之交的历史者，几乎无不然。但钱氏题作"群雄事略"，又不免将诸种力量、各路英雄（由小明王、徐寿辉，到陈友谅、张士诚，到扩廓帖木儿、陈友定）均以"雄"视之——即使并非等量齐观。该书校正《元史》，说某处误将太祖参与的抵抗用了"贼"的字面，乃"失于考证而不知避讳"（《国初群雄事略》页56），也提示了叙述之为难题：须同时站

---

[1] 近人对元明之际人物的政治一道德评价，则另有一套标准。韩儒林主编的《元朝史》即有"投降变节的张士诚""两面三刀的方国珍"等标题（下册，页134，138，人民出版社，1986），以张、方为（背叛农民起义军事业的）"叛徒"；由生活方式断陈友谅、张士诚为"新生的地主分子"（下册，页139）；认为朱元璋当讨张士诚之时，"已公开背叛农民起义"（下册，页143）；何真乃"镇压广东人民起义的刽子手"（下册，页148）。

在元朝与大明的立场上，才能避免此种大不敬的危险错误。$^{[1]}$

元史叙述，因关涉有元一代的评价，在明清之际的论者那里，不能不有更为敏感的性质。黄宗羲追究《元史》关于宋元之际的书法，说的就是该书将降元的宋恭帝"书瀛国公"，不以赵昰、赵昺二王列《本纪》，"其崩也，皆书曰'殂'"，"房兵入寇则曰大元"。（《留书·史》，《黄宗羲全集》第十一册，页11）事实是，书宋恭帝"瀛国公"，万斯同亦然。（参看万氏《书庚申君遗事后》，收入氏辑《庚申君遗事》，昭代丛书本）王夫之更指斥主持《元史》编纂的宋濂为元朝隐恶，说《元史》成，"而天下之直道永绝于人心矣"（《读通鉴论》，《船山全书》第十册，页575—576，岳麓书社，1988）。同为遗民，谈迁却质疑"国史"（按应指《明实录》）关于元明之际的书法，认为不应当以遁入沙漠后元顺帝子（元嗣君爱猷识理达腊）的南犯为"入寇"，说："彼故元之东宫也！今日之事，楚人得之，楚人失之，乃云'寇'哉！"（《国权》卷六，页561）

最有分析的难度的，无疑是元末忠义与明初遗民。

《明史》扩廓帖木儿传，记太祖大会诸将，问道："天下奇男子谁也？"皆以常遇春对，太祖笑曰："遇春虽人杰，吾得而臣之。吾不能臣王保保，其人奇男子也。"（卷一二四）此种枭雄心

---

[1] 关于官修《元史》，顾炎武以为石抹宜孙传，"上言大明兵，下言朝廷。朝廷谓元也。内外之辞，明白如此"（《日知录集释》卷二六《元史》，页610，中州古籍出版社，1990）。还说"《顺帝纪》，'大明兵取太平路'，'大明兵取集庆路'，其时国号未为大明，曰大明者，史臣追书之也。古人记事之文，有不得不然者类如此"（同上）。

理，固堪玩味，也证明了扩廓的魅力。$^{[1]}$ 写到明清易代中最后的抵抗者郑成功、李定国，叙述者会拟之于元明之交的扩廓、陈友定。李慈铭《越缦堂日记》说李定国"以一身结有明残局，与元之王保保等"（转引自谢国桢《增订晚明史籍考》卷一四，页654）。全祖望则以王保保为楷式批评郑成功，说："郑成功之在海上，世祖曾以海澄公招抚之，成功亦上表，但不肯剃发而止。不肯剃发，则非真降矣，然其多此一表，是不能不愧于王保保者也。"（《鮚埼亭集》外编卷二九《题海上遂志录》）$^{[2]}$

明清之际有所谓"粤东三烈"（亦曰"广东三忠"），元明之际，闽地亦有"三忠"之目。《明史》陈友定传"时云'闽有三忠'，谓友定、柏帖木儿、迭里弥实也"，说陈"父子死义"，"时人称完节焉"（卷一二四）。$^{[3]}$ 郭造卿撰陈友定传，记其人之死，极其惨烈："友定至京，帝（明太祖）将释之，授以原官，曰：不降，伏'铜马'（古炮烙刑也）。友定伏之。"（参看《国朝群雄事略》页295）明代有人不仕，藏陈友定像，世世祀之。据说画像上的陈氏"长身巨目，状貌伟然"（同上）。另有元末三忠，即扩廓、陈

---

[1] 谈迁对此评论道："世之为男子者多矣，独让我扩廓，出于宴安，未始为激论也。"（《国榷》卷六，页526）对抗之际，朱元璋却也曾一再将扩廓比作曹操（参看钱谦益《国朝群雄事略》页265）。何乔远也说扩廓"不因家之急而先私仇"（参看《国榷》卷五，页525）。扩廓曾被疑有"不臣"之心；由传记看，确也不大合于"纯忠"的标准。

[2] 徐鼒亦以为李定国可比之于王保保（《小腆纪年附考》卷一八，页690—691，中华书局，1957）。由上文可知，《清史稿》亦以张煌言、郑成功、李定国拟之于扩廓、陈友定。

[3] 解缙说，"元末起义诸人，独陈友定始终尽节为无愧"（《月山丛谈》，转引自钱氏《国朝群雄事略》页295）。《明史纪事本末》说陈"为人勇沈"，当明兵压境，"义无反顾"，"誓死报元"，乃"举家尤弄者"，拟之于田横。（卷六，页89）

友定、梁王把匝剌瓦尔密。$^{[1]}$

我曾讨论过明清之际的士人关于刘因、许衡的不同论述（《明清之际士大夫研究》下编第五章附录）。在我看来值得探究的，不但是许衡等人处"当代"（元代）之道，与他们的理学、儒学信仰间的关系，更是儒学本身的结构有何种缝隙，使关于许、刘的对立的论述有可能展开；对许、刘的辩护，是否包含了使夷夏问题相对化的逻辑。$^{[2]}$ 写作《留书·史》，黄宗羲对许衡、吴澄批评激烈，与王夫之思路相通，却并不就能由此断定黄氏关于元代、元儒的评价态度。据黄嗣艾《南雷学案》，黄宗羲曾说："素中国行乎中国，素夷狄行乎夷狄。古老相传礼教二字，就是当路之准的。蒙古据有中国，许、赵之功高于弓矢万倍。自许、赵出，蒙古亦中国矣。"（卷一，页7，上海正中书局，1936。许，许衡；赵，赵复）$^{[3]}$《宋元学案》将元儒置于儒学承续、传播流布的脉络线索中，

---

[1]《明史》曰："扩廓百战不屈，欲继先志，而贪很以死。友定不作何真之偷生，梁王驻为纳哈出之背国，要皆元之忠臣也。"（卷一二四）同书还说："尝谓元归塞外，一时从臣必有赋《式微》之章于沙漠之表者，惜其姓字湮没，不得见于人间。"（同卷）孟森《明清史讲义》以扩廓、陈友定，把匝剌瓦尔密为"元之遗忠"（第二编第一章，页21）。

[2] 有明一代，围绕许、刘的争议似乎始终存在。宣德十年，以吴澄从祀。（《明史·礼志》）宪宗成化元年十二月，诏议元儒刘因从祀，很招致了反对的意见。（《续文献通考》卷四八《学校二》，页3229，商务印书馆，1936）至于王夫之等人的有关论述，尤可资考许衡、刘因、姚枢一流人物作为话题，在明代（尤其中叶以降）民族矛盾加剧的历史情境中。

[3]《留书》中诸文之作，在顺治十年，永历朝尚未亡。黄氏本人的《留书题辞》中说："癸巳秋，为书一卷，留之匣中。后十年，续有《明夷待访录》之作，则其大者多采入焉，而其余弃之。"（《黄宗羲全集》第十一册，页14）在当时，十年就有可能完成一种变化。遗民的警觉于时间，大有道理。

不因诸儒的处夷狄之世而另案处理。$^{[1]}$

陶宗仪《南村辍耕录》录杨维桢的《正统辨》（见该书卷三），说杨氏该辨"一洗天下纷纭之论"，不免夸张。杨氏说修辽、金、宋三史，"宜莫严于正统与大一统之辨"；以为正统在宋，元为继统（卷三，页34），就是郑思肖萆万万不能赞同的；以"正统"与"大一统"并提，而不及于夷／夏，则是十足的元人面目。$^{[2]}$ 如若将明末士人的有关论述引入，更可证所谓"正统"者，在不同时期不同论者那里，判断的标准大不一致，其间有着极为丰富的差异。

萧公权论刘基的政治思想而强调的，就有刘氏"据民本之旨以明革命大义，而始终未尝一及种族夷夏之辨"，说"刘氏虽深讥蒙古政府之腐败，然其讥之者以其为无道之政府，非以其为异族之政府，向使蒙古用之，大行仁民之政"，"异族政府虽维持至于久远可也"。萧公权以为"刘氏之政治哲学以民本为最高之原则。远似隋末之王通，近似元初之许衡。而王许二人犹略存种类文化观

......

[1] 却也应当说，以黄百家等人分任编辑，经全祖望继修的《宋元学案》，其中的《鲁斋学案》（黄宗羲原作《北方学案》）、《静修学案》（黄氏本以之附《北方学案》）均无黄宗羲的按语；该书关于元儒的评价，不足以证黄氏个人的态度。

[2] 郑思肖严于夷夏之辨。他所撰《古今正统大论》，以为元统，"十六夷国"、隋乃夷狄，即秦始皇、曹操等，亦以"不道"或"篡逆"，断其不应与于"中国正统"；以为《北史》宜题曰《胡史》，说："若论古今正统，则三皇、五帝、三代、西汉、东汉、蜀汉、大宋而已。"（《杂文》），《郑思肖集》，页134，上海古籍出版社，1991）并庇亦"黜"之（因李唐"实夷狄之裔"，"姑列之于中国，特不可以正统言"）。而"两晋、宋、齐、梁、陈，可以中国与之，不可列之于正统"（同上）。他断然道："圣人也，为正统，为中国；彼夷狄，大羊也，非人类，非正统，非中国。"（《久久书正文》），同书，页103—104）明清之际杨廷枢据说，郑思肖的古今正统论"与余意暗合"（《心史跋》，同书附录一，页305）。

念，刘基则独倡大同之说，诚一可异之事"（《中国政治思想史》页534—535，台北：中国文化大学出版部，1985）。刘基的确曾将"中国"与"四裔"（即夷夏）的界限相对化，说"中国以四裔为寇，而四裔亦以中国之师为寇……是以天下贵大同也"（《郁离子·神仙第十五》，《诚意伯文集》卷一九，页456—457，上海古籍出版社，四库明人文集丛刊，1991）。上文所引黄宗羲晚年之论，与刘氏的思路倒是不无衔接。

钱谦益《跋王原吉梧溪集》，比王逢于谢翱，将逢之不忘元，与夷、齐之不忘殷相提并论，并不以为拟于不伦。（《牧斋初学集》卷八四，页1765，上海古籍出版社，1985）黄宗羲也将明遗拟之于元遗，他的《陆汝和七十寿序》说，"元亡，戴九灵与其徒楠哭流连于此，山光水影，尚有黯然之色"；明亡，其地则有陆氏，"直欲起九灵而与之为友"。（《黄宗羲全集》第十册，页568，上海古籍出版社，1993。戴九灵，戴良）《寿徐兰生七十序》以为徐氏之诗，"仿佛铁崖北里新声"（同书，页660。铁崖，杨维桢）。拟宋遗（如汐社），拟元遗，自居其伦，并不再作区分。

不同于明清之际，元明之际因了军事割据，不只有元遗，尚有"吴遗"（按张士诚国号大周，降元后自称吴王），即张士诚政权之遗——亦一种特别的现象。高启《代送饶参政还省序》开篇就说："太尉镇吴之七年，政化内洽，仁声旁流，不烦一兵，强远自格，天人咸和，岁用屡登，厥德懋矣。"（《高青丘集·凫藻集》卷三，页898，上海古籍出版社，1985）太尉，即张士诚。钱谦益《国初群雄事略》录陈基悼念张士诚弟张士德诗，其中有"间关百战捐躯地，慷慨孤忠罄寇年""至今父老犹垂泪，花落春城泣杜鹃"（卷六，页158—159）等句。"寇"自然指朱元璋等。$^{[1]}$被怀念的另有陈友谅。清王应奎《柳南随笔》记有如下故事："宋文宪公濂，尝馆吾邑富家。一日，有丈夫从二童子来谒，自称卖文，谈论出入经史，至兵机尤长。宋公不能答，请其诗，日：'吾一诗直二十金。'主人许之，诗成，甚俊拔。宋公以文请，日：'吾文非百金不可。'主人又与之，援笔立成，文不加点。宴毕，请观宋公书室，出前金赠日：'仆非受此，为先生地耳！'遂辞去。使人送至海滨，舟师数千，军容甚盛，乃陈友谅也。以宋公有才名，欲礼聘为军师，听其论无武略而去，一邑大惊。"（卷六，页121，中华书局，1997）东南士人记忆中的陈友谅，竟有这样的风采！群雄割据影响于士大夫关于元明之际的记忆，要由复杂的历史脉络才能了解。

"元亡而实未始亡"

上文所引《明史纪事本末》所谓"元亡而实未始亡"，指元代的政治设施与军事力量在明代前期的存在。元代未亡的，尚不止于此。也如同对于明清之际，大可据诸种线索考察元明两个朝代间的关系——那关系确也说得上纠结缠绕。

---

[1] 钱氏该书说，张士诚固然曾降元，不过"假元封爵，实不用其命"（同上，页163）。还说，"士德以好贤下士，创造霸业，如王逢、杨维桢、陈基者，颂慕之词久而不替，不独如陈基某流，召致馆下者也"（同上，页160）。明清间如隆武者，亦"好贤下士"，却未及张吴的"深得士心"，在吴地士大夫中刻印如是之深。

关于明承之于元，明人并不以为讳，万历间徐申序《元史纪事本末》，就说得很清楚。该序说明"能黜元而不能尽废元法，如钦天推步则至元间所授，科举三场则皇庆间所定，四书、《易》《诗》之用朱注，《书》之用蔡注，《春秋》之用《胡传》，则延祐间所表章，文武官级则刘秉忠、许衡所建设，漕渠则张礼孙、郭守敬所疏凿，河防筑堤治涝诸法则贾鲁所经营。大抵开创之始所引用者皆胜国之人，所习见者皆胜国之事，故一时纤画厝注多相沿袭"（《元史纪事本末叙》，《元史纪事本末》，页223—224）。$^{[1]}$ 近人尚不见得能这样面面俱到。钱穆《国史大纲》说元代虽有诸多弊政，但"开浚水利之功，颇可称道"（第七编第三十五章，页645。修订本，商务印书馆，1996）。谢和耐更以为，"正是公元10世纪至13世纪的来自中亚和今天蒙古一带的野蛮游牧民族的持续不断的压力，才构成了促进中国长江流域和东南省份经济普遍成长的主要动因"。（《蒙元入侵前夜的中国日常生活》中译本，页3，江苏人民出版社，1998）实则元代不止将水利工程或经济成长的趋势留在了此后朝代中。一个轻视文治的朝代，也自有其文化遗产。《国史大纲》认为即使科举以"四书"义取士对元代政治并不曾发生实际影响，却"自此相承直至清末，实中国近世一至要之创制也"（修订本第七编第三十五章，页660）。吕思勉说"学校，元朝就制度上看，是很为注重的。虽在当时未必实行，却可称为明朝制度的蓝本"（《中国简史》第三十九章，页249）。

……………………………………

[1] 该序说："举短度长，则元之功于明者钜也。"还说："元于宇宙间国称极乱，要其盛时，君臣相与讲求创置一代之基，亦自有一代精神足垂于后，此圣祖（按即明太祖）之所以不尽废也。"（页224）

此外尚有道学的官学地位的确立。（参看萧启庆《蒙元支配对中国历史文化的影响》，《内北国而外中国：蒙元史研究》，页55，中华书局，2007）另有白话势力的扩张。$^{[1]}$ 由此不难辨认两个王朝，两段历史生活的诸多连接点：一个王朝将其部分肌理留在了另一个王朝的肌体中。

《剑桥中国明代史》说，当朱元璋在南京自称吴王，改组其政府时，官衔、官阶"一切采用元朝行政的现行形式"（中译本，第一章，页61）。他不能想象一套不同的机构，更无论制度；更可能的是，也并不认为有必要与外族支配的政权断然切割、严格区分——他对于元朝，的确更是顺承而非逆取。《国史大纲》说元朝为明、清所因袭者，科举以"四书"义取士外，尚有行省制，"此二制度影响明、清两代六百年之历史"（修订本第七编第三十五章，页660）。$^{[2]}$ 元朝1342年起就曾在江浙行省实行均平赋役的措施，只不过这一措施到明清被大大推广且更为有效地实施了。明初选拔任用官员不避吏员出身，不消说也承自前代。孟森曾断言"元无制度"（《明清史讲义》第二编第一章，页14），即兵制亦不经久（同上，页16）。看来问题还在对"制度"的理解。

制度之外，承之于元的，吕思勉以为有畜奴的风气，说明朝士大夫居乡横暴，"大约仍是元代遗风"（《中国简史》第三编第

---

[1] 顾颉刚、王钟麒《中国史读本》说，"元朝起于漠北，风气质直，不嫌鄙倪"，白话的势力，在前此朝代的基础上，"更进一步"。（页174，中国工人出版社，2007）

[2] 李思纯的《元史学》提到了我们的"省界思想""行省区域"，来自元人的行省制度。元代"以中枢大臣历藩镇行省，实明清两代督抚制度之权舆"。（页4）

四十七章，页288）。《国史大纲》所说元代的"多立防禁"$^{[1]}$，也一定将其"后果"留在了此后的世代中。萧启庆猜测元代"粗暴的政治文化"为明朝所继承；"明代政治的残暴化""可能受到蒙元统治的直接影响"（《蒙元支配对中国历史文化的影响》，《内北国而外中国：蒙元史研究》，页44）。由下文将要引到的文字看，明初士人未必这样认为，他们倒是由切身的体验，以为故元对于士人尚比较仁慈。

关于元代在此后朝代的遗留，以上涉及的，或许不过是一些易于考见的方面。元代如何"活在"其后的朝代中，以何种形态"活在"，还有可能在更宽广的范围内考察。洪武元年明太祖说，蒙元"悉以胡俗变易中国之制……无复中国衣冠之旧。甚者易其姓氏为胡名，习胡语，俗化既久，恬不知怪"，"命复衣冠如唐制。……其辫发椎髻，胡服、胡语、胡姓，一切禁止"；（《明实录·明太祖实录》卷三〇，页525）四年"定官民揖拜礼，毋胡习"（《国榷》卷四，页459），五年五月的诏书中却仍然有"乡市里闻，尚染元俗"（同书卷五，页468）云云，则故元遗俗，并不那么容易抹拭干净。$^{[2]}$那段历史的痕迹固然留在了制度中，留在了文学艺术、

---

[1] "禁汉人田猎""禁汉人习武艺""禁汉人持兵器""禁集众柯禅，集众买卖""禁夜行"（该书第七编第三十五章，页649）。顾炎武《日知录之余》卷二所列诸禁，颇与元代有关者。

[2] 活在元代的郑思肖曾叹息世人"欣欣从北俗，往往弃南冠"（《四砺二首（其二）》，《中兴集》二卷，《郑思肖集》，页74）。其《十五砺二首（其二）》有"南货北墙市，北人南住家"（同书，页86）句。《大义略叙》说在蒙元治下，"人心物性，俱流迁反"，"今南人衣服、饮食、性情、举止、气象、言语、节奏，与之倭化，唯恶有一毫不相似"。（同书，页188）还说："今人深中鞑毒，臣身浃髓，换骨革心。"（同书，页185、190）

知识体系中，也一定留在了广阔的社会生活中，只不过其影响因了弥散而难以搜寻罢了。

陈垣说明人"蔽于战胜余威"，视元代的文化成就如无物，"加以种族之见，横亘胸中，有时杂以嘲戏"（《元西域人华化考》卷八，页132，上海古籍出版社，2000），即以王夫之为例。萧启庆更指出，"明太祖所推行的实际上是一种'内中华而外夷狄'的大汉族主义之民族政策，对当时滞留中原的蒙古、色目人而言，其震撼之大，恐有过于同盟会反满革命对满洲人所产生之影响"（《元明之际的蒙古色目遗民》，《内北国而外中国：蒙元史研究》页163），想必有充分的依据。国外学者却发现，明代中国的生活基调并没有强烈的排外情绪。"令人惊奇的是，尽管对蒙古势力怀有忧虑，洪武朝廷还是允许一些蒙古人在中国留居"（《剑桥中国明代史》中译本下卷第四章，页198）。"虽然蒙古文化影响不受重视，蒙古人居留中国却并不受到歧视与迫害，而且还继续对政治与社会生活作出贡献"（牟复礼《元末明初时期南京的变迁》，施坚雅主编《中华帝国晚期的城市》中译本，页162—163，中华书局，2000）。

留在了此后的朝代中的自然更有人物。钱穆《国史大纲》说："惟元代政治，虽学术的气味极薄，而社会上则书院遍立，学术风气仍能继续南宋以来，不致中缀。明祖崛起，草野绩学之士，乃闻风而兴，拔茅汇征，群集新朝，各展所蕴，以开有明一代之规模。如刘基、宋濂、章溢、陶安、钱用壬、詹同、崔亮、刘三吾等彬彬文雅，郁乎其盛，一时何止数十百人，皆元代之所贻也。"（页661）本节开头所引徐申语，说"大抵开创之始所引用者皆胜国之人，所习见者皆胜国之事，故一时纤画厝注多相沿袭"。有此人物才有此设施，有此气象——据此而认为"元亡而实未始亡"，岂非大有根据？以胜国之人据胜国之事而为"纤画厝注"，明清之际何独不然！魏斐德《洪业——清朝开国史》关于人事的统计、分析，令你想到明清两个朝代经由任职的官员实现的"衔接"。（参看该书中译本页418—420）这种人事上的衔接，激烈对抗的关头就在进行着，亦易代之际的一种戏剧性。降官降将的服务于敌对方，不能不或多或少地改变着对抗双方的面貌，使对抗中包含了缠绕；而反复无常者的出入于敌对两方，亦增加了政治格局的暧昧性。近代之前，缘制度、设施、人才等等的朝代间的参错交接，不能不是宿命。

知识人的元代记忆与想象

关于元明之际，我所关心的更是汉族士大夫经验中的元代，他们记忆中、言说中的元代，他们如何感受异族统治下的生存，他们对于明、元朝代更迭的反应及背后的逻辑。明人，尤其清初的明遗民回看元人、元代士大夫，与元人的经验、感受，其间不仅有时间差，更有历史情境的差异。面对明清易代这一大变局的士大夫，与处所谓"夷狄之世"（元代）的士大夫，对于"夷狄"的态度，其间的差异，很可玩味。

陶宗仪的《南村辍耕录》一再写到虞集。该书卷一四《风人松》记柯九思文宗朝为奎章阁鉴书博士，时居吴下，虞在馆阁，赋《风入松》寄柯，一时争相传刻，遍满海内——可资考仕元而遂得恩宠、位居清华者的心态、状态。"画堂红袖倚清酣，华发不胜簪。几回晚直金銮殿，东风软，花里停骖。书诏许传宫烛，香罗初剪朝衫。御沟冰泮水挼蓝，燕飞又呢喃。重重帘幕寒犹在，凭谁寄，锦字泥缄。报道先生归也，杏花春雨江南。"（页172）$^{[1]}$ 陈垣早年写过一篇《说满汉之界》，谈到清代的一种怪现状，即"汉官不独爱戴皇上而已，并有视皇上如汉晋唐宋之君，不以为满人而以为与汉人有特切关系焉"（《陈垣早年文集》，页31）。元代士夫何尝不然！

上文已经说到，也如其他王朝，元代当覆亡之际，有自己的悲剧英雄。据钱谦益的《国初群雄事略》，扩廓的养父察罕帖木儿死，"朝廷公卿及四方之人，不问男女老幼，无不恸哭者"；"中原妇人皆为嗟叹流涕"（页35）。见诸记述的忠元之士，察罕父子外大有其人。《明史》即说"当元亡时，守土臣仗节死者甚众"（卷一二四）。"怀庆路守将周全叛附于刘福通。……福通遣全攻洛阳，守将登城，以大义责全。全愧谢退兵，福通杀之"（《元史纪事本末》，页195）。此"大义"（君/臣）固非彼"大义"（夷/夏）。元右丞余阙守安庆，城陷自刎，妻妾子女均赴井死，"居民誓不从贼，焚死者以千计"（同书，页210）——忠臣义民的故事与其他朝代一般无二。吴元年十月，太祖表章余阙，说余氏"守安庆，屹然当南北之冲，援绝力穷，举家皆死，节义凛然"（《明实录》附录五《皇明宝训·明太祖宝训》卷四，页249），被清儒魏裔介用来证明褒扬明忠臣的必要性（参看魏裔介《魏文毅公奏议》

---

[1] 所引度集词，与元刊本《道园学古录》略有出入。参看2007年天津古籍出版社《度集全集》上册，页269。

卷一《请褒录幽忠疏》，畿辅丛书）。近人韩儒林主编的《元朝史》将朱元璋表彰余阙等人，断为"反元斗争不坚定"（下册，页151），实则朱氏不过搬演故事而已，也是在预先为大明王朝作"意识形态建设"。$^{[1]}$

赵翼《廿二史札记》卷三〇有"元季风雅相尚"条，又有"元末殉难多进士"条，似乎觉得有关的现象不合常理，不大可能由元代本身取得解释。全祖望的推测是"宋人之流风善俗历五世而未斩"，不免牵强。$^{[2]}$处元明之交的陶宗仪，径直将元末忠义之盛归结于蒙元"深仁厚泽"之"涵养"（《南村辍耕录》卷一四《忠烈》，页170）。至少该陶氏像是没有清末民初知识人那种以为满人"非我族类"，清政权属外来、非即我"国"的思路。

《剑桥中国辽西夏金元史》的撰写者以为，"元末起义的一个特点就是儒士们一般都在政府徒劳地镇压各派起义中与政府站在一边"（中译本，页757，中国社会科学出版社，1998）。1355年以后，元朝中央政府已不能有效地进行统治，"但即使在朝廷已不再

---

[1] 王夫之指摘余阙、王逢，辞气严厉，说余阙为元死，系"不知命"；王逢拒绝仕明，乃"不知义"（《诗广传》卷一《论汉广》，《船山全书》第三册，页306，岳麓书社，1992）。清人不以为然于明人对余阙持论之苛，说洪垣所撰《觉山史说》斥余阙不当仕元，"跳踉至极"，"无论阙本色目人，实非南宋遗民……即使阙之祖、父果为南宋遗民，而是时元混一天下，已届百年，残土食毛，久为蒙虔"，责阙"为宋守故区之节"，大悖于理。（《四库全书总目提要》史部史评类存目）

[2] 全氏说："古来表礼，人才之盛，莫如季宋。不必有军帅国邑之人，即以下僚韦布，皆能殉不二姓之节，然此则宋人三百年来尊贤养士之报也。元之立国甚浅，崇儒之政无闻，而其亡也，一行传中人物，累累相望，是岂元之有以致之，抑亦宋人之流风馀韵，历五世而未斩，于以为天地扶元气故？"（《鲒埼亭集》外编卷一八《九灵先生山房记》，页704）庶集和说，"宋之亡，守藩方握甲胄而死国难者，百不一二"，近人陈高华以为"绝非夺大之词"。（《元史研究新论·赵孟頫的仕途生涯》，页204，上海社会科学院出版社，2005。所引庶集语出虞氏《陈昭小传》，《道园学古录》卷四四）

直接管理的那些地区，元朝还是被看作是正统的，还是人们效忠的中心"（同书，页655）。更有待于解释的是，即使在大明定鼎之后，甚至某些"从龙"之士，对于曾经效忠过的元王朝，依旧怀了一份复杂的感情。刘基不过是一个显著的例子而已。$^{[1]}$

明初叶子奇撰《草木子》，有蒙元"内北国而外中国，内北人而外南人""王泽之施，少及于南；渗漉之恩，悉归于北"（卷三上，页55，中华书局，1959）云云，往往为治元史者引用；同一《草木子》，对业已成"故"的元代，却正有一些出人意表的正面评价。比如说元朝"起自漠北，风俗淳厚质朴"，对于名氏之讳，"不甚以为意"（卷三下，页59）；溢法亦从简，"可以为法"（页59—60）；葬制简单质朴，"诚旷古所无之典"（页60），文字间充满了惊叹。同书还说世祖朝"车驾虽每岁往来于两都间，他无巡狩之事；山岳河海，惟遣使致祭，别无封禅繁缛之礼，欲以震耀古今"（卷三下，页64）。凡此，均属于汉族士大夫由比较而体会到的异族治下的好处。《日知录》卷二九《外国风俗》说"外国之能胜于中国者，惟其简易而已"（《日知录集释》，页688，中州古籍出版社，1990），说的正是"匈奴"。由《草木子》看，"简易"不只宜于军事，且汉族士大夫未必不乐此简易。该书说魁靼，"其性至实，无一毫之伪，而上天以宇宙畀之，而不畀之他部族，其故何哉？岂不以其极诚而无妄也？"接下来甚至说，"极诚而无妄，圣贤传心之学也"（卷四下，页83）。在作者，上述感想，也

---

[1] 钱谦益是善于读刘基者，其《太祖实录辨证二》《跋王原吉梧溪集》《列朝诗集·甲前集》刘基小传写刘基，分寸拿捏得恰到好处。钱氏好用曲笔，文字富于暗示，正宜用来写元明之际士人的处境。

应当由亲接其人而来。元季名儒许有壬就曾赞叹蒙古人的古朴，说"我朝肇造，浑厚真淳之气，粹然古初……"（转引自萧启庆《论元代蒙古人之汉化》，《内北国而外中国：蒙元史研究》，页687）尽管史学家认为，空间距离的密迹，未能激发汉族士大夫本对于异民族的好奇心，上面所引的文字却包含了富于深度的文化比较。$^{[1]}$

《草木子》还说："元朝自世祖混一之后，天下治平者六七十年，轻刑薄赋，兵革罕用，生者有养，死者有葬，行旅万里，宿泊如家，诚所谓盛也夫。"（卷三上，页47）"生者有养，死者有葬，行旅万里，宿泊如家"，即使不能称盛世，也足称治世了。同书另一处关于"轻刑"，则说"七八十年之中，老稚不曾睹斩戮，及见一死人头，辄相惊骇。可谓胜残去杀，黎元在海涵春育之中矣"。（卷三下，页64）这却应当是经历了元明之际的战乱，及明初太祖的肆行屠戮之后的感慨。《草木子》的作者由明初之世回望元代，显然将明朝初政作为了对比，将太祖的嗜杀、滥杀作为了对比。$^{[2]}$ 你不免想知道，元朝对于《草木子》的作者意味着什么。王夫之说仕乃士之道，以仕为第一义，《草木子》的作者显然不这样认为。较之更为切身的生存问题，仕进就显得不那么重要了。在一个如明初这样严酷的生存环境中，才会有上引文字那样的记忆与追述。记忆总难免于因时的变化。切近的记忆有可能掩蔽、覆盖了

---

[1] 倒是近人，可能有更强固的文化偏见。李思纯《元史学》一书就随处可见这种偏见的表达，如曰"蒙古人者，无文化之民族"（页3），曰"游牧人种之蛮力"（页21），曰"游牧野族"（页24），说"蒙古崛起，为无文化之国家"（页157），说"蒙古本为顽固不易同化之人种"（同页），"蒙古部族，文化幼稚"（页175），等等。

[2] 该书也写到元的种种弊政，如元末的官贪吏污（卷四上，页74；卷四下，页82），如南人仕进之难（卷三上，页49—50）。

较早的记忆；痛感会钝化，非"切肤"的痛会被遗忘。蒙古骑兵的铁蹄已是遥远的往事，被明初士人用以对照的，有可能是末世的弱势朝廷（元）与新起的强势政治（明）。

我曾一再引过苏伯衡的论元、明两代人主之待士，那说法是："胜国（按即元朝）之于诸生也，取之难、进之难、用之难者，无他，不贵之也。不贵之，以故困折之也。皇朝（按即明朝）之于诸生也，取之易、进之易、用之易者，无他，贵之也。贵之，以故假借之也。夫困折之，则其求之也不全，而责之也不备。假借之，则其求之也必全，而责之也必备。"（《苏平仲文集》卷六《送楼生用章赴国学序》，四部丛刊初编集部）明太祖也未必不承认这一点。洪武三年诏，就有"前元待士甚优"（《明史·选举志》）云云。在叶子奇、苏伯衡，上述历史记忆不能不紧张化了他们与明初政治的关系。

但如若真的如上文所说元代的一些士人以生存为第一义，以夷夏大防、"《春秋》大义"为第二义，显然远于理想的士的型范。理想的士应当超越一己的生存境遇，而将对某种理念的维护作为使命。元末明初相当多的士大夫并不如是。他们不那么"理想"。比较之下，明遗民中如王夫之者，却有对其处境与理论立场的清晰认知与表述，从而以其自觉与思想的彻底性，与一般的士夫区分开来。王夫之的夷夏论固然基于明清对抗，却也在重申其人所认为的儒学基本命题，以图"坊"、障既倒之狂澜。他说的是"天地既命我为人，寸心未死，亦必于饥不可得而食、寒不可得而衣者留吾意焉"（《俟解》，《船山全书》第十二册，页488，岳麓书社，1992）。

据钱穆《国史大纲》，元代社会上的上层阶级，大体言之，有皇室、贵族、军人、地主，包括汉族地主，尤其江南的地主。$^{[1]}$（第七编第三十五章，页657）更有元史专家论证了汉族士大夫包括江南的士大夫在元代的境遇，并不如我们通常想象的那样不堪。（参看萧启庆《元代的儒户：儒士地位演进史上的一章》，收入氏著《内北国而外中国：蒙元史研究》）钱穆还说，元代税收制度务于聚敛（第七编第三十五章，页643—644）。不难想象，正因了政治设施"粗疏""朴野"，剥削、掠夺也就任情恣意，豪夺民田，掠民为奴，高利盘剥，搅夺行市，无所不为，无所不敢为。（参看蒙思明《元代社会阶级制度》，页126—129）嘉、隆间的李开先却说元代"赋税轻而衣食足"（《西野春游词序》，《明代文论选》，页144，人民文学出版社，1993）。可以相信的是，不同等级的士大夫间固然经验不同，细民处此世道，与士大夫的经验也必有不同。

到了明末，徐光启议漕运，竟以为"今东南物力，方诸胜国（即元代），百分之一耳"（《漕河议》，《徐光启集》卷一，页21，上海古籍出版社，1984）。徐氏精于算学且政治议论一向平实，未知这里的"百分之一"，乃何所据而云然。同文还说当时的目标应当在使"国家享元初之饶，而永无元末之害"。钱谦益《开国群雄事略序》径说"天命不僭，夷狄有君"，"有元非暴虐之世，庚申非亡国之君"。（《牧斋初学集》卷二八，页846）江右的林时益也说："元人入中国，善政乃百年。至今心史出，始悉异所传。"（《谷中九九诗》，《朱中尉诗集》卷一，豫章丛书）似

---

[1] 该书说："凡皇室以下皆地主也。惟汉人、南人亦有为大地主者，由其前承袭而来，而以非法手段保持之。此尤以江南为多。"（页657）

乎直到明末郑思肖的所谓《铁函心史》出井之前，士大夫关于元代的基本印象，是其百年"善政"。

关于元代，近人的叙述，演变之迹显而易见。钱穆《国史大纲》说元代之"政治情态""第一最著者，为其政治上之显分阶级，一切地位不平等"，具体即见于"四阶级"。（第七编第三十五章，页638）有关元代的历史知识中，此项最广为人知，似乎已成元代之为元代的标记。蒙思明的《元代社会阶级制度》则力图写出"日趋混合而后元代社会阶级之实况"（页116）。由作于1962年的新版自序看，该书虽题为"元代社会阶级制度"，为了应对"阶级斗争"/"民族斗争"的难题，自创了"种族阶级""经济阶级"的概念，不免混淆了"阶级"与"等级"（页2），却仍然令人感到了探索"正确"表述的艰苦努力。应当承认，蒙氏自创的概念用于清理"阶级""民族"缠绕、性质不甚分明的历史现象，多少是有效的。$^{[1]}$ 韩儒林主编的《元朝史》，《前言》中说："元朝的皇帝是蒙古人。当中原的皇帝宝座上坐着一个少数民族皇帝时，有些人就不加调查研究，一口咬定说这是黑暗的时代。这

---

[1] 该书以为元代的"政治实权"并不操之于蒙古人，因"文移、刑名、书署、议政，皆提诸汉人、南人之手"（页79）。该书说，因了"元代政治之粗疏简陋，朴野放任"，"未能深入于民间"（页84、140），汉人、南人之地主富商获得了"极度发展之良好机遇"（页87），"猜疑然有摧其优越之经济力以根本破坏种族阶级制而使之同化于固有之经济阶级制之势"（页84）。而蒙古、色目也有为人奴者，"蒙人之被卖为奴婢者，不仅在汉人、南人治下服贱役也，甚至沦为汉、南商人之市场货品，而被贩卖至海外诸番马"（页97）。萧启庆批评蒙氏所谓的"种族阶级"，前此他本人《元代的族群地位演进史上的一章》也曾使用"种族阶级制度""种姓制度"的说法（《内北国而外中国：蒙元史研究》，页399、400）。他的《内北国而外中国：元朝的族群政策与族群关系》一文用的是"族群等级制"，说元廷在政治方面采用"政策等级制"，"各族群所受待遇具有结构性的不平等"（同书，页466、465）——也可见出寻求准确表述的努力。

是不科学的。"（页4）兼顾民族、阶级，该书说"元朝政权，是十足的蒙汉地主联合政权"（《前言》，页6）；认为"所谓'贫极江南，富称塞北'，虽是元末农民军鼓动起义的宣传口号，其实贫富之别不在南北，与所属民族亦无关"（同上，页10）。陈生玺据其1954年的课堂笔记，记郑天挺在南开大学讲授专题课，关于元代种族压迫的特点有如下分析："元代把人分为四等只限于政治，而不限于经济。经济上的不平等有些是由政治而来，但不是由种族而来。"（陈生玺《明清易代史独见》附录一《"仰之弥高，钻之弥坚"》，页314。郑氏的具体讲述，见该书页313—314）$^{[1]}$

邵廷采《明遗民所知传》说到元朝对于宋遗民的宽容，"如故相马廷鸾等，悠游岩谷竟十余年，无强之出者。其强之出而终死，谢枋得而外，未之有闻也"（《思复堂文集》卷三，页211—212，浙江古籍出版社，1987）。陈高华也说，元朝政府对被荐者是否应聘，并未采取强迫的做法。被荐者固辞不出，仍可优游乡间；到了大都，要求回家，也得到允许，如吴澄、王泰来。据此认为"元朝政府对待前朝'遗士'的态度，比起此后的明、清两代来，要宽大得多"（《元史研究新论·赵孟頫的仕途生涯》，页208—209）。蒙思明《元代社会阶级制度》新版自序中说，"由于元代统治的粗疏，特别是在意识形态方面的控制没有过去那样的严

---

[1] 朱元璋对于元代弊政，一再强调的，是"污坏舁伦，纲常失序"（洪武三年三月，《明实录·明太祖实录》卷五〇，页987）；指摘该朝败坏等差秩序，"同里之民，服食居处，与公卿无异，而奴仆贱隶，往往肆侈于乡曲，贵贱无等，僭礼败度"，以此为"元之失政"。（洪武三年八月，同书卷五五，页1076）也可证元代固然有其等级划分，却也使汉民族地区原有的身份等级制度发生了松动。

格，人们有机会摆脱旧意识形态的某些束缚"（页12）。萧启庆则认为，"士人在元朝所受待遇并非如过去学者所说之恶劣"，"当时流传的'九儒十丐'的说法，并不反映实情"。（《蒙元支配对中国历史文化的影响》，《内北国而外中国：蒙元史研究》，页47）我们的历史知识却往往失之笼统，不免于模糊影响，人云亦云。

我注意到国外学者的晚元想象。《剑桥中国辽西夏金元史》关于元亡前夜的叙述就出人意表。由该书看来，元代末年的政治气象似乎大异于明末，即使到了覆亡前夜，元朝中央政府的圈子里仍然存在着"一股坚定的信念"："危机是能够解决的，只要从上层下达命令，一夜之间就可以重建一个世界。"（中译本，页658）最高当局锐意改革，励精图治，当权的人物"个个精力旺盛，有眼光，有能力，不气馁，也不倒退"（同书，页655）。对于朝代更迭，我们习惯了的解释，通常是那个社会内部已经腐烂，危机重重——包括人才危机。那本书却试图告诉你，元代即使到了崩解之际，也仍然有一批性格刚毅、意志坚定的人物，力图挽狂澜于既倒；元末人物并不圃茸猥琐，不但伟岸，且气象光明。对于元的覆亡，该书强调的是"反抗者们"的意志，而不是元朝的"内部原因"，将其覆灭归结为"气数已尽"。"1368年，元朝是被一个意识上极端、道德上激进的革命运动赶出中国的。……元朝的最终倒台是因为明朝的开创者决意要它如此"（页670）。"如果没有如此大规模且反复暴发的自然灾害，元朝有可能比它实际存在的时间要长得多"（同上）。这也应当是一种据"印象"的判断，或有意校正一种成见。你可以质疑这种假设，但这毕竟是一种与我们熟悉的叙述不同的叙述，那种叙述为了论证"必然"，通常将王朝自

身作为其灭亡的首要原因——凡末世总该有末世相，起而代之者不过结束了一段本就该结束的历史。$^{[1]}$

该书认为，"元代有意无意施加的各种压力"，不但没有"使中国在其早已确立的社会发展轨道上转向"，而且"导致了对非正常条件的许多有益的反应，尽管人们还没有充分意识到这一点"（页734）。所谓"有益的反应"，据说包括了如下方面：由于士大夫"并没有被拉到脱离下层的政府高位上，所以他们能与为数更多的地位相近的集团密切相处，与社会的联系更为紧密"，即如与佛教寺院的关系；因为被迫教私塾，"卷入了那些就学者的普通家庭的生活"；至于他们被迫担任卑微的书吏，则有机会由与社会上层分子不同的角度观察政府（页730），诸如此类。这些无疑更出于推测，即使是具有启发性的推测。却也应当说，所有这些"有益的反应"都有其代价，甚至代价高昂。尽管如此，上述线索，或许多少可以解释元明之际的人才状况，士人的多种取向及其根据，还原那个塑造了"明初人物"的社会历史环境。

最为明代直至近代的知识人称道的，仍然是元代因民族间交流的空前扩大与民族间的融合，而造成的前所未有的气象，即赵孟頫所谓"一时人物从天降，万里车书自古无"（《钦颂世祖皇帝圣德诗》，《松雪斋集》卷四，景印文渊阁四库全书集部别集类）。

---

[1] 据说十四世纪是自然灾害高发的时期，"在各个蒙古汗国内外，从欧亚大陆一端的冰岛和英国，到另一端的日本，各国都苦于盛疫、饥荒、农业减产、人口下降以及社会动乱，几乎没有一个社会能免遭其中的某些灾害"（《剑桥中国辽西夏金元史》中译本，页669-670）。该书说，在巨大的非人力所能抗拒的自然灾害面前，"元末的各届政府都尽了最大努力试图从这些灾难中解脱出来"，"元朝在医药和食物的赈济上所作的努力都是认真负责的、富有经验的"；"在这种情况下，没有哪一个朝代能比元朝做得更好"（页670）。

陈垣《元西域人华化考》引王德渊说薛超吾（昂夫），"其氏族为回鹘人，其名为蒙古人，其字为汉人"（卷四，页61）。此种现象，岂是其他朝代能想象的！陈氏该书引王礼《麟原集》卷六《义家记》，说元代"混一之盛"而"无此疆彼界"，"适千里者，如在户庭，之万里者，如出邻家"，"一视同仁，未有盛于今日也"（卷六，页115），尽管不可全然据信，是否也可以由此推想处元之世士大夫的空间感、地域感与此前此后朝代之不同？$^{[1]}$由陈垣征引的材料，你一再读出了那个时代汉族士大夫面对异族优秀人物时的惊奇与赞叹。关于回回人高克恭，该书引柯九思《题秋山暮霭图》"三代以来推盛世，九州之外有斯人"（卷五，页97），非但不视为异类，且正有遭遇奇人的兴奋。家铉翁为宋末元初人。陈氏说其人"留元十余年，得睹元初人物气象，与宋季之偏激狭隘，迥然不同"（页136）。$^{[2]}$这种胸怀与眼界，对于打破狭隘的"中

---

[1] 关于元人空间、地域意识中的"西北"，参看陈垣《元西域人华化考》卷八页134、135所引危素、干文传、戴良等人文字。这种空间感，与地域有关的经验，确也仅属于有元一代。

[2] 陈氏该书引家铉翁题元好问《中州集》后（文见《元文类》八三），曰："世之治也，三光五岳之气，轩而为一代人物。其生乎中原，禀乎齐鲁，许洛之间者，固中州人物也；亦有生于四方，奋迅外，而道学文章为世所宗，勋伐德业被于海内，盖谓之中州人物可也。故壤地有南北，人物无南北，道统文脉无南北，虽在万里外，皆中州也。"称许元好问的胸怀，说元氏"生于中原，而视九州四海之人犹吾同国之人，胸怀卓荦，过人远甚。"若元氏者，"可谓天下士矣"（同书同卷，页135—136）。元杨瑀的《山居新语》中也有对其时异族人物的激赏。该书称道其如交塞古人帖木儿不花（汉名刘正卿）"廉直章文，家贫至孝"（页212，中华书局，2006）；说畏吾人沙剌班乃"厚德君子"（页222—223），近侍世杰班为"厚德人"（页212），揭傒斯"长厚老成"（页225），唐兀人伯颜（字谦亨）"正心不昧"（页231）；记阿怜帖木儿等人的大度（页237），尤令人印象深刻。陶宗仪《南村辍耕录》记蒙人、西域人，也无排已之感。称道回回医术之精，相信"西域多奇术"（卷二二《西域奇术》，页274）；状写西域人出身的"河南王"卜怜吉歹的气象度量，不无倾倒。（卷一五《河南王》，页185）却也有讥嘲——关于其人的相貌、服饰、语言（如同书卷二八《朝回回》）。

原心态"，其作用不可低估。

关于元代诗文，刘基说："元承宋统，子孙相传，仅逾百载，而有刘、许、姚、吴、虞、黄、范、揭之侈，有诗有文，皆可垂后者，由其土宇之最广也。"（《苏平仲文集序》，《诚意伯文集》卷一五《犁眉公集》上，页365。刘，刘因；许，许衡；姚，姚枢；吴，吴澄；虞，虞集；黄，黄溍；范，范梓；揭，揭傒斯）诗文成就竟被发现了与"土宇"广狭的关系！该序写在明初，文字间正有对有元一代人物的自豪。关于元修辽、金、宋三史，近人邱树森说，"一部二十四史中，是找不出哪一部史有这么多的少数民族史家参加修史的"（《妥懽帖睦尔传》第四章，页87，吉林教育出版社，1991）。此种盛况，即近代也难以再现的吧。

有元一代语文现象之丰富，也像是前所未有。仍然是陈垣的《元西域人华化考》，说，元代文字"虽以蒙古新字为主，而不甚通行，有所颁布，须各以其国字为副。大抵汉字用于中国本部，畏吾儿字用于葱岭以东，亦思替非文字用于葱岭以西诸国"（卷五，页96）——岂非一种特殊景观？陈氏该书汇集了大量的语文层面民族间交流、共享、融合的实例。情况似乎是，尽管存在着双向的运动，却仍然以汉民族以外的民族运用汉语思考与写作这一趋向更为强大。汉语写作在这一异族为主要统治者的时代非但未被削弱，反而因吸纳了异民族的资源而造成了一片前所未有的独特风景。考察元代士大夫异于前后世代的表述方式，文学研究者或许有其特殊的便利。

宋元—明清之际

关于后金（清的前身）与元朝的关系，《洪业——清朝开国史》有如下一段文字："1634—1635年间（按即天聪八年到天聪九年），后金征讨察哈尔部的胜利，还有一项始料未及的收获，即夺取了元朝的传国玉玺。这意味着皇太极可以自称为成吉思汗及元朝皇帝的继承者了。"（中译本，页177）——倘若皇太极真的以"成吉思汗及元朝皇帝的继承者"自居，上述事件自然充满了暗示。与此相应，他的对手明人则往往自拟于宋，将与后金的对抗，比之于宋与金、元间的对抗。魏氏同书说，清军围攻大凌河时，皇太极曾表示希望与明朝议和，"而明朝大臣却将议和错误地比作南宋的绥靖政策"，以致皇太极要作如下解释："然尔明主，非宋之裔，联亦非金之后，彼一时也，此一时也。"（页178—179）后金天聪十年（崇祯九年）改国号为清，可为皇太极的说法佐证；明朝一方却像是被那隐喻牢牢地控制了，以致在战/和、剿/抚的抉择关头，一再受到来自另一个朝代的提示。既往的历史就这样干预（也干扰）了当此特殊关头的决策，以如此戏剧性的方式介入了现时的政治过程。

我曾一再说到明人好论宋，对宋史，尤其宋覆亡的一段历史烂熟于心。他们关于宋的论述，也就以种种隐蔽或显然的方式，"进入"了明清之际的历史。顾炎武就说过"今代所循，大抵皆宋之余弊"（《日知录集释》卷九《隋以后刺史》，页210）。关于宗室政策，说"有明之事，与宋一辙"（同卷《宗室》，页218）。《藩镇》条则说，"明代之患，大略与宋同"（同卷，页220）。明亡过程中，宋朝犹之幽灵，始终徘徊不去，士人则随时在已有的剧情中选择、辨识自己的角色——文天祥、王炎午、汪元量、谢翱、郑思肖，等等，也因有关的记述几乎穷尽了特定历史情境中可供选择的诸种可能性。《洪业——清朝开国史》中说，崇祯在听取李自成的使者说明交换条件时，考虑到"现在的让步，在将来的正统史家眼中，会永远成为他曾'偏安'的证明"（中译本，页232），当然是史家的猜测，却未必不是实情。意识到"在将来的正统史家眼中"如何如何——已被书写的"历史"当此关头竟如上帝一般地临汝，不由你不凛凛然生畏。

至于清人的暗中以元人自拟，可以李绂为例。李氏的《吴文正公从祀论》为吴澄仕元辩护，驳明嘉靖朝张聪引谢铎语，以为吴澄不宜从祀孔庙，说吴在宋朝不曾做官，"不得责以夷齐之节"，何况天下归元已久，"率土皆臣"。"《春秋传》所谓'内诸夏而外四裔'者，谓居中抚外，不得不有亲疏远迩之殊。若既为中国之共主，即中国矣。舜，东夷之人；文王，西夷之人。得志行乎中国，不闻以此毁圣。"（《李穆堂全集》卷二四，道光辛卯珊城阜祺堂刊本）——不但辩护了清统治的合法性，也辩护了其自身在大清治下的生存。$^{[1]}$

关于朝代间的纠缠之为宿命，另有暧昧的想象。如以为妥懽帖睦尔（元顺帝，亦所谓"庚申君"）乃"赵氏之子"，即赵宋

---

[1] 黄进兴《优入圣域：权力、信仰与正当性》七《清初政权意识形态之探究：政治化的道统观》，谈到李绂"借着阐释历史事例，来暗示'明清之际'政权转移的微妙关系。李绂认为殷之亡，实咎由自取。武王伐纣，志愿不在灭商。借此，李绂将'殷周之际'作为'明清之际'的张本，与清人官方的解释颇为契合"（页108，陕西师范大学出版社，1998）。

王朝皇室后裔，将赵宋、胡元间的关系神秘化，以证"数"由前定。由万斯同所辑《庚申君遗事》看，明代士人——包括何乔新、郑晓、谈迁这样的知名之士——乐道元顺帝的所谓"身世之谜"，对于那则破绽百出的传闻，甚至万氏也宁信其真。被万氏辑入《庚申君遗事》的袁忠彻（按袁为永乐间人）的文字，以元顺帝的幽禁文宗后、杀其太子，为"天使宋之遗孽灭元元之报复"。万斯同则据传闻中的顺帝血缘，归结为"赵氏之复有天下"（《书庚申君遗事后》，昭代丛书本），说"元之混一天下止八十九年，而顺帝乃反得三十六年，天之所以报赵氏者岂不厚哉"（《再书庚申君遗事后》，同书），见识之卑陋无异于常人。王源为该书所作序，逻辑更其曲折微妙。那序文发挥程敏政《宋遗民录序》一文的"报施"说，将宋的灭于元及"庚申君之事"，归原于宋对于周的篡逆不道，与元灭宋过程中的暴虐——冤冤相报，宋与元各得了报应。

对秘闻（尤其宫闱秘闻）的热衷，一向为草民与士夫所共有；而血统、血缘，又为"传统社会"高度关注。皇族血缘、血统，尤其被认为王朝命脉所系。由近人看来，传播此种无稽之谈，多少出自对于夷狄的"精神胜利"，可以用作分析某种社会心理的标本。万斯同于清初辑"庚申君遗事"，却不像是有何种深意，或许不过证明了人们对于秘闻、对于"历史"的神秘面的持久不衰的兴趣而已。陈垣早年史论，由"种族"起见，对所谓元顺帝"卒嗣大统，阴易元祚，世主沙漠"云云并无异议，却强调其后世"子孙不得谓为汉人"，因其"语言文字姓氏国土及所享之政治，已与汉人异者久也"（《种族之界说》，《陈垣早年文集》，页110。按"卒嗣大统，阴易元祚，世主沙漠"，为罗伦《大忠祠碑记》中语）。由

"语言文字姓氏国土及所享之政治"辨认民族身份，自然已是近人的见识。

作为隐蔽的言说策略，明亡前后，士人自拟于宋而拟清于元，也就据元而推测正在展开的清，比如预测其"国祚"，推测华夏文明及其负载者（包括自身）的命运；也或明或暗地以士大夫之处元为参照，选择自己处清的方式，以及适于担任的角色。$^{[1]}$ 丰富的"历史素材"参与了当事各方于这一历史关头的选择；既往的历史绝不只在作为"言论"的层面上，而且是经由当事者付之于行动的演绎，成为明末"当代史"的构成部分。仅由文字看，那一时期的历史生活中似乎充斥了各色各样的暗示，士大夫的想象空间中游荡着诸种历史的幽灵。$^{[2]}$

关于元的取代宋，《剑桥中国辽西夏金元史》说："这种外族征服对汉人来说，特别是对那些最了解这一点的士大夫来说，具有矛盾的意味。一方面，中国获得了10世纪以来的第一次统一。……从另一方面看，垮台的宋朝被推崇为具有高度文明和繁荣文化的朝代。"（中译本，页711）但明人似乎并不以为元代意味着文化

---

[1] 萧启庆《内北国而外中国：元朝的族群政策与族群关系》一文一再以清朝、满人为比较，说明元朝以及蒙古、色目人的状况，如说蒙古这一征服民族与汉民族间"差距之大，远过于金朝女真及清朝满人与汉族"（《内北国而外中国：蒙元史研究》，页464），说元朝任官方面不公平的程度"远大于清朝'满缺''汉缺'之分"（同上，页465），说蒙古军户之贫困，"一如清朝中期以后的八旗子弟"（同上，页469）。由后人看去，对于元朝，清朝的确是天造地设的参照。

[2] 针对明亡前叶吁请南迁的言论，光时亨曾说："奉太子往南，诸臣意欲何为？将欲为唐肃宗灵武故事乎？"（《明季北略》卷二〇，页437，中华书局，1984）据《洪业——清朝开国史》，多尔衮以曾仕为例而肯定吴三桂与清军合作（即"效忠二主"）这一行为。（中译本，页275—276）同书还说，清营中的辽东汉人另有一个"截然不同的历史模式"，企图扮演取代暴秦的西汉。（页270）

繁荣的中断。明初贝琼就以为"有元混一天下，一时鸿生硕士，若刘、杨、虞、范出而鸣国家之盛，而五峰、铁崖二公继作，瑰诡奇绝，视有唐而无愧"（《乾坤清气序》，《明代文论选》，页32。刘，刘因；杨，杨载；虞，虞集；范，范梈；五峰，李孝光；铁崖，杨维桢）。方孝孺也说："元兴以文自名者，相望于百年之间。"（《张彦辉文集序》，同书，页62）顾颉刚等人所著通俗历史读本中对此解释道，士大夫既然在政治方面不得施展，"自然会转向他方面，别寻一条出路"，由此"在这乌烟瘴气弥漫着的社会里竟得爆出一星熊熊的火光"，也就是元代的文学艺术。（《中国史读本》，页177）这种解释我们已耳熟能详，元代的士大夫却未必如此感受。刘基当日就曾说过"今天下不闻有禁言之律，而目见耳闻之习未变，故为诗者，莫不以哦风月、弄花鸟为能事"，遗憾的是其时诗风"溢美多而风刺少"，无裨于世教。（《照玄上人诗集序》，《诚意伯文集》卷七《覆瓿集》七，页178）

这种似乎是"畸形"的繁荣延续到了元明之际。《明史》说："元末文人最盛。"张士诚据吴，"颇收召知名士，东南士避兵于吴者依焉"。由杨维桢主持的社集，参与者"或戴华阳巾，披羽衣坐船屋上，吹铁笛，作《梅花弄》。或呼侍儿歌《白雪》之辞，自倚凤琶和之。宾客皆蹁跹起舞，以为神仙中人"（卷二八五《文苑》一）。这场面，持久地为明代士人所艳羡。衰世风景未必就惨淡，危亡之际的文人生涯也未见得凄凉萧瑟。世衰、乱而文盛，元明之际、明清之际莫不如此。吴蕃昌说甲申之后两年（"丙戌春"），自己居邑城之西巷，闻舍凄清，"而故旧诗席反加增焉。邮传赠奇，过某之门者，日百余笺"（《西巷草堂随笔小引》），

《祇欠庵集》卷七，适园丛书本）。上一篇已提到马克思有关于艺术的繁荣时期不与社会的一般发展成比例，不与物质基础的一般发展成比例的著名论断。有关论述仍然有它的解释力，不但对于明清之际，而且对于元明之际。

上述文人的处易代之际，提供了社会、文化生活连续性之一证。或许可以说，正是变动、破坏，才使延续凸显，使历史生活、社会文化中某种稳定的部分凸显。于此我们又回到了本书第六篇的话题上。但也应当说，断／续毕竟是较为粗陋的观察角度。可以据此质疑"改朝换代"之为视野，但"之际"的那个"际"仍在，"改""换"仍然是基本的事实。此外还应当说，有因"易代"而发生，有发生于易代之际。呈现在此"历史瞬间"的，并非都宜于直接以"易代"来解释。某些事态缘积累而成，或积累中的变动由"易代"触发或完成。随时区分情境，厘清条件，不消说是必要的。

*本文为《想象与叙述》一书第五篇。

捌

言说与伦理践行之间
——明清之际士大夫与夫妇一伦（之一）

本篇所考察的，是见之于士大夫记述的明清之际的婚姻状况。关于这一时期庶民的婚姻状况，小说较之士人文集，更便于取样。而士人的婚姻状况，仍不能不以士人的记述为主要依据。由今天的眼光看，两性关系，士夫未必较庶民"开放"；但士大夫的处婚姻、处两性关系，为人瞩目（尤其其中的公众人物），其伦理实践有可能更自觉、理性；有关记述包含的价值判断，提供了了解该时代相关"观念形态"的材料。

较之君臣，甚至较之父子，夫妇一伦无疑更"私人"也更"私密"（尽管有儒家之徒力图破此"私密"），感觉、印象的层面也较为"软性"，本篇却未必轻松有趣。缘此一伦，确有可能更贴近士大夫的生活世界、士大夫的日常经验，但那些经验中也正有人生并不浪漫的一面。有些美丽的故事一再经人讲过的，毋庸辞费，何况我一向对过于"美丽"的故事心存怀疑，怕修饰太过。此外也因了所截取的时段本有的严峻性，而我所讨论的，又包括了非常态（如流离、流徙）中的夫妇。

据说古籍中"夫妇"用语广于"夫妻"（参看陈顾远《中国婚姻史》，页176，上海文艺出版社，1987）。对此一定可以作有趣的诠释。就本篇而言，"夫妇"中的"妇"包括了妻、妾，即所谓"大妇""小妇"；但在多数情况下，"夫妇"与"夫妻"义同。对此，必要时会予以说明。名士与才媛（此处特指名妓）的故事，已经被谈论得够多。本篇涉及后者，仅由其在士人家庭中的角色——无论为妻为妾——着眼。

规范夫妇一伦的努力

这一时期的士人，尤其儒家之徒，关于夫妇一伦，于重复有关的经典论述外，少有新见。如关于"刑于之化"。《诗·大雅·思齐》："刑于寡妻，至于兄弟，以御于家邦。"$^{[1]}$ 刘宗周说五伦中"夫妻一伦，尤属化原，古来大圣大贤，又多从此处发韧来，故曰：'刑于寡妻，至于兄弟，以御于家邦。'"（《处人说》，《刘宗周全集》第二册，页361）。$^{[2]}$ 李颙所说，也不出此范围。他说："闺门床第之际，莫非上天昭鉴之所，处闺门如处大庭，心思言动，毫不自苟。不愧其妻，斯不愧天地，'刑于寡妻'，便是'御于家邦'。"（《二曲集》卷三〇《四书反身录·中庸》，页420，中华书局，1996）"刑于寡妻"与"御于家邦"是大命题。即使家门之内，"化"也有可能由近及远、由此及彼。"昔曹月川先生居家，言动不苟，诸子侍立左右，恪肃不息，则是子孙化也；夫人高年，参谒必跪，则是室家化也……诸妇皆知礼义，馈献整洁，无故不窥中庭，出入必蔽其面，则是妇女化也。"（同书卷二九《四书反身录·大学》，页409）名儒之家，气象肃杀如此。陆世仪的阐发也不出此，说"人欲齐家，只是齐妻子"（《思辨录辑要》卷一〇，正谊堂全书）。并不迁腐的孙奇逢，也认为"兄弟不和多开隙于妻子"（《家规》，《夏峰先生集》卷一〇，

---

[1] "刑于"，谓以礼法对待。"刑于寡妻"，郑玄笺："文王以礼法接待其妻。""刑于之化"指夫妇和谐。

[2]《刘宗周全集》，戴琏璋、吴光主编，钟彩钧编审，台湾"中央研究院"中国文哲研究所筹备处1996年出版。

页390）。颜元以礼仪训练、约束其妻妾，则是一戏剧性的例子。据年谱，颜氏早年曾因"学仙"之故，"娶妻不近"，后"知仙不可学，乃谐琴瑟"，却又"耽内"且"习染轻薄"；"然无外欲，虽邪媚来诱，辄峻拒之"（《颜元年谱》，页4，中华书局，1992）。显然，由年谱的撰写者李塨看来，这就有了"入道"的本钱。由年谱看，颜氏的努力似乎不无成效。闰六月，"朔望偕妻行礼，已而夫妻行礼"，颜氏"南面起拜再"，其妇"北面不起拜四"。每当颜氏外出，遇朔望，其妇"必望肃拜四"，颜氏则"遥答之"（同书，页21），俨若君臣。也偶有失效的时候。某日，其妇"不敬"，颜氏"愧无刑于之道，自罚跪"，直至其妇"悔过"（同上）。另有一日，其妇"不用命，罚之跪，至二鼓谢过，乃命起"（同书，页37）——确乎"肃若朝典"。$^{[1]}$颜元曾论"男子之道""女子之道"，即两性关系中的男、女，及其"道"（见《习斋记馀》卷五《二烈妇传》，《颜元集》，页484，中华书局，1987）——那只是使男人成其为"男人"的一种关系，却几乎是女人赖以成其为"女人"的全部关系。据李塨所撰颜元年谱，颜氏主张"夫妇相敬如宾，相成如友，必因子嗣乃比御"，以为此乃"夫妇之天理"（《颜元年谱》，页42）：规范及于房事。而妇人的功用，也仅在"子嗣"。

---

[1] 颜元最有"圣徒"气味。其《朱子语类评》引朱子语："陈好行古礼，其妻厌之而求去。"颜元曰："元不才，魅行古礼四十年，妻妾无异辞，每以其无志期仵女圣为崇。今见季慈之妻厌礼求去，乃觉天之福我妻妾之可幸矣。"（《颜元集》，页310。按陈烈，字季慈）比较之下，倒是季慈之妻较为正常。有讽刺意味的是，颜元"教内子尽相夫之道，可以称贤。妇曰：'不能。'"。颜氏以为非不能也，乃不为也。（《颜习斋先生言行录》卷上《古卜第四》，同书，页631）

你不难注意到包含在"阴/阳"这一古老范畴中丰富的人事内容、人性观察。唐顺之说："盖昔人精究天人之际，而类人事于阴阳，则以小人为君子之阴，夷狄为中国之阴。"（《答廖东雪提学书》，《唐荆川文集》卷五，江南书局据明嘉靖本重刊）王夫之进而说："阴之为德，在人为小人，为女子，为夷狄，在心则为利，为欲。处女子、小人者，置之于中而闲之，处夷狄者，抑之使下而抚之。"（《周易内传》卷三下，《船山全书》第一册，页354）他更说"妇德，阴德也；妇礼，阴礼也"，以为"幽之为德，危德也"（《诗广传》卷一，《船山全书》第3册，页315—316，岳麓书社，1992）。

儒家之徒以夫妇所在的居室为幽暗，自与上述经验相关。破此幽暗，也就被作为了道德修炼的进路。刘宗周以为"居室之间，其事最微渺而易忽，其恶为淫僻"，也因此"学者从此关打过，便是真道德，真性命，真学问文章，不然只是伪也"（《处人说》，页361）。引《大戴》所云："匹夫匹妇，相与于墙阴之下，明日则或闻其言。"证明"幽独一关，惟妻子为最严，于此行不去，更无慎独可说"（《证学杂解》，《刘宗周全集》第二册，页308—309）。对于夫妇生活中的隐私，苛于修身的颜元，自己就不放过。他记日记，"虽暗室有疵不可记者，亦必书'隐过'二字"（《颜元年谱》，页20），所谓"不欺暗室"。其妇说："隐过不可记。"颜元不以为然，说："恶！是伪也，何如不为记？……"（同书，页32）但你也不妨相信，家族之于夫妻生活的"私密"部分，即使在"私领域""隐私权"的概念出现之前，也未必就被无视——无论对于那种"私"能给予多大程度的"尊重"。

这一时期的儒家之徒，仍然服膺班昭的《女诫》，对妇人女子，注重庸言庸行，抑制才智的发展，不认为她们也应当如男子，有所谓的"绝诣"。《后汉书·列女传》班昭《女诫·妇行篇》："女有四行：一曰妇德，二曰妇言，三曰妇容，四曰妇功。夫云妇德，不必才明绝异也；妇言，不必辩口利辞也；妇容，不必颜色美丽也；妇功，不必工巧过人也。"以下说应然。"四行"强调的是"基本要求"。但仍以诸"不必"更可玩味。不必具有才智，不必拥有美丽。德、言、容、功均宜于"庸"。这或也是班昭所认为的妇人女子的生存之道。$^{[1]}$ 本篇所论这一时期儒家之徒的所见尚不止于此。王夫之释《易》《家人》一卦，说"妇人之志不可遂，甚于欲也"（《周易内传》卷三上，《船山全书》第一册，页315，岳麓书社，1988）。孙奇逢也说："一家之中，男子本也。""只不听妇人言，便有几分男子气。"（《夏峰先生集》卷一三《语录》，页565，中华书局，2004）吴麟徵有《乙卯自成》，中有"无为妻子盅""深儿女之杯，便短英雄之气"（《吴忠节公遗集》卷二，乾坤正气集）云云。张履祥致书友人，不满于其兄因妇死而"情绪甚苦"，说"但闻妇人以夫子为终身之托，未闻男子以妇人为荣瘁者也"，抱怨其兄的"困于此妇"（《与何商隐》，《杨园先生全集》卷五，页125，中华书局，2002）儒者嘴脸在这种事上最可憎。

一涉"女子"，见识便陋，确像是一种"儒病"。陆世仪并

---

[1] 所谓"四行"，本《周礼·天官·九嫔》。孙治让《周礼正义》："妇德谓贞顺，妇言谓辞令，妇容谓婉娩，妇功谓丝枲。"（卷一四，页552）

不浅陋，说家族伦理，却率多迂见。他断然道："家之不齐，多起于妻子。父母不顺，由于妻子；兄弟不睦，由于妻子；子孙不肖，由于妻子；婢仆不供，由于妻子；奢侈不节，由于妻子。妻子不齐而以云齐家，吾未之见也。"（《思辨录辑要》卷一〇）却也偶有通达之论。张履祥对钱愷度分析为儿子娶妇的五条标准，属经验之谈、世故之谈，无非为家族计，出于极实际的考量。第一条即古人所说"娶妇须使不若吾家"（《杨园先生全集》卷四《与钱愷度》，页101）。对此陆世仪正不谓然，说自己对朋友说过，"昔人云：娶妻必须不若吾家者，嫁女必须胜吾家者。若看得理透，正不必然。男家只是择妇，女家只是择婿"（《思辨录辑要》卷一〇）。

最宜为上述诸儒的论述作注脚的，自然是他们本人对其作为仪型的人物的记述。王夫之写其祖父"居家严整，昼不处于内，日昃入户，弹指作声，则室如无人焉者"（《家世节录》，《姜斋文集》卷一〇，《船山全书》第十五册，页214，岳麓书社，1995）。不处于"内"，即不处于夫妻的私密空间（内室）。这里有空间意义上的内/外。"外"即"公"，即家庭、家族成员与共、共见的空间，否则即"私"。理学家修行讲求"无不可告人"。不惟"昼不处于内"，日昃入户，尚要"弹指作声"，可感家庭气氛的紧张压抑。而处内室却"如无人"的妇人，其生存空间之逼仄可想。

刘宗周记其父刘坡与其母相处"素庄"，"无故不昼处于内，见烛乃入，即内处亦无不冠不履"。其时子女育于奶妈，刘宗周父"未尝手授提抱"，必自其母"转相接"。而刘氏的母亲则"居恒自操女红，外辄局静坐，坐或终日不移席，动止雍容，一中规、一中矩，步趋而裳襞不动，警欬之声未尝闻厉除"。其母的自我抑制不止于此。该篇说其母"喜愠不形，每事有不可于心者，惟终日不语而已"（《显考浩赠通议大夫顺天府府尹秦豪府君暨显妣诰赠淑人贞节章太淑人行状》，《刘宗周全集》第三册下，页986、991）。这当然就是刘宗周所理解的士大夫处夫妇以及夫妇关系中的夫与妇应有的风范。

门人所见刘宗周确也有此风范。曾在其门下的张履祥，引同门友祝渊记刘氏"闺门之内，肃若朝廷。终日独坐一室，不逾门阈。女婢馈茶，先生必起避，候婢出复位。终身不与妇女亲授受。凡中帏床笫之间，悉夫人躬亲之"。夫人在世时，为刘氏强置侧室，"夫人谢世，侍朝夕者赖侧室一人耳"。祝渊以为自己"师事先生，当从此等隐微之事学起"（《言行见闻录二》，《杨园先生全集》卷三二，页905）。张履祥与其一度师事的刘宗周宗旨不同而仍存敬意者，也应当由此等事得到解释。那确实是张履祥所认为的粹儒范型。

张履祥将自己的不能"刑于"视为人生一大失败，感慨道："古今闺门以内，与夫子同志者几人？"引医家所云"宁治百男子，毋治一女人"，说同志者往往欲化导其妇"劳而寡效"——自己也是其中之一人。（同书卷三《与吴仲木》，页57）此札乃劝他的友人不要续娶；另札则说："教衰俗敝，远近同志莫不各有天伦之苦，而妻孥之累，愈觉其深。如弟亦所谓一妻一妾而不能治者也。"（同书卷二四《答吴仲木》，页675）

世乱时危，被一再谈论的，是妻子之为累。孙可望攻永昌，永昌推官王运开令其弟带自己的妻妾离开，说"勿令此牵在，徒乱人意耳"（何冠彪《生与死：明季士大夫的抉择》第五章，页102，台北：联经出版事业公司，1997）。邵廷采记张煌言拒绝纳妾，说自己"倡义以来，未尝一近女色，且死生成败殊未料，多累何为？"（《东南纪事》卷九《张煌言》）必要时"脱屦妻子"，也是时人所认为男子汉大丈夫应有的决断。黄宗羲《行朝录》记瞿式耜当被执之时，"欲入与妾诀"，被张同敞劝阻，说"徒乱人意耳"。（卷五，《黄宗羲全集》第二册，页156，浙江古籍出版社，1986）由今人看，未必可以据上述临难时的表现论优劣；或许瞿氏的反应较张同敞更近人情。

同一时期也有平情之论。张履祥说过"小丈夫亦与妾妇异矣"（《愿学记一》，《杨园先生全集》卷二六，页716），是对妇人女子极鄙之辞。这却不妨碍其由《易》的《离》《兑》《睽》等卦，说到"情之难得，莫甚于妇人"，对所谓"女无美恶，入宫见妒"表同情。（同书卷二九《读易笔记》，页813）黄宗羲深于世故，体贴人情，为妇人写墓道文字，很说了一些通情达理的话。即如说，从来为女妇写传记文字，总以臣子作比，"然绸缪户牖之事，与经营四方，果孰难而孰易乎？"，后者的功劳"易著"，而后者的辛劳"易忽"。（《节妇陈母沈孺人墓志铭》，《黄宗羲全集》第十册，页336—337，浙江古籍出版社，1993）另一篇说了类似的意思，即女妇所行之事，因"琐细寻常"，限于碑志的体例，容易被忽略。（《张节母叶孺人墓志铭》，同书，页369—370）

陈确是刘宗周门下虽学道而较少迂见者。黄宗羲为他的这位同门友写墓志铭，说自己曾由陆坊案头看到陈所撰《女训》，陆氏说其家"奉为玉律"（《陈乾初先生墓志铭（初稿）》，同书，页350）。《女训》未见之于陈氏文集。$^{[1]}$由此看来对于"名士"不可想象过度，尤其不可作一概之论。涉及妇人女子、"女子教育"，儒家之徒与文人，有可能所见略同。何况陈确虽师事刘宗周而无道学方巾气，陆圻、陈维崧更被当世目为名士。

不妨说，涉及夫妇、女性，文人、名士的议论未见得较儒家之徒通达，行为放纵者未必见识通达。这种现象大可玩味。名士之于礼法，正令人想到鲁迅关于"魏晋时代"所说的，崇奉礼教的，"实在是毁坏礼教，不信礼教的"；"表面上毁坏礼教者，实则倒是承认礼教，太相信礼教"（《魏晋风度及文章与药及酒之关系》，《鲁迅全集》第三卷，页513，人民文学出版社，1981）。对嵇康直至明末的某些名士，大可作如是观。即使被当世目为"风流教主"的钱谦益，也一再称引范武子所说"臣子受君父之命，妇受夫之命"（即如《汤孺人墓志铭》，《牧斋初学集》卷五九，页1441，上海古籍出版社，1985）。冒襄评鉴赵孟頫的夫人管道昇画作的印章，说印文"魏国夫人赵管"，"以两姓合镌，甚觉其妙"，更以为"凡闺秀之擅书画者，当以此为印式，篆名与字行于世，殊非所宜也"（《纪管夫人画印》，《巢民文集》卷六，《如皋冒氏丛书》），就不免是陋见。吴应箕以僧讲为宜禁，理由是"男女夹杂"，有伤风化；说所见"僧俗各半，而妇女尤多，至绕台攀座，无非是者，其耳目眩乱，使人见之欲呕"（《虎邱书禅僧讲经事》、《楼山堂集》卷一九，《贵池二妙集》，贵池先哲遗书，1920年刊

---

[1] 据陈敬璋《乾初先生年表》，顺治十四年陈确至武林，"以陆丽京《新妇谱》归，补订教条"（《陈确集》首卷，页33，中华书局，1979），或即所谓《女训》。此事陈确曾在《与吴裒仲书》中提到。

本）。由此却也可考三教中何以佛教对妇女别有号召力，释氏之于社会、风俗的影响。$^{[1]}$

值得探究的是，东南沿海经济发达之区何以"色情行业"发展，却又偏多获旌表的节妇烈女。也不妨延伸此一思路，尝试着解释同一地区以名士风流著称，同时又偏多恪守伦理规范的"粹儒"，易代中偏多忠臣义士。地域文化的丰富性，士的取向的多样性，是否也正与该地经济社会发展水平相关？

所谓"儒家意识形态"从来就有罅隙，而典章制度与"生活实践"又不免错位。儒家之徒有关"夫妇"的言说，与实际的处夫妇未见得一致。有必要区分人的所言与所行，规范与其实践。$^{[2]}$ 差异尚在不同社会阶层间、经济社会发展水平不同的地域间，当然也一定在同一阶层、同一地域的不同个人间——与教养与性情均应有关。有通行的行为规范，也一定有不同的个人取向。影响伦理实践的因素也如影响其他行为的因素一样丰富。夫妇如此，君臣、父子、兄弟，无不如此。

涉及伦理，历来都有通达之论，尽管是分散的、个别的，难以估量其影响，却可以据以想象"主流思想"的缝隙，据那些分

---

[1] 关于佛教道教对女性角色的重塑，参看美国学者爱素恩《缀珍录——十八世纪及其前后的中国妇女》中译本，页247，江苏人民出版社，2005。

[2] 参看杨琼如《春秋时代之男女风纪》。该篇说："各人确信在春秋时代，或春秋以前，曾有关于男女间礼制之规定；其繁简固虽不可知，大致不至如仪礼礼记所载之完备。至其实在情形，则并不受礼制之束缚；所谓惨酷之礼教，当时并未梦见。"（原载1928年3月国立中山大学文史学研究所月刊，二卷十九期，收入李又宁、张玉法编《中国妇女史论文集》第二辑，页21，台北：台湾商务印书馆，1988）此文作于1926年，显然以不久前的五四新文化运动中的有关论述为对话方。可知五四后不久，即有以学术方式表达的异议啦见——或更是补充、校正。

散、个别的言论，推测其时士大夫的思想所能抵达的边界。万历间李贽论男女，最惊世骇俗。（参看其《答以女人学道为见短书》，《焚书》卷二；《司马相如传》，《藏书》卷二九）本篇所论的时段，也有见识近之者。曾师从黄宗羲的郑梁就说："男女皆人也，自先王制为内外之别，于是一切修身正心以及齐家治国平天下之务，皆以责之男子，而于妇人无与焉。一若人生不幸而为女，则凡人世之所可为者皆不得为，此固天地间不平之甚者也。"（《琴友张氏诗稿序》，《寒村诗文集·寒村安庸集》卷一，康熙四十八年刊本）唐甄的有关议论，更有进于此。他说"夫妇相下"："盖地之下于天，妻之下于夫者，位也；天之下于地，夫之下于妻者，德也。"（《潜书》上篇下《内伦》，页77，中华书局，1955）虽不否认"位"而申"德"（"德位之不相掩"），亦如说男女之"一"，不否定宗法制之"本"，却强调"情""义"，属于同一论说策略，亦巧于申论者。没有什么"颠覆"，却有"发覆"，援引经典，揭示诸不情以救弊。至于处清中后期被今人许为意识超前的命正燮，其《癸巳存稿》卷四"女"条，所引《玉台新咏》傅玄《苦相篇》、白居易《妇人苦》，均有体恤、怜惜妇人女子的命意。同卷"妻"一条则说妻"与夫齐体"云云，乃"后起义"，引《礼记》之《昏义》《曲礼》，说"妻不为齐，明也"（《俞正燮全集》第二册，页148—150，黄山书社，2005）。我们由古人的言论中往往会察觉某种"逻辑可能性"。尽管不过是"可能性"，却也提示了古今间并没有那样天悬地隔。读唐氏该书，总会遇到出人意表的文字。即如说到为传统社会所轻的妇、嬖："男子溺于世而离于天者也；妇人不入于世而近于天者也。""嬖于未入于世而近于天者也，丈夫溺于世而远于天者也。"（《潜书》上篇上《充原》，页26）如若以为其所谓"天"又近"自然"，是否可以理解为妇人孺子较之男子丈夫更有可能存天性自然?

夫妇的法律地位，基于婚姻制度，基于关涉女性的律令，以及与其功效相当的朝廷的诏谕。律、例之为教化手段，不止于"潜移默化"，因具有强制性，效果近于"灌输"。在传统社会、"乡土中国"，更是实用知识，另有其传播途径。陈鹏《中国婚姻史稿·例言》："中国婚姻礼制，历代相承，体例虽略有增删，原则初无更易，惟礼律繁文苛禁，往往与俗悬殊，且有适相反者。如礼无二嫡，而贾充置左右夫人，律禁有妻更娶，而唐户籍中有注二或事三妻者。不宁惟是，礼与律亦有相径庭者，如子妇无私货，无私畜，礼也，而汉律有弃妻倍所赍之文，此中国婚姻法制之又一特色也。"（页1，中华书局，1990）该书还说，见之于礼者未必定于律。"能遵礼而行者，亦惟少数儒家习礼之士，至一般庶民之家，鲜有知之者矣"（页498）。至于少数人的伦理实践对习俗的影响，是难以考察的题目。$^{[1]}$

---

[1]《剑桥中国明代史》论及明律中关于妇女的条款，并与前此朝代进行了比较。比如谈到明律保留了唐律禁止对怀孕妇女进行刑讯的条款，"但在庇护妇女方面更超过了它们"；其婚姻法"也可以被认为多少比唐代的做法更加开明"。与以前的朝代相比，明代的有关法律条款"必须被视为一个相对的进步"（下卷，中译本页172、173，中国社会科学出版社，1992）。同时又认为，"从使妻子依附丈夫这一点看，明代与中国其他前近代时期相似"，"法律非常重视维护男尊女卑这一'自然'的等级制"（同上，页174）。

父母—妻子

传统社会——不限于"传统社会"——夫妇一伦非止二人关系，是要置于家族关系中考量的。今人所谓"小家""大家"，所要说的无非"权重"，古人也有类似思路，只不过"大""小"所指有别罢了。"小家"相对于"大家"为"私"。面对父母、家族不可"私妻子"，就成为道德要求。

陈鹏《中国婚姻史稿》说："古婚姻之礼，重于成妇，轻于成妻，妻与夫同居之义，实对舅姑及夫家之全体而言，非只对夫之个人也。"（页555）"夫妇"用语广于"夫妻"，或可由此得一解释。唐宋以降，宗法观念渐衰，其表征之一，即在"成妻与成妇不复分别。成妻成妇皆在成婚之时"（陶希圣《婚姻与家族》第四章《大家族制之分解》，页93，上海书店，1992）。虽对于"家族制度"的冲击，于五四新文化运动为烈，诸种萌动、变异，却早已在潜滋暗长，绝非发生在一朝一夕间。

将父母置于妻子（即妻孥）之上，是对夫妇一伦中"夫"的道德要求，由本篇所论这一时期士大夫的文字中不难读到——不便认为那只是一种表述或姿态。至于金声的如下自述，已近乎不情。他说自己儿时"初见《恩纶录》，阅恩及父母，殊色喜；已尚及身之后，亦及其妻，艴然起，而与塾师执而力争，以为夫妻途人也，而以因缘适相遭于一室，其何功而与阃极之父母共微推恩也"（《寿张年嫂装稿人序》，《金忠节公文集》卷七，道光丁亥嘉鱼官署刊本）。金氏当年的早熟的确异于常儿，也可见即使年尚幼，某种观念也已经深入其心。金氏以为"以夫贵"不若"以子贵"。但既然"妇人无阃外之称"，那么"以子贵"而"徽推恩"，岂非也已不再闭于"阃内"？

《礼记·曲礼》："父母存，不有私财。"《内则》："子妇无私货，无私蓄，不敢私假，不敢私与。"家族内之公私尤在财产。吕留良说："凡货财产业，一进一出，必禀命于尊长，不得擅自主张。若有欺父母，瞒公婆，私藏器物，私造饮食，私护僮婢，私置田产，私放花利，私自借债、做会等，此是第一不孝，查出即行重责、离逐。"（《壬子除夕示训》，《吕晚村先生文集》卷八，同治八年序刊本）张履祥也说："古者父母在，不有私财。盖私财有无，所系孝弟之道不小。"（《训子语下·正伦理》，《杨园先生全集》卷四八，页1364）黄宗羲则说："以财物为己有，出纳不禀于父母，便是好财货私妻子。"（《孟子师说》卷四，《黄宗羲全集》第一册，页120，浙江古籍出版社，1985）与张、黄同在刘宗周门下的陈确称道其亡妇，说其妇"事吾父母，不可谓孝，然未尝私作食"（《妇王氏传》，《陈确集》卷一二，页280），奉父母为公，自奉为私。不"私作食"，也就合于为人妇的起码要求。

家为相对于君、国的"私"，而夫妇则为相对于父母／家族的"私"。所谓"私妻子"，即以夫妇（及子女）为核心（此处由近代所谓"核心家庭"取义），而不顾家族的共同利益。陈龙正以为"慕亲为亲"，而"慕色慕妻子"则为身，也就是为己；己即私（《几亭全书》卷一五《学言详记》十二，转引自沟口雄三《中国前近代思想的演变》中译本，页383，中华书局，1997）。张履祥说："夫妇固亦人之大伦，然较之宗祀，则轻重悬绝矣。""人之娶妻，为传先人之绪也，故曰：'娶妻非为养也。'"（《与潘澄伯》，《杨园先生全集》卷九，页270—271）刘宗周所拟《证人会约·约戒》云："一戒不孝。……甘旨不供，阴厚妻子（及妻子触忤公姑）者上罚。"（《刘宗周全集》第二册，页585）即使仅由经验也不难想见，一种道德律令，必相对于大量与之悖反的事实。你因此大可相信"私妻子"之为现象的普遍性。

浦江郑氏六世同居，号称"义门"。"同居"的条件中，就有以父母为重而以妻为轻。该"门"据说郑绮（号冲素处士）最孝，初娶丁氏，甚爱之，只是因了对郑母奉食稍缓，郑母恼怒，"即出之"。重娶阮氏，姑媳间不相能，"复出之"。有人以为这种做法太甚，郑绮回答："以一妇人故使一家乖戾，绮义不为。"（《国权》卷一，页285，中华书局，1958）至于见诸记述的，更有不但格尊礼法，且有超出必要的发挥，不惜为不情的种种事例，被时人所乐道。黄宗羲记裴永明事母之孝："舍中失火，君但负母而出，不问余物，其妻妾怨之，君曰：'斯时吾止见太夫人，不见汝等也。'"（《都督裴君墓志铭》，《黄宗羲全集》第十册，页483）黄氏还记某孝子，其父鳏居，其人"侍寝，不入私室者三十年"（《瑞棠杨公传》，同书，页599）。《明史》王敬臣传，记王氏事继母，"妻失母欢，不入室者十三载"（卷二八二）。非但不情，且违反自然。如裴氏、如上述孝子的做法，未见得非好名之误。

至于危难关头，士大夫往往更要强调君、国为重而家为轻，师友为重而家室妻小为轻，不如此即不配言"忠""义"，或虽"忠""义"而难以"淋漓足色"。冯梦龙据传闻记倪元璐死前

"南向拜辞老母，不别妻挈"（《绅志略》，《甲申纪事》卷二，《冯梦龙全集》第十七册，页16，江苏古籍出版社，1993）。同书记吴麟徵"将掌匮时所书驭事一一简出，授家人，一言不及家事，从容自缢"（同上，页18）。均时人所以为的忠臣所以成其"忠"。李颙记某义士临终勉人以道义，"语不及私，妻问以后事，麾去曰：'何言！'"。（《吴义士传》，《二曲集》卷二〇，页252）其语所不及的"私"，也应当包括了其妻子日后的生计的吧。当然，上述诸人，也有可能由于情境的限制与表达的困难，甚至不过出自记述者的趣味。父母／子／媳，乃家庭内的等级序列。母与妻的分量自不可同日而语。顾炎武以继母遗命为理由辞清廷之召，而吴梅村的应召，则因了"双亲"惧祸而催迫。当这种时候，其妻的态度，是不值得提及的。

倘若为情势所迫必得舍弃，则妻可弃而父母不可弃，甚至妻可弃而兄弟不可弃——于此不惜违拂人的"自然感情"。若更在妻、妾中选择，自然弃妾更合于礼之为教。冒襄在流离中对董小宛的处置就是如此。全祖望记陆圻于"庄氏史狱"后离家出走，被其子寻归，为其弟疗疾八月余，"与弟同室卧，终不入内"，以"不入内"，即不进入属于夫妻的内室，示人以不回归正常生活的决心。其弟病愈，陆圻也就"一夕遁去"。（《陆丽京先生事略》，《鮚埼亭集》卷二六，四部丛刊初编集部）陆氏因"史祸"中的屈辱而自我放逐，既惩创了自己，也惩及其妇——后者岂不较他更无辜？见识明达的唐甄，也说"夫妇之道，以和不以私。和则顺于父母，私则妒于兄弟"；他以为"好内者，君子之大戒；戒私也，非戒和也"（《潜书》上篇下《居室》，页80）。他以妻置诸兄弟之下，以此为"爱之（按指妻）之道"（同书上篇下《明悌》，页76）。尽管他的有关议论，重心在处夫妇一伦宜"敬且和"；将夫妇一伦置于家族关系中考量，却也依然未出"公私论"的视野。

士大夫夫妇的故事中，偶或令人瞥见父（母）子（媳）的故事。关于叶绍袁、沈宜修夫妇的故事，美国学者高彦颐的《闺塾师——明末清初江南的才女文化》述之已详；基于本节的题旨，我所关心的，更是叶氏笔下母子、婆媳的故事。叶绍袁在《百日祭亡室沈安人文》中，对其亡妇沈宜修说："君深心之委曲，与苦情之忍默，即我不能尽知之，知之亦不能尽言之也。"（《午梦堂集·鹂吹·附集》，页209，中华书局，1998）纵然不能尽言，也仍不能不言。于是半吞半吐，欲说还休。沈氏的"委曲""苦情"，三十年间"郁不能吐，怀莫为舒"者，无非处婆媳之难。叶氏说其妻方归，不过十六岁，就已有超出其年龄的警觉，对叶氏寡母"靡言曼色，婉性柔情"，曲意迎合。自己婚后为了举业，入沈氏"帏幄"，与其妻"拔对"，"经年无几日耳"，"甚且腊尽年除，尝栖外馆"，不是自己无情，乃因母命不敢违拗。（同上，页210）祭文要紧的几句，必须说、不能不说、不说即无以对其亡妇的，应当就是上面那些话吧。

格于祭文的体例语焉不详的，又在《亡室沈安人传》中言之，尽管仍然不能尽言。该传说自己与沈结缡后，沈氏因作诗，而"稍拂"叶母意；终因叶母不欲其作诗，"遂弃诗"（同上，页225—226）。直至夜深，叶母"犹刺刺女红不休"，要得其许可，沈氏方能入室。即使如此，叶母也要命小婢侦伺其是否作诗，偷作诗，"即仙仙形诸色"（同上，页226）。该篇重复写到了自己慨于其母的威严而攻苦举业，"不甚居家中"，即居家中，亦不敢私自入沈氏帏。未得其母许可，即"寒簟夜雨，竹窗纸帐，萧萧掩书室卧耳"（同上）。由该篇看，叶、沈夫妇的婚后生活，大半笼罩在叶母的阴影中；即使在叶氏考取了功名后，也仍在严威下，"余夫妇变变斋慄，三十年一日也"（同上）。这种故事太古老，但在士大夫，一向有表述之难。出自无名氏的《焦仲卿妻》，未知是否实有其事的陆游、唐婉故事，任一时代都不少见，却难得为当事者本人讲述。叶氏的叙述尽管也不免曲折隐晦，闪烁其词，其妇的苦况，仍透露于文字间，由此正可感作者对其妇的痛惜，及对其夫妇处境的万般无奈。高彦颐该书，有对于五四新文化运动女性论述的针对性（见下文），但被该书作为论述对象的沈宜修这一个例，却很可以为五四的女性论述作注脚，也证明了历史生活的复杂性。

冒襄《影梅庵忆语》中，冒母、冒妻只是配角，据该篇，两个女人以其善意保障了冒襄、董小宛间的爱情。但同出冒氏的《祭妻苏孺人文》《告祖父墓文》，却将其妻所处伦理困境，呈现得惊心动魄。冒氏父母显然介入了冒氏兄弟之争，间接地对冒氏夫妇造成了损害。《祭妻苏孺人文》说其老母"钟爱抚视，总在弟家"。其母年过七十，因火灾的惊吓得健忘症，其夫妇接回其母，"侍药十余年，不复记忆一物"。而在那次火灾中，其母"半生随宦，一世掌家，所积局置弟宅"，均遭火焚。冒氏夫妇故事背后的父（母）子（媳）故事，使冒氏家族无可弥缝的裂隙呈露。冒氏大篇陈诉的背后，想必有积之既久不可遏抑的冲动。与冒家关系密切的陈维崧，在其《苏孺人传》（冒襄辑《同人集》卷三，道光水绘园刊本）中补述了如下细节：冒妻苏氏去世后，健忘的冒母已年逾八十，"发鬓鬓白"，每日黄昏必拥冒妻的屏帐而问曰："吾妇安在？数日何不一视老人也？"令人凄然。

相关于夫妇一伦的，尚有内夫族而外妻党，系夫妇之为等级的延伸。《汉书》刘向传："妇人内夫家，外父母家。"严别内外，是对夫妇中"妇"的要求。这里的"内""外"，绝非仅止于表述，是有与之配套的一系列要求的。金声说："妇人大义笃于夫家而裁于其父母，与男子大义笃于父母而裁于其妻子，正相反焉。以为妇人从夫，又不得专行于天地之间，而不得不以礼制、以义裁。"（《寿旌表贞节吴母程太君八秩序》、《金忠节公文集》卷七）"妇人大义笃于夫家而裁于其父母"，"男子大义笃于父母而裁于其妻子"，也即妇人不可私"外家"而必以夫家为重，男子则不可私其妻子而必以父母为重。不但夫妇中的"夫"以妻子为相对于父母的"私"，以其夫妇为相对于家族的"私"，且夫妇中的"妇"以娘家为相对于夫家的"私"。刘宗周说："史乘所载一二贤妇人既富且贵者，往往讳言外家私恩，政不欲以私恩掩公义，以示所隆于内则如此。"（《公祭商母刘太夫人》、《刘宗周全集》第三册下，页1066）不以"私恩"掩"公义"，被作为妇人应当依循的准则。

魏禧对门人说："每见世俗有疏同父异母之兄弟，而亲同母异父者，可谓大惑。同父异母兄弟，辟如以一样菜种，分种东西园中，发生起来，虽有东西之隔，岂得谓之两样菜。同母异父者，则以两样菜种共种一园，发生起来虽是同处，岂得谓之一样菜。"（《日录·里言》、《魏叔子文集》、《宁都三魏文集》，道光二十五年刊本）譬喻很有意思，只不过也囿于"内""外"之见罢了。

就我阅读所及，也有见识明达的丈夫，对此种不情的要求并不谓然。唐顺之称道其妇，特异处在竟能欣赏其妇为"娘家"计虑之周，不因婚嫁而"少内外之"，甚至临终尚嘱以"田五亩以遗吾家"，尤可见出唐氏本人的通脱，处人伦的顺乎人情之自然。$^{[1]}$ 归有光记其亡妻之贤，亦举有类似的事实，说其妻非但"能孝于吾父母"，且孝于其母；即遭危疾，仍"扶而归宁"。"将绝之夕，问侍者曰：'二鼓矣。'闻户外风渐渐，曰：'天寒，风且作，吾母其不能来乎？吾其不能待乎？'"归氏于此慨叹道："呜呼！颠危困顿，临死垂绝之时，母子之情何如也。"（《祭外姑文》，《震川先生集》卷三〇，页674，上海古籍出版社，1981）子之于母族，即使不能与父族等视之，通常亦不相远。甥舅关系自古就紧密。夫之于妻族（"外家"），有唐顺之，归有光的心胸的，未必多见。其欣赏妻对于娘家的态度，也正示人以其本人之于妻族，对妻的体贴即在其中。缘此是否也可窥嘉、隆间人物气象的阔大？本篇所论的时期，男子处父党、母党而能平情，也为人称道。刘汋说其父刘宗周"事父祖如其祖，事姊如其母，抚甥如其子，抚甥孙如其孙，其他若母族、若外家、若婿家……务使恩谊周洽，不以亲疏而问焉"（《刘宗周年谱》，《刘宗周全集》第五册，页528）。特为提出，却也可见不同寻常。唐甄的表述更有进者。他尝试着"礼外论情，服外论义"，对于礼文，据"情""义"而

---

[1] 唐氏说："自父母之丧，贸男子戊移于妻子，而女子于父母家，记《礼》者亦'外'而不'内'。"自己的夫人虽与自己有二十余年之欢，却"未尝一日颓其母子之志，其所为父母家计者，龟龟马患其之而排其难，较其家事，未尝少内外之也"（《封瑞人庄氏墓志铭》，《唐荆川文集》补遗卷五），与世俗所谓"妇德"，有标准之异。

有所补正。他说："父母，一也，父之父母，母之父母，亦一也。男女，一也；男之子，女之子，亦一也。"（《潜书》上篇下《备孝》，页74）并不否定男性本位（"人之为道也，本乎祖而非本乎外，本之重如天焉"），却强调在"所生"的意义上，"男女一也"；"外"亦同重，女之父母与舅姑同尊——有二元论倾向；也如其人的论君臣，令人不难感知"逻辑方向"上的平等论。

于是你看到了不同层级上的公/私——适合用"相对于"这种说法，即相对于某种私的公，或相对于某种公的私。公永远居上位，永远优于、重于私。由此也可见公/私（以及与之配套的尊卑上下等伦序、相位）这一对范畴覆盖之广，对"日常生活"深入的程度；却也读到了若干异论，看出了伦理实践中士人的不同取向，可据以想象社会的某种宽容度，推测不同取向赖以并存的条件。还应当说，动荡时世，既有较平世为大的道德压力（涉及贞节、操守），又有较平世稍大的缝隙、空间。极端道德化的选择固可能因于时势，蔑视流俗的个人选择，也未尝不凭借了王纲解纽的机缘。

日常的处夫妇

论夫妇见识迂陋的儒家之徒，处夫妇有可能并不乏人情体贴，更不消说对于妻、子的责任感，面对其妇辛劳的怜惜，以至于愧作。

尽管如上文所说，俞正燮关于夫妇"齐体"有别解，近人却仍然认为，"夫妻妃匹，义本平等，故士大夫于夫妇居处之间，礼仪酬酢之际，偶有以敌体相尊者"（陈鹏《中国婚姻史稿》页

527）。凡此，既基于士夫对礼意的领会，或也基于性情。$^{[1]}$

高彦颐《闺塾师——明末清初江南的才女文化》的《绑论·从"五四"妇女史观再出发》中说："伦理规范和生活实践中间，难免存在着莫大的距离和紧张。儒家社会性别体系之所以能长期延续，应归之于相当大范围内的灵活性，在这一范围内，各种阶层、地区和年龄的女性，都在实践层面享受着生活的乐趣。"（页7，江苏人民出版社，2005）与通常的描述不同，该书描画了"另一幅图画"，"在这幅图画中，女性的家庭和社会生活充满活力，同时她们还明显享有某种非正式的权利和社会自由"（页10）。曼素恩也说："明清时期远远不是所谓女性受到绵延不断的压迫的时代，事实上，这是长达数个世纪的一个动态的、多样化的时代，社会、政治、经济的变化导致了社会性别关系的深刻变化，这就要求我们采用新的分析方法。"（《缀珍录——十八世纪及其前后的中国妇女》中译本，页7—8）

上文写到的刘宗周，伤悼其妇，写其妇耐得清贫，"亲操井臼"，"日御短褐而操作"，似乎不自知其为官人妇。自己攻举子业，其妇则"入夜仍挑灯佐读，往往后余而寝，先余而问旦"。其妇代刘尽孝，不但侍婆婆疾，且侍大父疾，还要为刘氏家族承担其他义务（嫁姑、为从叔娶妇、抚孤甥、为甥娶妇、为孙甥娶妇，等

---

[1] 敌体，齐体。《白虎通》："妻者齐也，与夫齐体，自天子至庶人，其义一也。"《礼记·内则》郑注："妻之言齐也，以礼见问，得与夫敌体也。"陶希圣则据《礼》有关丧服的内容，证明妻不过丈夫的"附从体"，所谓"夫妇一体"，是以"消灭妻的人格"为条件的。（参看其《婚姻与家族》第二章《宗法下之婚姻妇女及父子》，页43）陈顾远以为，"妻之言'齐'，言'贵妇'，当系因妻而生之义，禹妻而言，则妻亦卑矣"（《中国婚姻史》第五章，页176）。

等）。刘氏还说其妇深明大义，激励刘氏尽忠。其性情也像刘氏一样严正"刚明"，"一生无谄语、无绮语"，"举止端重，虽处闺阁无情容"——刘宗周这样的"粹儒"岂不正宜有此妇？刘氏说其妇"性不慧"，显然不以此为缺憾。（《刘子暨配浩封淑人孝庄章氏合葬预志》，《刘宗周全集》第三册下，页910、912）由如上记述也可知刘氏关于夫妇一伦的评估标准。

刘宗周之子刘汋，则说其父婚后，昼则受业于师，早晚则与其母"执炊爨"侍奉其祖母。有时其父汲水，其母濯衣，或其母"涤溺器"，而其父秉烛引路，"见者谓有梁、孟之风"（《刘宗周年谱》，《刘宗周全集》第五册，页99。按梁，梁鸿；孟，孟光，见《后汉书》梁鸿传）。对家务躬亲从事，不使其妇独任辛劳，在士人中想必并不多见。我在其他场合还将写到祁彪佳为其妻的操劳——足证一个丈夫对妻的爱惜。这类形而下的毫无诗意的琐屑的世俗经验，士人通常是不写的，端方正肖其父的刘汋，却老老实实地写了。在其父对其母的体恤中，有一种朴素的温存在，在刘宗周，与"刑于"并无扞格，而刘汋当书写的时候也很坦然。依我的阅读经验，此种记述十分罕见。你无从知晓有多少类似事实。因此对于士大夫，不便仅据其有关夫妇的言说推想其处夫妇。持论极严者，有可能与其妇感情甚笃，是如刘宗周那样的因体恤而分担辛劳的丈夫。

刘宗门下的陈确，用了调侃的态度向友人讲述其夫妻生活，说其妇"老丑而病，去死人不远"，虽夫妇"时其衾席，正自萧然有旅馆风味"。这种情况下已无须"绝欲"，因已"无可欲"。（《与韩子有书》，《陈确集》文集卷一，页65）仅由上述文字看，陈氏的夫妻生活毫无"韵致"可言，而陈氏对此则坦然处之。其妇先于陈确二十七年卒。陈确也如傅山，妇死不更娶，也从未纳妾。$^{[1]}$陈氏在《祭妇文》中说："子病，每劝我买妾，我不买；子病将死，又劝我早娶后妻，我不欲娶。"（同书文集卷一三，页314）文字中的陈确不乏幽默感。他的其他写个人生活的文字，气象宽裕，气氛和煦，尽管他也曾致羡于朋友家的肃穆（《暮投邵行素山居记》），他本人却不大像是会终日僵乎其然。

陈确不讳言其妇的性格缺陷（"多言而善怒"），却由极实际的方面评价了其妇对家庭的贡献：对其父母"奉甘旨"，尽了人子供养的责任；管理家庭经济，保障了他作为读书人的物质条件。他说其妇对自己的父母尽管做不到"色养"，却由供养的一面作了弥补，对其妻表现出相当的体谅。（《妇王氏传》，同书文集卷一二，页280）"奉甘旨"方面的不私，在陈氏看来，无疑较之"色养"更重要，虽不尽理想却难能；没有诗意可言，却是实实在在的牺牲与奉献。生长江南，陈氏拥有何种关于夫妻生活的理想不得而知，他理性地对待夫妻生活的现实，则是可以相信的。女子是否"宜室宜家"，出于夫家的考量；嫁的是"夫家"，仅宜于其夫是不合格的。陈确想必深知这一点。

在《祭妇文》中，陈确一再痛心疾首地忏悔，说："吾累子，

---

[1] 据王士祯自撰年谱，其祖父王象晋"生平喜淡泊，室无媵侍"（《王士祯年谱》，页4，中华书局，1992）。由当时士人纳妾的风气看，无论陈确、傅山还是王象晋，都属例外。年谱记颜元妻患病不服药，说自己不育，而颜"坚不置再醮"，而处女又不轻易为人作妾，不如自己死了，颜可娶处女为继室云云。颜元却劝慰其妇，"强之药"（《颜元年谱》，页37）。由此略可窥颜氏处夫妇温情的一面。

吾累子！吾以贫累子，贫而懒愈累子。"又说："吾实不学，子謬以我为学，不敢以家累吾学。吾有父母，子为吾养，吾不知；吾有子女，子为吾衣食，吾不知，遂积忧劳而有此病也。"（文集卷一三，页313）非"怜香惜玉"，而是怜其勤劳，感激中夹杂了愧恶。陈确或许认为精致品味无助于艰苦条件下的生存，也承认因了自己的无能，不能给妻一份无所用其辛劳的生活。陈的不纳妾，是否也出于这种怜惜与愧疚？陈确不但早年饶才艺，而且直到晚年，还富于灵感与活力、审美的人生创造的能力，即如别出心裁地自制竹冠（《竹冠记》《再作湘冠记》）。但写亡妇，示人的，却是"日常生活"的干燥粗糙的质地。处夫妇的陈氏，更是俗世中人，与其妇同为凡俗男女。在这一方面，于江南的名士文化绝无沾染，无愧于刘门弟子。

陈确、傅山均饶才艺，傅山且有被认为猥亵的文字，却不同于同一时期流连于旧院的名士——出于个人选择，与南北风气像是并无关系，不过立身处世的姿态不同罢了。对于解释人的行为，"风气"只有有限的解释力。从来有风气之中、风气之外，或此种、彼种风气。何况较之草民，士大夫一向更有理性选择的能力。如黄宗羲所见，女性琐屑的日常行为如何纳入严肃的史学体裁，的确是个问题。因了既有的史学体裁的"严肃性"与制式化，有幸作为传主的女性的生活史，往往被依了标准样式剪裁，令人难以窥见传主的眉目神情。因而陈确那种出诸至亲至近者的文字，虽委婉却较少讳饰，就更为难得——尽管仍不免于男性关于女性的偏见。

士人中之通达者，爱妻也爱得坦然。陈维崧记黄永与夫人浦氏"伉俪最笃"，邹祇谟开玩笑，说："君得毋昔人所谓爱玩贤妻，有终焉之志乎？"黄答："下官正复赏其名理。"（陈辑《妇人集》）《静志居诗话》记周世遴、梅生夫妇，说周氏赴试，梅寄诗表达思念，周氏"省诗，楼怆不入锁院而返"，朱彝尊以为由此"足以见伉俪之重"。（卷二三，页725，人民文学出版社，1990）伉俪为重，功名即为轻。彭士望《与门人梁份书》说易堂同人（包括易堂之友与其伯、季、诸子、门人）对于魏禧，"率以其服内太笃，待之太过，白璧微瑕，乃在于是"（《树庐文钞》卷二，道光甲申刊本）。可知魏禧之笃于夫妇。叔子辩护阎再彭（阎若璩之父）的笃于夫妇（《阎再彭六十叙》、《魏叔子文集》卷一一），也可以读作自辩，自注其处夫妇不惜"过情"，虽然那意思很平常，议论也并不精彩。

从来有佳偶也有怨偶。张履祥对吴蕃昌说，"近见一、二同志，往往于夫妇之道殊苦"（《答吴仲木十四》，《杨园先生全集》卷三，页63）。张氏对此语焉不详，应有难言之隐。但他的女儿被其婿鸩杀，在其所处圈子中，却是一"伦理事件"。无论如何，极端的例子从来稀见。更庸常的，在两极之间，却也因此难以见诸记述罢了。

士大夫的悼亡诗，由潘岳、元稹，到王士祯，以及苏轼、纳兰容若的词作，是深情的一脉，其中日常琐屑的悲欢，与普遍的经验相通，尤能动人哀感。未必惊天动地，却平淡、柔韧而绵长。散文形式的悼亡之作，即如本篇所引刘宗周、陈确的记其亡妇，虽不能拟之于上述经典，却也以朴素平实胜。没有所谓的奇情，无可惊艳，本色质朴，其中有常人所历悲欢，世间随处可见的人生相，亦自有感人之处。悼亡之外，更多的，如"赠内""寄内"之属，略近于私房话（只能说"略近于"；当书写之时，还是会想到"发表"的），其中或有缠绵的情思，令人略窥夫妇的私密空间（至少近于"私密"的情感生活）。

关于夫妇一伦，所谓的"钥匙权"系题中应有。陈鹏《中国婚姻史稿》说到"妻得综缆家政，主持一切，自唐以后，已成惯例"（页558）。"儿媳受姑命，主家政，夫虽在，仍不敢夺其权，母权之重，观此可知。""妻既统理家政，故有独立处理家产之权。""妻既主持家政，司一家财产之权，遂往往控制其夫。此种现象，在士大夫家，尤多见之。"（页559）上述情况，考量夫妇关系，自不能放过。

《礼记·内则》："男不言内，女不言外。"王夫之《周易内传》解释《周易·家人》卦象辞所谓"女正位乎内，男正位乎外"，说："'正位'，刚柔各循其道，内外各安其职也。女与楣外之事以妄动，固家之索，男子而问及酒浆瓜果丝枲鸡豚之事，以废人道之大，家亦自此衰矣。"（《周易内传》卷三上，《船山全书》第一册，页314）还说："《周礼》所谓'阴礼'，宫中妇人之治也。前朝后市，后市为阴。近利之事，亦阴事也。"（卷三上，页318—319）陆世仪说"教女子只可使之识字，不可使之知书义，盖识字则可理家政，治财货，代夫之劳，若书义则无所用之"（《思辨录辑要》卷一）。

士大夫往往自得于其"不事家人产"。《明史》祝允明传，说其人"不问生产，有所入，辄召客豪饮，费尽乃已，或分与持去，不留一钱"（卷二八六《文苑》二）。耽于声色，却鄙薄支持其这份享乐的生产性活动。声色征逐是名士行径，而一言钱便俗。据说茅坤长于营产，他本人却说，自己罢官后，所事乃读书作诗，放情山水间，"而于治生事，半闻半不闻"，赖其夫人"内则管钥米盐，外则按督诸僮奴减获十余畊力田里"，纺织之外，兼以放贷，"家亦稍稍起"。（《敕赠亡室姚孺人墓志铭》，《茅坤集》，页701，浙江古籍出版社，1993）只不知"半闻半不闻"是何种样的姿态。刘汋所撰刘宗周年谱也有前后矛盾之处。《年谱》万历二十九年，记刘"以馌殖不给"，"力耕自瞻"；（同上，页107）却又说，其父"平生不问生产，家政皆操自夫人"（《刘宗周全集》第五册，页355）。当然也可能所谓"力耕自瞻"由夫人主持。

唐顺之自说"癖于书，平生不一开口问米盐耕织事，则以孺人为之综理也"（《封孺人庄氏墓志铭》，《唐荆川文集》补遗卷五）。钱谦益说万历间邢侗，罢官后"读书识字，焚香扫地，不问家人生产。四方宾客造门，户履恒满。减产奉客，酒枪筹珥，时时在质库中"（《列朝诗集小传》丁集下《邢少卿侗》，页617，上海古籍出版社，1983）。王芸笔下的陈子龙也"不问家人生产"而好交游，赖有其妇"躬自操作，巨细并办"，"尝节缩衣食以应之"。陈"慷慨好施"，其妇"常先其意"。（《三世苦节传》，《陈子龙诗集》附录二，页738，上海古籍出版社，1983）尽管其妇在今人讲述的陈、柳（如是）故事中，扮演的是破坏者的角色。

这样的士大夫家庭，自不免由妇人持门户。钱谦益《长沙赵夫人张氏墓碑》说张氏乃"当家之妇"，辛苦支撑，"健妇良胜于丈夫"。（《牧斋有学集》卷三三，页1189，上海古籍出版社，1996）黄宗羲则记某妇人长于治家理财，"左握算子，右征市历，官租岁计，转运贮积，会要不爽毫发"（《卓母钱孺人墓志铭》，《黄宗羲全集》第十册，页376）。可惜这份才具只能施展于家门之内。他笔下的另一妇人，则非但能持门户，应付米盐琐细，且不乏"林下之风"，较之徐淑、陆卿、管道昇，贵在能兼。（《安丘张母李孺人墓志铭》，同书，页489。按东汉徐淑、元代陆卿，均能诗；管道昇，元代书画家）士大夫关于妇人的记述中，往往说其家的衣食之资由妇人的十指出。所谓"十指"，主要应当指操作纺锤（织布、缫丝）与针线（缝纫、刺绣等）。而在事实上，妇女对家庭物质生活的贡献往往不止于此。由上引文字可知，家庭中女人的理财，机杼针衽外，更涉及了经营田产以及"权子母"（即放贷）。士夫家庭固有可能由女性管理田产，贫苦农家"健妇把锄犁"，也未必只在世乱之时。在实际的经济生活中，这些并非当然的男性活动的领域。$^{[1]}$ 由《海瑞集》中的《禁妇女买卖行走约》，可想"琼俗"与内地之不同：妇女在其时的经济生活中，以及她们的社交活动。（页445—446，中华书局，1962）孔齐《至正直记》就已经写到元代浙西的妇女，有不但主持家政，且从事经营而独立核算者——非但满足于"钥匙权"而已。

如上的记述往往见之于江南士大夫的文字。士大夫乐于强调其妇在家庭经济生活中的作用，有以"不事生产"为清高的潜在语义，也有对某一事实的认定，即女性付出的辛劳，使其得以维持"读书人"的身份、体面。当然士大夫的处夫妇，他们对其妇的

---

[1] 参看美国学者白馥兰《技术与性别——晚期帝制中国的权力经纬》中译本，江苏人民出版社，2006。关于生产性劳动与道德规训的关系，曼素恩《缀珍录——十八世纪及其前后的中国妇女》第六章有细致的分析。

评价态度不足以例其余，却可证"传统社会"父权、夫权文化的差异性，"实际生活"原本的丰富性。至于后果，朱彝尊由男性的视角看到的，是夫由此受制于其妇，不得遂行其志。"即为善之念，油然根于心，而管钥恒司于内，虽铢两之需，不谋诸妇不可得"，不少人"由是失其初心"。（《曝书亭集》卷七九《孙恭人墓志铭》，页1116—1117，上海：商务印书馆，1935）

讨论"钥匙权"这样的问题时引入"平等"一类概念，不免将问题简化，导致混淆。李塨所撰《颜元年谱》，记颜氏教问道者"齐家先严内外"（《颜元年谱》，页73）。在严分内外（此处指夫家与妇家）的历史环境中，不便对"钥匙权"作过度诠释。所谓的"钥匙权"，在实际生活中通常并非财产权，而是财产的管理权。管理、掌控并不意味着拥有。由伦理规范而言，即使由女性管控的财产，也被认为属于夫家以至夫所属家族，尽管实际情况要远为复杂。$^{[1]}$ 即令如此，上述现象仍然启发、丰富了关于古代中国家庭关系的认知。

曼素恩说："在这样的家族制度中，女性既处于边缘也处于中心。作为女儿，她将要出嫁，她们在娘家只是暂时的成员，但是作为养育了儿子的妻子，又是被长久祭拜的祖先之一。"（《缀珍录——十八世纪及其前后的中国妇女》中译本，页11）还应当说，"处于中心"不只在享受后代子孙祭拜的场合，还有可能在她们生前主持家庭、家族事务之时。高彦颐《闺塾师——明末清初江南的

---

[1] 参看阿风《明清时代妇女的地位与权利——以明清契约文书、诉讼档案为中心》（社会科学文献出版社，2009）一书对成文法中涉及妇女继承权的内容的分析。

才女文化》所写到的杭州才女顾若璞，是上流社会的女性家长之一例。（中译本，页250—251。该书的另一处又译作"女族长"，页263）

正如论者一再说到的，这种性别角色的分工，并不足以更改"男尊女卑"这一事实，导致女性社会地位的提升。但在一个具体的家庭内部，女性的地位却可能有因人之异。"女性家长"不论，下层社会持门户、把锄犁的健妇，士大夫家庭亲操井臼甚至"权子母"从而掌控着物质生活的女性，地位均有可能不"卑"。$^{[1]}$这里有法律地位与实际生活中地位的非一致性。但"法律地位"毕竟具有规范性、刚性，属于即使诸多个别事例也不能改变的制度事实。

却也仍然有相对于上文所述现象的"另类"。由关于茅坤的记述看，茅氏的多资，固然赖有其妻的善于经营，却也未必不凭借了茅氏本人"不尽用于官"的"才智聪明"。只不过茅氏"不屑营营执牙筹"、亲手操办而已。（参看冯梦祯《明河南按察使司副使奉敕备兵大名道归安茅公泊配赠孺人姚氏合葬墓表》，《茅坤集》附录一，页1360）据唐顺之说，茅坤父即善治生，曾种桑万余。"其治生，操纵出入，心算盈缩无所爽"（《茅处士妻李孺人合葬墓志铭》《唐荆川文集》卷一〇）。在古人那里，为政与理家本有其相通。干练的官员也可能运用其精明于家事。范蠡致富的故事（参看《史记·越王勾践世家》），常被用于证明施政能力可以用来自饶

---

[1] 初版于1937年的陈东原《中国妇女生活史》，引《三风十愆记》关于常熟巧户的记述，说，"三千年来男强女弱的观念，都是受经济权力所支配，若男子依靠女子生活时，便要变成男弱女强了"（第七章，页176）——未免有五四以降流行的"经济决定论"的影响；对于解释个例，却依然是有效的。《中国妇女生活史》，北京：商务印书馆，1998。

其家。文人书生之于"家人产"，本不可一概而论。被书写的文人书生，不足以尽其类，也是可以相信的。

日记中的祁彪佳有文人情趣而又不避俗务，一旦家居，即亲自料理"米盐琐杂"，与那些声称不问家人产、赖夫人十指维生者，显然不同。$^{[1]}$ 他与其妻商景兰的共同生活，也包括了分担琐务。据日记，崇祯十一年三月初六日："至寓山，内子督诸婢采茶，予督奴子植草花松径中。"（《自鉴录》）崇祯十二年三月十四日，"内子率诸婢采茶"，祁氏本人则"简木料"、更定楼址（《弃录》）。他为官能治繁剧，亦应因了耐劳苦。而其处理政事的精明干练，使胥吏无所用其奸欺，多少也得自躬亲理财的训练。

清初儒者中，张履祥是常常谈及谋生，以及与谋生有关的日常琐屑的。由他的《补农书》不但可知其人对农事的熟稳，且可推想其对经营田产的热衷。刘宗周门下有此种经验且见之于著述者，张履祥之外应无他人。《张杨园先生年谱》也说张氏躬亲农事，即使家中的"米盐日用之事，亦躬亲料理"（《杨园先生全集》，页1516）。由此看来，儒家之徒又何尝可以一概而论！

明清之际的动荡中，夫妇关系既有常态，也有变异。其实何为"常态"，难以实证。关于"常谈"的判断应依据量化分析，

---

[1] 参看祁氏崇祯十一年日记（《祁忠敏公日记·自鉴录》）。《自鉴录小引》："年来于米盐琐杂，喜身为料理。弗厌苦之，而不能已于怀抱。"自断于"嗜欲深而天机浅"。日记中大有"会计田亩"，简点"世产"的记述，甚至当有所兴筑，即亲自"会计石工"、"点验砖料"。他的崇祯十一年、十二年、十三年日记，颇记为泥水、木作、石工估算工账一类琐事，似乐此不疲。见诸日记，他还"为老母会计岁租"。崇祯十年岁末，"灯下会计出入数"；翌年年初，则"灯下会计丁丑年出入数"。亲力亲为，不同于自命清高的文人。《祁忠敏公日记》，民国二十六年八月绍兴县修志委员会校刊，远山堂原本。

基于对该历史时代婚姻状况的覆盖城乡、士大夫与草民的普遍考察。这种考察事实上难以进行，也因此仍不能不诉诸假设。这种假设就包括了礼、法作为规训的成效，制度对于社会风俗的塑造。经典论述、典章制度（包括律以至例）化民成俗，其间有诸多中介，但其成"化"，是毋庸置疑的。那应当是一种缓慢而又持续的渗透过程。尽管在底民间渗透的深度广度，难于率尔论定 $^{[1]}$，对于士大夫伦理意识与伦理实践的规范，却由士大夫的大量书写作了证明。

即使在被认为非常态的婚姻关系中，这种规范的效果也不难察觉。据沈虬《河东君记》，柳如是与钱谦益结缡后"稍自敛束"（《牧斋杂著》附录，页966），也证明了家庭伦理作为规范性力量，即使对于柳这样"能独立"的女子也仍有作用。但丰富的差异也正在规范与士大夫的伦理实践的缝隙间显现出来。

以下所说的"变异"，不同于法学术语所谓的"变例"（"变例婚姻"）。"变例婚姻"据说包括了入赘、招夫、童养、蓄妾等婚姻形式，而下文中所举诸例，有的更属于"变通"，无论因于时势等外缘，还是出诸主动的选择。我关心的是那一时期伦理生活的社会宽容度，由此所决定的"非常态婚姻"的可能性。

屈大均记述了如下反常事件：崔君先娶邓，以城破夫妇散失，更娶李。"亡何，邓淑人复归，崔君乃并嫡之。邓生子京柱，李生

---

[1] 出版于二十世纪三十年代的陶希圣的《婚姻与家族》说，固然有大量违背礼、法的事例，"但是这些理论上的规律，流传为后世的法律规定。这些规律，统制了中国逾二千年。它们的精神与性质，因社会的转变而不无转变，大纲大目却遗留到今者颇不在少数"（页51）。

子文冲，君尝命之曰：子无嫡庶，母无大小，生事死葬，祭祀各尊所生。临终复遗书以为言。"（《书李淑人行状后》，《翁山文外》卷九，宣统二年上海国学扶轮社刊本）屈氏对此的解释是"礼于是缘情而起"，表现为对事实的尊重，亦可以归为处乱世的经、权。$^{[1]}$ 魏禧所记如下事例未见得缘于世乱。魏氏说："古之负担挽鹿车，莫不与伉俪偕隐，而君夫人衡宇相望于数十里之间，各适其志以自适"，岁时过从，夫妇相敬如严宾。对这种夫妇分居，魏禧非但不以为异，反而说"其加于古人一等"（《龙令君夫妇六十叙》，《魏叔子文集》卷一一），取欣赏——至少不非议——的态度。魏氏还说："夫君先臣，男先女，正也，常也。然时值乱离，惧强暴之见逼，则女可求男。《诗》曰'求我庶士，迨其吉兮'是也。"此所谓"时之变、道之权"（《论屯卦》，同书卷二二），亦伦理实践中必要的灵活性。

朱彝尊为两个老妇人铭墓，说其中的一位老妇当年少时，父母欲嫁之，她却说自己"好直言而貌朴"，"好直言，必获罪翁姑；貌朴，则不礼于婿"。与其勉强嫁人，受困于夫家，不如从兄嫂以居，而为父母养老送终"（《冯媪家铭》，《曝书亭集》卷七九，页1227）。另一老妇则"十年之中，凡五嫁"，无非因夫贫。"铭曰：妇人五嫁，理则不可。贫实驱之，否谁依者。伤哉贫乎，乃至辱其身乎！"（《叶姬家铭》，同书同卷，页1228）值得注意的，

---

[1] 陈鹏《中国婚姻史稿》："东汉之末，迄于魏晋，丧乱相乘，南北间阻。羁旅再娶，另立家室者，往往而有。迨事平之后，旋归故土，遂两妻并存，不分嫡庶。议者谓是礼之变，可序后先，不分嫡侧，而时俗亦以二妻能敬让为贤，不以并嫡为非。"（页425）以至"双妻并嫡，既成流俗，议礼者亦不以为非"（页426），无非顾乎人情。

是朱氏的态度。尽管也以为"辱身"，却以为其情可悯，平情，没有道学脸。

任何历史时代的婚姻形式均有相对于常态的变异，有特例，有出常的事例。有常有变，才成其为"社会"。古代中国的伦理世界，从来有弹性空间；而制度性的变动，也未尝不以漫长历史岁月中的变异的积累作为一部分（即使不那么重要的）背景。只不过发生在易代之际的变异往往由时势促成。即使如此，变异的幅度也不宜夸大，是个别事实，不足以摇撼婚姻之为制度。可资考察的，是"社会"对于非常状态的理解——你所能依据的，仍然不能不是士大夫的文字。士大夫则因所受教育，最有可能尊礼守法；同时也因所受教育，较有个性的自觉，有不受制于流俗、自主选择的可能。

"古风妻似友"

归庄有诗曰："古风妻似友，佳话母为师。"（《兄子》，《归庄集》卷一，页100，上海古籍出版社，1984）"五伦"中"友"之一伦，最平易亲切，虽不便拟之于近代意义上的"平等"，却有"平等"的意味，在传统社会等差秩序中较为特殊。有所谓"友于兄弟""兄友弟恭"，有"亦师亦友"，也有以夫妇而兼朋友。黄宗羲说臣之于君，若"以天下为事，则君之师友也"（《明夷待访录·原臣》，《黄宗羲全集》第1册，页5）。以上表述中，"友"均提示了生活的和谐面，隐含了古代中国人对于人与人关系的美好体验与憧憬。

关于所谓"伙伴式的婚姻"，已有较多论述，只不过以妻为友者不限于文人。孙奇逢祭其妻，说："尔虽吾妻也，实吾友也。"（《祭亡妻槐氏文》，《夏峰先生集》卷一〇，页378）刘宗周为将来与夫人合葬预撰墓志，说当其妇死，自己哭之曰："失吾良友！"（《刘子暨配浩封淑人孝庄章氏合葬预志》，《刘宗周全集》第三册下，页913）由此可证有不同的婚姻理想，亦有境界互异的"伙伴"（友）。限于篇幅，这一方面的内容，就不在这里展开了。

*本篇与《常态与流离播迁中的妻妾——明清之际士大夫与夫妇一伦（之二）》，刊载于《中国文化》2012年秋季号，收入由北京大学出版社2015年出版的《家人父子——由人伦探访明清之际士大夫的生活世界》。

玖

常态与流离播迁中的妻妾——明清之际士大夫与夫妇一伦（之二）

妻／妾

关于传统社会的男性心理，俗谚有所谓"妻不如妾，妾不如妓，妓不如偷，偷着不如偷不着"$^{[1]}$。有此诸"不如"，妻处境的尴尬可知，尽管其社会地位非妾、妓所能比，通常也非后者所敢觊觎。

据说古印度《欲经》专章讨论妻的行为规范，妻妾关系，再嫁寡妇，弃妇和国王深宫内后妃，宫女的行为准则，夫君与妻妾相处之道，古代中国规范夫妻、妻妾关系，则有《礼》与《律》。

古代中国严别嫡庶。妾作为男子的配偶，与男子同样具有法律意义上的婚姻关系，与妻却有法律地位之别。妻妾乃不同伦理地位的"妇"。《礼记·内则》："聘则为妻，奔则为妾。"《诗·南山》："取妻如之何？非媒不得。"《唐律疏议》："妻者，齐也，秦晋为匹。妾通买卖，等数相悬。婢乃贱流，本非俦类。"（卷一三，页256，中华书局，1983）由称谓看，"侧""副""偏"相对于"正"，主次分明，等级俨然。$^{[2]}$冒襄的《影梅庵忆语》（如皋冒氏丛书）引杜濬（于皇）的"大妇同行小妇尾"。尾即尾随，所写冒氏与"大妇"（即正房苏氏）、"小

---

[1] 陈东原《中国妇女生活史》引此谚，说明初江盈科《雪涛小说》已载之（第七章，页207）。

[2] 陈鹏《中国婚姻史稿》："依礼，妾之身份低于妻，不得与夫齐体，故妾称夫为君，称妻为女君，事君与女君如事舅姑。"引陈铨的说法，"称为君者，同于人臣也"（页715）。同书还说："妾之身份既低于妻，故其见嫡妻须下拜，嫡妻坐而受之，不答拜。"（同上）苏冰、魏林《中国婚姻史》认为"从文化分野角度看，嫡庶分明的多偶制妾实属于城市士大夫文化"（页194，台北：文津出版社，1994）。

妇"（即董小宛），未见得出自亲见，或许只是以为理应如此。陈维崧为其庶母作传，说其庶母之德，在"不自见其德"，惟善体其夫之德，以大妇之德以为德（《敕赠时太孺人先庶母行略》，《陈维崧集·陈迦陵散体文集》卷五，页110，上海古籍出版社，2010），不但无私，而且无己——这或也是世俗所认为的侧室的最高境界。同篇所写其母汤孺人，也正像下文所要写到的冒襄妇苏氏，正合于大家主妇的风范。在本篇所写的时期，"妾妇之道"，仍是极鄙之辞，意谓自拟于、自处于、自甘于卑贱。张履祥的如下一番话，无疑是深于世故者之言："媵之从嫡，必当如跛者之履，而不足以与行，则无僭上之疑，而嫡妾之分明。妻之从夫，必当如眇者之视，而不足以有明，则无反目之嫌，而夫妇之伦正。是妾妇之常道也。"（《读易笔记》，《杨园先生全集》卷二九，页815）要如跛（妾）如眇（妻），夫妇一伦中的妇（妻、妾），有一定的表演才能，则难以做到吧。

卢象昇有一篇《寄训室人》，说自己"为官一十三年……日惟国事苍生为念，不敢私其妻子"，"惟愿作吾匹者体吾心，以媳代子"，"以母代父"——使其妇承当了太沉重的责任。对妾的训词则是："惟尔为糟糠之亚，宜佐阃政于无愆，诚心以抚诸儿，小心以事亲上，修母道而循妾规，理中馈维勤，安清贫若素……"（《寄训副室》，均见《卢忠肃公集》卷一一，光绪三十四年重修板刊本）在当时，卢象昇这样的忠臣，宜有此家书。《甲申传信录》记陈良谟殉明前其妾有身孕，陈嘱其族任，自己死后，可携那女子南归，"若诞生男，使守；汝能始终膳给之，甚善。若生女，且不能守，则凭若处分，可也"（卷三，页46）。这遗嘱亦堪玩味。

魏禧记某人妻李氏对妾，俨若君臣，"每女红间，则持《女孝经》及《女小学》正席南向坐，二妾坐东西向，为讲章句大义，旁及古今贞淫善恶感应事，二妾递当日供茶果饵以为常"（《泰宁三烈妇传》，《魏叔子文集》卷一七）。只不过妾所坐乃东西向而非北向而已。颜元与同道习礼，参用《仪礼》训练其妻妾，命其妾田氏"随女君（按即其妻）拜祠，拜君（按即他本人）、女君皆四"（《颜元年谱》，页63—64）。李塨撰颜元年谱，所记魏帝臣其人处妻妾的情景，颇有几分戏剧性，说该魏"与妻宋氏相敬如宾，每外退必入宋楯，宋氏尝请之副室。或已至副室，宋氏辄来，副趋出垂手迎，牵帘肃入。夫妻坐谭久，副侍，不命不坐也。及宋氏卒，副祝氏以哭病亦死"（《颜元年谱》，页41）。李塨的如上记述，当然意在表彰，只是由今人读来，会感到不舒服罢了。

上文提到的颜元妾田氏，是颜元、李塨一致认为合于妇德的妾。据李塨说"先生（按即颜氏）自外过中门，侧室田氏急掩扉避，先生遥嘉之曰：'可谓能守礼矣'"。（《颜元年谱》，页63）据年谱，田氏"有女德，柔顺而正"，"事先生十八年，未尝一昵近，未尝仰首一视先生面也。事女君如慈母"（页81）。"未尝一昵近""未尝仰首一视先生面"，有违常情。只能说，有此夫不难有此妇。

陈确有诗《闻君将买妾》，为朋友计，写得很贴心。该诗劝其友买妾"毋过求精细"，说"精细必娇痴，娇痴大娘忌"；为子嗣考虑，"精细多怯弱"，不利于生育（"怯弱鲜孕字"）。这样看来，"莫若田家子，貌质任粗砺。粗砺宠不深，日常少淘气"；此外还有经济方面的考量，买村女"省黄金"，"货低价不贵"。

（《陈确集》诗集卷二，页634）在陈确看来，这些道理都显而易见。这番话，也非深于世故即不能说出。陈确本人妇死不续娶，亦未曾纳妾，也应因了那份世故。但这样极务实的话倘若说给冒襄一流人听，或许会掩耳疾走的吧。

严于嫡庶分际，系维护家族秩序的重中之重，具体处置却也有因人之异。屠隆所撰茅坤行状称赞茅妻"贤明"，却说那妇人尤为难能的是，其因所生子豪侈，而主张析产，"或曰：'儒人肩百苦，起家有今日，儒人子不当与诸姬子偶。'儒人曰：'子，均也，安得以老妇故，有所轩轻？'"（《明河南按察司副使奉敕备兵大名道鹿门茅公行状》，《茅坤集》附录一，页1354）妇人的"深明大义"，也应见之于这种场合。$^{[1]}$

关涉人伦，尤当涉及"色"与"性"，名士与儒家之徒对规范的理解未见得总有不同。查继佐好声色，家中畜有"歌儿"。庄氏史案中，查所畜女伶柔些（应系姬妾）追随北行，"几欲身殉"（《查继佐年谱》，页32，中华书局，1992）。其所宠爱者，另有蝶粉、雪儿等。（同上，页110）其门弟子拟查于谢安、马融（同上，页70；《东山外纪》序，同书附录一，页74）。门弟子却又说，查氏"勤门内之学，语及人伦，虽燕处也色笑时，必正色僵对。与人极和，独以此规谏，不惜苦口"；对于越轨的行为不无

---

[1] 郭松义《伦理与生活——清代的婚姻关系》引《大清律例》关于嫡庶子男、妻妾婢所生子财产均分的条例（页382，北京：商务印书馆，2000）。但由上引文字看，均分应并不普遍。妾的财产权问题更复杂。对《宋刑统》所谓"寡妻妾无男者，承夫分"这句话，日本学者就有不一致的解释。（参看阿风《明清时代妇女的地位与权利——以明清契约文书、诉讼档案为中心》，页59注1）同书记有婢妾出现在土地买卖文书中的情况，虽则如著者所说，这种情况十分少见，"也与婢妾身份不符"（页91注3）。

宽容，"但僭薄者不得入座"（《东山外纪》，同书附录一，页85—86）。查氏本人曾"挟歌儿与游"，诗曰"手持少女看佳句"（同上，页84）。"逢山水最佳，推篷倚月，清响裂寒空"，查则"洞箫和之"（页125）。凡此，想必不自以为"僭薄"。其弟子所谓"门内之学"，"处夫妇"自是题中之义。他向弟子传授经验，说："居室为学问最大，此处打不破，诸不可为矣。对妻妾，如临大敌。《大学·齐家》章'好知恶''恶知美'二语，疗妒之法无过是矣。"（同上，页90）自然得自"过来人"的体会。据此想象，查氏夫妇相对，很可能一本正经，与挟"歌儿"时是两副面孔。同篇记查氏避地某处，将离去，邻家少妇"炙鹅为饭以别，倩其姑邀先生（按即查氏）及从者与共席。先生局促，立引一曰，谢去"（同上，页98）。则对他人之妇与对歌儿又不同，后者可狎，对前者必庄——亦其所掌握的分寸。名士不同于儒家之徒的，或在自律而非他律，行其所以为的"是"，不随人俯仰。

刘承干撰《东山外纪·跋》，指摘该《纪》涉歌儿，"近于猥琐"，说撰写者"知尊其师，而不知其所以尊也"（《查继佐年谱》附录一，页145），也不免是陋见。《外纪》成书于查氏生前，可知查氏不讳其事，更不以为门生冒犯。至于其妇（应指蒋氏，见下文）的态度，钮琇的说法是，该妇"亦妙解音律，亲为家伎拍板，正其曲误"（《觚剩》卷七《雪遘》、《查继佐年谱》附录二，页162）。蒋士铨更说"美髯"乃其夫人蒋为查氏所"市"（《铁丐传》，同上，页164）。如此，则甚为圆满。

陈寅恪《柳如是别传》关于王玙说柳如是乃"吴中大家婢"，曰"婢妾之界线本难分判，自可不必考辨"（第三章，页53，上海古籍出版社，1980）。$^{[1]}$复社领袖张溥因系婢出，不为宗党所重，未成名时曾为强奴欺凌，死后遗属尚为恶仆所欺，须门生友人伸张正义。（参看陆世仪《复社纪略》卷一、吴梅村《清河家法述》）受限于"历史条件"，张溥作为出身低贱的"成功人士"，不足以"颠覆"嫡庶尊卑的秩序；也如刘宗周、张履祥等人的倡导善待佃仆，毕宁说只是示人以其作为"开明士绅""开明"的限度。

妻为夫家的后嗣计而劝夫、助夫纳妾，亦古代中国所谓"贤德妇人"的通常做法。到本篇所写的时代，仍然被士民所称道。归有光《毛孺人墓志铭》称道毛氏之贤德，曰其夫"方少年，即为买妾，以广继嗣。久之未效，则增置者不一，而抚之，人人各得其所"（《震川先生集》卷二一，页519—520）。据陆陇其说，侯方域女嫁陈贞慧子，多方为其夫置妾，"有釜斯不妒之风"（《陈母侯孺人扩记》，《三鱼堂文集》卷一一，《文渊阁四库全书》集部别集类）。宋惕哭奠其妻，说其妻"中年无产，吾前后置二妾，吾妻接待以礼，始终无间言。或吾数月不御，辄相劝抱衾。世俗妇人有见及此者否？"（《哭奠妻郭氏文》，《髻山文钞》卷上，豫章丛书）颜元妇为使颜氏纳妾以求继嗣，竟"病不服药"以求死。（见前注）

柳如是、顾媚、董小宛，是明清之际以名妓而主动安排自己的命运，以或妻或妾的名分进入士大夫家庭生活的可资比较的例子。无论陈（子龙）、柳（如是）还是钱（谦益）、柳（如是）的故事

---

[1] 关于婢妾，陈鹏《中国婚姻史稿》："惟妓、婢妾与妾连称，其身份实低于妾。""唐制：妻与妓，婢，良贱悬隔，妓，婢，欲升为妾，须得李生子或先放为良而后可。"（页677）。同书却又说："元时妻与婢同，不得视为良人。"（页680）

中，各有一个处于阴影中的人物，即陈、钱的夫人。陈寅恪的《柳如是别传》已将两人从阴影下请出，只不过在指认其所扮演的尴尬角色，而未将其本人作为关注的对象罢了。冒襄夫人的形象较为正面。至于龚鼎孳的原配童氏，见诸记述，态度有一点微妙。龚氏仕清，童氏不随宦京师，而是居合肥。据说其人辞清朝诰封，说："我经两受明封，以后本朝恩典，让顾太太可也。"（《板桥杂记》中卷《丽品》，页34，上海古籍出版社，2000）这番听起来大度的话，似乎大有弦外之音，未必不隐含了对顾媚的轻蔑。朝鲜人所著《皇明遗民传》据此而以龚妻为遗民。（参看孟森《皇明遗民传序》，《明清史论著集刊》上册，页190，中华书局，2006）

陈子龙的门人王坛撰《三世苦节传》，说陈子龙妇张藎人"通《诗》、《礼》、史传，皆能举其大义，以及书算女红之属，无不精娴，三党奉为女师"（《陈子龙诗集》附录二，页738）。$^{[1]}$ 但这些显然不足以令陈子龙满意。其所重或许在彼而不在此。该传极写张藎人为无可挑剔足为楷模的贤德妇人，说张藎人"屡举子女不育。为置侧室"，且特别强调所纳为"良家子"。（同上，页738、739）陈寅恪以为陈子龙纳蔡氏为妾，出于张藎人"欲藉此杜绝其夫在外'流连声酒'"的良苦用心。（《柳如是别传》第三

---

[1] 吕坤《〈闺范〉序》说，"先王重阴教，故妇人有女师"（《闺范》，民国十六年据明刻本影印）。此"女师"当由字而解释。魏禧死，其妇绝食以殉，彭士望"即柩前拜为女师"（彭氏《与门人梁份书》，《树庐文钞》卷二，道光甲申刊本）。《静志居诗话》写对黄尊素的夫人，刘宗周、瞿式耜"昔日之曰'女师'"（卷二三，页727，人民文学出版社，1990）。陈维崧《奉贺冒巢民老伯暨伯母苏孺人五十双寿序》亦以冒妻苏氏为"女师"。此"女师"，应系女性楷模。

章，页99）该书一再写到柳如是不为陈子龙家庭所容，感慨于陈、杨（按杨爱，即柳如是）因缘的"卒不善终"，追问"谁实为之，孰令致之"。（同上，页124）答案甚明。$^{[1]}$

关于董小宛在冒襄家庭中的地位与处境，我将另文分析，这里先用一些笔墨于较少引起关注的面向，即冒襄及其友人笔下的其妻与其妾——那正是我在这一时期的文献中所读到的合于其时士人理想的妻妾关系。张明弼《冒姬董小宛传》有"姬（按即董小宛）南征时，闻夫人贤甚，特令其父先至如皋，以至情告夫人，夫人喜诺已久矣"（冒襄辑《同人集》卷三）云云。以冒氏所写其妇的慈惠，《影梅庵忆语》中其妇的善待董小宛（以及其他姬妾），应当是可信的。其妇的心胸气量，确也非寻常妇人可比。林璐所撰《丁药园外传》的丁澎妇，也如其夫的豁达大度，富于幽默感。该篇说丁"数得孺子妾"，仍心怀不满，"主妇贤，家人多不直丁君"（《虞初新志》卷四，页63，河北人民出版社，1985）关于丁澎其人，下文还要写到。

冒襄妇苏氏与其夫同年，三岁订婚，十九岁结缡，康熙十一年（1672）以六十二岁卒。冒氏《祭妻苏孺人文》（《巢民文集》卷七）说，"妻之事夫，白首无违，至矣。"其妇做到的，却远不

---

[1] 该书写张瑞人之于预陈、柳关系，多系猜测。如想象张瑞人"号称奉其祖母高安人继母唐瑞人之命"，将"率领家嫁……驱逐"柳如是。（同上，页265）说陈子龙"遣去"柳如是，"当不出于'阿母'即唐宜人之意，实由田妇子（按即陈子龙）妻张瑞人之假祖母高夫安人之命，执行其事"（页285）。说陈氏之家，"人多势孩，张瑞人又有支配财务之权，势必不能更有余地及余资以安置志在独立门户之河东君"（页309）。但你也尽可想象系柳主动离开，而非直接受到了陈的家庭的逼迫。倘如此，艺不更可证柳氏掌握自己命运的冷静与强毅？

止此。她不但"色养翁姑，又代养祖翁姑"，更要侍奉膝下无子的伯祖父母、祖姑、外祖父母、姨母、诸舅、舅母。做冒氏妇，有如是之辛苦！此外还要对她自己的父母尽孝。其他对冒氏之姑（"翁妹"）之姊之弟，无不委曲求全。祭文写其妇对弟媳曲意迎合，以长嫂而"必抑其年，降其身，顺逊其语言，以昵就之"，可以想见冒氏从旁看得心痛，对其妇的体恤怜惜，以及隐忍既久的不平、愤懑。由祭文看，其妇较冒氏更宽容，能忍冒氏所不能忍。无怪乎冒氏愤然道："世有为任妇、为弟妇、为长嫂，谦己善下，舍己徇人，至于死而不懈如此者乎！"冒氏祭文刻画的妇人，依了当时的标准，岂"贤德"二字所能尽！祭文写其为人妻，为人媳，为人孙媳，为人弟媳，为人长嫂，为人任媳……一个妇人在家族中所任角色，所承重负，像是无过于此的吧。"大妇"处冒氏家族的上述艰难，是"小妇"董小宛于侍奉公婆与"大妇"外不必承担的。冒氏感慨道："通计妻入吾门四十四年，历富贵贫贱、兵火患难、疾病死生、仰事抚（年谱作'俯'）育、婚娶丧葬，呼吸旋转，一言一事一步，何一不恃有吾妻也！"这样的文字，那一时期士夫的悼亡之作中殊不多见。尽管不如《影梅庵忆语》的哀婉动人，却悲慨淋漓，文字间可感的伤痛，并不在《忆语》之下。人们但知冒氏有写董小宛的美文，却少有人知其祭妇之文另有其感人处。

在冒氏笔下，其妇的慈惠，及于"父执远友，夫妇贫老，忍来就养"者，及于"里中文士""方外游者"，及于仆妇婢子，甚至"厨下廊间，徒倚多老妪，皆无告携归，养之十数年数十年者"。冒氏的一再躬亲施粥，从事赈济，正有其妇的从旁支撑。由此看来，其能善待董小宛，确也可信。

以大妇处姬妾，能"不憎不妒""不苛不私"，在传统社会至为难能。冒襄笔下的苏氏却不止于此。《祭妻苏孺人文》写苏氏对董小宛："桃叶载归，小星入侍，怜爱如左右手。"冒氏"年过五十，复为聘老友蔡氏女，视如己女"；待苏氏故去，该女即"事老母，娱嫠夫，代主两世中馈"。不惟此，自幼抚养的金、张二姬，"共侍左右"，冒氏说，"皆吾妻所赐也"。为其夫设想、预计有如是之周密，这样的"大妇"岂是常人能做到的？

陈维崧《苏孺人传》说苏氏"端庄镇密，寡言笑，持重晓事理"，"通变务大体"（《同人集》卷三），正是大家主妇的风范。另文说冒氏夫妇"极尽家庭之乐"（《奉贺冒巢民老伯暨伯母苏孺人五十双寿序》，同书卷二）。冒、陈世交，陈维崧居冒家近十年，应得自就近的观察。该篇写到冒妇去世后，年迈健忘的冒母每日黄昏仍寻找其媳。接下来说，冒襄有两岁的幼女，系其妾所出，"每早起，必过孺人之灵韩而号呼曰：'吾母其何往乎？谁复以果饵哺我乎？吾母果安往乎？'大声哭，哭哀极"。该传关于苏氏的叙述，较之冒襄祭文撕心裂肺的诉说，似刻意冷静、平淡，收束处使你感到的震撼，却只能出自陈氏手笔。陈维崧毕竟是较冒襄更优秀的诗人，更有揣摸文字的技巧，知道可以用何种细节、怎样的文字组织击中你。

冒襄的《祭妻苏孺人文》《影梅庵忆语》，一写其妇，一写其宠妾，是可资比较的文本。或要两篇文字（以及冒氏的《告祖父墓文》等）并读——当然，《祭妻苏孺人文》表达的，毋宁说更是感激，对于其妇为冒氏家族的贡献与牺牲，以及因亏欠其妇的愧疚，不同于《影梅庵忆语》的两性相悦，凄美缠绵，却也一往情深，且令人看到冒氏的处伦常，也是他更"日常"的境遇。至于祭文中的夫妻恩爱，则体现在不惟辅助其夫，且以一身承担冒氏家族的重负，应对伦理困厄，为此而承受种种压力及委屈上；善待姬妾，在冒氏的祭文中，还只是小节而已。

这里或有士大夫关于妻、妾在家族中位置的认知。妾因地位的卑下，其位置主要在与士大夫个人的关系中，而妻则要承受来自整个家族的评估。对此，由冒襄悼亡妇与亡妾（董小宛）文字的书写方式，即不难感知。冒氏对其妻、妾之死都不胜痛惜。他自以为有负于董小宛（尽管只是"微有负"），而有负于其妻的，却毋宁说是冒氏家族，尽管此意他并不曾直接说出。《影梅庵忆语》也写了董对于冒氏长辈的"开眉解意，爬背喻痒"，董小宛之为董小宛，却显然在与冒氏的关系中；而《祭妻苏孺人文》中的苏氏，面对的是冒氏家族，承担的是那个家族加之于她的不堪承受的重负。由《忆语》看，董小宛并未也不被认为有必要或可能分担"大妇"所任之重。当然，冒氏妻、妾仍然属于个例，即使是有分析价值的个例。冒妻在冒氏家族中的处境，或许也是稍许极端的例子。但考虑到关于其时士大夫婚姻生活的传记材料的稀缺，虽冒氏上述文字所讲述的故事较为特别，不足以概其余，对于考察士人家庭中的妻与妾，仍不失为有价值的文本。

关于冒襄的侍儿吴扣扣，陈维崧为其撰有小传，自谓材料得自冒襄本人的叙述。该篇说吴姬名湄兰，字湘逸，小字扣扣，"举止娟好，肌理如朝霞，眉妩间作浅黛色"（《吴姬扣扣小传》，《陈维崧集·陈迦陵散体文集》卷五，页122），"性情才识，不异宛君"（同上，页123。按宛君即董小宛）。该篇说，董小宛对吴"见而怜之"，私下里对冒氏说："是儿可念，君他日香奁中物也。"（同上，页122）则非但苏氏不妒，董小宛也不妒，无不为冒氏着想，则冒襄何其幸运！苏氏鼓励冒襄纳吴扣扣为妾，"恳惠不置"（同上）。吴姬不但能如董小宛般侍笔砚，且也如董般长于理财，"家中出入，悉出姬手"（同上，页123）。对侍儿信任如此，愈见出苏氏的豁达。毋宁说较之董小宛、吴扣扣，此妇更稀有难能。但也应当说，冒襄笔下的苏氏，多少出乎常情。你不免会想，关于此妇，是否有未被讲述也不欲讲述的故事？清中后期的俞正燮说，男子纳妾而责妻以不妒，是不情的要求。甚至说，"夫买妾而妻不妒，则是趋（按'趋'，漠然）也，趋则家道坏矣"（《癸巳类稿·妒非夫人恶德论》，《俞正燮全集》第一册，页634）。何等精到！这层意思，是冒襄一流人不曾想到的吧。用这一种眼光看冒氏妇，以至看陈子龙妇、顾炎武妇、方以智妇，所见想必会有不同。

冒氏为其妇写祭文，在其妇辞世四年之际。年谱但写顺治八年董小宛卒，"有影梅庵题咏"，不详是何题咏。收入《如皋冒氏丛书》的《亡妾董小宛哀辞》，篇末冒襄附记，曰"哀文积于胸臆六十五日，两日夜成"，则应于董小宛去世两个月后写就。收入该《丛书》的《影梅庵忆语》，或更写于《哀辞》后。也证明了同为悼亡之作，对于妻、妾，仍严格依循了既有的规矩。

由明至清，关于妾均有平情之论，如归有光所说"古之女子，不幸而为侧室，而其贤德终不可泯者，如《小星》之'寔命不犹'，《归妹》之'以恒相承'，圣人皆书之于《经》"（《张通参次室钮孺人墓碣》，《震川先生集》卷二四，页574）。对妾的处置被认为合于情理的，则如颜元所记阎翁，该翁"得何、乔二女侍巾栉久，一旦谓之曰：'吾老矣，焉用误尔青年为也。'各令携所有可百金，召其父兄载归"。颜元说此翁的行事往往"迥迈寻常"（《习斋记馀》卷八《再莫大来阎封翁文》，《颜元集》，页543，中华书局，1987）。只是二女"载归"后的命运，就未必是该翁所关心的了。

至于冒、董故事，以及钱、柳和龚、顾故事，人们仍然更乐于作为名士名妓的故事讲述，而刻意忽略女方的家庭角色、身份，或贬抑其在家庭中的地位。尽管钱对柳以妻相待，当时后世的有些文人，却仍指柳为钱的"副室""小妾"。《板桥杂记·丽品》说龚鼎孳以顾媚为亚妻，顾且受封。孟森《横波夫人考》据此说，"横波之称夫人，实受清廷封诰，非泛泛美称"（《明清史论著集刊正续编》，页458，河北教育出版社，2000）。而当时的记述，也仍然坚持称顾为妾。

刘宗周《论语学案四》："闺门，风化之始也。故称名之礼，夫子盖尝举之。曰'邦君之妻'，则系重于邦君矣，故君称'夫人'，明有匹也；自称曰'小童'，明有尊也；邦人称之曰'君夫人'，尊君也……循名责实，则妾膝固不可以僭夫人，夫人亦不可以稀邦君，而邦君所以端刑于之化者，自不容已矣。"（《刘宗周全集》第一册，页598）其所拟《证人会约·约戒》诸戒中，有"戒围帏"，曰"弃妻宠妾、以妾为妻、妾饰拟主母者上罚"（同书第二册，页585）。王应奎《柳南随笔》论钱谦益次苏东坡《御史台寄妻》诗，说钱氏"原配陈夫人，此时尚无恙也，而竟以河东君为妻，并后匹嫡，古人所戒。即此一端，其不惜行检可知矣"

（卷一，第3页，中华书局，1983。按钱诗即《和东坡西台诗韵六首》，《牧斋有学集》卷一）。王另在《柳南续笔》中记龚、顾，说金是瀛（天石）游金陵，值龚鼎孳大会诗人四十余辈于青溪，"伶人请演剧，天石命演《跃鲤》，举座失色。盖龚自登第后，娶名妓顾眉为妾，衣服礼秩如嫡，故天石以弃妻讥骂。龚为愧首，而天石傲岸自若"（同书卷四，页202）。

陈寅恪所激赏的，更是柳如是勇毅，说："夫女子之能独立如河东君，实当日所罕见。"（《柳如是别传》，页185）柳之"个性特强"（同上），"能独立"，也在对"嫡庶"问题的坚持（参看同书，页421）。这也应当是柳与顾媚、董小宛大不同处：非顾、董可比，也非顾、董所能。但钱之于柳，龚之于顾，也非当时知名之士中仅有的例子。《静志居诗话》就说茅元仪序杨宛诗，"必称内子"（卷二三，页767）。查继佐侧室蒋氏称"夫人"，查亦曰"内子"，曰"妻"。（《查继佐年谱》，页30、69）正室病卒，"蒋夫人继理家事"（同上，页31）。杭州城降清，查氏"偕夫人蒋氏避乱庙湾"（同上，页40）。查氏陷庄氏史狱，眷属饱受惊吓，蒋夫人欲从死。（同上，页30）查曾与及门弟子为"继配"蒋夫人做寿，查亲笔大书"令妻寿母"四字（同上，页69）。

"称内子"，称"妻"，称"亚妻"，"礼同正嫡"，"衣服礼秩如嫡"，无非蓄意模糊界限，更像是一个花招，一种表达、宣示，既明确又暧昧。而柳、顾、杨等人介于妻妾之间的地位的模糊性，也证明了弹性空间的存在。等级似森严而实有缝隙，便于钱谦益、龚鼎孳这等文人"弄狡狯"，为自己所爱的人谋求一种不致太屈辱的名分。问题确也更在"名分"，至于实际待遇，则本不是问题。

《大明律》卷六《户律·婚姻·妻妾失序》："妻在，以妾为妻者，杖九十，并改正。""若有妻更娶妾者，亦杖九十，离异。"（《续修四库全书》史部政书类）据近人所撰婚姻史，事实上的重婚似乎从未禁绝。"并后""匹嫡"，无代无之。（参看陈鹏《中国婚姻史稿》）古代礼法、典制毕竟不同于现代社会的法律、制度，有关的律令往往不敌既成习俗的力量。禁者自禁，娶者自娶，自古已然。至于战乱导致的"复嫡"的被认可，亦有先例。（参看苏冰、魏林《中国婚姻史》，页150）但有此律文与无此律文，仍然是不一样的。

以钱谦益、龚鼎孳的博学，自然熟于有关掌故，其"并后匹嫡"，处之泰然，笑骂任人笑骂，也因违禁并不必付出代价。钱、龚固可自行其是，有关的士论也绝非一律，极迂腐与极通达之论并存。在极迂腐者，钱、柳、龚、顾被认为伤风败俗的，不只于"并嫡"，还因违反了"良贱不婚"的禁制——尽管也从来就是"禁者自禁，而婚者自婚"（陈鹏《中国婚姻史稿》，页437）。徐芳《柳夫人小传》说，因柳如是挺身以一死纾家难，钱谦益子钱孙爱"德而哀之，为用匹礼，与尚书公（按即钱谦益）并殡某所"（《虞初新志》卷五，页81）。倘然，则并非柳所出的钱孙爱，也承认了柳的夫人地位。

陈寅恪《柳如是别传》以为崇祯八年陈子龙与柳如是"当已同居"，柳之于陈的关系，"与其谓之为'妾'，不如目之为'外妇'，更较得其真相也"（第三章，页235）。对于考察其时士大夫的婚姻、两性关系状况，此类"真相"绝非无关紧要。必也正名乎。对于名分，柳如是当年固然在意，陈寅恪写作《别传》时也仍不能不在意。名分与实际有可能不一致，却仍然是了解其人所处伦理地位的显明标识。陈、柳情缘也证明了即使风流放诞如柳如是，也不甘于、安于"妾身未分明"的暧昧状态。但"亚妻"（顾媚）毕竟有一"亚"字；钱娶柳"礼同正嫡"，也到底是"拟之于"，也即相当于而非等同于——保留了微妙的差异。

名分与实际的家庭地位，确有可能并不一致；贵妻贱妾，落实到家庭关系处置，或大不然。柳、顾之于钱、龚，显然如此。清初孙伯龄攻龚鼎孳，疏中说到龚取悦顾媚，"置其妻孳于度外"（参看孟森《横波夫人考》，《明清史论著集刊正续编》，页453）。顾苓《河东君传》，说柳如是"颇能制御"钱氏，钱"甚宠惮之"。（转引自陈寅恪《柳如是别传》，页344）陈寅恪更有意用了世俗的说法，即谁受谁的气。张履祥之女为其夫所杀，其友陈确的说法是"宠妾杀妻"（《与张考夫书》，《陈确集》文集卷三，页124）。至于大妇受小妇的气，即到了近代，也绝非罕见。"婢作夫人"，虽是一句挖苦话，背后却大有事实。姨太太僭夺了家族的控制权，是上个世纪通俗小说依旧在讲述的故事。或许正因了种种对伦理规范的破坏，与妻妾、嫡庶有关的礼制，才有必要一再重申。

《影梅庵忆语》极写进入冒家的董小宛近乎自虐的敛抑，却又说董为冒氏夫妇理财。"余出入应酬之费，与荆人日用、金错帛布，皆出姬手。姬不私铢两，不爱积蓄，不制一宝粟钗钿"，也应可佐证冒氏所说其妇的"不悋不妒""不奢不私"。关于董氏的长于理财、料理琐务，虽在流离中也井井有条，该篇多处提到。

当然，仅此尚不足以认定董在冒氏家族的实际地位$^{[1]}$，却使"被接纳"具体化且落实于责任。董承担了她难以承担的责任并从中感到满足而甘于"劳瘁"而死，其间有复杂的因果网络。

也如任一时代，发生本篇所写这一时期夫妇、妻妾间的，也有如下的恶性事件。方文妻"中风暴死"，妻家"移祸其妾"，"戕妾脑，堕胎死"（朱书《方盫山先生传》，《方盫山诗集》附录，页892，黄山书社，2010），极其血腥。由传世的文字看，上述"人伦之变"，似乎并未诉诸"司法"。张履祥的女儿被其婿鸠杀，张的友人却劝其息事宁人。无论妻还是妾（尤其妾），人身安全难以得到保障，由此可以想见。

明朝末年，不乏家庭伦理事件为政争所利用的例子，无论母子还是夫妇。前者如郑鄤，后者则如倪元璐。《明史》倪氏传，说倪"雅负时望"，为温体仁所忌，总怂刘孔昭攻倪，说倪的妻子陈氏尚在，而以妾王氏"冒继配复封，败礼乱法"；辩护者则说陈氏以过失被"出"，继娶王氏非妾（卷二六五）。至于万历朝的吕坤因编撰《闺范》而卷入政争一件公案，见《明史》卷二二六吕坤传，亦一戏剧性的例子。

至于士大夫于危难之际的处妻妾，冒襄的《影梅庵忆语》亦一可供分析的例子。下文还将谈到陈子龙、顾炎武当时局动荡、本人漂泊之际的处妻妾，谈到祁班孙当长流宁古塔时的处妻妾。至少以上数例中，士大夫于艰困、厄难中，在其身边的，是其妾而非妻。

……………………………………

[1] 士人纳妾的动机，除了继嗣方面的考虑之外，尚有可能在使其协理家政。参看郭松义《伦理与生活——清代的婚姻关系》第八章第二节《纳妾的理由》。

孙临、葛嫩同死的故事，惨烈悲壮，被人所乐道。$^{[1]}$ 据钱澄之说，孙氏当危难之际，与其妻方氏诀别，嘱其妻"自为计，冤路归报太夫人"。其妻"从一老姬匿草间，转入村家"，得县令资助返回家乡。（《田间文集》卷二一《孙武公传》，页410，黄山书社，1998）孙氏不像当时有些忠臣义士那样，要求其妻身殉。倘钱的说法是实，则当是时，其妻方氏、妾葛氏均在身边，而孙临的处置不同。自然不便据此而得出某种结论，但士人在自己能做出安排的情况下，对妻妾的处置，似乎确有某种未必明言的"规范"。陈子龙以为仅一妾在身边可免家累；顾炎武将其元配妻子留在家乡，而在漂泊中纳妾；孙临临难嘱其妻归，而与妾葛嫩同死；祁班孙当长流时，其妻在母亲而非自己身边。这些例子自不足以概其余。清初流人中，就有夫妇同流如吴兆骞、方拱乾者，也有携妾流放的丁澎。但上述诸例仍可玩味。

流离、播迁中的夫妇

我曾对明清之际士大夫的"游走与播迁"专文论述，这里接续这一话题，由易代之际士人的流动谈起，只不过将夫妻（及妾）均纳入考察范围；而后再进入一种特定情境，即清初流人之"流"，同样以夫妻（及妾）为考察对象，据士人文字，看其人在如上的境遇中，如何处夫妇一伦。当然，主要材料为当事者的自述，与他们的"实际生活"不便混为一谈。"自述"作为材料价值在于，其中

[1] 关于葛嫩之死，有不同说法。参看李金堂校注《板桥杂记》，页27注15。

往往有为士人摄取的"生活小景"，由笔墨间又可察知其处那一种非常状态的态度。这里有流动着的人，流动中的"人伦"，人们眼中的"患难夫妻（妾）"，患难中的夫妻（妾），以及士人于患难中如何处"夫妇"。非常态所以映照常态，作为常态的注释与补充。我的兴趣也依旧在"伦理规范"所不能涵括的丰富面相，尝试着关于古代知识人的生活，打开更宽裕的想象空间。

陈子龙自撰年谱，记自己甲申年三月治兵蛟关，"时予久遭家累，惟一妾在官舍，书卷数束而已"（《陈子龙诗集》附录二《陈子龙年谱》卷上，页688）。陈子龙曾先后纳蔡氏、薄氏、沈氏为妾。（同上，页649、662、670）此时在官舍陪侍的，未知是哪一个。由陈寅恪所考陈氏的家庭关系，不难知晓其以何者为"累"。据王沄所续陈氏年谱，顺治二年九月，陈氏"携家侨居于丁氏"（同书附录二《陈子龙年谱》卷下，页710），此时或妻妾同在。同年陈氏曾避地，其妇则"扶衰亲，抱幼子，展转流寓，备历艰险"（王沄《三世苦节传》，《陈子龙诗集》附录二，页739）。

易代之际士人于流离、播迁中的处妻、妾，可以顾炎武、方以智为例。顾氏于崇祯四年娶王氏，顺治六年纳妾韩氏，十年，更纳戴氏。顺治四年，有《将远行》一诗；年谱将《丈夫》一首系于顺治九年。$^{[1]}$ 顾氏四十五岁那年北游，已是顺治十四年。十六年曾南归到扬州，十八年南归至杭州，其间或与妻妾团聚（以上参见张穆《顾亭林先生年谱》，《续修四库全书》史部传记类）。据王翼

---

[1]《丈夫》："丈夫志四方，有事先悬孤。焉能钓三江，终年守菰蒲。……艺无怀土心，所莫千里途。"（王翼民《顾亭林诗笺释》卷二，页244，中华书局，1998）

民《顾亭林诗笺释》，顾氏纳妾，"王氏仍以元配家居"；顾氏北游，"音问亦未尝断"（卷五，页1004）。韩氏、戴氏外，顾氏似还有临时性的姬妾。据年谱，康熙十四年，纳妾于静乐。《亭林徐集·与潘次耕札》中有"去秋已遣祁县之妾"，今春挈"幼子"往华下云云。同札还说李因笃"欲为我买田结婚之计，事虽未可必，然中心愿之矣"（《顾亭林诗文集》，页168，中华书局，1983）。似乎随所到之处而纳妾，且对此不无自得，说"他日南北皆可遗种"（《蒋山佣残稿·与李霖瞻》，《顾亭林诗文集》，页186）。

对其"留守"之妇，又不像是毫不介怀，甚至视其妇为畏友。（参看《顾亭林诗笺释》卷五，页1007）顾氏于康熙二十一年以七十岁卒于山西，前于此，十九年，其妇王氏死于昆山。年谱："讣至，次日出署。十一日成服，设祭。逢七，祭奠焚帛如常仪。"顾氏有《悼亡》五首，其一曰："独坐寒窗望藁砧，宜言偕老记初心。谁知游子天涯别，一任闺芜日夜深。"（《顾亭林诗笺释》卷五，页1004）自顾氏北游，至此已近三十年，王氏的苦况可想。全祖望《亭林先生神道表》："庚申，其安人卒于昆山，寄诗挽之而已。"（《鮚埼亭集》卷一二）"而已"大可品味，不过如此，而已。

方以智于明亡之际逃亡、流离，更于永历朝覆亡后为僧，年谱偶有其妻妾的消息。明亡前方氏曾流寓南京，《卜寓》一诗中说："作客常一身，出门何所顾。岂意故乡乱，家人尽南渡。"（《方子流寓草》卷二，《四库禁毁书丛刊》集部）携家流徙，乃万不得已。（参看同书卷五《家徙》）之后寓居京城，崇祯十三年除夕夜，侍父于狱，说"却将自古妻孥夜，竞作贤豪促膝时"（《方以智密之诗抄·痒讯·庚辰西库除夕》，转引自任道斌《方以智年谱》，页100，安徽教育出版社，1983）。三十二岁那年，方氏纳妾；（《年谱》，页113）同年"迎家人入都"。甲申之变，方氏在京城被执，"乘间逃脱，弃妻小于不顾"（同书，页125）。事后方氏回忆南逃前的生离死别，说"妻孥跪涕泣"，"痛哭与我决"。（《方以智密之诗抄·瞻曼·纪难》，转引自《年谱》同页）抵达南京后，他的白发老亲高兴的却是他"怀忠弃妻子"，"家门无愧对钟山"。（《瞻曼·告哀诗》，转引自《年谱》，页128）弘光朝刊罪拘捕北都南归诸臣，方氏被迫逃亡，漂泊于南粤山水间。顺治三年，其父遣其妻及幼子来粤。（《年谱》，页138）永历年间（顺治四年）方一再"弃妻子"，"孤身远遁"。（《年谱》，页141、144）$^{[1]}$方氏由北京至南京至广州，在两广及湖湘漂泊，曾一年三易姓名，其妻孥即如此颠沛流离。据《年谱》，方氏隐居平乐平西山时，"僦居破庐，上漏下湿，鸡豕杂处，旧疾时发。又以僮瑶为伍，瘴疟相肋"（页170）。其妻子应同处此境。永历四年（顺治七年），方以智在桂林纳妾（《年谱》，页167），此妾最终的下落不详。同年，其妻子曾"俱困集舟中"（同书，页168）。也是在同一年，方氏四十岁，被迫"剃发僧服"（页169）；次年，其妻孥由人护送北

---

[1] 方氏说自己"数年之间……两弃妻孥"（《寄张尔公书》，《浮山文集前编》卷八《岭外稿》，《四库禁毁书丛刊》集部）。所谓"弃妻孥"，或系将妻孥托付友人，以便只身流亡。（参看《方以智年谱》，页144）永历二年（顺治五年）在友人处与妻及幼儿团聚（页153）。

返（页172）。同年冬作《自祭文》，"言自甲申之变后，心如死灰，所眷眷者，惟故乡老亲而已"（页173）。为僧后，方氏于永历六年（顺治九年）曾"于青山逢妻及幼子"（页180），除夕返桐城，三代团聚。（页181）永历九年（顺治十二年）父卒，奔丧桐城（页194），应与妻相聚。由《年谱》看，永历十二年（顺治十五年）春，方氏离桐城。永历十五年（顺治十八年）方氏"有归桐城之意"（页218），未成行。此后"时有回乡终老"的意愿（页250）。五十八岁那年，"回桐城终老之意已决"（页253），其子"在桐城动工修报亲庵"，欲迎方氏"归养"（页255）。次年，"报亲庵"落成，方氏已作返乡准备（页258）。第二年"预秋日还桐"（页260），却又负约，迟迟不归（页266）。康熙十年，方氏六十一岁，死于舟中，其孙"回桐城安慰祖母"（按即方氏妇）。

由钱澄之《方太史夫人潘太君七十初度》可知，方氏的夫人七十尚在。该诗序说，方氏"甫四十出家"，二十年而殁。"夫人称未亡人，长斋奉佛，以迄于今"（《田间文集》卷一九，页378）。还说方氏为僧后，曾"间道归省老亲……亲殁，子事毕，出世青原"。"子事"既毕，从此也就真的为僧了（同上，页379）。^[1]未提及其妇。方氏固然是人子，也是人夫，后一种角色，在这种叙述中，似乎是无关紧要的。士大夫妻妾的人生片段，有时即零碎地嵌在其夫的传记材料中——只是"片段"，通常连不成线，大片的空白留给你以想象填充。甚至并片段也无从搜寻，只有

---

[1] 对于方氏练习为僧的过程，钱氏曾有切近的观察。本篇也说，"公之僧固不易为也，然公自此真为僧矣"（同上）。"真为僧"，夫妇一伦也就从此中绝。

其夫婚娶的简单记载。记述简略或竟不记述，有诸种可能的原因，包括模糊的"隐私"意识，更可能出于轻视，或只是作为一种姿态的"轻视"。

甲申之变后的流离中，冒襄说自己"一手扶老母，一手曳荆人"，董小宛则"颠连趋蹶"，竭力尾随。（《影梅庵忆语》）你不致因此而怀疑冒氏的情感取向，妻与此妾在其情感生活中孰轻孰重，但在危难之时，务将其妻（更不必说老母）置于姬妾董小宛之上，并未因仓促而颠倒了伦序。冒氏在非常情境中对妻妾的处置，正可资考士大夫家庭中妻、妾所处位置，士大夫自觉遵循的伦理规范，所认为的合于"礼义"的处理家庭关系的方式。

关于明清之际（尤其清初）士人的谋食之游，我在关于江右易堂的文字中已经写到$^{[1]}$，只是未取夫妇中"妇"的角度。与上文写到的方以智、下文将要写到的方拱乾有亲戚关系的方文，明亡后以游食、卖卜、行医为生。其《夜坐赠内》的首联，有极家常的情景："秋夜张灯掩竹扉，左边开卷右缝衣。"很温馨。"温馨"，也正应是当时方氏所感，因而有尾联的"虽然环堵安闲甚，始悔从前游不归"（《嵞山集》卷八，《方嵞山诗集》，页296。按上文已写到方文的家变，这里所写其妇或为继室）。但这种"悔"似乎留不住方文，因而有一再的游与一再的"悔"。《代内答》用了其妇的口吻，抱怨其夫"一年十二回明月，十一回明不在家"（同书卷一二，页403）。他自说出游乃为饥所驱（《将之兖州留

---

[1] 参看拙作《易堂寻踪——关于明清之际一个士人群体的叙述》（南昌：江西教育出版社，2001）、《易堂三题》（收入拙著《制度·言论·心态——〈明清之际士大夫研究〉续编》，北京：北京大学出版社，2006）。

别内子》，《盒山续集前编·鲁游草》），说自己"年年作客轻离别"，其妇则"事事持家多苦辛"（《六月廿六日为内人四十初度寄之》，《盒山续集后编》卷四，同书，页819）；《旅食叹》也写到"门户全凭健妇持"（同上卷五，页857）。但"饥驱"或许也是太现成的说辞。《将之兖州留别内子》的收束处，就说了一句老实话，"不是轻离别，依人可自赡。"由女性的角度，岂不分明可见男性的自私？江右易堂"三魏"中的魏际瑞，诉说过"依人"的屈辱、不"自赡"。但看起来依人确有"自赡"，即摆脱了"家累"的"自赡"。

至于动乱年代题写于邮亭驿壁上的妇人女子的诗，往往见诸野史、笔记，提供了想象的空间。钱谦益的《列朝诗集》、陈维崧的《妇人集》等，均录有此类不知其名的女子的诗作，通常也是其人留在世间的最后的消息。那些题壁诗的作者，为人妻，为人母，为人女儿，只是事迹往往不可考罢了。

作为一种刑罚的"流"，所导致的，是一种特殊的流离播迁，发生在平世，与易代之际的流离，又有风味之不同。据有关记述，汉明帝"募死囚减罪戍边，亦令妻子相随，自是以后，遂为定制"（陈鹏《中国婚姻史稿》，页563）。"《唐典》卷六：流移之人，皆不得弃放妻妾。""中叶以降，政弛法苛，狱繁吏酷，妻子因缘坐而流远者，颠沛流离，辗转道路，苦楚呻吟，有逾于死。"（同书，页566）"宋时'配徒者，其妻子流离道路，罕能生还'（《宋史·刑法志》）。"（同上）古代中国的司法用语有所谓"妻子家产，籍没入官"云云，将"妻子"与"家产"分列。实则"妻子"亦一份"家产"，可以如物件般地没收了另行处置（即如发为奴）。较之于此，妻妾同流尚非最残酷者；何况由以下事例看，妻妾是否同流，似乎也还有讨价还价的空间。这种"播迁"因有强制性，由刑法强制执行，无可选择（包括迁至何地），较之易代间的流离，有远为屈辱的意味。从"流"的妇人，不消说也分有了一份屈辱。

关于流人的处"流"，我将在其他场合讨论。本篇所关心的，限于流人写于流放中与流放地的诗文中的"夫妇"一伦，他们的妻（妾）在其流放生活中扮演的角色，流人对于同处此境的妻（妾）的书写方式。士人夫妇的故事是需要背景的，"流"即是一种特别的背景。清初尚阳堡、宁古塔多故事，其中就有流人妇的故事、患难夫妻的故事、男人的故事与女人的故事。承担这苦难，更要求女人的勇毅。顾存仁滴居庸，"儒人尚居京师。时寒冻，虽诸僮皆苦楚穷徼，莫肯往。儒人独以一女子，提衣粮，触风雪，为诸僮先，崎岖走塞上，就山人（按即顾氏）会"（《盛儒人墓志铭》，《唐荆川文集》卷一〇）。于焉可感女性的坚忍，其承受苦难的内在力量，蕴藏于柔弱躯体中的强韧。也是在这一种特殊情境中，夫妇一伦中"妇"的功能凸显，尽管她们罕有自己的书写，难以直接发声。

下文涉及的清初流人，有以妻相从者，有妻妾同流者，亦有携妾出塞者。孟森《科场案》，系考清初流人、流放地的名篇。据该篇，涉案的陆庆曾当流放时，"一妾挈幼子牵衣袂，行人尽为流涕"（《明清史论著集刊正续编》，页342）。陆赂吉腰斩西市，"家产入官，妻子长流尚阳堡。一子方四五岁，妻妾皆殊色，间关万里，甸匐道左，行人为之泪落"（同书，页345）。科场案中的知名案犯吴兆骞，兄弟不与同戍，"诸家纪载，但称兆骞妻葛白首同归，传为佳话"（同书，页355）。下文还要写到，其妻葛氏系自愿出塞与其夫共此患难者。樊逢遣成，在戍所另娶庶妻，生有一子二女。其子将其迎还时，庶妻与所生子女却留在了塞外，其子诗题中有"归途虽不落寞，而庶母及诸弟妹依依不忍分手，此时真难为情也"（参看李兴盛《增订东北流人史》，页297—298）云云。流放中有妾在身边的另如祁班孙。其妇留在会稽家乡，如上文所说，是这种情况下常有的安排。全祖望《祁六公子墓碑铭》，记祁氏妇朱德蓉工诗，祁被难时，其妇"尚盛年"，其娘家"哀其茕独，以侄从之，遂拐为女。孤灯缁帐，历数十年未尝一出厅屏"（《鮚埼亭集》卷一三）。未知祁班孙在宁古塔，其妇是否曾在梦中。

《科场案》一文还说："凡流宁古塔者，旨内有父母兄弟妻子并流之语，尤为奇酷。然据事实言之，则似妻子同流为可信，父母兄弟即有并流，有不并流，不尽同也。"（《明清史论著集刊正续编》，页349）《南山集》案中的方孝标，即"全家遣成"远于宁古塔的黑龙江（页354）。据同篇，尚有丁澎（药园），亦以全家往（页362）。但由林璐《丁药园外传》看，丁澎似乎是挈妾赴成，该篇写丁氏流放，未及其妇。《外传》记丁氏与其妾长流途中的问答，颇饶情趣。$^{[1]}$ 文字间丁氏固不颓丧，其妾的神情意态尤率真可

---

[1] 该篇记丁氏流放途中于邮亭驿壁读迁客诗，大喜。"瑞子妾问曰：'得非闻赐环诏耶？'药园曰：'上圣明，赐我游汤沐邑。出关迁客皆才子，此行不患无友。'久之，雏尽，馁而嗷。瑞子妾慰劳曰：'卿有友，必革食迎若。'药园笑曰：'恐如卿言，吾先以酒劳吾渴。'"（《虞初新志》卷四，页64）同篇说丁澎"数得瑞子妾"（同上，页63），未知随丁出关的，是哪一位。

喜，想必能在流放的艰难岁月中，与丁以沫相濡。记述流人，《外传》是极生动的一篇文字，刻画小妾的神情，何其传神，实在是灰黯背景上的"亮色"。这小妾不但随侍，作为流人的伴侣，甚至是其精神上的支撑。与身份地位的卑微相应的，是她们柔韧的耐受力、承担苦难的勇气，较之出身高贵的女子强盛健旺的生命活力。

落到了这一层地面，即使仍竭力维持"士大夫"的身份、体面（主要经由继续读书、写作），生活却不可避免地琐屑化了，士人也就有可能多了形而下的关怀。如下文将要写到的方拱乾之于自家菜园。家常琐屑，更是妇人的生活世界，这一世界是士大夫认为不宜也无须向外界打开的。因封闭而幽黯、暧昧，妇人的辛劳与苦痛也就难于为人所知。一旦在流放中，不免有了更多夫妇共同面对生存困境的机会。或许要在此情境中，方拱乾才会注意到其妇为生计的忧心。要证明夫妇关系在此情境中的亲密化，尚需更多的材料，你却不妨如此想象。尽管"贫贱夫妻百事哀"，但共同分担、负荷"贫贱"，也会是一种值得品味的经验。

较之其他流人，方拱乾的宁古塔诗确也多家常琐屑，其对妻的体贴即在其间。他写春米："病妻颜忽破，得意凌晨春。"（《朝春得米》，《何陋居集·甡庵集》页51，黑龙江大学出版社，2010）说"老妻司管偷，田亩颇膨充。愧彼丕相女，乃饶贫家风"（同上，页51—52），对其妇的耐劳苦，持家理财、经营田产，怀了一份感激。却由妻的一面写拮据："老妻常数米，棘手胜攒眉。"（《数米》，同上，页65）贵族女子忍受这样一份生活，自然难能。方氏另在《老妻种葱孟中，笑而作此》（同书，页55）中，写本好种兰与水仙的妻，在此流放地却"种葱"，虽无芳香，仍聊胜于无。方拱乾与其妻也从事诸如摘蔬一类简单的劳作。他写老妻亲手摘蔬（《雨凉》，同书，页163），写"老夫手种老妻摘"（《摘菜口号》，同书，页269）。无论在方氏还是在其妇，这都是新鲜、令人兴奋的经验。诗中这对夫妇的生活并不浪漫，却也不枯窘，甚至不乏温润，是纵然"患难"也未失乐趣的凡俗人生。据方氏说，蒙朝廷召还的那天，其妇的反应依然平淡："不暇问妻子，但看颜色殊。艰辛三载事，悲喜一言无。"（《十月十八日得召还信》，同书，页315）这种克制与冷静也自有动人处。

陈之遴《浮云集》中有写于戍所的诗，其妇徐灿却不能如同方氏的那些如话家常的诗作那样，现身在他这一时期的诗作中。一对共患难的夫妻，岂非更宜于作为咏歌的对象？由此也可见不同流人不同的书写策略。而如方拱乾所写平易俗常的日常生活情景，并不都被认为适于入诗。$^{[1]}$《浮云集》中大致可以断定写于流放中与流放地的诗作，如"朱颜多早凋，须发幸已白"（卷三《冬杪》，《四库禁毁书丛刊补编》），其妇应在其间。另诗曰："一室栖幽洞，三冬卧冻云。"（卷六《冬日杂兴》其七）这"一室"自有其妻徐灿。还说："岁寒谁可共，一室自行藏。"（同卷《冬日闲居》其一）其妇更是呼之欲出。卷六《追旧》六首，写旧日游蓟之

---

[1] 李兴盛《增订东北流人史》说，陈之遴及数子死于戍所，其妻徐灿遂布衣蔬食，不再为诗，后"蒙恩"扶陈之遴棺以还。（页236，李兴盛《增订东北流人史》，哈尔滨：黑龙江人民出版社，2008）徐灿为清代著名女词人。据《清史稿》卷二四五陈之遴传，顺治十三年，陈被令命"以原官宝盛京居住。冬令，复命回京入旗"；十五年，"流徙尚阳堡，死徙所"。陈之遴《浮云集》中写及、写给其妇，或与其妇唱和者，均为"诗余"。由该集卷一与徐灿有关诗，或许可以想象伉俪情深。《西江月·湘半将至》："梦里君来千遍，这回真个君来。半腊虎呓儿惊猜，且喜余生犹在。／旧幕灯前闲展，新词花底争裁。同心长结莫轻开，从此愿为罗带。"应作于乙酉年（1645）前。

乐，虽未点明，那画图中自有徐氏；"三潭清似镜，长拟照红颜"云云，不胜今昔之感。$^{[1]}$ 其妇所付代价，这也是最显而易见的方面。吴骞《新刻抽政园诗集题词》说徐灿"身际艰虞，流离琐尾，绝不作怨悱语"，"不失风人之旨"。（《清代诗文集汇编》第一〇五册，页323，上海古籍出版社，2009）徐氏传世的诗作中极少日常生活描写。女性较之男性，或许更矜持，更有防范窥视、保护隐私的警觉，对生活的私密面刻意回避。但那心事却也仍有透露。《立春日感怀》，曰："千古荒凉地，春光到日迟。息心疏翰墨，呵手事机丝。"（《抽政园诗集二卷》，同书，页336）其《秋感》一首，说"弦上曾闻出塞歌，征轮谁意此生过"（同上，页344）。那对于她，确是意想之外的非常经历。

由祁彪佳日记看，当乙酉年危难之际，祁氏也曾想只身出走——在祁，未必不出于护惜妻、子之一念。流人也有以"休弃"开脱其妻妾者。苏冰、魏林《中国婚姻史》："唐律虽不准犯流应配者休弃妻妾，离异事仍有。"（页208）民间本有"夫妻本是同命鸟，大难来时各自飞"的说法，但这种说法对于无论方拱乾、吴兆骞还是陈之遴夫妇，都不适用。阮籍有诗曰："一身不自保，何况恋妻子。"（《咏怀诗》之三）反其意，即使自身难保，也依然顾念妻子的，也大有人在。吴兆骞尚在刑部狱时，致父母的书札中

---

[1] 同集卷一二《满庭芳·油草亭》，有"岁岁朱颜长驻，依然是初嫁丰神"句，可据以想见其目睹徐氏在辽东荒寒地老去的痛心与无奈。顾永年有诗曰"可怜雪面迎风冷，翻令春肌捆铁衣"（《倍宜人郝氏出塞于今三年矣作此慰之》，参看李兴盛《增订东北流人史》页321）。方拱乾《绝域纪略·风俗》极写宁古地女子之穷苦无助，"皆中华富贵家眷"（《何陋居集·越庵集》附录二，页504），与本文所说的流人妻妾，处境与命运又不可同日而语。

就曾说到"娘子为人甚善淑"，乞其父母"善待之"。[《上父母书（一）》，《秋笳集》附录一，页279，上海古籍出版社，1993] 另札则说"娘子为人甚可怜"，乞其父母"照顾之"。（《上父亲书（一）》，页280）由宁古塔写给其父母的信中还说，"儿媳幸已不来，得在家中代儿侍奉父母，此极喜事。但怜他少年失所，又无一子，茕茕孤独，竟如寡居"，乞父母"每事恕他"。（《上父母书（二）》，页287）其《辛丑七夕》一诗，有"塞外频惊七夕来，闺中应记三年别"（《秋笳集》卷二，页54）句，作于其妇赴戍前。

吴兆骞之子吴桭臣《宁古塔纪略》，说其父顺治十五年出塞后，其母"葛孺人日夕悲哭，必欲出塞省视，而以舅姑在堂，两女稚弱，不敢显言"，后吴兆骞父察知其意，"哀而壮之，遂为料理出塞计"，将两女"许字"或托付于人，"庚子冬，自吴江起行，遣家人吴御及沈华夫妻（按即吴兆骞所说仆婢）同送我母至宁古塔。辛丑二月初五日到戍所"（同书附录二，页324—325），时吴氏抵宁古已五年。如上文已提到的，葛氏并非"缘坐"，是自愿到塞外照料丈夫起居的。《秋笳集》附录六《酬赠题咏》中，有为吴妇送行的诗作，可知时人因葛氏赴戍的感动。吴兆骞与人书中有"癸卯春，弟妇来，携二三婢仆，并小有资斧，因以稍给"云云。同札还写到"妇复多病，一男两女，薇蕾不充"（《戊午二月十一日寄顾舍人书》，同书卷八，页265）。他说其妇"甚耐苦"（《奉吴耕方书》，同书附录一，页313）。妇人"耐苦"，自然是吴兆骞的福分。另札却说"所携婢仆，佥忿都尽"，"外无应门之童，内无执釜之婢，茕然夫妇，形影相吊"。（《与顾华峰书》，同上，页308）倘若如此，则不但要亲操井臼，还要相夫教子，其妇的辛劳可想。

因有全祖望的记祁六公子，祁班孙的宁古塔经历或更为人所知。由杨凤苞《书孔孟文事》（《秋室集》卷五，《续修四库全书》集部别集类）一篇看，祁班孙因魏耕牵连，终至长流宁古塔，案发应在顺治十八年、康熙元年之间。祁班孙《壬寅杂诗三首》写在启程赴关外之初，记有与妻子分离时的楚惶。"昔别吴东门，会嗟别离长。杳杳即永路，乃不在我傍。"（其一）"金石非久长，恩情会有移"（其二），未知何指。（《祁彪佳集》附录《紫芝轩逸稿》，页336，中华书局，1960）至于《入都》中的"仓卒遣往路，芳心重致疑。岂君有他意，故不悲别离。含情今不吐，长途欲诉谁"（其二，同上，页337），则系由妇人角度的设问。在艰难的行旅中，仍不免设想家乡思妇的牵挂。因详记流放途中所见，祁班孙的诗作对于考察流人，别具价值。其《出都》第一首写流人妇不得不抛撒哺乳中的小儿，"昔为名家母，今为边戍妻。独身行万里，不知所从谁"（同上，页339）。第三首写流人夫妇的以沫相濡，应得之于目击："妇女栖草间，慷慨结衣裾。更复怀中儿，啾哔惨鬼魂。男儿作佣磨，手指冻欲皴。斧冰吹野火，持哺何殷勤。飘零感亲故，况此骨肉恩。"（同上，页340）抵达戍所，也仍然未到行程的终点，燕雀营巢衔栗，不过白费了气力。《复迁》："兵车夹路傍，传呼何促迫。长安下羽书，云当遣军籍。牛马集前途，糗粮备今日。妇女尽随行，不得少休息。……"（同上，页342）抵达戍所，安顿下来，也就渐有了生趣。《迁所》十五首，其二有"弱妾能持春，作糜颇如酪。匃酒酿山花，聊亦忘其浊"云云。此"弱妾"或即当祁六公子逃归后留在了宁古塔的那位。或许正因祁氏非如吴兆骞那样名重一时，诗中反而有较多的物质生活的细节，令我们可以想象"万里投荒"这种套话背后的事实：途中所见其他流人的苦况，到达戍所后的所见所闻所感。

由全祖望为祁班孙撰《墓碣铭》看，祁班孙当流放时，其妇不曾相随。班孙由流放地脱身遁归，将一妾留在其地，是一种特别的安排。未知此妾系当年携去，还是流放中所纳。据说班孙为僧后，"亦累东游"，或即与此妾有关——全氏只说其人在关外尚传佛法。尤有趣味的是，该文记班孙曾说"宁古塔蘑菇足称天下第一，吾妾所居篱下出者，又为宁古塔第一，令人思之不置"。思之不置的，当不止蘑菇。由上文所引诗句看，其妾较之出身名门的贵妇，应更耐得劳苦，更有应对艰苦条件的生存能力。$^{[1]}$ 关于祁六公子的传说，证明了即使荒寒之地也未必就抑没了生机。经了全祖望那几笔点染，那片"绝域"顿然生动。金圣叹临刑，还喋喋叨叨地传授食经，相比之下，祁公子流放归来称道宁古塔的蘑菇，就不那么为人所知了，我却更愿意想象荒寒中那一层淡淡的颜色。

杨宾《祁奕喜、李兼汝合传》，说祁班孙由宁古塔脱身逃归后，曾"至苏州虎邱（按原文如此），大会宾客，一月乃归"。次

---

[1] 祁班孙于康熙三年被征调往乌喇（今吉林市）充当水军，四年"瞰其守将脱身去"，其妾因在宁古塔，未能同逃（参看李兴盛《增订东北流人史》，页269）。未知其妾此后的命运。吴兆骞《上母亲书（二）》说"祁奕喜（按即班孙）于丁巳十月初六日自乌喇遁归故乡矣"[《秋笳集》附录一，页297。按祁氏遁归应在康熙四年（1665），在流放地度过20年]。

年事闻当道，欲捕之，祁即于苏州尧峰为僧。为僧后，"家信至，不发，对众焚之"，遣该奴归，曰："嗣后不须来矣。"（《杨大瓢先生杂文残稿》，同治抄本）其时其母商景兰尚在。祁氏对于来自其家的召唤不为所动，态度决绝，也正合于时论的标准：如祁班孙这样的遗民拒绝返回世俗生活（包括家庭），是一种政治姿态。由此看来，祁氏的妻、妾，命运更凄苦的，是其妻的吧。$^{[1]}$

流人传状关于其人妻妾的记述，往往语焉不详。与流人妇有关的材料不过偶见于士人的笔墨间，因稀有而更加可珍。有清一代流人甚众，其中不乏知名之士，我只能援数例以讨论流人妇的境遇，自知这些个案不足以概其余。至于其他流人夫妇的命运，有李兴盛的《增订东北流人史》所提供的丰富线索，兹不再赘。$^{[2]}$

不同于上述士大夫的流离播迁贬谪流放，以及普通百姓因了战乱或饥馑的流动的，同一时期尚有与经济生活方式有关的流动，以

---

[1] 祁班孙康熙四年遁归后，五年落发为僧，十二年（1673）坐化，卒年39岁。其母商景兰约卒于1676年，其妻朱德蓉卒年不详。朱舜尊《曝书亭集》卷四有与祁五、祁六有关的诗多首，卷六则有《梦中送祁六出关》，尾联为"红颜白发双愁次，欲寄音书何处传"（页95）。

[2] 李兴盛该书说陆庆曾谪戍尚阳堡，临行时，其妻三人相从，对此陈祥明有"生平三妇艳如花，麻衣犯雪从风沙"（页217—218）句。诸镇戍尚阳堡，其妇则留在京城，诸氏说其妇"恨不同予徙"（页221）。潘隐如死在尚阳堡，"其妇为盖所害"（页222）。该书还说康熙二十一年，陈梦雷被刺流徙盛京，其妻李氏相从；三十五年李氏和劳病卒。（页286、287）李兼汝谪戍宁古塔，携一妾同行，其妾病死戍所。（页270）杨越戍宁古塔，夫人范氏相从，曾有诗曰："谁道完颜城上月，年年犹得照宗眉。"（同书，页271、273）范氏节日外出，"诸镇将妻若女望见之，争相邀过其庐，扶居南炕中，割鸡豚举酒为寿。有邀而不得者，则以为耻"（页428）。

及由此造成的夫妻关系，$^{[1]}$ 不在本篇考察的范围，或留待其他场合讨论。

---

[1] 魏禧《江氏四世节妇传》说到"徽州富甲江南，然人众多，地狭，故服贾四方者半。土著或初娶妇，出至十年、二十年、三十年不归，归则孙娶妇，而子或不识其父"。说自己"索心恶其俗，他日得志，当为法绳之"，却又赞赏当地妇人的"勤俭贞醇"，多贞女节妇。（《魏叔子文集》卷一七）

拾

家人父子
——由人伦探访明清之际士大夫的生活世界·余论之二

梁启超《中国文化史·社会组织篇》第七章《乡治》引《周礼》《管子》，说前者所说，"重在乡官"；后者所说，"重在乡自治"（《梁启超全集》第九册，页5104，北京出版社，1999）。"乡治之善者，往往与官府不相闻问，肃然自行其政教，其强有力者且能自全于乱世，盗贼污吏，莫敢谁何。"（同上，页5107）"此盖宗法社会蜕余之遗影，以极自然的互助精神，作简单合理之组织，其于中国全社会之生存及发展，盖有极重大之关系。"（页5109）$^{[1]}$ 梁氏关于乡治的想象，未免过于理想。即如梁氏同篇提到的"乡饮酒礼"，台湾学者邱仲麟就有极细致的考辨，将其实践层面的弊端以至丑行，揭示无遗。$^{[2]}$

萧一山《清史大纲》也说，中国社会"政府和人民截然为两事，国家和宗族也是不相调协的"，人民的维系"全靠以宗法为背景的乡治"（第四章，页81，上海古籍出版社，2005）。该书以为，"中国社会由宗族而聚为乡村，因为生产事业的便利，各自成为部落，借宗法的关系来实行'乡自治'。城市不过是政府设治的地方，或工商业类聚的地方，在政治组织以外，仍属自治的性质。政府对于城乡自治的事业，虽有干涉之权，却少干涉之实，法令规定，也都是因利就便而已。此种制度，从周秦以来，就有很好的规模，年代久远，变化颇多，但大体仍不甚悬殊"（第四章，页

---

[1] 同篇还说，古代乡治，"其精神则在互助，其实行则待自动，其在于道德上法律上则一国之人咸负连带责任，因人类互相依赖、互相友爱、互相督责的本能而充分利用之渐发之，以构成一美满而巩固的社会，此乡治之遗意也"（页5105）。

[2] 参看氏著《敬老适所以贱老——明代乡饮酒礼的变迁及其与地方社会的互动》，刊台湾"中央研究院"《历史语言研究所集刊》第七十六本第一分（2005）。

82）。还说："平时一般的乡治，以宗祠为基础的最多。"（页83）"自清末受东西洋的影响，行'官办的自治'，所谓'代大匠斫必伤其手'，固有精神，也就渐渐丧失了。"（页85）该书的《结论》部分有如下文字："旧社会原有自治的规模，乡里的道德，被推主持其事，权力很大，所以人民对于官府，除纳粮兴讼外，几乎全无关系。自清末抄袭日本的成法，颁布自治章程，由官代办，这真是削夺民权，摧毁几千年社会的基础！人民只有听任与官府勾结的'士绅'摆布，正人敛迹，游滑横行。""现在要实施宪政，必须恢复从前的自治规模，由政府指导监督，少用干涉政策，尤须铲除土劣，改善人民生活，使一般老百姓有胆量有闲暇来参加政治。"（页270）此种主张，至今仍有启发性。

上述与"自治"有关的论述，或显或隐地，将乡绅的乡村治理，作为了对于王朝政治制约、抗衡的力量。中央/地方，集中/分权，"地方"作为与"中央"博弈的一方，确也赖有较小的单位，家族、宗族以至村落，等等。乡村的"自组织"，通常由乡绅倡首，任"组织"之责，如下文将要提到的当代小说《白鹿原》中的白嘉轩。最初的"自治"，可能由于中央权力不能抵达"基层社会"，而乡绅、乡村知识人"自治"的自觉，亦应在此过程中形成。宋代以降，儒家之徒于此尤有"主动性"。杜正胜《传统家族试论》说宋元以下有"新的宗族结构出现"，"新式宗族是由许多核心家庭、主干家庭或共祖家庭组成的，共财单位很少超出同祖父的成员，但通声气、济有无的范围却可以远过于五服"。其基础至少有四：族谱、义田、祠堂、族长（黄宽重、刘增贵主编《家族与社会》页81、83，中国大百科全书出版社，2005）。该篇关于以族谱、祠堂、义田、族长为标志的"宋元以来的新宗族"，着眼于其辅助国家治理的政治功能。

罗志田引陈独秀语："上面是极专制的政府，下面是极放任的人民"；引吴天墀所说宋以降的中国社会"君权独尊之下，万民转趋平等"（《南方周末》2013年4月25日E30版），所取角度（如"平等"）有所不同。我们曾经习闻"一盘散沙"，这里却不妨追问"一盘散沙"利弊若何。国家的行政力量无远弗届，无孔不入，是近半个多世纪才做到的事——其得失是否也有讨论的余地？由上文看，"一盘散沙"的说法未见得准确，更像是由官家的角度。实则平世守望相助，板荡之际捍卫乡邦，确曾赖有民间积久的力量。至今边缘人群如进入城市的农民工，据说往往"团聚"于城郊，仍依赖此种传统的"社会资本"（血缘、地缘、亲缘）自我保护、相互扶持，以应对"转型"的巨大压力。在国家权力未及、不能及的地方，在政治功能缺失的处所，你不能不承认民间力量的正面功能。

本篇所论的时期，鹿善继说："天下事相为则治，自为则乱；而相为自为，莫不始于家庭。"（《孝友堂谵语》，《认真草》卷八，畿辅丛书）宗族史专家认为，"尽管明代中后期社会受皇帝无为政治和商品经济的影响呈现出开放的巨大变化，但与此同时，乡绅士大夫担负起移风易俗维护基层社会秩序的重任，乡约、宗族组织的普及正是这种历史的产物"（冯尔康等《中国宗族史》，页277，上海人民出版社，2009）$^{[1]}$。

---

[1] 关于明清时期的"宗规""族规"，参看李文治、江太新《中国宗法宗族制和族田义庄》第六章《明清时代各地区宗约族规的几种形式和内容》，社会科学文献出版社，2000。

半个多世纪以来，"地方势力""宗族势力"在我们曾经熟悉的论述中，似乎较中央（皇权、中央政府）更反动。所幸相关的话题，近年来也已开放，有了重新讨论的可能。关于宗族的由政治到社会，由阶级压迫到族内经济互助，以至由自治角度的考量，未必称得上"再发现"——宗族本来就不只有政治属性，经济互助、自治也并非新话题——却是再评估，"重心转移"，焦点不同。

但也必须说，士大夫本良莠不齐。据说侯方域居乡"豪横"。汪琬《题壮梅堂文集》记侯氏明末寓居金陵桃叶渡，大张筵宴，"有膳夫忤意，急叱出捶杀之，投其尸秦淮水中。是时，侯氏势方张，见者皆咋舌不敢问"（《侯方域集校笺》附录三，页627，中州古籍出版社，1992）。这位当日赫赫有名的风流才子，暴虐竟一至于此！明代士人、文人因居乡豪横而招物议的，颇有其人。钱谦益、瞿式耜不过是因了政争而引人注目的例子。刘宗周、张履祥等人善待佃仆的主张不足以转移风气，不难想见。明末风起云涌的民变、奴变，固然系"官逼民反"，亦往往为豪绅逼成。

"阶级""阶级利益"绝非虚构。从来有横行乡里、纵容豪奴恶仆鱼肉百姓的乡绅，有强宗巨族交结官府、欺压百姓（包括他族），而一些士大夫超越其"阶级利益"的"民胞物与"的情怀，也同样不是虚构。体现在"井田论"中的"均平"理想，亦古代中国知识人世代相传的理想。$^{[1]}$ 黄宗羲记其祖父主张均役，持异议者说均役"非摆绅之利"，其祖父说："吾所言者，为诸君子孙计。

---

[1]"均平"非即均分，而是损有余补不足，以及公平承担赋税徭役。关于"均"的释义，我在《制度·言论·心态——〈明清之际士大夫研究〉续编》的《井田》一章有讨论。

诸君能保后世之不降为皂隶乎？"（《黄氏家录·封太仆公黄日中》，《黄宗羲全集》第一册，页408，浙江古籍出版社，1985）实则不只为一姓计久远，更为了纾民困。从来有劣绅，也从来有"良绅"，有不劣、不甚劣之绅。判断良、劣，不便仅据占有土地的数量这一指标。仅由族内的阶级剥削，宗族势力为当局催征赋税的一面，或仅由济助贫弱、助学兴教的一面 $^{[1]}$，讨论宗族的功能均失之于偏。何况具体的宗族千差万别，乡绅所起作用也人各不同。

宋元以降形成的"新宗族"，是古代中国距近现代中国较近的"事实"，在近现代的革命中遭遇了重创。终于有了可能回头检视这一"重创"对乡村社会持久的影响。至于当代中国乡村的"宗族势力"与基层政权的关系，下文将要提到的当代文学所提供的深度刻画，或许可以作为相关研究的重要参考。

此外尚有地域差异。"明清时期宗族组织以华中、华南地区为盛，华北地区相对较少"（吕妙芬《孝治天下——〈孝经〉与近世中国的政治与文化》，页22，台北：联经出版事业股份有限公司，2011）。 $^{[2]}$ 这种情况延续到了晚近：仅由二十世纪九十年代以来的宗族史著作亦可知。北部中国不消说亦互有差异。《白鹿原》所写的那种宗族面貌，似不易见之于中原地区。明代王士性在《广志

---

[1] 兴学之外，另有其他如养济老、残，育婴抚孤，修桥铺路，战争或灾荒年间的掩骼，等等。

[2] 莫里斯·弗里德曼《中国东南的宗族组织》一书说，"按中国的说法"，福建、广东较晚开发，而"当宗族明显地趋于解体或在其他地区总体上不再存在的时候"，该地区却"保持大范围的宗族结构"。（中译本，页1，上海人民出版社，2000）这种情况仍有待解释。

绎》中，就曾提到中原地区宗法的破坏。$^{[1]}$这过程应曲折而漫长，其间的细节已无从还原。至于宗法破坏之于中原地区是祸是福，也仍不便作一概之论的吧。或许这种提问方式本就幼稚，发展不出有意义的论述。

沟口雄三说："就中国近代思想史而言，清末的严复受到他自己翻译的《社会通诠》的影响，把中国的宗法制度视为文明'半开化'的封建家长制，其后，民国时期的新文化运动扬起反对宗法制度的大旗，其反宗法—反封建的话语构成了民国时期的思想潮流。而其后的思想史研究基本上是立足于这样的事实，并捍卫这样的观点的。'家长制统治'作为中国宗族制度的一个组成部分，也就被从以'相互扶助'为主轴的宗族制度整体中分离出来，变成一个独立的实体。在很长一段时间里，只要提到宗族制度，人们就立刻把它归入'家长制'这个关键词里去。而中国近代思想史也被通俗易懂地简化成了反封建、反宗法、反'家长制统治'的历史，从而，宗族制度中与'相互扶助'这样一个整体相关联的部分就在历史叙述中被遮蔽乃至被删除了。然而，在事实上，作为利益基础而支撑着宗族制的相互扶助理念和系统，即使在宗族社会被打倒之后，作为中国社会主义革命的社会伦理和系统，仍然不断变换着表象而存活着。"（《关于历史叙述的意图和客观性问题》，贺照田主编《学术思想评论》第11辑，吉林人民出版社，2004）

---

[1] 王士性《广志绎》卷三《江北四省》："宛、洛、淮、汝、唯、陈、汴、卫，自古为戎马之场，胜国以来，杀戮殆尽，郡邑无二百年著旧之家，除缙绅巨室外，民间俱不立祠堂，不置宗谱。"上述情况既因元代以来的杀戮，又因有明"国初徙民实中州时，各带其五方土俗而来"（页230，中华书局，2006）。

由于专业背景，在写作《家人父子》一书时，五四新文化运动中的婚姻、家族论述，无疑是隐隐的参照。高彦颐的《闺塾师——明末清初江南的才女文化》一书作为对话方，是一种普遍的认知，即女性在传统社会的漫长历史中处于被压迫状态。另有研究者面对民间社会，讨论《礼》、法作用于社会生活及其限度，礼文、成文法与伦理现实间的复杂关系，前者对于后者的规范及其"法力"、效应之外。凡此，都提供了历史想象的更为丰富的资源；即使不是以改写妇女社会地位、法律地位低下的基本判断，却发露了"基本判断"所不能涵盖的历史生活的诸多面相。也因此这一课题的进行，是我与自己的已有想象对话的过程，有助于脱出笼统、模糊影响的既有认知。也因有上述背景，写作《家人父子》一书就不那么枯燥了。我的研究对象、我的研究也于此与我相关。事实是，我已进行过的任一项研究，都与我相关，只不过相关性互有不同罢了。

二十世纪中国的语境中，家族、宗族被由阶级关系的方面考量，有意识形态的敏感性。关于家族、家庭伦理在二十世纪经历的变动，文学有极其细致的反映。二十世纪八十年代及其后的文学中，家庭、家族呈现出五四新文学作者无从想象的面貌。在《白鹿原》中，中国"传统社会"的家族、阶级关系、基层政治，形态之复杂，为前此的作品所罕见，亦不适于五十到七十年代"政治正确"的尺码度量。我无意于在这一方向上深入。九十年代以来，巨大的作品量使任何考察都不免于挂一漏万。那种考察已在我的精力所能及的范围之外。即使不直接将当代文学作为分析对象，其中包含的问题，也不妨作为《家人父子》一书有关考察的参照物，甚至一部分背景。即便这背景、参照物不呈现于我的学术文字间，但有此背景与无此背景，是不一样的。

回头看中国现代文学，应当说，尽管有五四新文化运动的家族批判，三十年代的革命意识形态、阶级斗争，同一时期文学中的家庭、家族，仍然有样貌的多样性。老舍《四世同堂》中的小羊圈祁家就没有"封建家长"。具有隐喻意味的是，祁家所在的胡同院落就不规整。"非标准化"，不能不使类似作品遭遇评价的难题。

在写于1995年的一组札记中，我写道："在伦理关系中读人，在宗法家族制这种最世俗人间的关系中读人，你才能读懂中国人。""到本世纪，'家族'成了文学的一大主题。但那些皇皇巨著的力度，未必及得一篇不长的《金锁记》（张爱玲）。当代中国人注视'家族''伦理'的眼光，仍不能免于畏怯，闪烁不定。但也应当说，'家族'本是一种太复杂的经验。五四式的'似决绝'，是以问题的简化为代价的。"（《读人·九》，《独语》页227，辽宁教育出版社，1996）尝试着走出五四，条件或许就是"新材料"与"新问题"，不同的资源与问题视野。

八十年代初，台湾联经出版了一套"中国文化新论"，其大陆版由黄山书社推出。与家族有关的一辑，台湾版题作"吾土与吾民"，用的是林语堂某英文著作的中文译名；大陆版则为"中国式家庭与社会"，都是好题目。该丛书在台湾的定位，是专家（包括大家）所写的普及性读物，未必适用于大陆。我们有必要修补常识。即以丛书中的这一辑而言，大可作为文史方面专业人士的"基本教材"。我们有必要自问，关于"吾土吾民""中国式家庭与社会"，我们究竟知道多少？

略举一例。我们长期以来关于"封建大家庭"的印象，或可作为文学影响于历史想象与认知的例子。新文学中大家庭、大家族，或与知识分子的个人经验有关，却被作为了传统社会、"宗法制"的形象教材。杜正胜对此校正道："学界一度流行中国是大家庭的说法，并不正确。"（《中国式家庭与社会·编户齐民》，页29，黄山书社，2012）两岸因语境不同，发展出了不同的家族论述。大陆有关宗法、家族、"封建家族制度"的一整套话语，服务于对于革命的合法性论证，致使有关问题在相当一段时间里，失去了讨论的空间。$^{[1]}$

回头看我自己写于上个世纪八九十年代之交的《地之子》，虽有"农民文化"之目，对"宗族"却全无涉及——缘于认知中的盲点，还是研究对象没有提供可以聚焦的视点？由此想到，梳理"农村题材"的小说，由三十年代的左翼文学、四十年代的根据地文学，到五六十年代写土改、合作化的小说，再到八十年代后的《古船》、《白鹿原》、贾平凹、刘震云、阎连科、刘庆邦、李佩甫等等，你不认为文学所讲述的那些不同的乡村故事，对于"文学研究"有实实在在的挑战性？边界相对固定的"现代文学"面对持续延伸中的"当代文学"，这是现代文学学科的现实处境。这一学科

---

[1] 本来就有修辞层面的种种"拟化"。这种"拟"自然不止于语言现象。拟君于父（"君父"）；拟官于父（母）如"父母官""爱民如子"；又拟父子、夫妇于君臣。被随处推展的，更有兄弟一伦、朋友一伦。当代更有"社会主义大家庭""兄弟国家""兄弟党"。有台湾年轻学者的表示看不懂如上表述：家族伦理，家庭伦理泛化至于国际关系、国内民族关系与国内外政党间的关系。一方面批判"家族制度"，削弱家庭功能，一方面将家族伦理、家庭关系作如此（即使只是象征层面的）延展，是一种需要解释的现象。这位台湾年轻人提醒了我。来自"外部"的视角，的确能察觉我们因浸润其中而失去了感知能力的面向。

有必要打通内外，关注、回应其他学科的有关论述，使之成为经由反思推动自身发展的契机。

我所属的一代"人文知识分子"，曾经熟悉"历史与逻辑的统一"这一说法，尽管在当今的语境中，"历史""事实"都显得可疑，学术工作者仍然应当直面历史，保持"寻求真相"的意愿，并与其他学科互通消息。"历史性"任何情况下都不应被作为拒绝反思的借口。当然，价值重估，意义的重新厘定，未见得不会导致"一种倾向掩盖另一种倾向"，祛蔽而又有新的遮蔽。那么，该如何严守学术工作的工作伦理，而又回应当代社会提出的问题？

与社会史研究的兴起大致同一时期，作为史学的一个分支，兴起于"文革"后的宗族史研究，对近代以来的宗族、宗亲活动，有了多元视角的考察，突破了"封建宗法""封建主义复辟"的定性。冯尔康等人所著《中国宗族史》说："八十年代，尤其是九十年代以后，研究者对宗族的定性研究有了较深入的、较接近实际的认识，一改强调宗族政治功能的研究状况，关注宗族的社会功能，探讨宗族与经济的关系，视角也从宗族公产的阶级性定位移至族内经济互助作用方面。"（页10）钱杭批评以往的宗族研究"不重视宗族本身的结构和意义，只重视宗族的阶级属性和外在功能，对宗族内部关系和宗族社会功能的批判，过于意识形态化，未给予必要的同情式理解"（《中国宗族史研究入门·引言》，页4，复旦大学出版社，2009）。仅从上文所引，也可感相关的知识领域与"现实"之间的紧张。

宗族史不是我的考察方向。在这一方面，我没有"跨界"的野心。我作为考察对象的，是士大夫的伦理实践，他们的处"家人父子"。无论婚姻史、妇女史还是宗族史，在我的方向上，都属于"相关论域"。面对大陆学者的宗族史研究，我所关心的，毋宁说更是我们曾经怎样思考与表述，这种思考与表述发生了、发生着怎样的变动。要回头看，才知道我们已经走出了多远。对于"宗族"评价尺度的调整，或许是认知受制于政治意识形态与文化资源的例子，未必没有"普遍性"，或可作为考察"学术与时代"的个案。

2014年春节，央视以"家风""家规"为访谈题目，可以归为家庭价值重建的努力。$^{[1]}$ 家庭功能缺失，被作为青少年犯罪的前因。前于此，宗祠、祭祖活动，已经被作为了"旅游资源"。这也是一个时期以来"征用传统文化资源"以整顿世风、重建公共价值观的工程的一部分。无论有效与否，由《家人父子》一书的角度，均可读作为"家族""宗族"正名。想一想自五十年代直到"文革"前夕的"社会主义教育运动"中，"宗族势力"始终被作为"打击对象"，你会知道这个社会发生了怎样的变化。

上述活动与近年来"国学热"持续升温自然有关，尽管在乡村社会遭受结构性破坏的条件下，家庭家族、邻里乡党，普遍伦理状况与伦理意识的改变已不可逆转。由政府主导的有关的活动，也往往徒具仪式性，甚至被用于"打造地方文化品牌"的功利目的，而对曾经与之扞格的意识形态与政治实践并无反省。无论如何，昔日的禁区——包括与宗族活动有关的民间信仰活动——由向学术研究

---

[1] 你还会发现早已陌生化的语词的重新启用，即如"乡愁"，另如"乡贤"。当然"乡贤"的所指已有不同，或即"乡间好人"的别称。

开放，到经由媒体向公众开放，毕竟是一种变化，尽管这变化的含义绝不单纯。宗族所依托的乡村社会结构的变化，势必引发伦理关系的重构。这一方面的"传统文化"在何种意义上可以作为社会修复、文化重建的"资源"，仍然是一个问题。在当下的中国，公私道德的重建，或许都须仰赖更为多元的"资源"吧。

似乎可以相信的是，"宗法制"还有一段未走完的历史，将继续在"社会生活"中打下印记。进城农民与家族的关系，是社会学考察的对象。我不知晓的是，在"城镇化"持续推进之后，"家族"将以何种形态存在；在转型期的社会中，家族的凝聚力有无可能。进城农民是否真的将某种与家族有关的文化带进了城市，宗族由此"隐性地"维系，构成了城市文化虽边缘却坚硬、不易被消化的部分？还应当承认，我对某些宗族史专家所描绘的宗族复兴的图景不免存疑；以为即使真有所谓的"复兴"，其文化意涵也有了不同。

发生在近几十年的"人伦之变"，不宜简单地归因于"文革"。"传统社会"内部本来就有导致自身瓦解的因素。但近代以来对"宗法秩序"的大举破坏，无疑加速了这一过程。由五四发起、由接下来的革命持续推进的摧毁"宗法制"的努力，在二十世纪末期伦理堤防溃决之时，使人品出了一味酸涩。

农村较之城市，崩解更来得剧烈。也因文明程度低下，文化保守，一旦堤防溃决，即一泄无余。较之环境的破坏，伦理破坏毋宁说更为触目惊心，堪称一大"变局"。尽管"家族伦理"在乡土中国扮演了复杂的角色，乡村基层政权被宗族势力把持，是不无善遍性的事实$^{[1]}$，人们却也注意到，某些保留着"宗法制残余"的地方，减缓了上述崩坍的速度。家庭成员中相互的责任感尚在，家庭伦理尚能艰难地维持，且构成了地方社会稳定的基础。

即使如此，我仍然认为，重估五四新文化运动对于宗法、家族制度的冲击，宜慎之又慎。在那次运动中，"人的解放"的初阶，被归结为由"家族制度"桎梏中解放，而对于"家族制度"的批判意识，却不尽缘于"外铄"。批判者对于宗法、家族之于个人的桎梏，往往有切肤之痛。对于其更为复杂的社会、文化功能，则不暇考量；对于"摧毁"、破坏的后果，更逆料未及。五四新文化运动中人，自不能有此"后见之明"。至于"集体""组织"部分地取代了"家族"的位置——这一过程也值得仔细梳理。我不认可修复伦理而将修复宗法作为选项。在我看来，"宗法""家族"呈现出的正面意义，缘于以"革命"的名义对人与人关系的破坏，修复之道却未必应当是逆向而行。

祛蔽的同时，未见得没有新的遮蔽——笼统地谈论"宗法"、"家族"、乡绅的乡村治理即此。正因经历了五四新文化运动，半个多世纪以来的社会改造尤其乡村改造，本有可能更理性地处理相关议题，避免王夫之所批评的"一概之论"。也因此，我不取那种只及其一、不及其二的论述方式（亦一种时下常见的言述策略）。"绅"固有"良""劣"，传统家族的压抑性（不止于妇、

---

[1] 宗族史专家通常会谈到近代以来宗族的基层行政组织化，其行政职能的增强。当代中国亦有基层政权与"宗族势力"的结合。宗族中的强人（未必是德高望重的长者）攫取权位，"乡村政治"对"宗族势力"加以利用。"文革"中乡村的派伏与宗族的关系，即一可供考察的题目。

骘）——以"理"（不限于理学）杀人，清人已有此见识；宗族政治、乡绅治理的流弊以至黑暗面，仅由切近的经验即不难推想，何况有大量事例在文献中。无论"美化"抑"丑化"，均为对"真相"的掩盖。江右易堂的彭士望就曾直截了当地说："夫地逼易嫌，望奢多怨，扦不可入，而纷不可总者，惟族为然。"（《魏徵君墓表》，《树庐文钞》卷九，道光甲申刊本）

三十年代梁漱溟从事"乡村建设"，即说："中国乡村破坏不自今日始；稍一回省，当发见其由来已久。"甚至说"中国近百年史，也可以说是一部乡村破坏史"（《乡村建设理论》，《梁漱溟全集》第二卷，页150，山东人民出版社，2005）。同篇还使用了"旧社会构造崩溃"（同上，页191）的提法。同一时期左翼文学关于"乡村破产"的描写，即以此共识为背景。

区分"家族"与"家族制度"，对"传统文化"作更细致的辨析，"去芜存精"的原则仍然适用。据宗族史家的说法，"从性质上看，宗族经历了从贵族组织向民间组织转化的过程；从功能看，宗族经历了从以政治功能为主到以社会功能为主的过程"（周大鸣等《当代华南的宗族与社会》，转引自吕妙芬《孝治天下——〈孝经〉与近世中国的政治与文化》第一章，页20注5）。1949年之后，似乎有逆向的发展："宗族势力"遭受打击，却在乡村基层政权中隐蔽地存在。至于"改革开放"后乡村政治生态的变化，部分乡村基层政权的"黑社会化"，与"宗族势力"的关系，无疑值得考察。基层选举中的贿选者，所赖除经济实力（多金）外，另有人脉，即使不限于同宗同族同姓。考虑到中国家族与政权曾经的同构关系，宗族政治功能（即使有限）的恢复，对于中国的乡村发展，未见得是福音。由此，出于功利考量泛地表章"传统文化"，其弊其蔽亦然。更有意义的，是面对社会尤其乡村的现状，据此寻求改善之道，而非架空而论，一厢情愿地寄希望于"乡约""族规"等等的重启，也才合于修辞立诚的原则。

近年来风气转移，修族谱、整理家族史、村史，都像是意在补救——对二十世纪破坏后的已成之局。网络、自媒体，推动了这种书写，使个人历史、家族史有了更多被讲述的机会。被认为更具有话题性的，仍然是名门望族，即如修水陈家、合肥张家、安庆叶家等。但在我看来，上述倡导的意义，或更在存史。世家豪门与平民、底层民众各有其史。倘若都有讲述的机会，"历史"就有了与之相称的深广。寻根问祖，也是一种普遍的历史教育。由这一角度追问我是谁，我从哪里来，也是荒废已久的思路。也因此，上述活动的意义或更在文化方面。倘要借此维系"传统"，那希望是否过于渺茫？

至于"家风""家规"，其承传是赖有条件的；二十世纪的社会运动所摧毁的，正有相关的条件。有文字可考的"家规"，往往出自绅衿，原因无须说明。传统社会的晚期，"家规"往往与"族规""乡约"相表里，在一轮轮的破坏之余，已难有遗存。我由电视屏幕上看到，被问及"家风""家规"，对着央视记者的话筒，有的受访者不知所措也不知所云。他们似乎一边努力地回答提问，一边困惑地揣摩提问者的动机。至于"乡愁"，从来就是"小资"的专利。在乡土经历了不可逆转的变化之后，普通人要问的，或许倒是"乡关何处"。

上文已谈到文学的影响于关于传统社会、家族制的普遍认知。这里不妨就此话题再作一点补充。

"家族"（"大家庭"）是天然的文学题材，无论中外。大家庭（尤其世家豪门）便于铺陈复杂的人际关系，经由人物伸展触角，编织一社会的"缩图"、模型，从而达至历史的纵深。文学中的"家族"，确也被作为窥看近代中国历史演变的窗口。而发生在近、现代史上极富戏剧性的变动，发生于家庭中的撕裂，也提供了产生巨作的可能。有人提到近年来的"家族三代接力式的大河小说"。不以"部头"而由"历史含量"论，营构不但规模、格局而且含量的"史诗性"，仍有待于更艰苦的努力。至于向国外读者讲述"中国故事"，"家族史"也不失为有效的叙事策略。

"宗族史"考察宗族的结构、宗族组织的功能，小说则必得面对具体家庭的日常琐屑，"家人父子"的寻常相对，柴米油盐、鸡零狗碎。沈从文说水面水下。上述日常琐屑应属于水下、深水区、水底。写发生在水下、深水、水底的故事，小说独擅胜场，不可取代。八十年代至今类似题材或有类似内容的小说，尤其写乡村的小说，或可补社会考察之缺而有余。小说与社会学考察间，不必斤斤于谁更"真实"。小说作者固然受制于经验，社会学考察亦受限于手段、工具。那么小说中的家族与社会学、人类学相关考察构成了何种关系？有无互文性？是否互补？有无对话的可能？

八十年代以降的中国当代文学，如《古船》《白鹿原》等，也挑战着我们在主流意识形态影响下关于农村社会的既有认知。与上文所设议题直接有关的，即如《白鹿原》中的乡绅。该小说的话题性亦与此有关。见诸报章的，有以"重估宗族组织"为题的文字；

《出梁庄记》的作者梁鸿，访谈中也谈到乡绅的正面作用——我猜想或即由《白鹿原》（及其电影改编）所启发。实则小说较之有关的宗族史论述，呈现的是更复杂的形态。在长期的意识形态灌输之后，如《古船》《白鹿原》的面世，并未遭遇"接受"的障碍。这种静悄悄的变化来得极其自然，应当与发生于"文革"期间的历史认知的改变有关。对于这一点，无论读书界还是评论界，都像是浑然不觉。但对于"革命意识形态"下的文学，却仍然不宜简单地处理。

有趣的还有，"文革"结束后，被文学艺术最动情地叙述的，是坚忍的男女（夫妇、情人）的故事，关于父子的故事却少有佳作。此前文学中的父子，有某种符号意味，进步／落后二分框架下的类型化。我疑心仍然因了这一伦较之夫妇、兄弟、朋友等，更难以面对。由《春蚕》到《创业史》，无非守旧、顽梗、不接受"新事物"的父亲，与不安分、不囿于"传统观念"、顺应潮流的儿子，少有勤苦创业的父亲与"啃老"的儿子。回头看这种曾经流行过的对比关系／结构，是不是也心情复杂？

*本文收入《家人父子——由人伦探访明清之际士大夫的生活世界》一书。

拾壹

《明清之际士大夫研究》后记

关于写作本书的缘起，我已反复说到。在近几年所写散文中，我对自己二十世纪九十年代初由中国现当代文学转向"明清之际"曾一再回溯。正如当年进入现代文学专业，只是为了摆脱那所我在其中任教的中学，涉足明清之际，也像是仅仅出于文学研究中的某种心理疲劳。但终于选定了这一带河岸作为停泊地，毕竟有更深的缘由，只是一时难以理清罢了。即使在这项研究进行了六年之后，将所做的工作诉诸清晰的说明，仍使我感到为难，尽管我也一再说过，"士大夫研究"是我本人的现代文学研究在同一方向上的延伸。我确也在从事现代文学研究时，就有意清理自己关于"士"的似是而非的成见；后来的经验证明，原有那些看似自明的概念，在限定了的时段中，遭遇了质疑与校正，现象的复杂性因而呈现出来。

至于明末清初在思想史上的重要性，已无须论证。庞朴先生在近年来发表的文章中还谈到，他"认为中国明清之际出现过启蒙思潮或者叫早期启蒙思潮"（《方以智的圆而神》，《传统文化与现代化》1996年第4期）。日本学者沟口雄三则认为，"如果就中国来看中国的近代历程"，那么明末清初政治上的君主观的变化，与经济上田制论的变化，"应被视为清末变化的根源"，"从这里寻找中国近代的萌芽，绝不是没有根据"（《中国的思想》中译本，页111，中国社会科学出版社，1995）。但这仍然不是我选择"明清之际"的最初的缘由。也如在现代文学研究中，我与题目的相遇，通常凭借的是直觉，是某种契合之感；我最初只是被明清之际的时代氛围与那一时期士大夫的精神气质吸引了。于是在几乎毫无准备，同时对自己的力量并无充分估量的情况下，我迈过了那道门限。

如本书上编这样将研究材料作为"话题"处理，以及有关话题的分类原则，也同样未经事先拟定。只是在这一角度的研究到了一个段落之后，才想到了如下的解释，即明清之际的上述"思想史意义"首先是士大夫经由"言论"提供的。言论通常在"话题"中展开，而"话题"则在具体的历史情境中展开。言论无不反映着其赖以生成的环境，包括话题在其中展开的言论环境。明清之际言论的活跃，赖有历史机缘，即如所谓"王纲解纽"所造成的某种松动，某些话题禁忌的解除；明代士风士习（及"左派王学"）所鼓励的怀疑、立异倾向等。此外还有制度上的原因，尤其与"言论"关系较为直接的明代的监察制度。明清之际最初吸引了我的，就应当有其时活跃的言论环境、生动的言论方式，以至某些警策的议论。至于本书中所讨论的"话题"所体现的分类原则，自然更系于个人旨趣、个人的经验以及知识准备、理论视野，是由能力、训练、原有的研究基础事先规定了的。

"明清之际"是个起止不明确的时段。在这本书中，它大致指崇祯末年到康熙前期。写作本书上编诸章时，"明清之际"对于我，首先是一片活跃而喧嚣的言论之区。我在此分辨不同的声音，对语义做分类处理，以便发现、确认思想的线索。几乎从一开始，我就被"言论"所吸引。一个论题的拟定，通常是在遭遇了令我的精神为之一振的"说法"之后——我确也像在现当代文学中那样，会为某种出常的表达方式所吸引。我游弋在那些线装或洋装书的字行间，更像一个狩猎者，随时准备猎取言论及言论形式。这种情形其实与我原先的工作不无相似：当我在现、当代文学作品中漫游时，也往往并无明确的目标，却同样充满期待，随时准备被特殊的智慧及智慧形式所激动。当然，在此后对言论材料依"话题"为线索梳理时，我已由最初的激情中脱出，努力于寻找言论背后的逻辑，言论与言论者的经验、与其时士人普遍经验的关联。我当然知道，将最初激动了我的言论材料编织成《说"庚气"》《明清之际士人之死及有关死的话题》（分别发表于《中国文化》与《学人》），即本书第一章的第一、二节），绝非事出偶然。更可能是，我的尚未分明的思考，被所遭遇的材料激活并明晰化了。

有关"庚气"的话题吸引了我的，首先不是那一时代的政治暴虐（这类描述是如此刺激，你在丁易关于"明代的特务政治"的著作中已领略过了），而是有关明代政治暴虐的"士"的批评角度，由此彰显的士的自我反省的能力，他们关于政治暴虐的人性后果、士的精神斫丧的追究，对普遍精神疾患的诊断，以及由此表达的对"理想人格"的向往。而易代之际被认为至为重大的节义问题（也即生死问题），令我关注的，则是怎样的历史情境与言论氛围，使得"死"成为"应当"甚至"必要"的，也即使得某种道德律令生效的条件。"用独"是王夫之的说法。借此题目，我试图清理其时士大夫与反清活动有关的经验描述；之所以大量引述王夫之，是因为王夫之的反省更具深度与力度，他以哲人与诗人的优异禀赋，将士当其时选择的困境与精神痛苦，表达得淋漓尽致。

"南北"作为话题，古老而常新。我在这里所关心的，是这一话题在明清之际特殊时段的展开，其时士人借诸这话题想说些什么，以及怎样说。使我的有关论题得以成立的，首先是明代政治史上与地域有关的材料，包括展开在朝堂上的南北论；吸引了我的，还有易代之际士人尤其"学人"对"播迁"的态度，播迁中主动的文化选择、地域认同。"世族"与"流品"在明清之际的语境中，是两个相关的话题。我的兴趣在于世族的衰落之为历史过程对士人存在状态的影响，士人保存其文化品性的努力。由更长的时段看，作为上述话题的背景的，是发生在漫长时期的"贵族文化"衰落、士的"平民化"的过程。士人对此的反应与对策，是值得考察的。至于"流品"这一概念的陌生化，在我看来，除了因于世族的衰落外，也应与知识者自我意识的削弱、士群体自我认识能力的蜕化有关。

"建文逊国"是有明"国初史"的一大公案。"易代"这一特殊背景复杂化了有关谈论的性质。我的兴趣在透露于士人的有关谈论的情感态度——对"故明"、对明代人主，以及士人的命运之感。我试图揭示的，是"建文逊国"这一发生于有明国初的事件，在二百余年间对士人心理的深刻影响，易代之际士人经由这一话题对明代历史的批判。

讨论上述话题，你不能不对那些话题赖以展开的言论环境产生兴趣。参与构成其时的言论场的，就有士人关于"言论"的言论。这无疑是一种悖论式的情境，所谓自身缠绕。士所表达的对言论的功能理解，直接关乎士的自我角色期待，他们的自我定位。你会发现，那种功能理解与角色意识，在你并不陌生。明清之际士人对其时代的言论行为的批评，也正在他们参与构成的言论环境中展开，甚至他们批评的态度、方式，也须由其时的言论条件来解释。梳理这类言论，我的着重处仍在与明代政治关系密切的方面："言路"与"清议"，即言官之于朝廷政治，言官政治对士人言论方式、态度的影响；清议在明代政治生活中。为了对有关现象做出解释，我尝试过对明代"言路"的制度考察，却因缺乏细密考辨的能力，不得不部分地放弃了预定目标，而满足于一般性的陈述。"模糊影响"，或也是人文研究中常见的弊病。在这一论题中尚未及展开的，还有制义、策论以及章奏之为文体，对士人言论方式、议政方式的影响。尽管难以付诸论证，我仍然认为这一角度对于我的论题是不可缺少的。

在处理言论材料时，我力图复现那个"众声喧哗"的言论场，而非将其呈现为组织严密秩序井然的"公共论坛"。当然我也只能近似地做到这一点。即使像是没有明确的理论预设，当我搜集材料并将其整理排列时，仍然依照了一定的"秩序"。我所能做的，是尽可能保存相互抵牾的议论、陈述，因为我相信这将有利于发现，甚至有助于澄清。我的难题始终在理论工具的匮乏，这里有一代人文研究者难以克服的局限。也因此，我甚至不能实现我已隐隐"看到"的可能性。在写给友人的信中，我说，我其实很清楚，因为不懂得语言哲学，不懂得符号学、叙事学等等，阅读中不可避免地浪费。我很清楚，如若工具适用，一定能由文献中读出更多的东西。

我将继续"话题"的研究——明清之际士人的"君主论"，他们的"井田、封建论"，以及"文质论""异端论"等等。较之已纳入本书上编诸题，这无疑是一些更传统也更与儒学相关的话题，需要更耐心谨慎地对待。事实上，上述研究已在进行中，在搜集材料的过程中。不但诸多课题几乎同时进行，而且彼此衍生。因此随时处在饥渴状态，感到知识的匮乏，占有材料的不足，尤其是有关话题之为"史"的材料，那一话题下言论的积累。我深深体验到学养的不足、缺憾的无可弥补。

至于选择明遗民作为课题，也同样并非出于对这一现象的重要性的估量，而是因了涉足这一时段不久，我就被"人物"——顾炎武、黄宗羲、王夫之、傅山、方以智、陈确、魏禧等等——所吸引。"遗民"出自士人刻意的自我塑造，自觉的姿态设计。"遗民"须凭借一系列方式（记号）而自我确认，而为人所辨识。但在具体的研究中，我不想过分地强调遗民的特殊性，而更关心其作为"士"的一般品性。遗民不过是一种特殊历史机缘中的士。"遗民"是士与当世的一种关系形式，历史变动中士自我认同的形式。士对"历史非常态"的反应，往往基于士的普遍生存境遇与生存策略。上述认识使我一开始就尝试给有关"明遗民"的描述一个较为开阔的背景，尽管我在这里同样遇到了解释框架的限制。

困难自然还在知识准备的不足。余英时《方以智晚节考·增订版自序》说："唯余考密之晚节尚别有一重困难而为通常考证之所无者，即隐语系统之破解是已。以隐语传心曲，其风莫盛于明末清初。盖易代之际极多可歌可泣之事，胜国遗民既不忍隐没其实，又不敢直道其事，方中履所谓'讳忌而不敢语，语焉而不敢详'者，是也。""顾亭林在诸遗老中最为直笔，顾其诗中以韵目代字者亦往往而有。故考证遗民事迹者非破解隐语不为功。"（台北：允晨文化实业股份有限公司，1986）而这一项工作在我，不过略及其浅层，限于学力，今后也未必能深入，因而绝不敢自信读遗民真得了正解，何况遗民文字漫漶湮灭，更何况"文字"或适足以障蔽了所谓的"真实"呢！但我对于传统的考据之为方法，也并非无所保留。在本书的"余论"部分，我谈到了"以诗证史"的限度问题。在我看来，某些以引证丰赡而令人倾倒的考据之作，所证明的除著者的博学外，毋宁说更是想象力、人事洞察力，以至"文学才能"；那些密集的材料所提供的，最终仍不过是诸种可能中的一种——即使其作为推测极富启发性。出于同样的考虑，我对自己本书中的推测、判断，也往往心存游移，对此你可以由本书的文字中读出。由此我想到了对于历史生活、事件，可以经由文字复原的程度；想到为了保持某种解释的"开放性"，宜于采取的叙事态度。

我很清楚，关于明遗民，我所涉及的只是极有限的方面。友人谈到明遗民的主张为新朝所吸纳、成为其制度建构的资源、他们的思想著作构成清初主流文化、他们本人在这过程中实现认同的过程——这无疑是明遗民命运中尤具戏剧性、讽刺性的方面，也是我的研究中尚待深入的方面。由有清一代看去，明清之际的士人（尤其名遗民）对明代的政治批判，其含义是复杂的，即如有关"言路"的批评，有关"党争"的批评，有关讲学、党社的批评，等等。但我也注意到，在其时所有较为重大的论题上，都有不同的议论；在看似一致的言论背后，也往往有前提、逻辑的参差。我所能够做的，或许仍然是呈现众声喧哗的言论场，并对言论背后的"动机"提供某种解释。至于本书描述处明清之际的遗民族群，置重心于其与故国（明代）的联系，也因我关于清代更少知识积累；而论证明遗民思想于有清一代制度的意义，须有明清两代制度的比较研究为依据。但即此你也可以相信，明遗民作为现象，还有相当大的研究余地。

在本书之后，我将以某些群体（如刘宗周及其门下，如江西易堂）为专题，继续对明清之际士人、对明遗民的研究。我也将进行与明末"士风"有关的研究（同时注意到这种研究的风险与限度），以便使本书中尚未深入的方面，得以在另一场合展开。

有学界前辈说到我的研究的意义，或许在将大量材料依我选择的题目整理了，给后续的有关研究提供了基础。当然，材料的拣取仍然受制于理论背景、工具。我对材料的整理的特别之处，毋宁说在阅读的范围。我主要是由文集中取材的，而这部分文献往往被史家与文学研究者搁置或舍弃。阅读文集是一种漫游，由一个人到另一个人，到某一群体；在漫游中倾听彼时士人间的窃窃私语（经由书札）、侃侃谈论（比如在史论中），甚至他们之间的诋诃、漫骂。对于人事的敏感（因而对文集的兴趣），不消说是在文学研究中养成的。

当然如上所说，我提供的绝非无统属的材料，因而在排列材料时，不可避免地将我的眼光、视野的边界呈现了。而且为我所利用的文字材料极其有限，我尚未及做更广泛的涉猎，比如对于诗词歌赋，以及小说戏剧等等。这里也有学养、精力的限制，甚至不得已的取巧：文集中的文字作为表达的直接性、明确性，以及书札一类文字的某种"私人性"，便于我的利用。我当然知道，为我暂时搁置的那一部分文字，对于我的目的至少是同等重要的，问题在于如何利用。我对自己解读古诗赋的能力心存疑虑，尤其穿透"形式层面"的能力。

同时我也发现，即使个人文集，甚至其中更"私人性"的文体如书札，也受制于那一时期的叙述方式、趣味——这在明清之际以至有清一代有关"忠义"、遗民的记述中尤为显明。你随处可感传统史法、正史书法对叙事的规范。我在本书第三章有关"建文逊国"的史述分析中，已说到了这一点。道德化，对精神事件的偏重，对生活的物质层面的漠视或规避（其后果包括了有关记载的阙略、统计材料的匮乏），都限制着对历史的"复原"，"生活"在文体、时尚的剪裁下，已不但支离而且单一化了。而"由史所不书处读史"，有时不能不近于空谈。我自然明白困扰了我的绝非新问题，我只不过亲历了久已存在的困境罢了。

我的工作或许位于"思想史"研究的边缘上。在寻绎研究对象的思想史的意义时，我不免想到是否正是"思想史"（有时即"理学史"）的既定格局，限制了对"思想"的整理，使得大量生动的思想材料因无从纳入其狭窄的框架，而不能获取应有的"意义"。引起我兴趣的，通常更是一些像是未经系统化的思想材料，甚至为一般思想史弃而不用的材料。我相信"思想史"并非仅由那些已被公认的主题构成。或也由于文学研究中的积习，我力图把握"人与思想"的联结，在生动的"人的世界"寻绎"思想"之为过程。无论这样做有怎样的困难，我都认为其不失为值得致力的目标。

我自知严格的思想史的方法（是否有此"方法"？），对于我并不适宜。我在面对"明清之际"时，仍然是"文学研究者"。我曾力图摆脱那个角色，但后来半是无奈半是欣慰地发现，已有的学术经历与训练，正是我进入新的领域的钥匙。对于"人"的兴趣，始终是我做上述课题的动力：那一时期士人的心态，他们的诸种精神体验，以至我所涉及的人物的性情，由这些极具体的人交织而成的那一时期复杂的关系网络。即使对事件的研究，吸引了我的往往也是"心理"的方面，尽管我并非有意于"心态史"。一家刊物在有关我的论文的编辑说明中，说到"史料与体验的结合"，这种说法并不使我感到鼓舞。"体验"在历史研究中似不具有方法论的意义。但"体验"或许确实是我暗中所凭借的。正是体验支持了"直觉"，并为论说勾画了方向，甚至潜在地确定了论说的态度。"体验"将我与研究对象的联系个人化且内在化了。

我还应当说，我所选择的时段以其丰富性，扩大了我有关"历史"的概念。在研究中我对历史生活的日常的方面，有日益增长的兴趣。"鼎革"这一事件对于日常生活层面的影响，还远没有被描述出来。复现朝代更迭中广阔的社会生活图景，无疑是繁难而诱人的课题。阅读中我往往会被某些细节所吸引。比如见诸士人文集的有关赈灾的记述，在我看来，就可供作专题研究——不但据以研究灾变，而且借此考察暴露在灾变中的社会财富分配及社会各层的生活状况，考察士人借诸赈灾的民间政治的展开，士的民间组织与官方机构的关系，以至赈灾的技术性方面，从事赈济者的具体操作。

令人兴奋的是，明清之际历史生活的丰富性，其思想史意义，在被不断发掘出来。近期《学人》所刊王汎森先生关于明末修身之学对清末民初知识界的影响的分析（《中国近代思想中的传统因素》，《学人》第12辑，江苏文艺出版社，1997），就引起了我极大的兴趣。该文所谈到的刘宗周的《人谱》，也属于我正待研究的课题。

在近几年所做学术回顾中，我曾说到对当初不得已地选择学术心怀"感激"；说到这种选择正是在作为"命运"的意义上，强制性地安排了我此后的人生；写到了那种"像是'生活在'专业中"的感觉，也写到了"认同"所构成的限制。我以为，学术有可能是一种积极的生活方式：经由学术读解世界，同时经由学术而自我完善。对于我更重要的或许是，学术有可能提供"反思"赖以进行的空间。人文学科因以"人"及其"关系"作为对象，所提供的一种可能，就是研究者经由学术过程不断加深对自己的认识。即如我上面所说到的诸种缺陷，倘若没有一定的反省条件，有可能永远不被察觉。我不便因此而宣称我的研究是所谓"为己之学"。但自我完善之为目的，确实使我并不需要为"耐得寂寞"而用力。我曾说到过"无人喝彩，从不影响我的兴致"。

学术作为生活方式，自有它的意境。在研究中我曾一再地被对象所激动。激动了我的，甚至有理学家那种基于学理的对于"人"的感情。我经由我所选择的题目，感受明清之际士人的人格、思想的魅力；在将那些人物逐一读解，并试图把握其各自的逻辑时，不断丰富着对于"人"的理解。作为艰苦的研究的补偿，是上述由对象的思想以及文字引起的兴奋与满足。如顾炎武表达的洗练，如钱谦益、吴伟业、陈维崧式的生动，如王夫之议论的犀利警策。更令人陶醉的，还是那种你逐渐"进入""深入"的感觉。在这过程中甚至枯燥的"义理"，也会在你的感觉中生动起来。

尽管因素乏捷才，不能不孜孜矻矻，一点一滴地积累，这份研究工作仍然不总是枯燥乏味的。治学作为艰苦的劳动，从来有其补偿。清代朴学大师梅文鼎（定九）自说其治学状态，曰："鄙性于书之难读者，不敢辍置，必欲求得其说，往往至废寝食。或累日夕不能通，格于他端中辍，然终耿耿不能忘。异日或读他书，忽有所获，则亟存诸副墨。又或于篮舆之上，枕簟之间，篷窗之下，登眺之余，无意中素然有触，而积疑冰释：盖非可以岁月程也。每翻旧书，辄逢旧境，遇所独解，未尝不欣然自慰。然精神岁月，消磨几许——又黯然自伤。"（《绩学堂文钞》卷一《与史局友人书》，《续修四库全书》集部别集类）我想我熟悉类似的紧张与兴奋，紧张中生命的饱满之感，以及那种生命消耗中的犹疑与"自伤"。梅氏又说："往往积思所通，有数十年之疑。无复书卷可证，亦无友朋可问。而忽触他端，涣然冰释，亦且连类旁通，或乘夜秉烛，亟起书之。或一旦枕上之所得，而累数日书之不尽，引申不已，遂更时日。"（同卷《复沈超远书》）谁说"学术生涯"没有其特殊的诗意呢！

在本书完成之时，我感谢鼓励和帮助了我的友人，尤其平原、晓虹夫妇；感谢为我的有关研究提供了发表机会的刊物，《中国文化》《学人》《传统文化与现代化》《上海文化》《文学遗产》《中国文化研究》《社会科学战线》等。由现当代文学研究到目下进行的研究，我始终得到师友、同行与出版界的鼓励。我不能不一再重复地说，我是幸运的。

1998年5月

*《明清之际士大夫研究》，北京大学出版社1999年1月出版。

拾贰

《制度·言论·心态——〈明清之际士大夫研究〉续编》后记

我的起始于二十世纪九十年代初的关于"明清之际的士大夫"的研究，因了这部书稿的完成，有可能告一段落，尽管某些具体方向上的研究，还将在一段时间中继续。写这部"续编"在我，是一段艰难的经历，这不但因了论题本身的难度，也因了"状态"在时间中的变化。一位北大的研究生在以我为题的作业中，谈到她阅读本书以论文形式发表的个别章节时的印象，说续编较之正编，有"论述策略的调整"，这种策略即"更加注重对于外围材料的搜集，兼采其他研究者关于时代背景与历史源流的诸种'外部研究'，使得文章更具有某种坚实的支撑与深远的语境"。我却不禁要想象这年轻人读到那些文字时的失望。她很可能有更大的期待，尤其在研究的方法、路径方面，而本书所提供的，远不能使她满足。

仍有必要对本书的内容及我的意图做概略的说明。

本书的上编刻意避免以"士风"标目，出于对那种过分追求同一性，不惜为此而剪裁"事实"以就成见的概论式的论述方式的怀疑。我当然明白自己无以避免"概论"，无以避免化约。似是而非，笼统，模糊影响，根源于我们的认识方式与认识能力，也根源于表达的困境，无从逃避。但也因有上述警觉，此编各章更用力于"分析"，并力图保存现象、趋向的丰富性。我当然明白绕开"士风"这概念，并非就能绕开如下质疑：被你选中了作为分析对象的现象隐含了怎样的"量"的因素，以至获得了你所认为的重要性？我只能说，对于上编所示的那些现象的敏感，固然生成在个人的经历、经验中，也一定受到了既有论述的提示、暗示。

不以"士风"标目，也因了有关"晚明士风"的已有论述，难以为我个人的阅读经验所印证。这里涉及的，并非真实与否的

《制度·言论·心态——明清之际士大夫研究》（续编）后记

问题。对于那一以及任一历史时代，找到相当数量的材料支持某种并非轻率的判断，都并不困难。我和其他研究者不过基于不同的期待、依据不同的材料、由不同的方面试图接近那一时期；我们的所得或许可以互为补充：不是在达成"完整"的意义上，而是在复原历史生活本有的丰富性的意义上。即如王汎森先生所谓的"道德严格主义"，与通常关于"晚明士风"的诗意描述即不免大相径庭。也正是种种"犯冲的色素"，以及无穷无尽的中间色，使得我们的历史想象大大地复杂化了。由此不也证明了"总体描述"的不无意义？任何一种出于严肃意图的确有依据的描述，都有可能包含了"真相"；更有意义的是，这种描述将作为质疑的对象，引出更多的发现。

作为本书所处理的一部分材料的，有明末"任事"者的文集。那些人物中有易代之际的所谓"忠义"（忠义/遗民），孙承宗、鹿善继、孙传庭、史可法、金声、金铉、范景文等。较之临难之际的表现，在本书中我更关心他们任事时的动力与姿态。那些人物尽管文采风流不足以映照一时，其人的志节、心迹，却自有动人之处。任事者的言论，自然方便了对明末政治的考察；我所关心的，也仍然更是言说的人，是言说者的思路、态度、方式，以至透露于言论的性情。我由自己的意图出发读彼时的论政文字，读出的确也更是其人。"经世文编""名臣奏稿"读之不足，即更向文集中寻访——文集对于我的目的，依然有着不可替代的价值。《皇明经世文编》宋徵壁所拟《凡例》，说"藏书之府，文集最少"，慨叹于当代文献的湮灭无闻，即"名公巨卿"的文字，亦不能"尽备"，"如韩襄毅、徐武功，皆本吴产，襄毅疏草，武功文集，访其后人，竟未可得"（按韩襄毅，韩雍；徐武功，徐有贞）。如此看来，即使我所搜检的文集未见得罕见，对于这一种材料的运用，也有利于保存文献的吧。

在"经世·任事"这一题目下，我试图分析明末清初士人的经世取向，危机时刻承当事任者的姿态与情怀；分析经世取向在著述中的体现，诸种论政文体的运用，掩蔽于此种文体的士人心迹；分析士人在清初这一敏感时期所遭遇的与经世取向有关的伦理难题。于此我尝试着探究的，可能是与正编不同以至看似相反的面向。那本书论及易代过程中巨大的道德压力下可不死的死，此章置于正面的，却是士人的知不可而为。景观的不同不过系于看取的角度——那个历史时代是经得住由各个方向观察的。

"谈兵"本是志在"经世"的士人的具体动作。选择这一动作进行分析，多少因了它的戏剧性，却也出于对古代中国文士与兵事的关系的兴趣。我试着说明支持士人谈兵的诸种条件，包括制度条件；在讲述文臣文士对于明末军事的参与时，涉及了王朝权力结构中的"文/武"，介入军事、担当军事责任的文士所实际经历的文武冲突；我感兴趣的，还有那一时期由火器的军事运用所激发的制器热情；最后，则是其时士人与兵事有关的伦理思考——在我看来，此中正有那一时期所提供的富于深度的思想。

在"游走与播迁"这一题目下，我试图分析士人在明清之际的常态及非常态的流动，推动了此种流动的诸种因素，士人的流动与"易代"这一事件的关联，展开在"流动"中的士人命运。"师道与师门"一章所清理的，有其时士人言说中的"师"之一名，师道与师门，讲学以及官学与私学，等等。在我看来那一时期与"座主／门生"有关的言论，尤有分析的价值。师弟子对于界定士之为士，从来有其重要性。明清之际的有关言说，更包含了士对自身处境的紧张关注，大动荡之余伦理修复、人格重建的努力。

"明清之际"是一个起止不明确的时段。我继续利用"之际"之为界域的模糊性，以便伸缩自如；在作具体分析时，兴趣却更在此"际"的明代一方，力图缘此而上溯，为此际寻求解释。我知道当我所分析的现象发生时，不但有明二百余年，且此前的全部历史都参与其间。我还不能穷尽有关现象的远缘以至近因。但我仍在这一方向上尽了努力。面对我所选取的现象，我所强调的，依然是"明清易代"这一历史情境的特殊性，际此世变的人及其选择。易代关头的经世取向，势必有不同于平世；谈兵亦然。士夫从来有性质、目标不同的游走，"播迁"这一种流动，则以"鼎革"之际为甚。"师道""师门"虽古已有之，我的关注却更在意涵特殊的师道论述，与乱世师门。

由正编延伸，续编仍然以其时的儒家之徒（以及儒学影响下的士人）的著述作为主要的材料来源。上文说到已有的关于"晚明士风"的描述不能为我的阅读经验所印证，多少也应因了我所选来阅读的文献。支持文学史（以至文化史）关于"晚明士风"的描述的，主要是文人诗文与笔记，而我从事这项研究，却更倚重儒家之徒的文集；尽管"儒者""文人"的类型划分，用于其时的士人，难免不削足适履。

上编中的大部，已有关于"话题"的讨论，只不过进入了下编，话题更为传统而已。黄子平在为那本《明清之际士大夫研究》

所写书评中，提到思想史研究通常想到的是"启蒙"这个惯用词，"或'君主观''封建论'等与政治思想或制度创新有关的'传统'话题；赵园却有意无意避开了这些套路，直探'庚气''节义''用独'等更具'精神气质'又与历史语境密不可分的话题"（《危机时刻的思想与言说》，刊《二十一世纪》）。我却及时地以此书证明了自己并不能拒绝"传统话题""套路"的诱导，尽管明知某些题目被认为的重要性，是经由一再的论说而生成的。

本书写作中的艰难，部分地也因了话题的"传统"。那些话题的确有太过漫长的历史，有待于作近乎无穷的追溯，限于学力，我却只能大致以"有明一代"为限——即此也难免于挂一漏万。但我仍然要说明，我的兴趣不在观念史，不在为有关的思想清理出一条"演进"的线索，而在言论者的旨趣，隐蔽在言论背后的动机，那些思想、言说与"明清之际"的关系，即在"思想—情境"，思想的历史内容以及个人经验内容。为此我努力避免先入之见，避免一意向"前近代"为"近代思想"寻找本土源泉。我更希望做到的，是让言论回到其被言说的历史情境，无论我能在何种程度上（以至能否）做到这一点。也因此在处理如"君主""井田、封建"这类思想史的题目时，我的方式不可能是严格思想史的。这固然限于能力，但也系于旨趣。这种研究的局限是一望可知的。比如不能解释一种思想何以能由普遍认识中拔出，何以突破了"历史条件"的限制；也难以解释有相似经历的个人间思路的不同（以至相左）。对于明清之际士人的君主论，我感兴趣的，更是士经由"君/臣"一伦的自我界定，他们对"臣"对"士"的伦理地位的阐发；井田论作为对于深刻的社会危机的回应，令我动心的，则是明中叶以降士人的均平呼求，士人中的优秀者超越"阶级利益"拯饥济溺的热忱；"文质"一章则着重讨论士人与"文"有关的想象，他们——尤其儒家之徒——对于"辞章"的态度，作为有可能继续展开的"文人/儒者"论的张本。

本书写作期间应邀完成了一本小书《易堂寻踪——关于明清之际一个士人群体的叙述》（江西教育出版社，2001年），附录中的《易堂三题》，是借诸易堂的由若干角度的论述，与正文的某些章节有呼应。至于《廉吏·循吏·良吏·俗吏》一篇，则像是"非常异义可怪"之论。在我看来，即使涉及"廉""清"的敏感话题，也仍然有讨论的余地——问题的别一方面，问题间的别一种关联，士人有关此一问题的"另类"见解，那见解背后的思理、经验背景，以见彼时思想材料之丰富，士人思路之纷歧，思想空间之恢阔。由此一端，不也可闻"众声喧哗"？分辨其时的不同声音，始终是我致力的方面，何况那另类见解的确富于深度！

我曾在正编的后记中提到"是否正是'思想史'（有时即'理学史'）的既定格局，限制了对'思想'的整理，使得大量生动的思想材料因无从纳入其狭窄的框架，而不能获取应有的'意义'"。还说"引起我兴趣的，通常更是一些像是未经系统化的思想材料，甚至为一般思想史弃而不用的材料"。其时如王夫之这样的儒者，其思想固非理学所能框限。关于王氏，侯外庐说，"他的直接传统，在我看来，已经不是理学……影响了他的学说的人，实在不完全是张载"（《船山学案》，页8，岳麓书社，1982）。还说："船山为颠倒理学的头足者，理学的外表甚浓，而其内容则洗刷干净。"（同书，页22）对侯氏上述论断，我不能置一辞，想说的却是，我自己迄今为止的明清之际士大夫研究，倘没有王夫之和他的那些"非常异义可怪"之论，即使还能进行，面貌也将相当不同。

所拟书名"制度·言论·心态"中的"制度"不免夸张。书稿中的薄弱部分应即"制度"。这里的"制度"，或许更宜于读作意向——探究制度对于人（士大夫）的塑造，确是我的部分意图。涉及"制度"的材料，多半是作为言论、话题分析的，关心既在"士风"赖以造成的制度条件，却更在士人对有关制度的诠释，他们的制度批评，即作为话题的制度论。令我自己也略感意外的是，因了"求知"与"求解"的渴望，那些制度文献，竟也读得津津有味。

在有了一定的积累之后，阅读也即比较、辨析——真正的学术工作于焉展开。即使原来以为枯燥的题目，也会渐饶趣味。也就这样一点一点地艰难推进，对象的轮廓渐次显现，其层次肌理俨若触摸可及；由此及彼，由近及远，版图于是矛扩张。进入愈深，也愈有深入的愿望，随着问题的日益明确，线索日见清晰，反而加剧了求知求解的紧张，对象在感觉中愈见茫茫无涯际，计划中阅读的书单不断伸长，于是痛切地感到了精力衰退中的力不从心。至于本书引文的密匝，固然因论证之难，也为了存"言论"，冀稍近于"真相"。谢国桢在其《明清之际党社运动考》的自序中说，最初为使读者"不感枯燥"，"有时文章也不免稍为煊赫一点"，后来修订时"感觉所谓'煊赫'的地方，总归于不忠实，遂把他删去了，仍抄录原文以存真相"。我不敢自信"存真相"，只能说存文献的原貌。

我的这项研究自始就不曾以"完整性"为追求。这不仅因了穷尽对象之不可能，也因了我一向较为狭窄的视野与关注范围。我往往是被一个个具体的认知目标所吸引，被由一个目标衍生出的另一个目标所推动，被蝉联而至的具体"任务"所牵系；在工作中我的快感的获得，通常也由于向这些具体目标的趋近，是似乎终于抽绎出了现象间的联结，是发现了言论间的相关性；错综交织的"关系"如网一般在不意间张开，这背后无穷深远的"历史"，似渐渐向纸面逼来……我明白这是一些渺小的属于一己的快乐，但它们切切实实地润泽了我的生活。

在这过程中，聊可作为休憩的，是与较具文学意味的材料的遭逢——披沙拣金，偶遇奇文，精神未始不为之一振；尽管那些文字，通常为"文选"所不收。黄宗羲说，"有平昔不以文名，而偶见之一二篇者，其文即作家亦不能过"（《钱虻轩先生七十寿序》，《黄宗羲全集》第十册，页653，浙江古籍出版社，1993）。可惜的是未能采集，事后竟无从追索，否则可辑为一编的吧。

我也依旧为"人物"所吸引，为人物光明俊伟的气象所吸引，为他们正大的人格所吸引，时有触动、感动，以至感慨不已。即使在关于"明清之际士大夫"的研究结束之后，那些人物、那些问题，仍将在我的念中。它们已成为我的生活的一部分，亦如"中国现代文学"一样无从割舍。与这些不同时段的"知识人"同在的感觉，是学术之于我的一份特殊赐予，我珍视这种经历与感觉。我也曾设想在京城及周边地区搜寻明清之际士大夫的踪迹。即使遗痕全无，也无妨站在"实地"，遥想其时情景，追寻那些痕迹被"岁月的潮水"冲刷的过程。但我的所长，或许只在凭借文字的想象与重构；寻踪的设想，多半只是设想而已。

本书的大部分章节，在正编的写作中，题目已约略生成。该书完稿至今的七年里，经了持续的积累，才有了续编所呈现的面貌。这是一段漫长的行程。某些章节曾一再调整，甚至有大幅度的改写。力有不能及，于是处处见出挣扎。偶尔翻看正编，竟也暗自惊讶，想到这些文字倘若写在一些年后，不知还能否如此"挥洒自如"。较之正编，续编更避免过度的"介入"。这既与年龄、写作状态有关，也出于自觉的约束。依然有不自信——不自信于对材料的掌握，不自信于对文本的解读与判断。"不自信"有效地抑制了议论的冲动。当然，向史学的学习，也参与造成了上述态度，尽管这态度不便使用"客观"来形容。

改稿到最后，是2005年夏最热的一段日子。偶尔由电脑屏幕望向窗外，看到的是满树桐叶森然的绿。世道、人心都变化得太快，时过不久，即成怀念。即如我，就怀念初入"明清之际"的那段时间，怀念那时感受到的极新鲜的刺激，与人物及其思想猝地遭遇时的震撼。章学诚说："夫学有天性焉，读书服古之中，有人识最初，而终身不可变易者是也。学又有至情焉，读书服古之中，有欣慨会心，而忽焉不知歌泣何从者是也。功力有余，而性情不足，未可谓学问也。性情自有，而不以功力深之，所谓有美质而未学者也。"（《文史通义校注》内篇二《博约中》，页161—162，中华书局，1983）"学"是可以在时间中积蓄的，"性情"却难免于时间中的磨损。据说庄子曾说自己"贫也，非意也"（《庄子·山木》）。我个人近年来的状况，却正宜用一"意"字形容。回想初入"明清之际"、撰"庚气"诸篇之时，已恍如隔世。读者诸君倘能由此书的文字间读出这种"意"，或能有一份体谅的吧。

本书写作过程中，继续得到陈平原、夏晓虹夫妇与贺照田等朋友的支持与鼓励。意外地收到了台湾"中央研究院"文哲所惠赠的《刘宗周全集》，以及王汎森先生的系列论文的复印稿，令我有无以为报的惭愧。我还应当感谢社科院及文学所的图书馆，它们的藏书与借阅条件，使这项研究成为可能。

2005 年 8 月

*《制度·言论·心态——〈明清之际士大夫研究〉续编》，北京大学出版社 2006 年出版。

拾叁

思想·材料·文体
——治学杂谈之一

"思想"属于我通常避免使用的"大词儿"；在本篇中，大致指的是理论修养、认识能力，包括被称为"思辨"的那种能力，也指学术活动中更为具体的论题、"观点"之类。所以最终用了"思想"，也取其大，有弹性，能包容。

思想、材料、文体，大致对应于桐城派所谓的义理、考据、词章——只是"大致对应"。为学术研究所需要的能力，其实不出上述三项。桐城派的义理、考据、词章，说的是论学、论文的基本标准，也可以理解为从事学术工作的三项基本能力，造就一个学人的入手处。在古代中国人看来，知识人于义理、考据、词章，不妨偏胜、专擅，但也更欣赏诸种能力兼备、平衡发展，尽管那种人物向来稀有。在比较好的情况下，"偏至"，"偏胜"，此"偏"不是因了其他能力的缺失，而是某种能力特强，是自觉选择与训练的结果，而非不得已的"片面"。

思想

对于一个"学术工作者"，理论能力，或者说思考的能力，与文献钩稽、史料整理的能力应当更为基本。对此，传统的说法，义理/考据之外，另有思/学，以至宋学/汉学；与此相关的，尚有"踏实"/"蹈虚"，以及今人所谓的"文献主义"/"超越冲动"等等。即使强调了对义理、考据不应当作对立观，宜力求兼致，而不是偏废，在我看来更为根本的，将学人之间区分开来的，仍然是思维能力、认识能力。桐城派所谓的义理、考据、词章，本来就是一种价值序列，其排列顺序关涉价值估量。即使不囿于"文一道"的传统视野，"义理"作为能力，在我看来也更有基础性。词章总要负载"意义"，即使是较为隐蔽的意义；材料则赖有"烛照"，是对于某一视野、问题、论域的材料。史料的发现并非无中生有，而是未被作为史料的材料进入了研究。对材料的感觉不能不来自今人的问题与视野。

顾炎武一再称引宋代刘挚的"士当以器识为先"。$^{[1]}$在他看来，才、学、识三者中，"识"显然具有优先性。古代中国人有所谓的"识度""识量""识断""识鉴"等等。陈寅恪序陈垣的《明季滇黔佛教考》，称道其"识断之精"（《金明馆丛稿二编》，三联书店，2001）。"才"多少系于先天、禀赋，"学"赖有积累，"识"则需要磨砺。公安三袁中的袁宗道，论"士先器识而后文艺"，以为"识不宏远者，其器必且浮浅。而包罗一世之橐度，固赖有昭晰六合之识见"（《士先器识而后文艺》，《明代文论选》，页307，人民文学出版社，1993）。这一点，古今所同。当然，"识"不一定取理论形态，认识能力非即理论能力。不理论化未必就无识。但理论训练有助于提高认识能力，是无可怀疑的。每一种严肃的理论思想，都有可能打开一个世界；当然也会有新的遮蔽，但这绝不应当成为拒绝理论的理由。理论地把握对象，是一种能力；你可以运用或不运用这种能力，但你有必要努力经由训练使自己拥有这种能力。不具有这种能力并不就意味着摆脱了"理论"——你可能使用的是更为简单粗陋的理论框架，而你却不具备对此的判断能力。

所谓的"问题意识"，系于理论视野与"理论能力"。一项研

---

[1]《宋史》卷三四〇刘挚传引刘氏语："士当以器识为先，一号为文人，无足观矣。"顾炎武对刘挚语的引用，如《日知录》卷一九《文人之多》，另如《与友人书》。（《亭林文集》卷四）

究，往往是由发现了问题开始的。提问不止基于技巧。提问缘于对问题的发现；这种能力是有待训练的。学习提问即学习思考——也包括进入对方的问题、理路、脉络。至于从事一项研究，提出什么问题有时比"解决"该问题更重要。由你讨论的问题，大致可以判断你的研究在何种境界。

需要学习严密地思考——包括思考问题的诸种可能、诸多面向，以及一种特定的思路的限度；还包括思考你所选取的理论框架的阐释力，它的适用范围、它的限度。保持对于所使用的框架的反思态度，也是一种能力。理论工具永远只有有限的有效性，没有"终极"的解释。而诸种理论的融会、"化用"，就我的经验，只有极少数人才能做到。

听到过一些似是而非的议论，对于"观念"鄙夷不屑，应当是对于近些年理论输入的一种反应。其实区别只在于什么样的"观念"，以及你对自己的观念背景是否自觉，是否拥有对此批评、反省的能力。我们从来是凭借了"观念"的视野看世界、思考问题，也凭借此种视野看取文学的，不能设想不凭借任何"观念"的表达、言说。如若你不是与世隔绝，你多半已利用了别人的理论成果，被不断改变着感受世界的方式，即使你使用的仍然是"老词儿"。我想起了二十世纪八十年代后期对于"新名词轰炸"的责难。我们太容易忘掉历史，即如清末民初、五四时期的类似反应。上述时期大量输入并招致了反弹的"新名词"，大多进入了我们的词库，甚至早已成为常用词。

不以理论为时尚，也就不至于盲目"跟进"、生吞活剥，也不会盲目拒斥。你没有必要拒绝智慧，拒绝新的资源，拒绝自我更新。为了学术发展，需要不断寻找具有解释力的理论资源，而避免陋陃——"陋"指眼界，"陃"指见识。当然，理论的运用应力求融会贯通，而非仅仅将自己的学术作成流行理论（或只是流行话语、流行语词）的注脚。

章学诚批评他生活的时代，说"近日学者风气，微实太多，发挥太少。有如桑蚕食叶，而不能抽丝"（《章氏遗书》卷九《与汪龙庄书》，《章学诚遗书》，页82，文物出版社，1985）。章氏的批评，对于目下的中国现代文学专业，不也有适用性？

更常遇到的，是将与理论有关的能力与"感觉"对立，后者即使不被认为专属女性，也像是以女性更有优长。说某人"感觉很好"，亦褒亦贬，或许意在委婉地提示你其他方面的缺陷，且是限于性别、难以弥补的缺陷。"感觉"作为能力，的确属于不可传授的一种，却不全然来自禀赋；也如其他种能力，可经由（自我）训练而获取。往往正是思想，在相当的程度上决定了你感觉的方向，解释着你何以对此而非对彼有感觉，以及感觉所达到的深度。也因此，如若你准备从事学术，无论禀赋、个性、性别，都不应当成为拒绝理论训练的借口。思想，即使有十足感性的外衣（如在文学中），或借诸"直觉"的形式，都可以察觉到甚至触摸到它。具体的思想、主张会过时以至报废，而"认识能力"则不会。认识自己生存的世界，思考自身的生存，应当是学人从事学术的基本动力。$^{[1]}$

---

[1] 思想、学术的对立是人为的，系于二十世纪九十年代的学术环境。我从来不认为有必要在二者之间选择，对"思想能力"的渴慕却是近于一贯的。鲁迅、王夫之因此持久地吸引了我。在阅读中"深度"追求往往压倒了文体偏好——首先选择富于"穿透力"的思想，在这一点上不大像"文学研究者"。在一个"数字化生存"的时代，深度追求或许会被认为迂阔的吧。而在我看来，放弃这种追求，对于学术是致命的。

对问题的敏感是由训练形成的。更为可贵的品质，是穷究不舍、向对象持续深入的坚韧——当然先要有深入的愿望，有深入的企图，有穷尽对象的冲动。一个知识论的问题："你如何知道你知道你所知道的？"很绕，但的确是一个值得经常向自己提出的问题。深究、穷究的精神，或许就在这种追问中养成。在所选择的方向上力图穷尽，使无剩义；又勇于向被认为"题无剩义"之处追索。我在自己的学术经历中，只发现了极少的人具有这种能力，普遍的，是浅尝辄止——不只由于懒惰，也因无力，缺乏可资"深入"的凭借。寻根究底，以至"极深研几"，是治学的一种境界。契机往往来自遇到了对你既经形成的判断不利的证据，或具有颠覆性的"观点"。"穷究"是一种代价高昂的艰苦的思维活动、学术劳作；避难就易从来是人情之常。当你确信自己已难以深入，或许倒有了蜕变的可能。作为对策，不妨选择放弃，尝试以重新开始激发创造力，包括选取不同的学术方向、研究领域、工作方式，当然也包括选择学术以外的其他"人类活动"。

强调理论能力、思想能力的重要性，并不因了自己拥有或自以为拥有上述能力。恰恰相反，我缺乏思想的尖锐性，不长于论辩，缺乏发现问题的敏锐；即使意识到了问题，也未必能将其"问题化"，组织起有效的反应——不是不想反应，莫测高深地保持缄默，而是无力反应。那常常是一种痛苦的无力感。至于"不在某种既定的理论框架之下"，不全出自主动的选择，而是由于能力的缺失。但上述缺陷并不能使我避开理论的诱导。我显然利用了与他人共享的学术空间、理论氛围。我喜欢用"暗中"这一说法，说自己暗中受到了某些理论的影响，潜移默化，耳濡目染。理论暗示有助于我质疑成见、诸种似乎自明的前提，复杂化对问题、现象的认识，保持警觉，绕过言述中的陷阱。我们不能不浸淫在自己时代的思想氛围中。当然，当代思潮进入你的思路，有可能经了过滤或改装，你的"能动性"在其间发生了作用。真正原创的东西已经稀有。不要轻用"独特"。"独特"之为境界，达到极难，往往被说得轻易了。

但作为对于上文的补充，我还想说到问题的另一面：即使缺陷，也可能有其正面的意义。比如理论地把握对象的能力的缺失，即不大会有"先入"的架构，一些片段，零散的印象、感触，有可能随机组织；思理不够明晰，却也因此留出了缝隙、空当，以备完善、发展；没有过于强势的（别人的）"问题"引领，未必就有自己的问题，但至少有了挣扎、腾挪的余地；不能进入某种"脉络"，自以为领悟的，很可能是误解——如若你原本就无意于成为通晓某项理论的专家，而你的读解又实实在在丰富了你的思维，误解又何妨？缺乏现成的分析框架，那就由最具体的现象、言论入手。较之设计完备严整的研究，这种工作方式多少有点冒险，比如最终成果难以预期。但作为过程，可能有不期之遇，有意外的惊喜，走到了未曾设想的地方，打开了意料之外的境界……

我仍然坚持"义理"的重要性、优先性，但也注意到，结构严整、纲目清楚、框架俨然的学术作品，有可能轰然倒塌，尤其以某一种理论"架构"的学术作品。缺乏整体性、有机性，被讥为七宝楼台，拆开了不成片段，倘若有着坚实的局部、丰盈饱满的细节，也有可能贡献另一种价值。

涉及一点具体的问题，即选题。

写作《想象与叙述》一书期间碰巧读到J.P.迈耶为托克维尔

《旧制度与大革命》所写《导言》中引述的托氏的如下文字："成功机会一半以上就在选题，不仅因为需要找一个公众感兴趣的主题，尤其因为需要发现一个能使我自己也为之振奋并为之献身的主题。"（中译本，页2，商务印书馆，1992）在我看来，"献身"不必，"为之振奋"则是必要的。较之"公众感兴趣"，毋宁说能使自己"为之振奋"更重要。但我仍然要说，那种令人振奋的开发、发现、发掘的可能性，通常要在你深入该题目之后才会出现。

研究对象的选择之于研究者的重要性，可以孙歌所说的竹内好为例。孙歌在《竹内好的悖论》中说，竹内好是幸运的，"很少有人能够像他那样找到足以契合自己精神世界的另一个参照系，也很少有人能够像他那样毕生把一个人物作为自己灵魂的原点"（页16，北京大学出版社，2004）。"毕生把一个人物作为自己灵魂的原点"，不是谁人都有机会；明智地选择研究方向、研究题目，却是可以做到的。学术工作能创造价值，不全赖于对象，但对象的挑战、激发、诱导，有可能成为价值创造的重要条件。

选题不只系于技巧，更应当基于自我认知——对自己的强项、弱项。人所成就者不同，所以成就，往往系于是否认识自己。尺有所短，寸有所长。缺陷与优长往往并生。人的才禀的差异并不如想象的那样大。由能否善用所长，可以检测学人在学术上是否成熟。更值得珍视的，却又是那种将缺陷转化为优长的意志，为此有必要寻求挑战，选择阻力较大的方向，不畏惧涉足陌生的知识领域。据我的经验，倘若你在研究中遭遇了抵抗，那么抵抗处或许正是关节点，庖丁的刀所遇到的"肯綮"。难度所在，可能正是深度所系。倘若你不放弃，或许会有意外的发现。学人不妨努力在看起来不利的条件制约中发展自己。从事学术工作不必过于功利：以认知为动机，不断补充营养；以难题为策励，激发热情与活力。固然要扬长避短，却更有必要扬长补短，发现自己潜在的可能性。

与寻求挑战同样重要的，却又是限度感。学术工作应当是认清了限度后的奋斗。一个学者的学养与训练，固然体现在做什么，有时却更体现在不做什么，不敢做什么。有所不为，有不敢为，保持对自身限度的清醒意识，自知，知止——这里就有对学术的敬畏。分寸感，限度感，是成熟的学人的标记。看一个学者如何选题，如何为自己划定论述的边界，大致可以知晓其人是否"上路"。

好的选题通常赖于学术经验，久经磨炼的直觉能力，以及由理论训练所培养的问题意识。我一再听到指导研究生的同行要求学位论文的选题有"生长点"，即进一步展开的可能性。倘若那研究生有志于学术，选择能衍生的题目，的确便于滚雪球式地扩展。但日后能否"生长"，未必可以前知。你做的所有学术工作都会参与积累；"生长"的可能性赖有后续的投入，系于个人的能力与机缘。因此不必夸大了选题的重要性。怎样进入题目，选择何种论述角度，是否有自己的线索，自己切入论题的方式、路径，有时较之选择何种题目更重要。值得重视的，是自己最初的感觉、直觉，将第一时间吸引了你的东西抓住，尽管最终的成果可能在全然不同的方向上。不必将选题技巧化，一意求"中"（中选、中标、中试），为此不惜避重就轻，避难就易。近年来学位论文的选题通常以易于"通过"为首要考虑，就中国现代文学专业而言，重所谓的"实证"属于对策之——未必都可以归过于"学术转型"。报刊研究的成为热门，也因边界明确，内容有限，且能"落到实处"，至少可以材料翔实、丰赡取胜。

明智的选择还包括了避免重复劳动。元末明初的陶宗仪记宋元间郝经出使宋，被扣留在了仪真（今仪征），势不得还，就买书作《续汉史》。待到脱稿，却长叹道，自己"辛苦十余年，莫不被高头巾帢已做了也"（《南村辍耕录》卷二四《汉魏正闰》，页291，中华书局，1959）。重复劳动，不能不是生命的浪费。

有必要警惕大题的诱惑。下文还要谈到大视野。大视野不意味着做大题目，更不意味着笔下一味器张。选题大而无当，有时正由于能力的缺失。没有自己的问题，只能借助于铺张。这里有二十世纪八十年代鼓励"宏观研究"的遗害。大题之外，还有诸种大词儿，动辄"中国""二十世纪"。对研究者，"大"的诱惑往往难以抗拒；诸种"基金"以至出版界都有可能鼓励大题。对抗这种诱惑，或许在严格限定论述范围，将问题具体化——逼你自己向深处开掘，尝试着"挖一口深井"。只有在严格限定了的范围内，研究才有可能深入，同时使"成见"也使理论的适用性、解释的有效性得到检验。

八十年代的"学术勇气"中包含了无知，其表现如侈谈"传统文化""世界文学"。针对上述倾向，有"小题大做"的说法。"大做"着眼在学术含量。我以为这里的"大"，取决于视野，取决于"相关项""相关领域"的发现。相关性是赖有发现的。"相关"与否，系于人的识力、视野，并不现成。越深入，相关的知识领域、论述空间越宽广。不如不用"大""小"的说法，而取"适度"。

我自己与学术有关的，有过两次较为重大的选择。第一次，考研，当时的首要考虑不是选择一项"事业"，而是选择一个具体的出路。第二次，选择"知识分子"这一研究方向。这一方向上的成绩，就有《艰难的选择》《地之子》等。进入"明清之际"，也仍然在这一方向上，证明了当初的选择的重要性。你的学术工作中随时会有"邂逅"，有意外的、设计外的、期待外的发现；但有意思的题目，只可能与有准备者"遭遇"，契机也只在你确有准备的情况下出现。看似随机的选择，不是机会等在了某处，而是你看似无意地等在了机会有可能出现的地方。

选择题目，我首先考虑的不是该题目的研究价值，而是我自己能做什么，做什么么对我构成挑战，同时最大限度地用我的所长。我们通常不得不在诸种限制中寻求发展。因缺陷而另有成就，我想到的例子，就有周信芳、程砚秋。更极端的例子是，盲、聋、哑等官能方面的缺陷，有可能使其他官能高度灵敏。失之于此，而得之于彼。差堪自慰的是，事后看来，我选择的方向与方式适合于我自己。在最初凭借直觉选择的"点"上持久地开掘，使我有可能聚集精神以"进入历史"，且在这途程中扩充知识。这正是我所希冀的。

材料

我一向以为衡量人才，尤其重要的，是"能力"这一种标准。如上文已经说到的，你可以运用或不运用某种能力——比如理论能力，如对文献、史实考据的能力，考察制度沿革、考辨制度异同的能力，依据统计材料对特定时期的经济状况、生活水准分析的能力，以至于搜集整理数据的能力，等等——但你不妨试着拥有它。

"考据"原非治古代史，也非治古代文学者的专利；但这里我关心的，更是较为一般的文献钩稽、整理的能力。

陈寅恪关于冯友兰《中国哲学史》下册的审查报告，称许其"取材精审"。"取材精审"应当是文献钩稽、运用中的极高境界。追求在"精审"，即不在量的多少。材料若选择精当，本身就有说服力，甚至不假论说。这种材料绝不可能现成地由某种"资料汇编"中获得。征引的"烦碎"，即缘不能精当，材料本身的说服力不足。征引应当是一种发现，对引文的发现。即使对那些被一再引用过的文字，也应当是对其重新发现。这样的征引才不至于成为单纯的炫博。引文在被提取的同时，因嵌入了上下文而呈露出未被发现的意涵，甚至获得了生命力。古代汉语也如外文，有某种不可移译性——语义层面外，更有情绪、意境、节调等。通俗化、白话化难免于意义、意蕴的流失。文言的确并非总宜于翻译。凝聚在高度精练的表达中的力量，有可能在翻译中散失。适度征引，不但有利于保存原文，且有助于丰富我们的语言材料、表达方式。问题是适度。一位同行对我谈到，对材料拣择不能精，往往由于"综合能力"欠缺。所谓"综合能力"，应当包括了知识水平、判断力、文字感觉等等。至于对文献的征引，全引与摘引，各有利弊。摘引的大忌，在牵彼以就我的成见。

取精用宏，是太高的境界，却不妨心向往之。"精"赖有识力。搜集史料，不能过分依赖"高科技"。电脑方便了"关键词"的搜索，不包含此种关键词，却包含有关逻辑的文献材料，不能由电脑发现。电脑也难以发现"相关论域"，发现问题间的相关性。对现代技术手段的依赖，势将更加削弱学人的某些能力，对材料的感觉能力，对文字的感觉能力。由电脑搜索的材料也有可能因剥离了上下文而失去了有机性。对材料的"感觉"不能经由训练而得，属于诸多不能由训练而得的能力中的一种。但思想的磨砺，知识的积累，无不在培养这种能力。它得自后天的阅历、经验，似乎与先天的禀赋没有多少关系。

我们所关心的从来就不只于是不是"事实"，而且是什么样的事实——最终仍然与阐释系统有关。那么就有必要随时审视我们的史料观。陈寅恪有一段常被引用的话："一时代之学术，必有其新材料与新问题。取用此材料，以研求问题，则为此时代学术之新潮流。治学之士，得预于此潮流者，谓之预流（借用佛教初果之名）。其未得预者，谓之未入流。此古今学术史之通义，非彼闭门造车之徒，所能同喻者也。"（《陈垣敦煌劫余录序》，《金明馆丛书二编》，页266）史料并不现成。文献的"史料意义"是要靠发现的。新的问题视野有可能将已有的历史题材陌生化，由此而有新材料的发现。甲骨文的发现，敦煌文书的发现，徽州契约文书的发现，都属于二十世纪重大的学术发现，证明了"新材料"的发现，赖有"新问题"的烛照。$^{[1]}$批评自己时代的学术，黄侃说过，"所贵乎学者，在乎发明，不在乎发见。今发见之学行，而发明之学替矣"（黄焯记录《黄先生语录》，《蕲春黄氏文存》，页218，武汉大学出版社，1993）。"发见"应指对新材料的开掘，

---

[1] 请参看王汎森《什么可以成为历史证据——近代中国新旧史料观点的冲突》一文，收入王氏著《中国近代思想与学术的系谱》。

"发明"则指读出已有文献的新义，所谓发未发之覆。$^{[1]}$事实是，无论对新材料的发现，还是"读书得间"的"发明"，都赖有在生活中磨砺而成的感觉与洞察力。

在文献钩稽、史料整理方面，文学研究者不妨向史学学习，重建"范式"。我注意到魏斐德《洪业——清朝开国史》对征引及依据的文献，详细注出，可以作为"规范"运用之示例。就该书而言，注释未必较正文次要——你可以知道一个严肃的史家对待他人研究成果的态度，那种广收博采，综合既有研究成果而不轻下判断的谨严作风。我自己涉足"明清之际"，经历了重新学习做学术的过程。"重新学习"包括了材料的甄选、文献的考辨，甚至包括了某些技术性的方面，即如规范地征引、注释，也因此有了向学术经典学习的机会，向其他学科的范本学习的机会。

已有的著述形式仍然有利用的价值。不但"资料长编"，年表、年谱，也均为史之一体，作为著述形式并不处于较低的等级，即不止是撰史的准备或副产品。以资料排比"叙述"历史，在排比中发现历史，作为方法并没有失去有效性。即如年谱。我所见的几种近人编撰的年谱，材料尤为丰富，不只呈现了一个时间的序列，而且展开了相当大的面——同一时间中的不同人物、不同场域。上

---

[1] 吉川幸次郎《我的留学记·留学期间·留学所得收获》中读到，"所谓考证学，在日本时，总认为在文献对证之外，一定要有实物的证据，否则，不能叫考证学"。但他发现在中国，"发掘文献内在的证据，比什么都强"。他认为黄侃是"真的具有能力去实践这种考证学的人"，"不是注重于书以外的资料，而是在书本之内认真用功的人"。他解释黄氏所谓"发见""发明"，说罗振玉、王国维的学问，"从哪个方面看都是发现"，而"发明则是对重要的书踏踏实实地用功读，去发掘其中的某种东西"（中译本，页79，光明日报出版社，1999）。

述著述形式已发展得很成熟。孟森《明元清系通纪》，"以明代之纪元,叙清代之世系"（该书《前编弁言》），对于考察明清之际的历史，何等有用！在这方面，文学研究者大可向其他学科学习。我所知中国现当代文学专业的研究生，知识结构中通常有皮毛的"西学"，常识的现当代文学，缺乏的往往是古代文学、古典文献的知识与训练。大致相近的知识结构，使所做学术面目相似。倘若其间有了区分，很可能就赖有知识准备、学术背景的那点不同。

近一个时期的中国现代文学研究有考据倾向，不再止于"模糊影响"、笼统的"印象式"描述，务求修复细节、再现过程。对诸如"制度"一类硬件细密考察，对其间异同进行考辨，是一种值得训练的学术能力。下面要谈到"文本细读"。"文本"包括了文学文本与非文学文本；后者就有与文学有关的制度之为"文本"。对制度的细读——考镜源流、辨析异同，是前辈学者曾经拥有过的能力。这种考察，所用通常是史学方式。另有其他诸种"实物文本"。细读文本，赖有丰富的理论资源，也赖有细致入微的分析能力，对细节及其含义的文化敏感。深入对象的肌理、内部结构，从来是罕见的能力。寻常见到的，是浮光掠影、浅尝辄止。与制度有关的考察，无疑会丰富对文学创作所凭借的"文化环境""条件"的了解。"考据"原非治史、也非治古代文学者的专利。"考据倾向"也应当出于对空疏（所谓"束书不观，游谈无根"）的反拨。由实而虚，由虚返实，是学术风气转换中常有的选择。无论"蹈虚"还是"搪实"，一旦成为趋向，一定会有偏蔽，引出逆反。考据作为学术方法本有其限度，有适用范围、功能边界。对于文学，作家作品永远是最基本的研究对象，也是最基本的文学史的"事实"。

不止这一个学科经历着人才危机。学术文化破坏的后果，要由几代（甚至不止几代）人承担。有这种意识，才有压力。我对近年来博士论文的印象，就有能力的片面化——除非那是充分发展的"片面"，比如考据、校雠、纂辑名家。普遍缺失的，尤其是我们惯常称之为"审美"的那种能力。对于文学研究，这种缺失是致命的。一个人片面发展，甚至成了"两脚书橱"，没有什么不好，事实是这种人物已近于绝迹；而一时代的学术，仍然应当追求境界的完整，而非单项达标。基本训练的缺失随处可见。古人说"盈科而后进"（《孟子·离娄》），古人还说"先河后海"；而我们往往起楼而竟没有地基。在这种意义上，说"人才危机"绝非危言耸听。

阅读文献、搜集材料，"先入为主"难以避免。我们不可能把脑子腾空了再开始一项研究，我们所能做到的，是尽可能地摆脱成见，用质疑，用逆向思维，用搜寻另类事实，用其他一切可利用的方式，也包括不囿于自己达成的结论、自己已形成的研究思路、自己的习惯视野，使结构敞开，随时准备着接纳异议、歧见，修改成见、成说。即使有预设，有预先的想象，在研究中也应力避"目的化"，避免过求"一致"、定向搜集材料，避免意图过分明确、一意论证成见。对于纷繁复杂的"历史"，几乎任一判断都不难找出例证。因而目标不宜只设在"言之成理""自圆其说"上，这不大像是值得追求的境界。无论如何困难，都不妨去尝试探入"历史生活"的肌理，在相互扞格、抵牾的材料中辨认这"肌理"。我已说过对已有的过分目的化了的叙述的怀疑。自己着手叙述，则避免过分明晰、"确定"，力求为不同的想象与叙述留出空隙，以至将对叙述的怀疑作为叙述的一部分。一位老诗人调侃说，想删去我的文字中的那些个"或许"，又说不能删，怕将"评论家的持重"给删掉了。其实我的好用"或许"，并非示人以"持重"，而是为了"存诚"，"修辞立其诚"的诚。"多闻阙疑"也是一种诚。不便仅仅将"或许""似乎"作为言述策略。世间的事，尤其其间的因果，不能认定者正多。留出余地、缝隙，使"不确定"得以呈现，是必要的。$^{[1]}$ 事情往往是，对于对象越深入，就越多疑，越难以作一概之论。至于如何处理"不确定性"与论文文体所要求的明晰之间的关系，无疑是一大难题，我也仍然为此困扰。

还应当说，事实清理、文献考辨与"想象"并非绝不相容。由已知推未知，并不就是无中生有。胡适说"假设"与"求证"，肯定的就有推测的必要性。考据不只赖有工夫，也凭借发现事物、事件、文本间关联的能力，甚至有时比之虚构，更依赖想象、联想。当然，"想象"绝非无所依傍。天马行空式的想象与学术无关。至于由无字处读史，由"史所不书"处读史，这种能力不可能仅由书斋获取。

文体

本篇题目中的"思想"不等于"义理"，"材料"非即"考

---

[1] 我发现布罗岱尔的那本关于地中海的书并不只告诉你"定论"，还告诉你种种未定，甚至不可能定之论，告诉你他的思路，可供采用的方式及其限度，告诉你无法"实证"因而只能诉诸想象的那一些，告诉你现有的文献及研究手段所不能达到的方面。作者随时在场，力图与你交流，而非隐身在文字之后、学术文体的刻板格式之后，作为一个权威的"我们"，甚至不具身份的叙述者。

据"，"文体"却包括了"词章"。在我的理解中，作为能力的"词章"，不限于写作美文的技巧，还指较为一般的操纵、驾遣文字的能力；对于学术研究者，则既指对文字的审美能力，又指运用、驾驭学术文体的能力。

上文说到了义理、考据、词章的序列出于价值估量。受制于言说方式，我们不能不排序，但轻/重原是相对而言。也如本篇开头已经提到的，中国传统的学术，鼓励义理、考据、词章三者作为能力的均衡发展；学术文体则力求典雅。有可以学而能，也有非学而能，后者多少系于禀赋。"非学而能"的，就有文字感觉。上文说到了对材料的感觉不可传授。对材料的感觉往往正系于文字感觉；对于没有此种感觉者不构成"材料"。新材料的发现赖有思维取向、研究旨趣，有时也基于"文字敏感"。衡度一项具体的研究成果，文体或许只有次等的重要性，而对于学者的养成，文字能力却可能有关键意义。在一个文学研究者，文字感觉与文字训练，决定了他能否真正进入文学，以及在文学研究中所能抵达的边界。古代中国人发展出了极其精微的感知文字的能力。令人痛惜的是这种能力的普遍丧失。即使文学评论、文学研究，也在日益"技术化"。撰录所谓的"关键词"，不过是完成论文的一道手续，被技术性地对待；关心只在语义，与语感无关。文字感觉的钝化，不可避免地削弱着对于文学的审美能力，对文学文本的文字层面的分析能力，将分析"细化"的能力。我在其他场合提到了"士文化中的精致品味的流失"，人的自我认知能力的退化，对"人"的感知的钝化；这里应当说，对于文体的细腻的鉴赏、分辨能力，也如人伦识鉴一样地在流失中。不讲求文体，似乎成了"学者"的特权。读书界对于学术文字的粗率或佶屈聱牙，也视为当然，恬不为怪。

语感，或许是文献在岁月中最先磨损的东西。我相信历史的感性面貌存留了一些在文字间——不只指文字所指涉的，而且指文字本身的组织。如若没有对文字的敏感，文献中的某些层面就不会向你打开。对文字的敏感，不但有可能成为一个文学研究者最显然的专业优势，也一定有助于对历史文献的读解，即如有助于你经由惟你才能发现的幽暗通道与古人沟通。这听起来像是一种神秘的能力。钱穆所谓"微窥而知"，我猜想也正凭借了这种能力。文学阅读、文学研究有助于培养这种能力。当然，有必要作语言学、修辞学的训练，广收博采，由输入的理论中发现适宜的分析工具，以便穿透文字直达"纸背"，发现文本中的"留白"，窥见叙述的诸种缝隙，察知其间的文字策略，等等。

文本细读，在文学研究者，自应属于基本能力。前几年对细读的提倡，多少针对了"印象式批评"。"印象"难免于笼统。此种批评在二十世纪八十年代的流行，多少也缘于细致辨析的能力与训练的缺失，以及缺乏相应的理论工具、手段。但"印象式批评"自有其根据和价值。直觉有可能捕捉到某些依现成的"工具""手段"不能捕捉到的东西。当然，有浮泛的印象，也有极富洞察力、穿透力的印象。"印象式批评"这一名目，有可能成为对平庸、缺乏分析能力的辩护。分析能力是有赖训练的。以直觉、印象为理由拒绝训练，也就拒绝了更加丰富多样的可能性。确有所谓的"专业读者"；他们与普通读者的不同，在于他们的鉴赏与判断有可能（即使并非必须）诉诸明晰的表述。仅有印象、感觉是不够的。"专业读者"应当具备分析其"印象""感觉"的能力。

研究中国现代文学，除了力图"回到现场"，还要有可能被文本本身所打动，被文字间的才华所吸引，即使那才华是星星点点地闪现的，并非烂若云锦。这会使你对前代作家多一份尊重，不至于一味苛求、"酷评"。在台湾版的《论小说十家》的后记中，我说，写作收入那本书的诸篇时，我曾力图捕捉与传达阅读中的感受，尤其对文字的感受。文字印象本应属于阅读中最基本的印象；而传达那些印象的努力，将朦胧地感觉到的诉诸文字的努力，又推动了向"作品世界"的深入。我提到过，"某些言论材料的被我选中，也因了富于感染力的表达"（见《想象与叙述》"代后记"）。这里还应当说，某些题目写作的缘起，就因了被文字所吸引。写傅山，就出于对傅氏那种特别的文字组织的兴趣。这里的"特别"非即通常所谓的"美"，更未必是被公认的"美"；你何以被触动，并不总能付诸说明。曾经写过一组散文，题为"阅读经验"，其中说到对于文字的犹如对于肌肤的感觉。你被某种文字吸引，若有宿缘，确也近于神秘体验；在我，也是学术工作中稀有的时刻，正如行旅中对境而怦然心动、骤然感动，却无以名状；感动的发生不需要先兆，事后也无从解释。在这意义上，才能说"邂逅""相遇"——的确也是一点缘分，可遇而不可求。

史学研究也需要文本的细读。既要"动手动脚找东西"（傅斯年），力求"发见"新材料，又"对重要的书踏踏实实地用功细读"（吉川幸次郎语，见页455注1），以图有所"发明"。王汎森在《中国近代思想文化史研究的若干思考》（台湾《新史学》第十四卷第4期）一文中也谈到"深刻、缜密地阅读"。"深刻、缜密地阅读"并非谁人都能。阅读难免有方向，被暗中诱导。

抵抗过于顺畅的理解，及时捕捉陌生信息，并非不需要自觉的努力。事实是，阅读也如做学术，你的全部知识准备都有可能参与其间。我自己就痛感受制于学养，难于进入隐秘的语义层面，不能破解某些含义隐晦的象征、隐喻。某种情况下，即如在"遗民研究"的场合，这种能力显得出奇的重要，而你的知识方面的缺陷也就格外严重。

在文学创作中，用何种方式叙述，至关重要；在学术活动中，用何种方式说，远不如说出的是什么重要。文胜质，或以艰深文浅陋，都属本末倒置。推荐一种自测的方式，即为自己的论文、论著写提要，看能提出什么样的"要"，以至有没有"要"。另一种自测手段与此相仿，即芟夷枝叶，用质直的方式说，看说出的是什么。你的学术贡献多半只是一点，即你的论文赖以立基的那一点。华丽的措辞，不足以为论文增重。说得漂亮远比说得透彻容易，而且易于得彩，却经不住时间，也经不住学术眼光的审视。明晰、准确，是论说文体的基本要求。当然在此基础上，不妨追求洗练、典雅。"生动"是为了达意，以"不害意"为度。在这方面要慎用"才华"，避免"横溢"。陈老莲再三临摹周昉的画，别人说所临已超过了周，陈说，这正是自己不及周之处。自己的画易见好，因此"能事未尽"；周则本至能而若无能，也就难能。$^{[1]}$这意思岂不值得玩味？中国古代文论、画论每每说到避熟、滑，其中有得之于

---

[1] 毛奇龄《陈老莲别传》记陈氏"尝模周长史画至再三，我不欲已。人指所模画谓之曰：'此画已过周，而犹嗫嚅，何也？'曰：'此所以不及者也。吾画易见好，则能事未尽也；长史本至能而若无能，此难能也……'"（《西河合集·传》卷七，乾隆二十六年，萧山书留草堂刊本。陈老莲，陈洪绶；周长史，周昉，工仕女）。

经验的智慧。为文亦然，治学也一样，写得太熟，太无阻力，太易见好，就需要警成。

学术文体有必要也值得训练。对于学术，文体并非"决定性"的，但不可模仿的却又往往是文体。所谓"训练"，不应当止于形式上的模仿，写"似论文"的东西，而是力求经由文体，把握"学术方式"。学院与非学院，这种二分有点简单笼统。学院式的训练自有其意义；学院式论文的功用难以取代，比如难以用随笔札记取代。不同的文体各有功能，也各有限度。前不久有机会将旧作《易堂寻踪》与作为附录收入《制度·言论·心态——〈明清之际士大夫研究〉续编》的《易堂三题》印在一起，合成了较完整的我关于江右易堂的研究（即由中国文联出版社出版的《聚合与流散——关于明清之际一个士人群体的叙述》）。该书的随笔部分（《寻踪》）与论文部分（《三题》），分别处理了对象（易堂）的不同面向，或许可以用来注释我有关文体的理解——散文随笔与论文各自的限度，它们进入对象的不同方式，它们间的功能区分、彼此的不可替代。也是在近期出版的散文集《旧日庭院》的后记里，我说，"对自己所写，我更珍惜的，仍然是论文，不只因时间的投入更多，也因在论文提供的空间中，我关心的题目，有可能较为深入地讨论。我对于'学术斫丧性情'的说法，不那么认同。它不合于我自己的经验。运用何种文体，在我看来，并不那么重要，重要的是其中盛载了什么。散文有可能与'性灵'无干，甚至示人以卑琐；论文也不妨充溢着生命感，是别一格的'美文'"。

我以为值得鼓励的是，既尊重学术文体的基本要求，又力求由僵硬的形式、程式中突围，在规范的限定中寻求表达的多种可能——包括自我呈现的可能。尽管学术文体从来不是为了呈现自我而创设的，你却有可能既深入对象又深入了你自己的内心，在无意中铸入自己的心性。

对于一种"学术作品"，决定的不但不是文体，甚至也不是"方式"。在更高境界的学术，使用何种文体——即使文学表达、华彩乐章——都不影响其价值，无妨其为学术。但对于我们这样普通的学术工作者，学术文体的运用、学术方式的掌握，却绝非无关紧要。天才可以不受制于法度，有所谓无法之法，但我辈不行。对于尚未能进入学术者，学术方式以至学术文体，可能是决定性的，即如决定了其人能否入门。"规范"从来专制、压抑；考虑到《想象与叙述》一书预期的读者，我仍然要说，没有规矩即不能成方圆。卡尔维诺在其关于文学的讲稿中，引用了某位作家的一段话，其中所说"在写悲剧时遵守一定规则的古典作家，要比那种把进入脑中的无论什么东西都写下来的诗人更自由，后者把自己变成他自己对之一无所知的其他规则的奴隶"（《新千年文学备忘录》中译本，页123，南京：译林出版社，2009），也可以移用来说其他写作。

已经有越来越多的关于科研体制之为压抑的谈论。却也不妨承认，体制也方便了"生产""制作"——你可以操练得纯熟之极；在这种时候，毋宁说是一种令人舒适的压抑。真能感知压抑的，从来是较为自由的心灵。我自己也体验到了"压抑"的"舒适"，尤其在创造力衰退之时。"规范"是双刃剑：既有利于汰除非学术，又便于掩盖平庸。其实我明白，我对"规范"有一种暗中的爱好，尽管由别人看来，我比较不受"学院式"的束缚。我是守纪律的，喜爱整饬、严整，对《世说》中所谓"风格秀整"不免心仪；不大能欣赏名士气（更不消说伪名士），喜爱杜甫的律诗、闻一多的新诗，不大能接受怪异，莫可名状。至于文体的求新变，乃有意的调剂，略微横斜逸出，是规矩准绳内的变异，并没有破坏性、颠覆性，也因此难有大作为，不可能如非常之人的有非常之举。压抑从来不只来自制度，还有诸多我们未必自觉、知觉的束缚。"自由"并不比"中规中矩"容易。脚镣可以为不善舞者提供口实，也可能制造出一种易于操练的舞步。我始终感受着"自由"与"规约"间的紧张。在力图实现自己的构想时，一再遭遇表述方面的难题。也因此一面力求纳入规矩准绳，同时又警戒着被规范"斫丧"生机，时时想"脱缚"，破网而出，喜欢利用一切细小的机会，游走于"正文"之外，"专著""论文"之外，尝试别种表述，其他的可能性，为内容寻找形式（文体、结构、笔调）。不被学术过分塑造，对职业、专业的模塑保持一份警戒，努力腾挪，寻找发展空间，还是需要的。$^{[1]}$

本篇开头提到"偏至""偏胜"，这里应当说，宁取此"偏"，也不取"中规中矩"的平庸。"偏"有可能臻于"胜"，"平"则往往无药可医。古人说"俗"病难医，我以为"平"之为病也难医。当然，偏，即难以有大气象，但若善用其才，一定能在

---

[1] 友人说，我的学术作品中最好的是《余论》，其次是《附录》。那些以片段为特征的《余论》或《论余》，无非企图由学术文体的僵硬格式中逃逸。容纳其中的并不就是"边角料"，也不一定是有意地"点到即止"，而可能是有待发展的思路，或暂时不能展开但希望有可能伸展的点。非体系的零碎的思想并非没有价值；思想的价值并不取决于表述的形式。

先天、后天的制约中，舞出一种精彩。陷落在发展的困境中的学人，大可努力破壳、破茧而出，开发自己的胜境。当然如上文所说，应当是全面训练后的"偏胜"，广泛努力后的收缩。无论义理、考据、词章，固不妨偏胜、偏至，学术训练却有必要全面展开。

*本篇发表于《甘肃社会科学》2009年第5期，收入《想象与叙述》附录二。

拾肆

视野、境界及其他
——治学杂谈之二

较之上一篇，本篇讨论的，是一些更"虚"的方面。有务实／务虚的说法。"以学术为业"者固然有必要考虑一些不惟关系学术成果而且关系学术境界的方面，其他接受学术训练者，也不妨功利而又非惟功利，以便由学术经历中更充分地、多方面地获益。

视野

学术史的视野对于学人至关重要。学术史的考察不仅是从事学术工作前的必要准备，还应当是日常性的学术工作的一部分：每一项研究，甚至每一个具体工作环节，都以有关方向上的学术史调查为基础性的工作，这样才不至于"横空出世"，"前不见古人，后不见来者"。与课题有关的调查，意义至少在避免重复劳动；更积极的目的，则是确立属于你的前提、起点，以便与已有的研究构成对话关系。学术工作中何为"创辟"？并非没有人说过的就是。学术的演进赖于积累——无论"学术界"还是个人。意识到这一点，有利于保持上一篇所强调的"限度感"。当然，学术史知识所提供的参照，还有助于形成你自己的学术进路，尤其在被认为"学术转型"的关头。钱穆、梁启超的《中国近三百年学术史》，就写在转型时期，至今仍为学人"入门"之所资。

凭借学术史的视野便于自我定位——不只选择在一时期学术格局中的具体位置，而且选择与前此的学术间的关系：这是一种有严重意味的选择。为人熟知的《兰亭序》中有"后之视今，亦由今之视昔"云云。将自己的学术工作置于学术史的脉络中，才可能有自我审视的清醒。比如说，不会用了衡文的尺度衡量学术，满足于将学术当文章做，以辞采华丽自喜。文体、修辞对于学术绝非无关紧要，评价学术却仍然另有标准。那么就有必要问何为学术，学术价值与学术贡献缘何确认。

传统的学术史体裁，"学案"之外，另有"学谱""师友记"等，均意在清理学术渊源，呈示所涉人物的为学次第，成就一个学人的诸种条件。有志于学术者读一些优秀学者的"学术自述""学术传记"，会大有裨益，有助于开启思路，尤其在需要作出选择的关键时刻。那些"学术自述""学术传记"中有个性化的学术史，更有与一个生命血肉相连的学术史。由此不但可以"取径"，也可避免重复某些失误。"为学次第"（为学的顺序、步骤），属于治学的初阶，却有可能决定了你最终抵达的边界。你当然愿意"取法乎上"，但你先要确定何者为"上"。此种判断对于你的学术工作的影响可能是决定性的。章太炎、梁启超、钱穆的学术史著作，就大有助于学术判断力的培养。

学科史的清理，是具体的学术史工作。二十世纪八十年代的中国现代文学专业曾重视本学科的学术批评。作家研究述评、年度研究述评，不但强化了这一较为年轻的学科的学科意识，且为学科史的梳理进行了积累。但在学术大全景中估量学科，却始终显得薄弱。学科史的考察本身也赖有视野，即一时代的学术文化。大学术的视野有可能避免狭窄的专业眼界，"专业人士"所不免的固陋。"文学研究"不是一种专利，尤其不是专业人士的专利。你在具有其他专业背景的智者那里，会读到更富于深度的文学分析。我范围有限的阅读中，就注意到了当代哲学家、思想家的文学解读。他们取径不同，有各自的读入方式，却证明了文学艺术（如小说、电影）的阐释的可能性。正是为了研究文学，你有必要向其他知识领域、学术门类汲取灵感。五四时期有所谓的"为人生的文学"。文学正因关涉的是边际不明的"人生"，对它的深入如同对"人生"一样，需要动员全部经验与智慧，而经验与智慧不都是依学科、专业划分的。

不限于文学研究的二十世纪学术文化，应当是从事"中国现代文学研究"的必要的知识背景，关于五四新文化运动的考察，却往往缺少"学术"这一维。那一时期的优秀学人未必"与时俱进"。他们中有些人坚持的是自己的知识立场，而这也正是清理新文化运动所应面对的内容。即如我曾一再提到的孟森，不只与"时代思潮"保持距离，而且对那"思潮"持批评态度。其《八旗制度考实》有针对性地说："今特以科学为不及人，以为受儒家之毒。古之儒者，六艺兼赅，若欲令人于学问中，通一二科学以应事，自是多能鄙事之一。若孟子言：'天之高也，星辰之远也，苟求其故，千岁之日至，可坐而致也。'则何尝不知推步之术？然岂肯仅仅与畴人子弟争一日之短长哉？"（《明清史论著集刊正续编》，页205—206，河北教育出版社，2000）关于自己的《元西域人华化考》，陈垣说："此书著于中国被人最看不起之时，又值有人主张全盘西化之日，故其言如此。"（《陈垣来往书信集》，页818，上海古籍出版社，1991）说的是该项研究中的问题意识，包含其中的与同时代文化运动的"对话关系"。陈、孟的文化立场与学术取向显然不同于"新文化者"，却也正可以证五四之后尚有较大的学术空间以"兼容并包"。学人的上述宗旨、姿态，直接或间接地出于对于五四新文化运动的反应，参与构成了"新文学"的外部环境。古代中国人强调知人论世。研究文学史不可不知其时其世，研究学术史也不可不知该著述所针对的问题。

八十年代的研究生往往有与"价值""意义"有关的困惑。在那篇题为"以学术为业"的演讲中，韦伯说，"我们每一位科学家都知道，一个人所取得的成就，在十年、二十年或五十年内就会过时。这就是科学的命运，当然，也是科学工作的真正意义所在"（《学术与政治》中译本，页27，三联书店，1998）。如果目标在"传世"以至不朽，对此自然会失望。韦伯却说，"过时""也是科学工作的真正意义所在"。你的"成就感"不妨来自参与了学术文化的积累。问题是，你是否确有贡献于此种积累？

学术史的视野包括了回顾，也应当包括前瞻，因此不妨同时关注"前沿"。前沿不是在新／旧的意义上。"前沿"非即"新"。但每一时代最生气勃勃的学术，往往是由未获得某种地位、盛名的学者做出来的。八十年代的中国现代文学专业曾经有"创新"的误区；其时的所谓"出新"，有时即刻意立异。但九十年代以降的这一学科，给我的印象，似乎与人文、社会科学的其他门类了无关涉，缺乏资源的共享，也失去了对前沿性话题的参与能力。我不认为学术有必要"与时俱进"，但也不必画地为牢。

学术史的视野中一向有"学派"。"学派"以至"门派"可能有利于推进学术，我却以为宜慎言"传承"；甚至有必要打破"师承"这一眼界。学术史的清理也不必即以本人所声称的师承为依据。不妨尝试在尽可能复杂的"学术文化环境""思想网络"中理解承传。学术史家说黄宗羲的理学承自刘宗周，又说其人的另一些学问承自黄道周。无论思想抑学术，承启都有可能线索复杂；所承或更是"时代思想"（杂糅），甚至不明所自。何不对"脉络"在宽广的范围内搜索？所谓"思想史图景""思想地图"，相当程度地赖有想象与联想。"章门弟子"中，据说黄侃、吴承仕等人最得正传，有人却说，正因了若即若离，不以正宗自许，也不以护法自任，周氏兄弟对其师的承继才像是别有会心。读鲁迅记章太炎，其人对其师的理解，未必章氏被公推的高第弟子所能及的吧。

我自己不热衷于认祖归宗，也不大看重太具体的"承传"。有师承而没有门户之见，不以"门派""家法"自限，也不以学科、专业自限，转益多师，这一定是我的导师王瑶先生所乐见的。读到过赵俪生对王瑶及"王门弟子"的批评。一个学人在何种基础上起步，相当程度地决定了你可以走多远。较之前辈学者，我所属的一代人在学养方面的缺陷最显而易见。这些年中，整体知识水平有升有降，不可一概而论，但降的方面，缺口的确难以填补。进化中的退化，发展中的流失，本是文化演变中的常态；我们所遭逢的"文化革命"与市场化，却均非常态。在这过程中流失的不只是学问，更是一种治学态度，学人的品性。在我看来，一代人会有名家名作，甚至所谓的"传世之作"，却不可能有大学问家。有惟我辈能写的著作，但"独特"并不即可言"大"。当然，也不必以"大学问家"为目标，否则很可能画虎不成反类犬的吧。

反思作为态度与能力

陈平原在他的学术史课上，要求研究生为"前辈学者"写学术评论，我因此读到了年轻学人关于我的学术作品的批评。看到年轻人将我自我反省的文字排列起来，不免暗自惊讶。自己写过的，有些已经淡忘了。鲁迅说过"时时上征，时时反顾"（《摩罗诗力说》，《鲁迅全集》第一卷，页65，人民文学出版社，1981）；还说"人多是'生命之川'之中的一滴，承着过去，向着未来，倘不是真的特出到异常的，便都不免并含着向前和反顾"（《〈十二个〉后记》，同书第七卷，页300）。我们的确有必要随时站了开去，审视自己与自己的学术实践。反省、检视，也是一种能力，不但影响于治学的境界，也影响到人格的养成。人难免在"风气"中，反思的态度有助于避免风气的铜蔽。当然，反思有不同的层次，所及的深浅更有因人之异。$^{[1]}$

有必要审查、省视影响我们的学术工作的所有因素：环境的、风气的；制约了你的学术工作的内外条件，包括传统的与流行的理论、概念工具，你进入一项研究时的基本预设；有时还包括你的学术立场（以及所选择的"位置"），具体的工作方式、操作规程，以至所使用的文体——使你的论述得以展开的所有意识到了的条件。反思还应当包括另有何种可能的方式、可能的视野，等等。这里关心的不是简单的对／错，不是二者必居其一式的路径选择，值得追问的，是某一路径绕过了什么，以及还有何种可供选择的路

---

[1] 写作《想象与叙述》一书期间，参与了我的几位老师发起的活动，为他们年轻时共同编写的一本关于新诗发展的书寻求反思的视野与方式。他们还用了一种特殊的著述形式，即将早年所写文本置于其中，而以回顾、批评为基本线索。作者之一的洪子诚先生在为该书所写前言中说，"'反思'主要不是做简单的自我指责，不是站在对立位置上的意识形态批判，而是在参照思考的基础上，尽可能地呈现推动这一事情产生的历史条件，和这些条件如何塑造写作者自身"（《回顾一次写作》），北京大学出版社，2007）。

径。意识到我们赖以进行学术工作的条件，我们所不能摆脱的诸种制约，并不注定了会使人丧失自信。

即如对于《想象与叙述》一书所涉论域，无论元明之际、明清之际还是上个世纪四五十年代之交，都有必要追问，我们所获取的有关知识与印象，是赖有何种叙述、言说而生成的？政治史叙述、意识形态诠释、文学演绎各在其中扮演了怎样的角色？当我们对诸多材料删除、选取、粘连拼接时，参照了何种先在图景？上述问题并不总能弄清楚，但"存此一种思路"，在我看来极有必要：有助于保持"框架"的开放性，维持研究中必要的张力。我们在事实上既受制于近代以来的史学观念，流行且强势的意识形态，又受制于"正史书法"，诸种史学惯例，受制于自己时代普遍的认识水平、学风以至文风。我们只能在严格限定了的条件下，极其有限的路径间选择。甚至纵然我们希望，也难以知晓制约我们的全部因素；但意识到"制约"与对此浑然不觉，是大不一样的。

学术史知识有助于形成对于自己的学术工作的反思态度。最明智的选择基于清醒的自我认知——关于自己的可能性与限度。丰厚的学术史积累，高大的难以逾越的前人，富于才华的同时代人：你是在这种条件下工作的。意识到这一点未见得会造成压抑，却有助于保持自我评价时的清醒，与选择时的冷静。优秀的、有典范意义的学术作品是最好的老师。对于有典范意义的学术作品，虽不能至，不妨心向往之，以此打破师徒授受的狭小格局。依我的经验，最不可救药的，是不自知其不至，也就无此向往，终其一生而不知学术有可能达到何种境界。不妨问问自己，你是否有感受冲击、震撼的能力？如果你不曾有一次或几次被别人的研究所震撼，感受到强大的冲击，因而产生对自己的学术水准、境界的怀疑，那么你有可能终于不能真正地"进入"学术。震惊的经验，自我怀疑的经验，是有益的。有的人像是"先天地"缺乏此种能力，不能察觉距离，认识差别，也因而不能从别人那里受益。"学术自觉"赖有反思。在我看来，不对自己的论述"坚信不疑"，是一种较好的心态。你有可能随时准备着质疑、校正，至少是丰富、补充。

经验、经历之于学术

既然不可能真的"空着双手进入历史"，那么你选择"进入"时的知识状况与经验、经历，你在生活中业已形成的敏感与关切，就至关重要。经验——严格地说，是经了反思的经验——肯定是一个学者极其珍贵的东西，不但有可能造成学术工作的独特取向，且有可能使学术作品浸染个性魅力。但经验的意义仍然有因人之异，只能联系具体的学术实践来说明。而由经验、经历到学术，其间有诸多中介，作为过程难以追溯，更不必说完整地呈现，尽管诸种学术自传、学术传记，以及师友记等等，均以查找、呈现此种线索为一部分目的。即使创作，更直接地以经验、经历为底子，那经验、经历也经了记忆的筛选以及文体、修辞方式等等的改造，而不再是它们"本身"。我之所以不试图解释一项研究的"缘起"，也因了解释的困难。你的全部既往——经验、阅历、知识与观念——都有可能参与了一个具体时刻的学术选择。

我所研究的明清之际，正是那一段"遗民心事"、遗民所选择的生存之道，使他们的著述在精神上与清代学术（通常以乾、嘉之学为标志）区别开来。无论梁启超还是钱穆，都强调这种区别，强调掩藏在文字、著述间的精神意气的不同。这种不同，非学究式的学术史考察所能察觉。于是你读出了梁、钱文字间涌动着的激情。值得敬畏的，就有前辈学者读学术的方式，即如从中读出精神意气以至世道人心。"诵其诗，读其书，不知其人，可乎？"（《孟子·万章》）由此也可证所谓"学问"，与世事本非两件事，只是"学者"将它们作成了两件事而已。

由前辈学人看，人事历练的有助于学术，是无可怀疑的。陈垣早年曾加入同盟会。孟森也有丰富的政治阅历。相信他们与政治有关的经历、经验，与后来所专精的学术，绝不会无关。那些活动对于他们的意义，当不只于阅世，而且是暗中影响了他们的学术取向，从事学术的志趣与旨趣，至少影响了他们面对中国历史时的态度。更不必说稍前的章太炎。鲁迅以为章太炎的业绩，"留在革命史上的，实在比在学术史上还要大"，自己当年去听讲，"并非因为他是学者，却为了他是有学问的革命家"（《关于太炎先生二三事》，《鲁迅全集》第六卷，页545、546）。学者与革命家，两种角色、身份，两方面的活动，未见得相妨。古代中国有所谓的"粹儒"。成"粹"的条件，想必是去除杂质。我所研究的明清之际，被指为"粹儒"者，往往乏味。张履祥即一例。学者也不必求"粹"。即陈寅恪，又何尝是纯粹的书斋动物！在我看来，《柳如是别传》就是证其人的深于世故。（当然，如若确能"粹"，应当算得当今的珍稀品种的吧。）我相信学术之外的活动不但有可能不妨碍，且有助于"成就"一个学人。尤其没有必要为求"粹"而"去政治"。就学术研究而言，人物的政治性存在不需要特殊关注，也不必刻意回避——尤其面对中国现代文学，以及明清之际。学人、学术与自己的时代——政治是重要的一维。余英时《朱熹的历史世界》一书，副标题即"宋代士大夫政治文化的研究"，可见政治、政治文化在其所呈现的"历史世界"中的分量。应当承认，迄今为止我所面对的，的确也更是政治视野中的"明清之际"，这种视野并非与其他视野不相容，因此我不认为自己有必要作非此即彼的选择。

《读书》杂志开设过一个栏目，"文本内外"，维持的时间不久。我猜想因了稿源不足。这里的难点或在"内""外"间的联结。对于文学研究者，"文本细读"不只赖有工具，也取决于能否深于人事，体贴人情；工夫不只在推敲揣摩字句，也在能否读入文字间的空白处，读出文字之外、文字背后。这样看来，"文本内外"的"外"就不限于背景材料、"相关链接"，也并非就是"本事"，还包括了文本间接透露的信息，要求凭借人事经验，经由想象力捕捉。高明的专业读者有可能以其解说弥缝空缺，将作者所不言者形诸文字，使"空白"可视可听，甚至发展出更为复杂丰富的语义空间。在这种读解中，内、外的界限也将变得模糊不清。

凭借二十世纪知识分子经验的特殊性去读古人，会发现古人与今人并不真的那么相远。你与古人、古代知识人确有可能心意相通。你的经了反思的经验、经历，有助于你读人——那人那心事，确也在文字间，有待于后人辨认。钱锺书曾批评陈寅格的以诗证史。但由诗读人则是另一回事。不妨说，任何表达都可以作为读人的材料，包括粉饰，以至作伪。

我相信阅世阅人有助于读史，却以为对"经历是财富"这种流行的说法，须作限定，即如经历在何种意义上可以作为"财富"，有可能成为"财富"。我尤其不能苟同于将"苦难"合理化，以至诗意化。不止我所属的一代，因连绵的"运动"更因"文革"而荒废，有了诸种知识以及训练方面的缺失，上述说法不失为安慰，可以据此相信"命运"尚有公正：你的"经历"以至"苦难"得到了补偿。我却宁愿年轻的学人没有那一种经验，也不必凭借那一种经验。他们自有经验，而区分在于能否思考。经历只对善于思考、有反思能力的学人有意义。

唐顺之曾说过，"学者非无痛痒之为贵，而以真知痛痒为先"，"今之学者，病在遍身麻木，全然不痛不痒"。（《与蔡子木郎中书》，《唐荆川文集》卷四，江南书局据明嘉靖本重刊）当然唐氏所谓"学"指学道，非即"问学"；所说"学者"，与本篇所指不同。但以为"学"应切身，于今之所谓的"学人"，是否也对症？学术可以不直接面对"社会""时代"，但学人不可不有此关怀（亦一种痛痒相关之感）。在我看来，这关系到"学"的内在品质与境界。

我在台湾友人主编的集刊《思想》第二期上，读到陈正国先生的一篇文章，其中说道："生活意义与工作的分离，是现代民主社会的常态。人文也往往变成只是一项工作。而且相较于其他行业，它是很没有经济生产性的工作。这种结构性的专业化，反过来加强了人文学者的自我异化。人文的精湛表现方向，越来越倾向在绵密的注脚、考证、版本的比对上；简单说，就是现代的经院学风上。""人文学的衰落的最深刻的表现，就在对价值的不可、不能、不会言说；简单说，就是深刻思考的缺席。如果某个民主社会主导价值议题的人常常不是人文学者，那这不是别人的错，而是人文学者本身的问题。"（语见该期页248、251，台北：联经出版事业股份有限公司，2006）当然，在我们这里，问题有更为复杂的性质。但人文方面的疾患是具有传染性的；该文所说的"民主社会"中的症状，在我们这里也出现了。前现代或"向现代"的中国，不是也提前呈露出后现代文化的病象？

我曾谈到明清史研究中的"立场"问题。我自己也体验过对象诱你作立场选择的那种情况。我的体会是，过分"投入"与局外态度各有其弊。我在自己的研究中力避影射。不影射不意味着忘情。

对现实发言本可以有多种方式。我确信经验、经历与现实关怀以某种方式参与了我的学术工作。知识者与学者的角色并非不相容，对学术价值的追求与现实关切并非不相容。当然，现实关切不应当被作为贬低学术、学术性的借口，"知识分子使命"不足以也不必用作贬抑"学人"的口实。这里并不适用孰先孰后、孰重孰轻的估量。古代士大夫有"儒者""文人"等角色，不妨一身而二任；以至兼有"官员"这一种身份，并不以为会导致人格分裂。学术只是人生中之一事，学人也只是一种身份，无妨于从事他事（如社会考察、社会批评以至对政治的参与、干预），具他种身份。但对学术、学人，固有评价尺度，不因他事、他身份而有不同。

至于以学术"参与""干预"，则关涉学术工作者的职业伦理。在上文所引韦伯的那篇著名演讲中，他说："讲台不是先知和煽动家应待的地方。对先知和煽动家应当这样说'到街上去向公众演说吧'，也就是说，到能听到批评的地方去说话。而在课堂上，坐在学生的面前，学生必须沉默，教师必须说话。……"（《学术与政治》中译本，页37—38）对此我想到的是，学者的确需要自律，却也有必要警惕过分的自律，以至将某种他律内在化了。

学者的学术工作与其他社会实践，他们的现实关怀与作为学者的职业伦理、从事具体研究的工作伦理，二十世纪已经有了不少大知识分子的示范。至少可以相信，学术所要求的深度思考，有助于磨砺思想，使对于"社会"的认知入深。如果再考虑到学术工作对于人格的滋养，那么这种活动对于一个有"社会责任感"的知识人的积极意义尚不止于此。由此不难想到学术工作的作用于学人自身。"子曰：古之学者为己，今之学者为人。"（《论语·宪问》）为人／为己，是我不厌重复地提到的话题，涉及从事学术研究的目标意识。以自我完善为目标，在我看来，与干预、参与也不相妨。它们都区别于"为学问而学问"，由不同角度回应了"价值议题"。中国的士大夫的传统中，从来有道德的自我修养与事功追求两面的平衡。反求诸己，并非总是无奈的选择。我曾分析过明清之际士人的"经世""任事"与"自靖"，后者即尽其在我，求心之所以安。将"自靖"作为目标，也才能"知不可而为"。可惜的是，这一种传统，已被当代知识人所废弃。在市场化的空气中追求自我完善，难免要被一味讲求实用、功利者视为迂阔的吧。

上一篇谈到了为学术研究所需要的诸种能力的均衡发展，这里要说，这种均衡也正有助于造就健全的人格，较为全面发展的人。为学术研究所需要的能力，无不属于人的基本能力；为学术工作所要求的素质，也应当是人的基本品质，都关乎人格的养成、人生意境的营造。古人好说"作人"，说"兴起""长养"人才，在我看来，坚韧、勤勉、深沉、凝重这类品质，就有可能在"治学"这一种职业生活中养成。事实是，你的每一项研究都可能有助于自我开发，包括发现自己的潜能，前此未被认识的可能性。经由对象发现自己，经由学术提升、完善自己——也既功利，又非惟功利。甚至关心公共事务的一部分动机，也不妨在自我完善：何不给自己的活动以更广阔的空间或背景？

与此相关，做学术者难免为学术所"做"。你的这份职业不经意间浸染了你的人生。当然任一职业都会作用于从业者，只不过作用的途径与抵达的深度互有不同而已。即使仅以探究学问为目的、以学术自身为目的，对学术持纯粹的职业态度，也仍然不免于被塑造，承受你所从事的活动的后果。你与研究对象、与你的学术活动彼此作用，相互"进入"；你与更广大的"外在世界"的联系也赖有此种"中介"。在我看来，学术研究的从业者不妨有此自觉，作为"反思"的一部分内容，以便保持自我审视的清醒。

我自己所体验的学术之于人生，其意义也既有正面也有负面。你的世界有可能被你的学术工作扩大、同时被其缩小。你因过分专注，失去了对更广泛的问题的敏感与反应能力。我曾一再提到"代价"，其实并不曾深究，比如在有所收获的同时，究竟放弃了失去了什么；如若任何一种生存方式都不能免于残缺，那么我所选择的生活，在何种意义上是残缺不全的？

境界

我们的古人实在高明，创造了诸种精致的表述方式，使得一些微妙的经验得以传达。即如"气类""流品"，另如"气韵""气象"。可惜的是与这些概念相关的辨识能力，已普遍退化。对"文如其人"有诸种质疑。文固然不必定如其人，但在修辞的层面，其人的气质品格，确有不能掩者。在这种意义上，说文如其人亦无不可。学术也如是。境界系于人格。道德人格与学术水平的关系并不直接，却最终决定着学术境界。在这种意义上，学术也如其人。在无行的学人，难以掩盖的，也就是"品"的卑下（如古人所谓的"鄙倍"）。学人在学术中是难以隐身的。观点、具体表述之外，将你暴露的更是趣味、格调，除非你所做的，是批量生产的所谓"学术"，或纯粹的"技术活儿"。鲁迅引别人的话，"人和人之差，有时比类人猿和原人之差还远"（《论睁了眼看》，《鲁迅全集》第一卷，页239），征之我们的经验，谁曰不然！

人文学科的学者的职业伦理不限于"底线道德"（比如不剽窃、抄袭）。除了"好""坏"一类价值评判外，学术有时更适于用"境界""气象"等衡量。境界、气象不只系于训练、能力，以至才情，还系于其人的人生态度、人格面貌。人文学科的研究是一种要求个人的精神投入，甚至与"从业者"的内心生活密切相关的活动。以此为线索读学术史，辨认"境界""气象"，有助于在起步之初形成自己的目标。对于学人至关重要的"学术判断力"，关系"境界""气象"，最是要求识别力的精微。

也有一些不那么"内在"、与心性不直接相关因而较易于区分的境界，即如博/约，博雅与专精。从来有通才有专才，有博雅之士，有专家之学；途径既分，评价尺度即有别。但无论博还是约，仍各有境界的高下。钱穆写学术史，赞同黄宗羲所说的"读书不多，无以证斯理之变化；多而不求于心，则为俗学"；引章学诚所说的浙西（顾炎武）尚博雅，浙东（黄宗羲）尚专门，为学须本性情；批评顾炎武所谓的"博学于文，行己有耻"，将"学""行"分成两橛，其后的考证之学，专趋顾氏博学一边，"至于行己则有耻得，不复深求"（《中国近三百年学术史》第二章，页31，中华书局，1986），强调的无非"学"与"心"与"行"的相关。钱氏比较清初顾炎武、黄宗羲、王夫之等人与清代学者——不只于乾、嘉考据学，也包括与顾、黄、王大致同时的阎若璩等人，其间的区分正被归结于"气象""境界"。

章学诚说："夫学有天性焉，读书服古之中，有人识最初，而终身不可变易者是也。学又有至情焉，读书服古之中，有欣慨会心，而忽焉不知歌泣何从者是也。功力有余，而性情不足，未可谓学问也。性情自有，而不以功力深之，所谓有美质而未学者也。"（《文史通义校注》内篇二《博约中》，页161—162，中华书局，1983）性情也要滋养的。功力可由用功而得，性情却不能。但性情仍然不就是宿命。

倘若本于性情，则方向不同的极致的追求，都有可能造就奇观。我说的是"极致的追求"。这种追求从来罕有。无论对于"义理"的穷极求索，还是考据中的务求"一网打尽"，都属于我所谓的"极致的追求"。仅仅"坐冷板凳"还不够，如上一篇所说，还要能在一个方向上持续思考、持续积累，力图无"余蕴"、无"剩义"。我已经提到了"偏胜"。颜元说，有全体之圣，亦有"一节之圣"；"全体者为全体之圣贤，偏胜者为偏至之圣贤"。（《存性编》，《颜元集》页10、31，中华书局，1987）"偏胜""偏至"有可能成就一境界，而我欣赏的，毋宁说更是精神品质，那种务求抵达能力的极限的锲而不舍的强毅，功业、成就倒在其次。"士不可以不弘毅"。据说西南联大以"刚毅坚卓"为"校训"——非惟战时，平世也有必要培养这种品质。

为《明清之际士大夫研究》写《后记》，引了清初梅文鼎自述治学甘苦的一段话："邻性于书之难读者，不敢轻置，必欲求得其说，往往至废寝食。或累日夕不能通，格于他端中辍，然终耿耿不能忘。异日或读他书，忽有所获，则毁存诸副墨。又或于篮舆之上，枕簟之间，蓬窗之下，登眺之余，无意中者然有触，而积疑冰释；盖非可以岁月程也。每翻旧书，辄逢旧境，遇所独解，未尝不欣然自慰。"（《绩学堂文钞》卷一《与史局友人书》，《续修四库全书》集部别集类）梅氏自我刻画的，正是那种念兹在兹、锲而不舍的专注与执着。接下来梅氏说，自己经由繁难的求索所达到的"易简"，却有可能被认为平淡无奇，"岂知其臻兹易简，固自繁难中出哉！"

"职业"不同于"志业"：所设目标不同，自我期许不同。无论以学术为"职业"还是"志业"，都不妨以此为品格的磨砺，更进而追求不为狭隘专业、职业所限的大境界、大人格。顾炎武说过的"以广大之心裁物制事"，和《中庸》的"致广大而尽精微"，$^{[1]}$是我喜爱的话，尽管不曾铭诸座右。私心喜爱的，还有鲁迅所说的"无穷的远方，无数的人们，都和我有关"（《"这也是生活"……》，《鲁迅全集》第六卷，页601）。我向往上述境

---

[1] 顾氏《蒋王山史书》有"君子以广大之心而裁物制事"云云（《顾亭林诗文集》，页83，中华书局，1983）。《中庸》："尊德性而道问学，致广大而尽精微，极高明而道中庸。"

界，虽未必能至。年轻学人倘若真的有志于学术，有必要在起步之初思考一些据以安身立命的东西——不限于古人所谓"三不朽"之一的"立言"之类。学人有可能以学术拓展生命，而不必以"学术"自限。

在高校与年轻人对话，涉及的话题中，有京沪与"外省"。其实在我们这里，并没有十八九世纪法国或俄国的巴黎、圣彼得堡与所谓的"外省"。牟复礼就说过，"欧洲文化生活中存在过的与'都会'相对的'外省'概念，可能在中国也并未存在过（特别是自唐以后）。"（《元末明初时期南京的变迁》，施坚雅主编《中华帝国晚期的城市》中译本，页132，中华书局，2000）京、沪与"外省"的差异，是近代历史与当代政治的结果。我对年轻人说，不必有"外省"的自卑；或许正因出身"外省"，更有可能沉潜、执着，^[1]也更易于保持与"生活"的联系。顾炎武比较"北方之学者"与"南方之学者"，说前者"饱食终日，无所用心"，后者"群居终日，言不及义，好行小慧"（《日知录》卷一三《南北学者之病》）。鲁迅说据他所见，"北人的优点是厚重，南人的优点是机灵。但厚重之弊也愚，机灵之弊也狡。"（《北人与南人》，《鲁迅全集》第五卷，页435—436）仅仅"机灵"不足以言"智慧"，更无论大智慧。文坛、学界太多巧人，机灵人，太少强毅、坚忍、沉着。关于书法，傅山说的是"宁纯（钝）无利，宁拙无巧，宁朴无妍"（《喜宗智写经》，《霜红龛集》卷

---

[1]《书·洪范》："高明柔克，沉潜刚克"。古人有所谓"天姿近道"（或曰"气质近道"）的说法。我相信"沉潜"最是学术对于从业者性情、品质的要求。

二二，页619，山西人民出版社，1985），此又不是谁人都能懂的。宁钝（非"愚钝"的钝），勿巧滑；不但以勤补拙，而且相信"钝""拙"也自有一种正面意义，有可能被由积极的方面利用。即如不那么容易被风气所转移，保有较为稳定的价值取向与心态，所谓"江流石不转"，有一点定力。当然，对"风气"无须一味排拒，不妨在其中又在其外，持批评态度，又不拒绝由风气中得益——新的学术视野有可能因风气而打开，尽管往往另有遮蔽。

因了资讯的发达、资源的共享，旧有"文化中心"、发达地区与其外的差距正在缩小中。只要你确有愿望，你就有机会向一切优秀的学术成果学习。道乃"天下公共"，学术为"天下之公器"。沉潜、执着而又力避隘、陋，不存古人所谓的"方隅之见"，包括了不贵远贱近，不借口"本土"而拒绝域外。$^{[1]}$大胸怀、大眼界，会在这过程中打开。

我自己也曾体验过"外省人"的自卑。倘若借用那个关于狐狸和刺猬的著名比喻，我只能是后者，易"凝滞于物"，$^{[2]}$思考往往固着在某些点上；不耐搜剔爬梳，材料的搜罗范围不广；对文字过于挑剔，也有妨于进入研究状态。气质、资禀所限，是治学风格上

---

[1] 我曾反复谈到我自己学术研究中资源的匮乏。直到近来，读一些译著的征引书目，仍不能不望洋兴叹。在这种情况下强调"本土"，无异于自我解嘲。我相信我们的学术工作确有不可重复、不可模仿之处，却既应善用所长，又有必要不放过一切机会补所短。生活在这里与"生活在别处"的不同，并非就可以用"本土"描述。经验与感觉的特殊性更有赖于"发现"，非由"本土"现成地提供。

[2] 鲁迅在《〈思想·山水·人物〉题记》中说，"……人必须不凝滞于物。我以为这是无论做什么事，都可以效法的，但万万不可和中国祖传的'将事情不当事'即'不认真'相牵混。"（《鲁迅全集》第一〇卷《译文序跋集》，页274）

的刺猬。即使如此，得失也不易论。说句解嘲的话，或许是于焉失之，也于焉得之。

*本篇收入《想象与叙述》附录二。

后记

编这本学术作品集，是对自己学术工作的一次盘点。收入本集的作品，写作时间跨度约三十年。重读本书所收旧作，恍若隔世；尽管距《家人父子》完稿，不过四年。这些年来发生了太多事情，难免令人有不胜今昔之感。读收入本集诸作，会暗自惊讶当年曾如此书写，写出这样的东西。写作诸篇的契机，还隐约记得；当时的感触、情绪，就只能由文字间辨认了。

本书所收，主要取自拙著《明清之际士大夫研究》及其续编、《想象与叙述》、《家人父子》几种。关于萧红的一篇，曾收入《论小说十家》，是该书中自己较为满意的一篇。编入此集，亦作为对曾经的中国现代文学研究的纪念。

此集中凡曾以论文形式发表的，均用论文，也为表达对采用拙作的刊物的一份谢意。诸篇写作时间不同，所用文献版本不尽一致，这是需要说明的。

倘若能像棋手那样复盘，学术工作过程中丰富的细节会呈现出来。我不具备此种能力，却有随时反省的习惯，尤其在进入"明清之际"后。这种反省，部分地写在了《明清之际士大夫研究》及其续编的后记里。《想象与叙述》附录的两篇《论学杂谈》，亦包含了经验谈。本集收入两篇后记与杂谈，无非认为这类一得之见，较之论文更便于与人分享。

在学术工作终结之际，我要感谢早已停刊的《学人》以及《中国文化》《新国学研究》等刊物，感谢上海文艺出版社、浙江文艺出版社、人民文学出版社、江西教育出版社，感谢高国平先生、张辽民先生，感谢铁流先生，感谢王培元先生、张国功先生；尤其要感谢北京大学出版社，该社的张凤珠女士、艾英女士。没有出版界的厚爱，我的学术工作绝不会如此顺利。

最后，我必须感谢为此书的编辑与出版付出了极大努力的湖南人民出版社和北京领读文化。若没有他们的接纳和推动，这本书的面世或许会遥遥无期吧。

赵园